本书受到“国家重点研发计划”课题（编号：2021YFB3900801）、“河北省技术创新引导计划”项目（编号：21477603D）、石家庄市科技计划项目（编号：235130205A）资助。

系统观

企业价值创造理论及运营管理实践

孙彦永◎著

中国财经出版传媒集团
中国财政经济出版社
北京

图书在版编目（CIP）数据

系统观企业价值创造理论及运营管理实践 / 孙彦永著. --北京：中国财政经济出版社，2024.1 （2025.1 重印）
ISBN 978 -7 -5223 -2680 -1

Ⅰ.①系… Ⅱ.①孙… Ⅲ.①企业 - 价值论 - 研究②企业管理 - 运营管理 - 研究 Ⅳ.①F270②F273

中国国家版本馆 CIP 数据核字（2024）第 023594 号

责任编辑：温彦君　　　　责任校对：张　凡
封面设计：智点创意　　　　责任印制：史大鹏

系统观企业价值创造理论及运营管理实践
XITONGGUAN QIYE JIAZHI CHUANGZAO LILUN JI YUNYING GUANLI SHIJIAN

中国财政经济出版社 出版
URL：http：//www. cfeph. cn
E - mail：cfeph@ cfeph. cn

社址：北京市海淀区阜成路甲 28 号　邮政编码：100142
营销中心电话：010 - 88191522
天猫网店：中国财政经济出版社旗舰店
网址：https：//zgczjjcbs. tmall. com
中煤（北京）印务有限公司印刷　各地新华书店经销
成品尺寸：185mm × 260mm　16 开　21.25 印张　512 000 字
2024 年 1 月第 1 版　2025 年 1 月北京第 2 次印刷
定价：87.00 元
ISBN 978 - 7 - 5223 - 2680 - 1
（图书出现印装问题，本社负责调换，电话：010 - 88190548）
本社质量投诉电话：010 - 88190744
打击盗版举报热线：010 - 88191661　QQ：2242791300

前 言

在数字经济和互联网产业冲击下，企业竞争面临全球经济一体化、数字技术、双循环等政策与机遇的挑战。企业在市场竞争和高质量发展双重压力下，需要在企业体制、经营机制、系统架构、价值评价等方面进行变革和协同创新，提升企业运营控制和价值创造能力，以适应外部市场环境和企业运营环境的动态变化。由国内外相关文献可知，企业价值创造有目标及能力评价视角、价值链视角、管理会计视角三类基础理论，分别代表企业价值创造能力评价和计量、内在环境与驱动过程、管理控制工具与方法三类作用机理。但是，价值创造和管理会计还停留在单一理论基础为主导的研究模式，在结合应用情境、内在逻辑、定量分析等理论及实证方面仍存在一些需要解决的问题。由于企业价值创造理论具有系统性、复杂性、适用性等特征，本书基于大型网络通信企业 HBLT 运营转型案例，立足霍尔三维结构理论构建系统观企业价值创造体系，按两两维度矩阵模型重点研究运营目标与风险管控的统一、管理会计工具与运营控制要素的内在逻辑及协同、价值创造过程与管理会计工具对数据元一致性特征等问题，并对责任体组织架构下层次化关键绩效指标体系及其驱动要素关系进行实证分析。研究内容如下：

首先，利用霍尔三维结构理论进行系统观企业价值创造体系及运营路径研究。第一，以市场获取、论证设计、生产加工、交付服务四部分组成时间维度，体现为价值创造增值过程。第二，将组织职能、控制活动、要素配置定义为逻辑维度，代表权变因素和规则定义、资源配置影响的运营要素。第三，将管理会计工具定义为知识维度，描述管理会计控制方法与支持手段。第四，将价值维度定义为企业关键绩效指标，由盈利能力、营运能力、发展能力、偿债能力、规模能力五类构成。此外，以时间维度与逻辑维度为主，定义企业运营风险矩阵，研究企业运营风险及其管控方法。以 HBLT 运营实例阐述企业运营风险矩阵的策略与应用，并论述其与企业内部控制指引的内在联系。

其次，以知识维度与逻辑维度为主，定义企业运营工具矩阵，揭示运营控制要素与管理会计的内在逻辑和企业运营协同能力。第一，识别管理会计工具之间的量化相关性，促进企业提升管理会计工具应用效果，实现价值创造目标。第二，引入设计结构矩阵、域映射矩阵、多领域矩阵实证企业运营工具矩阵要素之间的耦合关系，论证知识维度与运营维度构成要素的定量相关性。第三，定量分析管理会计工具之间的内在联系，为企业实践管理会计工具提供理论依据与量化支撑。实证研究管理会计工具之间所具有的相关性及层次化特征。

再次，以知识维度与时间维度为主，定义企业运营数字化特征矩阵模型，研究价值创造过程中运营转型的数据元特征。管理本质是对信息反馈和运用，互联网推动了管理信息数字化进程。第一，面向时间维度为代表的价值创造过程和知识维度为代表的管理会计工具集合定义项目（产品）特征、组织属性、合同属性等十类数据元。第二，通过问卷调查及计量方法获取行业专家对大型企业运营数据元的评价。第三，运用计量经济学方法验证数据元相关性及可靠性。第四，以财务共享概念简述数据元在推进财务业务一体化过程中的应用。

最后，基于霍尔三维结构的系统观企业价值创造体系拓展关键绩效指标模型，研究企业及责任体层次化关键绩效指标体系。第一，提出价值创造目标要适应企业职能构架特征，与管理会计工具具有一致性。第二，利用关键绩效指标作为战略目标分解工具，构建效益类、效率类、发展类、风险类、规模类五类要素指标。第三，定义企业绩效与部门考核之间关系，导出责任体关键绩效指标。第四，利用层次分析法验证关键绩效指标权重，并论述驱动价值创造五要素的重要性排序。

本书研究了管理系统控制框架（Otley，1999）、控制杠杆（Simons，1995）等经典管理理论与中国大型企业权变环境、运营转型实践的结合及理论创新，在指导企业运营控制、管理会计实践、数字化转型、关键绩效指标权重设定等方面具有启迪作用。首先，上篇立足大型网络通信企业 HBLT 运营转型案例，基于霍尔三维结构理论构建系统观企业价值创造体系，按两两维度矩阵模型重点研究运营目标与风险管控的统一、管理会计工具与运营控制要素的内在逻辑及协同、价值创造过程与管理会计工具对数据元一致性特征等问题，实证并分析责任体组织架构下层次化关键绩效指标及其驱动要素。其次，中篇以系统思维驱动的管理会计实践案例，剖析了管理会计在运营转型过程中的内在逻辑及层次化应用。最后，下篇以科技创新责任体为载体，基于系统观企业价值创造理论研究国有企业打造原创技术策源地的新模式和路径。本书丰富了管理会计工具理论，在推动企业运营转型和数字化转型，助力中国企业高质量发展，打造世界一流企业等方面具有重要的理论和指导意义。

为聚焦研究，本书未探讨资本运作及资本市场对企业估值的影响。基于大数据、智能财务的运营转型及价值创造体系将成为进一步研究方向。

目　录

上篇　系统观企业价值创造体系与运营转型路径研究
——以 HBLT 运营转型为例

中篇 系统观企业价值创造体系下的管理会计实践

上 篇

系统观企业价值创造体系与运营转型路径研究——以 HBLT 运营转型为例

笔者按：会计融合与发展

当下，企业财务工作承载着经济规划、决策、控制、评价等职能，为战略规划、资本运作、资源配置、风险管控等提供支撑。

第一，要立足岗位提升认识，强化职业操守，树立“国家利益高于一切”的核心价值理念，遵守准则，协同创新。按照打造世界一流企业的总要求，用资本平台、金融工具推动产业上规模，用现代管理方法助力企业高质量发展。

第二，财务管理要主动融入经营，将业务、财务、法务、资本融合，配置资源，助力发展。推进业财一体化，贯通合同、资金、预算、核算、结算、决算，促进业务流、资金流、信息流统一。精益管控创造价值，业务协同提升支撑能力，以责任体激发基层活力，优化资本结构降低资金成本，压控“两金”提升效率，落实降本增效，优化资源配置，打造企业核心竞争力。

第三，以项目为作业载体，推行 BU 财务，强化过程管控。前评估实现项目优选、过程管控降低风险、后评价推动绩效对标。技术研发推动产品化，产品化促进产业化，培育新市场，孵化新产业；利用金融、资本杠杆，加快产业化和市场化步伐。

第四，在信息化方面，将财务共享作为资源配置手段，作为管控切入点和抓手。以财务共享促进标准化、流程化、一体化。强化合同在商务模式、项目执行、资金预测、风险管控等方面的核心作用。

第五，发挥企业内部控制风险导向的专业实践，将制度建设作为科学、高效的沟通方式。效益优先，流程优化，制度先行；以内部控制规范运营，主动创新商业模式与风险预警。主动沟通提升协同，主动引导提升管理，主动作为防范风险。

综上，运营转型与财务能力提升要有战略思维，应聚焦企业价值创造和风险管控相统一；用系统观的思想和可持续发展理念相结合，以责任体作为激发企业活力的组织载体，以项目作为运营管控的作业载体，以数字化转型作为运营转型工具载体，促进企业经营绩效与战略目标协同发展。

第1章 绪 论

1.1 研究背景及问题提出

全球经济一体化和互联网产业发展对企业传统商业模式、经营管理模式提出了严峻挑战。科技创新与发展促进产品服务呈现多样化、差异化趋势，市场趋于成熟，供过于求成为常态。面临越来越充分市场竞争，经营环境变化倒逼企业创新与变革生产方式、经营模式，持续创新运营体系，经营转型迫在眉睫。一方面，企业资源配置、人才、资本和市场等运营要素面临挑战；另一方面，企业经营模式与产业结构转型迎来新机遇。当下，大数据、信息技术与管理会计深度融合，构建与经营环境、组织结构、绩效评价、方法工具相适应的价值创造体系已成为提高企业竞争力的重要路径。

企业运营是复杂的系统工程，企业推动运营转型需要根据内外部环境特征有效配置资源要素，各种管理方法协作并提升价值创造能力。管理推动价值创造是企业的使命和目标，其实现过程受到组织架构、控制方式、要素配置等内外部客观因素影响。Otley (1980) 指出，没有一个普遍适用的管理控制系统可以同时适用所有企业，管理控制系统的适用性取决于企业自身特定环境和设计的组织结构，只有权变认识运营要素，并构建管理会计系统才能取得高质量企业绩效。近年来，全面预算、作业成本、风险控制、绩效评价等管理会计工具已嵌入企业运营控制环境，成为企业管理创新的路径。然而，不同管理会计工具运行机理与管理原则存在一定程度的重叠与交织，而且企业运营过程中存在实操重点差异性与管理缺陷，导致实践中既不能应用一种管理会计工具实现对企业运营控制支撑，也不利于管理会计工具之间的高效协作，因而管理会计工具需要在管理会计框架指导下科学选取。另外，技术创新加速改变了组织和员工行为，互联网及数字技术改变了业务流程及运营模式，给企业运营转型带来了深层次问题。

1.1.1 研究背景

受全球新冠疫情、新一轮科技革命和产业变革交织影响，中国经济正处在前所未有的变革期。首先，中美之间经贸摩擦、双边战略关系处于紧张状态，甚至出现反全球化思潮。其次，持续推进“一带一路”、RCEP 等区域经济一体化项目，标志着中国经济加快主动融入全球贸易步伐。最后，新冠疫情对世界经济产生严重负面影响。因此，中国企业面临经济不确定性增加风险。

（1）价值创造是企业高质量发展的重要特征

中国明确将“高质量发展”作为新时期经济社会发展的重要指导思想之一。习近平总书记要求国有企业从体制、机制创新着手加快建设具有国际竞争力的现代企业制度，要充分调动各类组织和人才的积极性、主动性、创造性，激活企业内生动力。国务院国资委提出《国企改革三年行动方案（2020—2022 年）》，以完善中国特色现代企业制度、健全市场化经营机制、深化混合所有制改革等激发企业内生动力的方案。因此，中国经济步入新旧动能转换的关键期，引导中国经济向效益型增长、规模型增长转型，促进企业“做优、做强、做大”，引领运营变革，释放企业高质量发展的新动能。

高质量发展是中国企业为适应经济环境新常态的主动抉择，是贯彻中共中央提出的新发展理念的根本体现，是建设现代化经济体系的必由之路。为实现此目标，企业需要围绕当下经营过程中面临的动态问题，有针对性改革创新，完善企业经营管理体系，持续提升企业价值创造能力。推动高质量发展是一种全新发展理念，是立足根本、掌控全局、着眼未来的发展要求；是企业应对复杂环境、破解发展困境、调整产业结构、创新发展模式、激活企业发展新动能的总要求。高质量发展意味着企业能提供满足市场需求的更优产品或服务；意味着企业能充分激发积极性和创造性；意味着企业能获得持续增长价值回报；意味着企业拥有较高运营效率和效益；意味着企业能通过运营变革提升竞争力。

综上，企业实现高质量发展过程具有综合性、复杂性。高质量发展应遵循如下路径：一是要坚持系统思维、价值创造理念，做好顶层理论设计。二是建立健全落实运营机制，包括体系建设、任务分解、协调推动、绩效评估、反馈完善、整改提升、数字化等内容，建立激发企业内生活力的长效机制。三是要面向价值创造建立层次化、可评价指标体系，使价值指标可评价、可分解、可实现、可管控。因此，高质量发展是围绕企业效率和效益的深刻变革。

（2）激发企业价值创造是一个权变应对的过程

价值创造是企业的使命和目标，其实现过程受到组织架构、控制方式、能力提升、企业文化等内外部客观因素影响。近年来，全面预算、作业成本、风险控制、绩效评价、平衡计分卡等管理会计工具已嵌入企业运营控制环境，并成为企业管理创新的路径。与此同时，在组织架构等权变因素影响下，需要系统、科学地整合管理会计应用。因此，基于权变理论原理，企业必须不断调整管理理念，积极应对内外部环境变化，以支持决策，提升价值创造能力。

权变理论认为企业需要根据外部环境变化及不确定性适时调整管理会计实践，不存在最优的管理会计应用。权变理论建立了控制环境与管理控制模式之间的联系。因此，管理会计应用与企业组织特征、运营环境不确定性等因素有关。通过组织架构变革激发企业行为动机，助力企业实现战略规划与愿景，是组织权变特征。权变要素是影响管理会计实践的主要原因，包括外部环境、组织架构、技术驱动、市场规模、企业文化和企业战略等。当企业规模过大时，会出现因内部组织结构不合理，影响经济性和实施效果。从提高效率与效益角度，可采用责任体方式（如阿米巴等）促进企业转变经营体制，分解目标，配置资源，以组织结构变革和绩效评价相结合，激励各级组织创造价值。管理会计应用程度和应用层次与企业组织机构分权程度正相关。经营环境不确定性、组织分权、技术应用以及战略规划等因素都会对管理会计工具应用产生影响。权变理论对企业应用管理会计工具具有显著影响，进而影响企业管理会计工具应用层次。

企业运营转型的首要目标是加强管理决策，提高营运效率。管理者需要根据内外部环境变化适时调整管理会计的应用层次及逻辑。①客观上，管理会计工具在企业应用存在层次性，且随权变环境影响而变化。②整合不同层次管理会计工具能提供系统的信息支撑，优化资源配置，推动管理决策。③不同层次管理会计整合框架能显著提升企业绩效，提升价值创造能力。市场竞争和经营困境成为驱动企业运营转型的动因，权变环境与管理会计、数字化整合为企业运营转型带来了机遇。

（3）数字时代管理会计驱动的企业价值创造

步入信息社会，数字技术颠覆和改变了人们认识客观世界的基本思维方式与理论框架。当下，数字技术促进实体经济深度融合，赋能传统产业转型升级是落实“十四五”规划的重要内容。“互联网+”应用模式显著提高了经济发展质量和企业效率等。当下，中国数字化转型正在不断加速，并推动企业高质量发展。大数据、物联网、云计算、人工智能等技术驱动着运营模式和商业模式创新，不断整合企业价值主张、业务流程等。在数字技术推动下，企业外部环境和内部运营模式均发生巨大变化，给企业管理模式带来新挑战。同时，信息化为企业价值创造理论注入新内涵。

财政部《管理会计基本指引》（2016）指出“管理会计运用工具方法，参与企业规划、决策、控制、评价活动，提供报告与信息展现，推动企业战略规划，以持续创造价值为核心，促进企业可持续发展。”管理会计能为企业创造价值，提高管理效益（于增彪，2018），且与组织绩效正相关。企业经营管理系统是由各管理控制工具组成、协调运行的方法集合，作为运营控制手段，管理会计整合应用是经营协调的前提。管理会计整合是指企业以业务为先导，以财务为协同，将管理会计嵌入企业经营各领域、层次、环节的运营模式和商业模式。管理会计整合应用强调管理会计与新业务融合，以实现战略目标。管理会计整合意味着互联网商业模式下运营控制方法之间的协作与支撑，以满足不同部门（责任体）之间、产业链上下游业务活动对信息管理的需求，契合关键绩效指标（Key Performance Indicator，KPI）考核需要。此外，整合需求因管理会计工具之间“差异—互补性”而显著和迫切。

管理会计驱动企业创造价值，受到价值链生态环境影响。一方面，市场竞争是驱动价值创造的内在动力。另一方面，管理会计应用要与企业运营环境融合，与数字技术结合。管理会计实施要符合组织架构特征，与企业资源配置能力协调一致。一是服务于企业战略，促进价值创造目标与风险管控的统一。二是整合企业组织架构、绩效评价，激励基层单位面向客户需求的价值创造能力。三是为管理赋能，平衡管控要素及方法协同。四是注重数据系统性、完整性、及时性，推进管理信息化。因此，在企业实现价值创造过程中，将控制理论、管理会计工具与企业权变因素结合，推动数字化转型具有重要性与迫切性。

1.1.2 问题提出

价值创造是企业实现高质量发展的路径。科学管理是企业实现可持续价值创造的根基，是决定科学管理成效的关键。在数字化和互联网商业模式冲击及颠覆下，企业间竞争变得异常充分和惨烈。企业价值创造在竞争能力、市场占有、业绩水平等方面体现为运营效率和运营效益优势。中国企业处于“做大做强”向“做优做强”转型进程中，是经营管理适应内外部环境的动态过程，深刻影响着运营控制要素、管理会计框架和企业价值创造理论。

企业运营管理是一个控制系统，需要整合不同管理方法，共同组成经营模式，以适应不同发展阶段、不同责任中心、不同控制环境需求，满足经营情境下的特征需求。当下，价值创造理论和管理会计理论还停留在单一理论基础为主导的研究模式，未能系统考虑企业运营过程中受到权变环境、管理协同、内在逻辑、驱动因素等影响，实践中增加了管理工具之间相互制约，进而降低企业资源运营效率和效益，并在一定程度上制约企业价值创造能力。研究价值创造需要整合管理会计框架、KPI和控制要素，构成系统观企业价值创造体系，探索信息化实施、组织变革、绩效评价等权变环境下驱动企业价值创造因素及内在逻辑。因此，构建系统性、融合性、适用性，面向价值创造能力提升的运营管理体系很有必要。

管理会计服务于企业内部经营决策和管理控制，对创新价值创造体系，实现高质量发展具有不可替代作用。事实上，无论是企业经营管理控制模式创新，还是组织架构层面控制方法优化，都需要根植于中国企业经营管理实践，提炼具有鲜明中国特色的企业经营管理特征、构成元素、内在逻辑与价值创造等理论体系。企业面临经营环境及权变要素等变化的影响，相对大型企业而言，运营转型是一个需要在发展中不断推动变革的系统工程，不能一蹴而就。企业在组织变革驱动价值创造能力提升为目标的运营转型过程中，面临如下问题：

（1）企业价值创造涉及组织划分、目标设定、激励评价、控制要素、管理会计工具及信息流等各方面，企业应对市场环境和权变环境动态变化的运营管理尚没有固定范式。

（2）在战略及运营层面处理好风险管控与价值创造目标的统一。风险管控路径既要符合企业内部控制指引要求，又要符合经营管理特征。

（3）管理会计工具在企业运营转型及驱动价值创造中发挥重要作用，需要运用整合和协同思维，选择与运营环境及权变特征相适应的管理会计方法，据实推进。

（4）随着技术发展，数字化转型为推动企业运营转型提供了信息基础。企业运营信息标准化、一体化成为管理创新和技术发展方向，且在数字技术推动下迭代发展。

（5）责任体既是推动变革、激发活力的工具，也是驱动实现企业价值创造目标的载体，还是整合运营要素、管理会计方法、价值链过程，提升价值创造能力的动力源。

因此，企业价值创造是责任体整合运营要素、管理会计方法、价值链过程，提升价值创造能力的系统工程，需要理论创新和实践指导。为聚焦企业运营管理的内在逻辑及框架研究，本书基于大型网络通信企业HBLT运营转型案例，提出以系统观企业价值创造体系为对象，重点研究运营转型需求下运营风险管控、管理会计逻辑、经营数字化特征；此外，还研究组织权变特征下评价企业价值创造能力的关键绩效指标体系及驱动因素。构建系统观的多维企业价值创造体系，旨在研究组织变革、权变环境与绩效目标、风险管控、管理会计、数字化转型等关系，探索价值创造管控路径和方式。通过本研究，拟探索管理控制框架理论（Otley，1999）和控制杠杆概念（Simons，1995）结合大型国有企业运营转型的理论创新与管理实践。

1.2 研究目的与意义

1.2.1 研究目的

全球经济增速趋缓，中国经济面临结构性调整，运营转型与管理创新成为企业面临的新常态。高质量发展必须向运营管理要效益，管理会计是提升企业经济效益和价值创造能力的重要工具。企业经营体制、经营机制、经营目标在复杂的内外部环境影响下均发生重大变化，对管理方法和经营决策提出全新要求。为适应企业内外部环境变化，需要从不同维度创新企业价值创造理论。一方面，要结合中国企业管理实践，适应中国经济、政策以及高质量发展要求，结合互联网、数字化推动商业模式发展趋势。另一方面，要适应企业规模、运营环境变化，持续优化经营管理的内在逻辑，不唯方法，持续推进管理理论与经营实践结合。管理会计具有“引导经营行为”的作用，导致企业被动应用管理会计工具，也暴露出与经营环境、战略规划、组织形态以及企业文化之间的适应性问题，影响企业价值创造能力。在管理会计和管理控制要素加速融合应用过程中，强化权变与动态特征，整合资源并降低目标的不确定性。管理会计在价值创造、资源分配、绩效评价等方面起到基础作用，在推动企业实践高质量发展过程中，要激发盈利能力和经营效率为主的内在价值。管理会计工具与运营控制、价值创造目标之间缺乏系统性、针对性、协同性，限制管理会计发挥价值作用，削弱企业效率和效益，导致企业运营成效不佳。当下，信息技术驱动企业经营管理向着集中化、扁平化、系统化趋势发展，单一价值创造理论和管理方法在企业实践过程中受到很大局限。综上，本书提出如下研究目的：

（1）为应对市场竞争及运营权变环境动态变化，引入系统工程思维，构建运营控制要素、管理会计方法、价值链过程、绩效评价等因素驱动的系统观企业价值创造体系及理论模型。

（2）实现企业价值创造，管控运营风险，就是控制目标偏差的过程。运营管理是实现价值创造目标与风险管控辩证统一的过程，也是运营控制要素与价值链过程相结合的作业管控过程。

（3）管理会计是驱动企业价值创造能力的重要工具。识别管理会计与运营管控要素的内在逻辑，既是提升运营效率和效益的手段，也是管理会计整合与协同的实践。

（4）数字化转型为企业运营转型提供信息平台和技术手段，提升企业应对内外部环境变化的动态能力。研究企业运营数字化特征，识别运营控制数据元，是提升企业价值创造能力的信息基础。

（5）各级责任体是引导企业实现价值创造的组织载体。从责任体视角研究层次化关键绩效指标体系及其驱动，是组织架构、资源配置、管理方法等要素深度融合和协同，量化评价企业价值创造能力的路径。

本书基于霍尔三维结构提出系统观企业价值创造体系，作为研究企业风险管控、管理会计工具、数字化特征、层次化 KPI 体系的理论基础，以探索企业运营转型和高质量发展，实现价值创造目标的运营路径。

（1）拟以系统工程理论为基础创新企业价值创造体系

价值创造是企业的使命和目标，其实现过程受到企业组织架构、控制方式、要素配置等内外部客观环境等权变因素的影响。企业运营是一个复杂系统，其成功取决于各种管理方法有效集成，是各种信息有效交流、各种管理方法有效协作的过程。价值创造实质上是围绕企业战略和使命目标，通过组织架构驱动人、财、物三种基本要素和业务活动，实现提供商品或劳务等价值链过程目标。在价值创造过程中，人、财、物分别形成依附于组织架构的人力资源、依附于技术驱动的物化过程、依附于现金流转的财务核算，分别形成了人才流、业务流、资金流，并依托于信息流进行管理和控制。这种依托于资源组织和物化过程的管理对象，决定了企业职能机构变革需求。组织结构依附于企业战略，决定了企业价值创造基本模型。因此，企业价值创造过程因为组织架构存在内在矛盾，需要从整体化、最优化目标着手改进。技术进步加剧市场竞争，企业内外部经营环境变化深刻影响着企业经营模式和生产方式。本书提出构建系统观企业价值创造体系的目标，拟实证价值创造与运营控制、管理会计工具等要素之间的内在联系。

（2）拟研究管理会计工具与运营控制的内在逻辑及协同

价值创造是企业经营的使命和目标，运营管控是企业实现价值创造的过程，管理会计成为提升企业价值创造的重要工具。研究管理会计与企业价值创造的内在联系能促进管理工具之间的协同。另外，应用各种管理工具与运营控制活动相关，同时也受运营管理模式影响。价值创造由企业经营相关所有管理活动相互作用构成，涉及战略规划、预测决策、计划分解、控制执行、考核与评价等每一个环节。每个层级都会配置资源，形成驱动价值创造的作业，并由与之对应的管理会计工具予以计量、评价、反馈、协同和控制。管理会计围绕不同阶段、不同层次、不同管理岗位对相同数据进行专业化、差异化展现。企业经营管理需要协同职能部门及不同管理方法。在融合职能构架、企业运营特点、各类管理方法的运营体系下构建管理会计体系，以契合企业价值创造目标，提升企业竞争力。因此，应在企业不同层级匹配相应管理会计方法，以驱动价值创造。管理会计作为落实企业战略、协同价值创造、提升企业核心竞争力的重要工具，要适应企业经营面临的内外部环境因素变化。因此，基于价值创造体系，本书拟构建企业经营特征和管理会计工具关系模型，并定量分析要素相关性、层次性，以提升运营协同能力。

（3）拟探索企业运营控制模式下的数字化特征

随着互联网和移动通信技术发展，企业数字化应用水平不断提升。在数字技术推动下，业务与财务呈现一体化趋势，信息及时性、准确性和互用水平成为衡量企业数字化能力和运营能力的重要因素。财务信息化发展与人工智能、共享、云技术等结合，被赋予全新发展方向和路径。财务信息化不再是单纯的独立系统，而成为整个企业信息化的重要组成。抛开财务信息化技术路线，就财务信息数字化特征，在一体化、智能化、系统化发展趋势下，成为当下财务数智体系的重要研究内容。一方面，无论云财务、共享财务、ERP 或数据中台等处理方式，核心是能满足当前及未来运营管理发展需求的数据元素。另一方面，企业在推进财务与业务一体化发展进程中，哪些数据元素是构成商业模式和运营模式的关键内容，也是企业数字化转型支撑战略目标及高质量发展的基础。因此，从价值创造体系、运营管理模式、管理会计应用等角度探索满足企业未来发展的运营数字化特征，是企业以数字化转型推动运营协同，提升企业价值创造能力的关键。

（4）实证评价价值创造能力的层次化关键绩效指标特征

价值创造目标不仅是战略分解的工具，也是考核和激励的方法。价值创造评价存在面向资本市场的企业估值和面向内部运营的价值创造能力评价两类方法。面向内部运营的价值创造能力评价体系不仅涉及企业级业绩，也涉及不同层次责任体业绩；不仅评价企业当下业绩，也涉及企业未来发展战略；不仅要考评货币化指标，也需要考评非货币化指标；不仅要考评财务指标，也要考评业务指标；不仅要考评企业内部责任体贡献，也要考评外部市场满意度；这种绩效考评应该具有系统化、全方位、多维度、层次化、可计量等特征。研究 KPI 权重，对企业价值创造模式有重要影响的驱动因素进行评价、决策，就成为评价企业价值创造的关键。绩效模型要考虑基于责任体的核心驱动，包括绩效激励政策、市场销售策略、要素配置及成效、市场适应性、运营适应性等因素。企业资源配置、绩效激励、营销策略等驱动因素之间存在内在联系和重要性关系，为围绕价值创造选择绩效指标提供定性分析及定量决策依据。首先，企业价值指标体系中各指标权重与经营环境相关。其次，企业内外部环境也构成驱动企业 KPI 的因素。最后，价值创造目标在企业和部门之间存在分解与衔接。因此，责任体核算方式是激发基层单元活力的重要方法，关键绩效指标是评价企业价值创造能力的重要工具。

综上，为适应企业内外部环境变化及挑战，增强企业价值创造能力和市场竞争力，本书以大型网络通信企业 HBLT 运营转型为例，拟创新系统观企业价值创造体系，实现企业运营转型及高质量发展过程中面临的风险管控、管理会计逻辑、数字化特征及层次化 KPI 体系等研究。

1.2.2 研究意义

文献研究显示，已有学者立足集成化开展管理会计工具、运营控制要素、数字化转型等驱动价值创造的理论研究和实践探索。如：沙秀娟（2017）基于价值链基础理论研究管理会计工具与价值链节点和过程的综合应用；Otley（1999）、Kalpan 和 Norton（2001）、王斌和高晨（2004）、高晨和汤谷良（2007）、池国华和邹威（2015）、王满（2019）等立足特定企业经营情境研究管理会计应用与实践。在数字技术推动下，未来业务模式较多体现为人机交互。在技术与商业模式推动下，未来运营管理向数据分析、风险管控、系统集成等领域融合发展，引导企业运营转型，提升价值创造能力。在商业智能、数据分析和组织变革需求下，管理会计技能、数字技能将成为推动企业运营转型的基础。中外文献比较少见针对企业内外部环境、权变因素和运营管控特征研究价值创造的体系。多数研究仅从某理论层面或聚焦单个管理会计工具对企业的价值创造的影响展开，研究成果在理论与实践的结合度方面偏弱。鲜有学者从整合价值创造过程、运营控制逻辑、管理会计方法三个维度构建系统观企业价值创造体系，并按运营风险管控路径、管理会计整合框架、运营数字化特征三方面开展理论研究和实证分析；较少有针对中国企业组织架构变革、绩效目标、激励评价等权变因素影响，实证分析企业价值创造评价相关的层次化绩效指标权重及驱动因素。

为突破如上局限，基于系统工程、权变理论、战略协同等基础理论，本书提出系统观企业价值创造体系及运营路径的课题，以研究风险管控、管理会计、数字化特征、关键绩效指标等内容及框架。

（1）理论意义

本书是价值创造理论结合企业权变环境的“本土化”创新，研究推进了相关理论深度和广度。基于霍尔三维结构提出系统观企业价值创造体系及运营路径研究，提升企业应对市场竞争及权变环境的动态协同能力。研究改变了传统单一理论基础为主导的价值创造模式，提出由价值链过程构成的时间维度、管理会计驱动的知识维度、运营控制要素为主的逻辑维度、KPI 评价构成价值维度的体系，以两两维度矩阵方法创新企业运营路径的研究。首先，以逻辑维度和时间维度为主构建企业运营风险矩阵，研究运营风险管控与价值创造过程管控一致性的方法，防范经营目标偏差。其次，以知识维度和逻辑维度为主构建企业运营工具矩阵，研究运营控制要素与管理会计方法整合与协同，拓展 DSM 方法的应用领域。再次，以知识维度和时间维度为主构建企业运营数字化特征矩阵，创新立足管理方法与价值链过程研究运营数字化方法。最后，基于系统观企业价值创造体系，推导出面向责任体 KPI 权重及驱动的模型。本研究为推进责任体激发企业价值创造能力和运营活力提供了理论和决策依据。

（2）现实意义

基于 HBLT 运营转型实践的理论研究和实证分析，不唯单一方法和理论基础。实践层面，依据系统观企业价值创造体系理论模型以及案例分析、实证分析，阐述企业价值创造受到内外部环境及权变因素影响，实证分析管理会计工具与运营控制特征的内在联系。首先，基于运营风险矩阵模型研究价值链过程及经营管控要素相融合的风险管理路径。其次，研究管理会计工具之间的内在逻辑和层次属性，实证分析管理会计工具的量化关系，对管理会计整合，推动价值创造实践具有指导意义。再次，以知识维度、时间维度为主，研究运营数字化特征，为企业数字化转型路径奠定基础。最后，实证分析 KPI 权重和驱动因素。研究有益于引导企业设置绩效指标，优化要素配置；激发责任体活力，促进各级组织绩效与企业价值创造目标的统一。基于 HBLT 主营业务场景及权变环境开展的系统观企业价值创造体系研究，为新常态下中国企业数字化转型及高质量发展提供了理论基础和实践案例。

基于大型网络通信企业 HBLT 运营转型案例，提出系统观企业价值创造体系及研究内容，既是对权变环境下管理控制理论的创新，也是对中国大型企业运营管理和运营转型实践的总结，在学术研究和实践指导方面具有启迪作用。

1.3 国内外发展现状与趋势

动态应变能力是变化环境中任何想获得持久竞争优势企业必备的特质，管理会计实践是企业根据权变因素持续改进和动态优化，提升价值创造能力的过程。此外，动态整合理论（Schreyògg 和 Kliesch Eberl，2007）强调将动态维度整合为管理能力评价体系，以推动企业管理持续创新。

1.3.1 价值创造相关文献研究

价值链过程理论。价值创造概念来自 Michael E. Porter 的价值链理论，即企业将原材料转换为标准化产品的一系列活动，也称企业内部价值链过程。这是立足价值链视角，企业内在导向的价值创造基础理论。价值链理论主要研究企业运营围绕市场和客户需求，通过分工和合作驱使主业务活动实现产品、服务交付，并实现价值增值的过程。价值链理论基于企业运营环境，与企业组织架构相关，并通过辅助活动配置资源和支撑条件，以目标和激励驱动组织架构完善，控制生产成本、质量、时间等，实现企业价值创造的过程。国内学者何瑛和彭晓峰（2005）指出价值管理是以实现企业价值最大化为管理目标，以价值创造驱动因素为起点，研究以人为本的价值创造过程。梁毕明（2014）总结学者对价值管理的定义，从多角度分析驱动价值管理的要素。结合企业内外部环境，围绕价值最大化目标，价值创造体现为与企业战略、组织架构、经营模式、绩效考核、薪酬福利、风险控制等方法及运营要素紧密相关的竞争优势。价值创造过程在业务流程、部门职能、控制方法交织下，体现为管理协同、长短期利益兼顾、企业价值创造视角下各级绩效考核指标的统一。企业运用价值链理论优化战略，以应对内外部经营环境的变化。在企业战略引领下，优化企业价值链，提升企业价值创造能力，以减少无效、低效作业及资源消耗。

价值估值和能力评价理论。企业作为被交易对象产生了金融及资本市场视角的企业价值估值和价值创造能力评价理论。20 世纪 30 年代，Fisher Effect 提出现金流折现估值理论。Modigliani（1958）提出基于现金流的企业价值评估体系。Rappaport（1986）提出现金流折现模型，明确企业价值最大化是驱动企业管理的目标。随后，产生了股利折现估值、零增长股利估值、固定增长股利估值等模型。20 世纪 60 年代，出现 MM 理论、期权定价股票估值模型（即 B - S 模型）、二项式模型（Binomial Model）等。期间，定义了托宾 Q 理论、市盈率法、市净率法、市销率法、清算价格法、重置成本法、市场比较估值法、资产层面透明度和资产支持证券的（E）估值等。自 20 世纪 90 年代起，企业价值评价理论从价值分配模型向价值创造能力评价演进。美国 Stern Stewart 公司提出经济增加值（EVA）作为企业价值创造能力的评价指标。Donaldson 和 Preston（1995）提出企业价值管理还应该体现为利益相关者视角的价值创造能力。国内学者曲向军、杨紫燕、曾凌从经济利润指标入手分析上市公司估值。21 世纪初，企业估值得到进一步创新与发展，出现基于经验证据研究运营相关的企业价值估值。国务院国资委引入并改进 EVA 方法用于中国企业价值创造能力的评价，标志着国有企业管理由管资产向管资本过渡。因此，基于价值创造能力评价的企业管理模式是一场具有深刻影响的管理革命（汪平，2005），怎么驱动“创造价值”变成企业运营管理面对的一个基本问题（郭永清，2015）。

管理会计驱动价值创造理论。管理会计驱动价值创造被认为是一种价值管理模式。管理会计是实现价值创造过程的实践，这是工具视角、方法导向的价值创造基础理论。财政部《管理会计基本指引》指出管理会计应用包括应用环境、管理会计活动、工具方法、信息与报告四个要素。运用管理会计应充分了解和分析企业内外部经营环境，准确把握价值创造模式，推动财务与业务等要素的有机融合。管理会计工具在规划、决策、控制、评价等方面服务于企业相关活动。管理会计工具是实现企业价值创造目标的具体手段和方法，是包括战略地图、滚动预算、作业成本、本量利分析、平衡计分卡等模型、技术、流程的统称，并不断创新优化。企业应结合内外部环境实际情况，根据管理特点和实践需要选择适用的管理会计工具方法，促进管理会计工具方法的系统化、集成化。管理会计是以价值创造为导向开展经营活动与作业。例如：作业成本、预算管理、战略管理等都是驱动企业价值增值活动的基本方法。基于管理方法定义的价值管理有三个类型：一是 Knight、Ronte、Condon 和 Gold - stein 等基于结果界定为管理工具、管理架构、管理思想。二是 Boulos、Haspeslagh 和 Noda 等基于程序界定目标设定、制度和架构的设计、策略规划、营运过程到薪酬设计的全过程。三是 Arnold、Anne Ameeles、Ittner 和 Larcker（2001）提出的价值驱动动因，从结果和程序界定价值增值管理。Teemu Malmi（2003）指出价值管理涉及企业不同管理层或员工。Samir Asaf（2004）提出企业价值评价与财务政策、风险管理、财务报告、计划、控制、业绩管理等具有相关性。国内学者也认为经营战略与财务战略之间存在着密切的内在联系（王满，2019），并提出基于价值流的战略管理会计系统。

1.3.2 管理会计相关文献研究

薛杰等（2017）将管理会计研究概括为 8 种“论”点，即本质论（利特尔顿，1969；王棣华，1999）、目标论（陈今池，1989；孟焰，1997）、层次理论（劳秦汉，1995）、核心能力论（胡玉明，2001）、假设论（孙茂竹，2002）、信息提供论（Atkinson 等，2011）、环境动因论（卢恩平和邢于仓，2005；刘爱东，2006）、成本信息论（李玉周和聂巧明，2005）。2014 年之后，国内学者相继提出以价值创造及其方式为起点的逻辑框架。管理会计价值导向原则是指管理会计应用要以持续价值创造为导向，并贯彻到各级组织机构（如责任体、阿米巴）。CIMA《全球管理会计原则》强调提供信息和创造价值作为企业管理核心的重要性。管理会计是内嵌于组织之中的权变预测与经营决策结合的方法，通过信息支持和决策，提升企业运营效率和效益，增强组织价值创造能力（王斌和顾惠忠，2014）。环境不确定性取决于环境的复杂性和变动性。借助规范企业或组织之间的管理会计行为，提升企业运营能力和价值创造能力。Johnson 和 Kaplan（1987）认为管理会计重心已从成本管控和财务控制为主，转为强调价值创造作用。CGMA（2014）提出管理会计以高质量决策为中心，通过信息整合与分析驱动价值创造和增值过程。

文献显示，管理会计系统取决于企业组织环境。只有认识运营要素权变特征，构建管理会计系统才能取得较好经营与组织绩效。因此，在选取管理会计工具时，企业应根据组织特点深入分析运营控制与不同管理会计工具相关性，有效对接企业运营管理特征。价值创造本质就是管理会计主动应对环境不确定性的实践，应围绕客户需求推动企业提升价值创造能力。管理会计实践要适应企业内外部环境及运营特征，价值观反映管理会计当代理论趋势。通过组织重构、能力迭代与控制活动创新以适应新环境，引入环境等权变因素并获得持续竞争优势和价值创造能力，推动价值创造模式演变。管理会计工具支撑目标各有侧重且相互影响，企业运营控制过程需要根据组织特征选择恰当的管理会计工具。例如：战略目标分解方面问题，多采用全面预算方式解决；价值创造能力方面问题，可采用绩效评价体系方式解决；供应链问题，可采用基于互联网的供应链模式解决；基层单元活力问题，可通过责任体再造解决；营销支撑问题，通过市场策略支撑和 BU 财务等方法解决。

因此，揭示管理会计工具与企业运营控制活动的内在联系，是通过协同提升企业核心竞争力的重要因素。

管理会计工具具有整合属性。现有研究提出以价值管理、平衡计分卡、全面预算、作业成本法等为核心的管理会计框架。然而，既有管理会计框架主要针对单一管理目标或管理会计工具开展研究和实践，较少涉及管理会计工具与运营控制内在逻辑研究。Hope 和 Fraster（2001）提出包括财务预测与计划、业绩评价和激励方案为主的“超越预算”整合框架。Covaleski 等（2003）从经济学、心理学和社会学等视角提出基于预算系统内部整合理论分析框架。国内学者李玉周（2005）提出基于成本视角管理会计框架。Serebryakova T.（2021）提出价值管理框架（Value Based Management，VBM），选择绩效指标、绩效评估，以及反馈改进进行研究。Pareek 和 Mukherjee（2021）以平衡计分卡（BSC）为核心，整合预算、活动管理、股东价值指数等工具。Ploder 和 Dilger（2020）专注于项目管理与预算结合。Choi，Y. S.（2021）发现压力下企业预算具有多样化特点。Lima（2021）使用平衡计分卡研究战略管理。因此，管理会计整合框架具有如下特点：第一，强调管理会计工具整合的根本目的是为企业创造可持续价值。第二，强调整合框架应该围绕某一核心工具或目标。第三，承认单一工具存在缺陷和工具之间的互补性。中国管理会计研究和实践相对落后，不仅缺乏中国特色理论框架，还缺乏针对中国企业实践的实证分析。第一，管理会计整合框架与运营控制活动的逻辑性差，有待深入研究其融合应用。第二，未研究管理会计工具内在联系与层次性，应深入研究管理会计工具整合与协同。

1.3.3　数字化转型相关文献研究

数字化转型是当今企业高质量发展的战略需求。数字化转型是企业面临的战略问题。数字业务转型通过打破人、企业和事物之间障碍，助力企业产品、服务创新与发展，并促进经营方式转变，以提升企业经营效率和效益。管理创新依托企业组织变革，面临一个共同主题：制度流程优化，商业模式创新，增强运营效率，提升价值创造能力。数字化转型是指应用技术构建新的业务模式、流程、软件和系统，增强企业盈利性，带来更大竞争优势和更高效率。互联网、大数据和人工智能结合，推动商业模式和运营模式创新与变革，促进产业升级。数字技术立足企业组织架构，并深深植根于企业文化和实践。数字化定义为组织、行业、国家等采用或增加数字或计算机技术使用，以支持管理会计整合实践及决策过程。

技术创新加速改变个人和组织行为以及市场供给模式。业务自动化改变业务流程，并给企业带来深层次问题。数字化转型涉及企业商业模式和运营模式的深刻变化，涉及流程、资源、运营方法或文化等多个方面。数字化转型是企业的战略决策，企业数字化转型打破企业、员工和作业之间障碍，颠覆每个行业及企业。数字化转型倒逼企业组织不断创新经营模式。企业通过改变流程和商业模式，增强经营效率和创新能力，以提升面向市场的获取能力。成功企业数字化转型，必须平等处理组织变革、技术和数据整合间关系。数字业务转型是利用数字技术集成到所有业务领域，引导运营模式、组织方式、工作方式发生根本变化。然而，与任何新兴技术一样，企业数字创新与转型面临重大挑战。数字化转型需要深入分析业务流程和业务模式状态。数字化转型为促进企业增长和创新提供系统平台，数据和操作流程越来越多转化为数字形式。会计是 ERP 系统的核心，必须准确聚合各级关键业务和会计信息。大数据技术应用比传统功能信息系统更有效。2022 年 1 月，国资委在《关于中央企业加快建设世界一流财务管理体系的指导意见》中提出财务数智体系理念。作为企业推动运营转型和实现战略目标的手段，运营数字化特征是价值创造过程与管理会计工具相结合，以信息化和标准化推动运营转型的关键。

1.3.4 关键绩效指标相关文献研究

各级部门及员工是实现价值创造的组织载体和激励的对象，关键绩效指标是评价价值创造能力的方法。激励理论源于《国富论》中探讨分工与雇佣关系时提到的激励概念。激励动机是对组织及个体行为的驱动力。激励理论认为指标设定和绩效考核是为了驱动企业最终达成期望目标。绩效指标是分解企业价值创造目标，并实现对内激励的基础，也是运用管理会计工具驱动企业价值创造的过程。企业评价环境和方式也影响激励模式，进而提升管理会计创造价值能力。当下，企业运营环境越来越复杂，促使企业产生变革需求。首先，企业为应变企业运营管理目标、考核和激励等动态管理特征，从责、权、利角度对组织结构提出细化需求。其次，越来越严格的管理信息时效性需求。最后，管理层级越低对非货币计量信息需求越大。市场竞争与技术进步不断摊薄企业利润，提升责任体绩效成为激发企业运营活力，提升企业价值创造能力的重要路径。

关键绩效指标（Key Performance Indicator，KPI）是企业常用的绩效考核方法。根据二八原理，应关注核心结果和关键过程选取绩效指标实施考核评价。企业战略目标是概括性、指导性、长期性的；同时，各责任体 KPI 则针对职责设置，具有可衡量性、职能针对性、作业目标强关联性。因此，KPI 是实现企业战略目标的驱动要素。KPI 建立一般有三种方法：平衡计分卡、目标分解法和职能分解法。KPI 并非由上级强行下发，也不是由责任体自行制定，而是由上级与本级责任体共同制定，并达成共识。良好的 KPI 是企业目标、业务流程、责任体职能的统一。内部因素是各责任体的可控制因素，也是 KPI 的重点衡量因素。外部因素是指宏观环境、技术水平和市场竞争等。KPI 衡量对企业价值创造目标影响较大，且不可或缺。基于价值创造的 KPI 既反映短期绩效指标，也要适用企业发展战略的长期指标。因此，资本逐利性引导企业经营者将管理重心放在价值创造能力提升、价值过程可控、价值管理驱动方法协同等方面。

1.3.5 研究现状综述

当下，全球经济呈现一体化趋势，技术发展日新月异，国内外经济环境复杂多变。由于信息纷繁多样，不确定因素增加，商业模式快速变化，企业面临越来越激烈的市场竞争和权变经营环境。如何保持企业高质量、可持续增长既是国家政策引领，也是企业战略目标。

管理会计框架以提高企业运营质量为目标，将不同管理会计工具按照一定逻辑进行整合。Otley（1999）提出组织绩效是核心，围绕目标、战略和计划、目标设定、激励和奖励机制以及信息反馈循环五个核心要素来分析管理控制系统运行框架。现有研究也分别提出以价值管理、平衡计分卡、全面预算、作业成本法等为核心构建管理会计框架。然而，这些管理会计框架主要围绕某个管理目标或管理会计工具展开，缺乏对管理会计工具与运营控制内在联系的分析。同时，现有研究主要关注单一管理会计工具对特定运营控制过程的影响，而忽视单一管理会计工具存在的缺陷，以及不同管理会计工具之间的内在逻辑和协同整合。企业运营控制过程需要选择恰当的管理会计工具，根据组织特点深入分析运营控制与不同管理会计工具的相关性及管理会计工具之间的协同，以确保选取的管理会计工具集合能有效支撑企业运营控制模式。因此，构建基于运营控制的管理会计框架对综合运用管理会计工具，提升企业运营控制和经济效益具有重要意义。

Simons（1995）提出控制杠杆（Levers of Control）概念，从广义角度诠释控制的作用，并以内部控制、信念体系、边界系统、诊断性控制系统、交互式控制系统五方面为大型企业管理提供一个有效平衡价值创造与管理控制之间压力的框架体系。从传统角度看，数字化转型是威胁，信息技术的自动化对传统会计工作带来冲击。然而，数字化转型也是机遇，它能让员工从重复、单调制单任务中解放出来，专注于价值创造、报告与信息展现等活动。数字技术的普及与发展，对当下社会发展产生了深刻影响。数字化转型重新定义了经营模式，并重塑了新商业模式。变革阻力、组织文化、投入成本似乎是会计领域推动数字化转型的主要障碍，然而数字时代的管理会计在组织和社会中作用愈发重要，且不可替代。数字化转型将是组织变革、技术变革驱动的社会系统组成，数字化转型将是企业运用现代成本方法和管理会计工具的综合管理信息系统。

管理会计工作在组织变革中的作用将越来越重要。为促进数字化转型，会计信息与业务信息数字化呈现集成化、一体化趋势，并以共享中心、数据中台及财务云等形式推进实施。此外，数字化转型不仅涉及投入资源成本等问题，更涉及商业模式、运营模式深刻变革，体现在流程优化、资源配置、运营方法或企业文化等方面。通常，阻碍管理数字化转型的因素是无形的。数字化转型取决于数字战略，将围绕组织有效决策，做出敏捷响应。同时，技术发展也激发组织层面的变革动能。信息技术发展为会计领域提供巨大发展潜力，促进会计核算、分析等工作自动化，并通过管理会计工具向解析过去、控制现在、筹划未来深化发展。

就企业而言，哪种价值创造理论最适用，尚且没有一个科学的定式化解决方法。实现企业价值目标的核心是使用管理会计工具或工具体系支撑和涵盖运营控制活动、目标评价的管理机制。近年来，相继出现多种融合模式的价值创造理论，如平衡计分卡与价值链混合应用等。企业价值创造有目标及能力评价视角、价值链视角、管理会计视角三种基础理论，如图1-1和表1-1所示。实际上，这三种导向理论在经营过程中不是割裂的，而是一个相互交织、互相作用的过程。与此同时，企业价值创造过程受到外部市场环境和内部运营特征的综合影响，需要在组织架构下协同营销策略、资源配置、绩效激励等。因此，企业价值创造是绩效目标、控制要素、管理工具、信息传递、激励评价等内容的统一，是对管理会计体系适用性和整合框架的创新。当下，管理会计在企业运营管控中的作用随着社会经济发展而持续完善。管理会计体系是市场拓展、责任体、绩效评价和实践方法等串起的复杂系统。环境不确定性、组织分权、战略类型、先进制造技术等要素影响管理会计工具应用。管理会计已由初级阶段会计核算、信息提供、定量分析，向系统观企业价值创造转化。因此，价值创造相关理论和方法并不完全相互矛盾和冲突，而是存在相互作用和协同支撑。

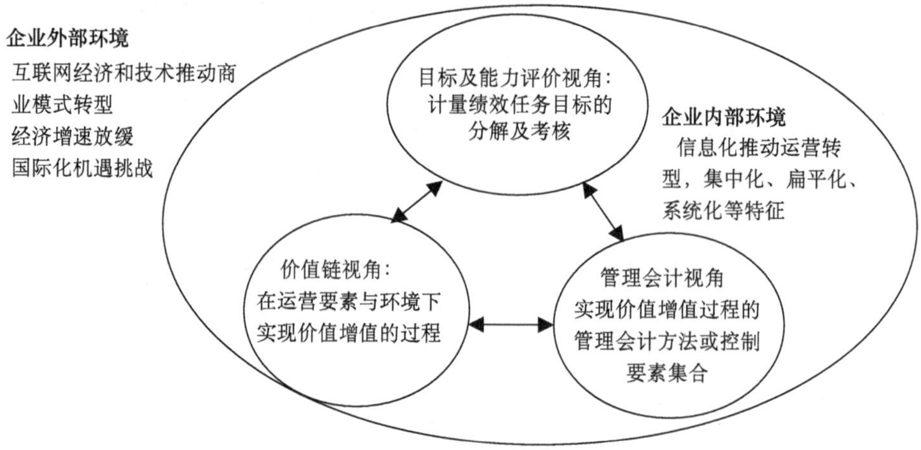

图 1－1 价值创造理论基础概图

表 1－1 企业价值创造相关基础理论

理论基础	理论特点	导向因素	主要方法	研究文献
价值链视角	企业运营要素导向。运营控制活动驱动的增值过程。将经营活动分为主业务活动和辅助业务活动，围绕产品或服务的质量、时间、资源、交付、结算等生产要素配置和组织角度研究价值增值过程	内在导向，运营控制要素与环境，反映运营要素配置和驱动逻辑	价值链矩阵、环境影响、产业链优化；生产导向、销售导向、顾客满意度导向等	Michael E. Porter（1985）；罗菲（2007）；陈良华（2002）；何瑛、彭晓峰（2005）
目标及能力评价视角	目标及能力评价导向。企业整体价值，即企业未来收益资本化，是衡量企业绩效的全面标准。目前有现金流折现法、相对价值法、重置法、EVA 等	目标及能力评价导向，价值评价和计量，反映面向利益相关者关注度的计量方法	MM 理论、B-S 模型、现金流折现法、经济利润模型、相对价值法等	Modigliani 和 Miller（1958）；Rappaport（1986）；Preston（1995）；曾凌（2005）
管理会计视角	管理工具及要素导向。结合管理会计目标、对象和本质界定管理会计的功能边界，将企业价值创造活动抽象为管理会计管理对象创造价值的基本逻辑	方法导向，管理方法或体系框架；反映管理方法或管理体系引导资源配置，支撑价值目标	战略导向、平衡计分卡、全面预算导向、目标成本导向；管理会计框架等	Ittner 和 Larcker（2001）；诸波（2017）；王斌、顾惠忠（2014）；汤谷良（2015）

第一，价值管理不是立足企业单一职能，而是涵盖经营管理全要素的系统体系。价值管理已成为企业现代管理的核心，提出以价值管理为基础的管理会计框架、泛会计等概念和理论。当下，价值创造和管理会计理论多停留在单一理论基础为主导的理论模式，在管理会计面向价值创造应用情境、内在逻辑、定量分析等理论及实证方面尚存在研究空白，未见价值目标及能力评价、价值链过程、管理会计导向等基础理论的系统研究。因此，创新管理会计框架成为驱动和提升企业价值创造能力研究的路径之一。

第二，企业所处竞争环境不断变化，促进组织结构与战略创新，推动管理会计发展。应深入研究管理会计工具应用层次，研究权变要素变化对管理会计工具应用层次的影响程度和作用机理。权变要素与企业应用管理会计工具的水平和层次化具有相关性，实践中增加了管理工具之间的相互制约，降低了运营资源效率和效益，并在一定程度上制约企业价值创造能力。因此，管理会计与企业环境结合，提出创新“本土化”价值创造理论的研究课题。

第三，企业价值创造与组织模式、各级员工及利益相关者、KPI等密切相关，基于价值创造的绩效评价定位于识别驱动动因。传统KPI评价和计量能力强，却与驱动价值创造因素及过程相关度弱。当下，企业多采用划小责任单元方式激发企业经营活力，企业价值创造能力取决于各级组织部门所承载关键绩效指标的综合驱动。因此，组织模式、运营管控要素、管理会计方法在基层责任体层面成为实现绩效目标、激发管控活力的驱动因素。

综上，在数字经济和互联网产业冲击下，企业面临充分市场竞争和高质量发展双重压力，需要在价值创造、经营管控、数字化转型、组织架构等方面进行变革和创新，提升企业运营控制和价值创造能力，以适应外部市场环境和企业运营环境的动态变化。由国内外文献研究可知，企业价值创造有目标及能力评价视角、价值链视角、管理会计视角三类理论基础，分别代表企业价值创造能力评价和计量、内在环境与驱动过程、管理控制工具与方法三类作用机理。但是，价值创造和管理会计还停留在单一理论基础为主导的理论模式；在结合应用情境、内在逻辑、定量分析等方面系统观企业价值创造理论研究及运营路径实证分析尚存在一些问题，已成为学术界和企业界普遍关注的领域。价值创造理论具有系统性、复杂性、适用性等特征。因此，企业价值创造能力与运营模式密切相关，需要重点处理好运营目标与风险管控的统一、管理会计工具与运营控制要素的内在逻辑及协同、价值创造过程与管理会计工具推动运营数字化转型及运营数据共享等内容。同时，责任体是整合驱动运营控制要素、管理会计工具、运营控制要素的主体，也是引导运营要素及工具适应市场环境及权变环境的组织载体，是提升企业价值创造能力和竞争力的根本。因此，评价企业价值创造能力的层次化关键绩效指标及驱动因素也是重要的研究对象。

1.4　研究内容和技术路线

1.4.1　研究内容

互联网和技术驱动加速商业模式竞争，迫使企业变革与创新经营管理模式。运用系统思维和量化方法研究企业运营体系及价值创造体系具有现实意义。企业面临着竞争加剧，新贸易保护主义等多重困境，必须着力提升企业经营效率和效益，通过更快速度、更低成本、更新技术、更优管理提高企业面向市场的竞争力。信息化带来管理协同和整合需求，提出精细化、财务数智体系、报告与信息展现、风险防控、激发活力等管理创新需求。当下，企业面临内外部经济环境和经营模式变化带来的机遇与挑战。为提升企业运营管理水平和价值创造能力，需要系统、持续的创新与变革。

基于价值创造理论和霍尔三维结构模型，本书构建系统观企业价值创造体系，以大型网络通信企业 HBLT 运营转型为例研究运营风险管控、管理会计框架、运营数字化特征等内容，并实证层次化关键绩效指标权重及驱动因素。

（1）基于霍尔三维结构提出系统观企业价值创造体系

根据霍尔三维结构，结合价值创造能力目标及评价导向、价值链导向、管理会计方法导向等理论，提出系统观企业价值创造体系。研究企业运营风险管控、管理会计工具框架、数字化特征等，拓展并验证层次化 KPI 绩效评价体系。首先，时间维度包括市场获取、论证设计、生产加工、交付服务四个环节。其次，逻辑维度由组织职能、控制活动、要素配置三个指标构成。再次，管理会计方法定义为知识维度，研究运营控制要素与管理会计工具内在逻辑。最后，提出层次化 KPI 构成价值维度。此外，基于逻辑维度和时间维度，提出运营风险矩阵及管控路径。

（2）引入设计结构矩阵研究管理会计工具的内在逻辑

基于逻辑维度和知识维度，构建企业运营工具矩阵模型，识别驱动价值创造因素的内在联系，实证管理会计内在量化联系和层次化特征。从管理方法驱动价值创造视角研究驱动要素的层次性和内在逻辑。运营管控与财务核算是企业的两个重要领域。企业组织架构、控制方法、要素配置等权变要素代表企业运营控制特征，且企业面临全面预算、绩效评价、作业成本等诸多管理会计应用。运用设计结构矩阵等识别管理会计工具内在相关性，对提升价值创造能力和深化管理会计实践具有重要意义。

（3）运用计量经济学问卷分析企业运营数字化特征

基于知识维度和时间维度，研究管理会计方法及价值链过程对企业运营数字化特征的要求。当今，数字化成为推动企业运营变革和商业模式创新的重要源泉。随着技术进步，企业运营模式和商业模式的信息化应用呈现出系统化、平台化、一体化趋势。构建企业运营数字化特征矩阵模型，研究价值创造过程中的运营数据元，通过计量经济学问卷分析验证项目属性、组织属性、合同属性、资源获取方式、资源配置形式、计量属性、时间属性、作业颗粒度、记账属性、其他属性十类运营数据元的适用性。

（4）运用多属性决策研究面向责任体的关键绩效指标

责任体核算方式是激发基层单元活力的重要方法，关键绩效指标是评价企业价值创造能力的重要工具。如何构建与组织相适应的层次化绩效评价体系，并量化绩效评价指标权重及驱动因素成为当下的研究对象。因此，运用多属性决策等方法进一步论证层次化 KPI 权重关系、驱动要素重要性排序等内容。拟从评价视角研究层次化绩效指标权重及其驱动逻辑。在绩效评价方面，KPI 是评价企业价值创造和任务分解的重要方式。结合企业运营特征，从责任体驱动因素视角，构建层次化 KPI 体系，运用多属性决策模型定量分析其权重及驱动因素。

1.4.2 研究方法

本书运用经验总结法、文献研究法、调查法等构建系统观企业价值创造理论模型，研究企业运营风险管控、管理会计工具框架、运营数字化特征、关键绩效指标权重及驱动等内容，探索运营模式对市场环境及运营权变因素的动态适应性，以提升企业价值创造能力和竞争力。

(1) 文献研究法

文献研究法（Literature Research Method）是常用的学术研究方法，主要是指通过检索、汇总、整理国内外学者相关文献研究成果，进而形成对所研究内容、事实的科学认识。文献研究法主要指搜集、鉴别、整理文献，并通过对文献的研究形成对事实的科学认识的方法。文献法是一种古老而又富有生命力的科学研究方法。

通过阅读、分析、总结与企业价值创造、运营控制、管理会计、数字化转型等相关的国内外文献，归纳研究成果及技术路径，理论基础、运营要素、管理控制方法等。通过文献研究，明确本书研究方向、路线和方法，夯实本书理论基础。

(2) 系统分析法

系统理论（System Theory）指将被研究对象看做一个有机整体，系统的组成部分之间存在相互作用和相互影响，只有通过全面了解这些交互作用，我们才能真正了解系统的行为和性质。代表人物是美国管理学家 Fremont E. Kast。系统分析法注重对所研究对象构成结构、关系模型的分析，并能够采用系统理论的原理、方法、工具等全面分析和研究企业价值创造的过程。

本书第3章基于霍尔三维结构构建系统观企业价值创造体系，研究面向运营风险、管理会计相关性、运营数字化特征、层次化 KPI 及驱动运营路径等内容。

(3) 设计结构矩阵

Steward 在 1981 年提出设计结构矩阵（DSM），是用于描述复杂系统中不同元素间相互依赖关系的可视化工具。DSM 主要分为流程 DSM、产品 DSM 和组织 DSM（Browning，2016），用于分析组织内部的相互依赖关系。例如，Tripathy 和 Eppinger（2013）运用 DSM 模型，研究在产品开发组织内部如何为分布在世界各地的设计研发中心分配任务。Millhiser 等（2011）运用 DSM 模型研究将相互依赖的员工分配到团队的不同策略的有效性。

本书第4章运用 DSM 模型与设计结构矩阵，将域映射矩阵（Domain Mapping Matrix，DMM）和多领域矩阵（Multi Domain Matrix，MDM）相结合，研究运营控制和管理会计工具之间的定量相关性。

(4) 计量经济学

计量经济学是以一定经济理论和统计资料为基础，运用数学、统计学方法与计算机技术，以建立经济计量模型为主要手段，定量分析研究具有随机性特性的经济变量关系的一门经济学学科。包括理论计量经济学和应用计量经济学。应用计量经济学通常是在一定经济理论指导下，以反映事实的统计数据为依据，用经济计量方法研究经济数学模型的实用化或探索实证经济规律。

本书第5章运用计量经济学方法设计调查问卷，研究案例企业 HBLT 管理会计方法在价值链过程下所具有的运营数字化特征。

(5) 层次分析法

层次分析法（AHP）是多属性决策问题中较常用的方法之一，由 T. L. Saaty 教授于 20 世纪 70 年代初提出。层次分析法也是系统看待研究对象，并且分解研究对象的属性特征，运用判断、计量和综合思维方式支撑决策的方法。层次分析法是机理分析、数理统计之后发展的系统分析工具，用于多目标、多层级等特征评价。

本书第6章应用层次分析法论证企业关键绩效指标权重和驱动因素，研究企业责任体的关键绩效指标评价的价值创造能力。

1.4.3 研究框架及技术路线

如图1－2所示，在价值创造导向、系统整合思维、内在逻辑驱动、权变适宜、实践驱动创新等基础理论及原则指导下提出本书技术路线，按研究逻辑、研究方法和理论基础三个主线展开研究。研究逻辑为：问题提出、理论研究、模型构建、案例分析、研究结论等。研究过程中用到文献综述、理论分析、霍尔三维结构、设计结构矩阵、层次分析法等。研究原则如下：

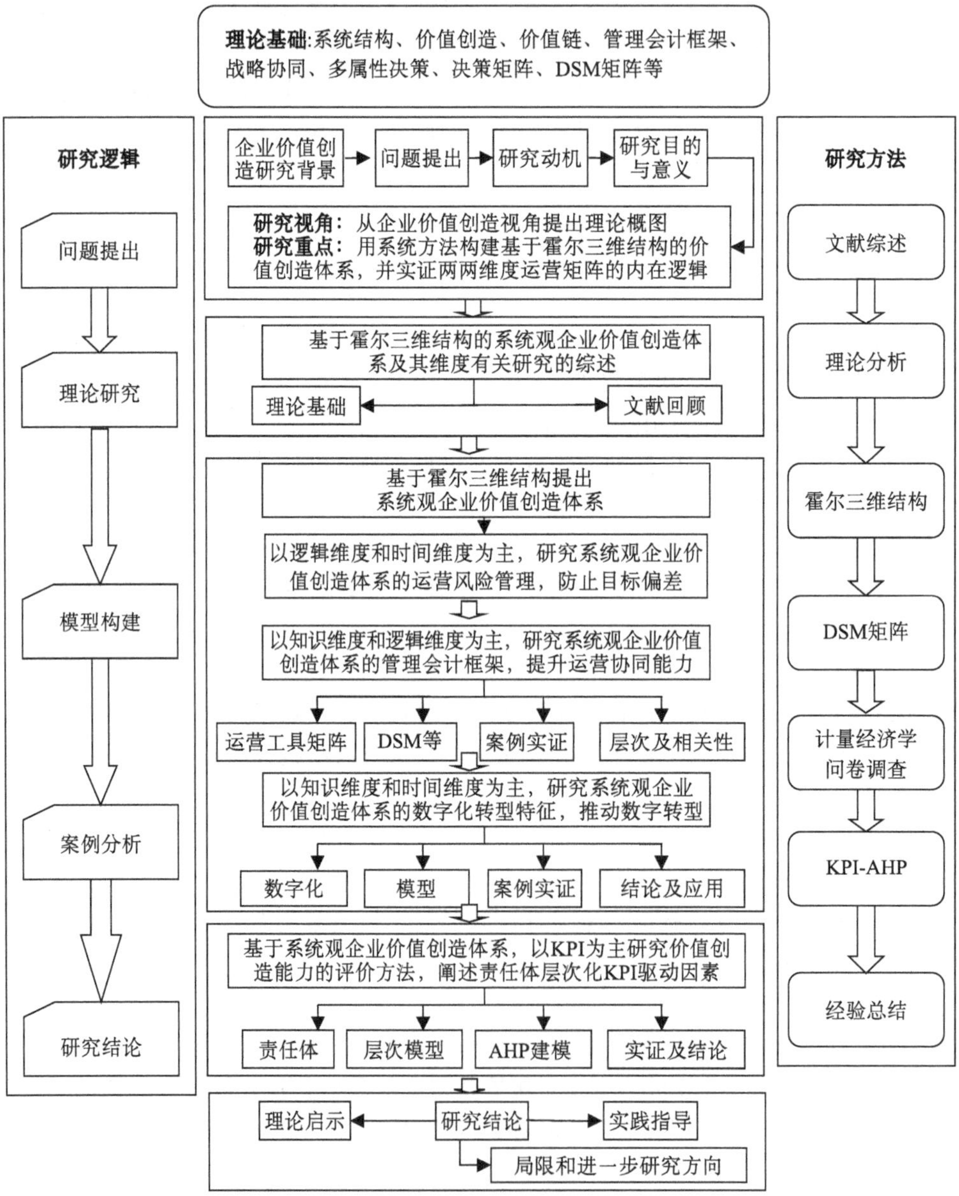

图1－2 技术路线图

（1）坚持价值创造目标；
（2）坚持系统整合思维；
（3）坚持目标风险管控；
（4）坚持内在逻辑驱动；
（5）坚持数智创新发展；
（6）坚持权变适宜原则。

第一，项目立意方面。分析本书研究背景，提出研究问题、研究动机、研究目的和研究意义。通过对国内外价值创造、管理会计、关键绩效指标等文献研究和综述，提出本书研究概图。简述相关领域研究现状，明确将系统观企业价值创造体系作为研究对象，并浅析文献研究、决策理论、设计结构矩阵、层次分析法等概念及应用。

第二，理论基础与研究方法方面。简述与价值创造和运营管理相关的管理会计、关键绩效指标、责任体机制、财务数智体系、报告与信息展现、设计结构矩阵、李克特量表等概念。此外，简述行为经济学、霍尔三维结构、价值链、战略协同、权变理论等基础理论，明确本书研究对象，为系统论证奠定理论基础。

第三，企业价值创造理论研究方面。价值创造相关理论方法并不完全相互矛盾和冲突，而是相互作用和协同。立足价值链视角、目标及能力评价视角、管理会计视角三种基础理论整合，基于霍尔三维结构提出系统观企业价值创造体系及理论基础，由价值链过程划分的时间维度、运营管控特征组成的逻辑维度、管理会计工具为主的知识维度、KPI为主的价值维度构成。以逻辑维度和时间维度为主定义企业运营风险矩阵，论证案例企业HBLT的运营风险管控路径。

第四，运营控制要素与管理会计方面。根据系统观企业价值创造体系逻辑维度和知识维度提出企业运营工具矩阵模型，研究管理会计工具与运营控制要素的内在联系及逻辑关系，重点研究管理会计工具相关性等。通过设计结构矩阵、域映射矩阵、多领域矩阵提出定量研究方法。引入HBLT案例实证分析管理会计工具的层次化特征，促进企业运营会计协同。

第五，企业运营管控的数字化特征研究。以管理会计方法和价值链过程为主，研究价值创造过程中管理控制方法的运营数字化特征。通过建模及问卷分析，运用计量经济学方法验证数据元要素特征。论证项目属性、组织属性、合同属性、资源获取方式、资源配置形式、计量属性、时间属性、作业颗粒度、记账属性、其他属性（非经营类业务）十个类别数据元的相关性及可靠性。

第六，价值创造能力评价的关键绩效指标。以关键绩效指标为主研究价值创造能力评价，阐述责任体组织架构下层次化KPI驱动逻辑。通过案例证明将责任体作为各类经营活动的承载主体，激发企业价值创造能力的驱动要素及KPI权重。层次化绩效目标是责任体整合运营控制要素和管理会计方法的过程，是企业提升运营效率和效益，进而提升企业价值创造能力和竞争力的根本。

第七，总结研究成果和创新点，指出本研究局限，展望未来研究方向。

第 2 章　相关概念及理论基础

价值管理是识别驱动创造价值的关键因素，并据此提高企业价值创造能力的方法（Morin 和 Roger A.，2002）。价值创造过程受企业文化、权变因素、制度、社会责任、治理绩效、可持续发展等众多因素影响。G. J. Hahn 等（2012）论证了企业运营风险对价值创造能力的影响，管理会计的终极目标是落实企业战略，创造企业价值。因此，下面介绍与企业经营环境、价值创造相关的概念、理论和方法，作为研究的理论基础。

2.1　研究相关的概念界定

在市场竞争和高质量发展双重压力下，企业需要在经营机制、组织架构、价值创造、能力评价等方面进行变革和协同创新，以系统提升企业运营控制和价值创造能力，形成动态适应外部市场环境和企业运营环境变化的能力。驱动价值创造的运营管理方法及相关概念，在企业实践过程中具有适用性、交叉性、协同性等特征。为聚焦基于霍尔三维结构的系统观企业价值创造体系研究及运营路径实证分析，本书立足案例企业 HBLT 运营转型行业背景和企业运营特征，对与研究相关的概念进行界定。

2.1.1　管理会计

管理会计（Management Accounting）是从传统成本会计系统中发展起来的一个管理分支，着重以企业内部经营管理需求为主，以会计方法和运营信息相结合，推动经营报告与信息展现，以改善企业经营管理水平，提升经营效益。管理会计领域较广泛，是结合企业经营管理特征的实践学科，涉及全面预算、绩效管理、成本管理、报告与信息展现、责任体构建等方面。管理会计能为企业进行最优决策，改善经营管理，提高经济效益提供信息支撑和管理决策控制手段。

为聚焦研究内容，本书以 HBLT 在实践中具有广泛代表性的全面预算、绩效评价、责任体、精益成本、供应链、市场策略支撑、财务数智体系、报告与信息展现等作为研究对象，开展管理会计工具与运营控制要素、价值链过程相关研究。

2.1.2　关键绩效指标

关键绩效指标（KPI）是对企业经营活动进行量化和评价的指标体系。关键绩效指标体系在分解企业战略目标基础上更好地考虑了各级组织架构的经营活动特征，具有针对性强、可考核、可评价、激励效果好等优点。一方面，KPI 可以对战略目标和经营目标进行分解；另一方面，可以与各级组织架构建立密切的内在联系，并据此作为各级人员、机构绩效评价，根据运营组织特征分解和考核价值创造目标的重要方法。

本书以企业价值目标及层次化 KPI 体系为主开展相关研究。价值创造作为企业的使命和目标，既包含股东价值回报，也包括企业、员工、客户、社会回报等角度创造的价值。按运营层级分解和量化 KPI 绩效指标，成为激活和驱动价值创造的动力。

2.1.3　责任体

国内学者将划小核算单元（Small Accounting Unit）称作责任体或阿米巴模式等。典型应用该工具的企业有青岛海尔、中国联通、中国电信等，理论源于日本著名企业家稻盛和夫。责任体是指按组织架构及管理层次划分企业价值创造的基本层次，再划分为若干可单独计算其价值创值能力及贡献的最小组织单元，形成人、财、物配置决策的基本单位，即创造价值的最小（从经营创造角度不可进一步划分）责任体，作为企业资源配置的决定性因素，驱动企业价值创造。

责任体既是本书研究经营机制转变的主因素，也是运用激励驱动层次化 KPI 活力的实体，还是资源配置和激励评价的对象，是影响管理会计实践的主因，是经营环境中权变影响的主导要素。因此，将责任体变革作为驱动企业运营体制改革和影响企业权变因素的主因。

2.1.4　财务数智体系

财务数智体系是指以 ERP 及财务共享为目标的信息系统或管理信息平台。其核心要义是实现企业运营机制及其驱动过程、方法所需要共享的信息。当下，财务共享中心、云财务、数据中台等均是常见的财务数智体系系统。财务数智体系是指融合的信息系统，包括数据库、管理软件平台、网络、计算中心等要素构成的 IT 环境，能实现管理流程、会计流程、业务流程的有机融合，通过面向业务活动记载和作业过程“事件驱动”信息数据统一处理和面向职能的展现，实现流程统一、管控统一、数据统一，构建业务事件驱动一体化经营信息系统。

本书以国资委提出的财务数智体系作为管理会计信息化工具研究对象，并定义运营数据共享中心概念，以期实现财务与业务数据共享和标准统一。同时，财务共享在本书中体现为财务数智体系的具体应用阶段和平台形式。

2.1.5　报告与信息展现

报告与信息展现包括营运报告与信息综合展现两部分，在本书中体现为运营信息建模、集成、报告和展现，不涉及运营管控行为和运营活动相关操作，仅仅体现为面向各层级决策支持信息和模型。其中，营运报告指在营运管理领域应用的管理会计工具方法，包括但不限于本量利分析、敏感性分析、边际分析、标杆管理等，体现为经营建模与决策信息的综合展现。管理会计信息包括所使用和生成的财务信息和非财务信息，指单位充分利用内外部各种渠道，通过采集、转换等多种方式，获得的相关、可靠的管理会计基础信息。管理会计报告是管理会计活动成果的重要表现形式，旨在为报告使用者提供满足管理需要的信息。

本书报告与信息展现是指企业有效利用现代信息技术，对管理会计基础信息进行加工、整理、分析和传递，以满足管理会计应用和决策支持需要。报告与信息展现可分为定期报告和不定期报告或综合性报告和专项报告等类别，包括各类面向数据展现、运营决策支撑的算法模型和处理方法集合。

2.1.6 设计结构矩阵

设计结构矩阵（DSM）是 Donald Steward 在 1981 年提出用来分析信息流的工具，它是一个 n 行 n 列的二元方阵，用于显示矩阵中各个元素的互动关系，有利于对复杂项目进行可视化分析。此方法用于研究运营控制活动及管理会计工具之间的耦合关系。本书还应用到域映射矩阵、多领域矩阵等方法研究运营工具矩阵相关性特征。

设计结构矩阵始于对产品流程及组织架构相关研究内容，本书拓展了其应用领域，在管理会计工具与运营管控要素相关性的实证分析方面进行了有益探索。

2.1.7 李克特量表

李克特量表（Likert Scale）是最常用的一种属性评分加总式量表，同一属性的项目用加总方式来计分，单独或个别项目是无意义的。它由美国社会心理学家李克特于 1932 年在加总式量表基础上改进而成。该量表由一组陈述组成，每一陈述有“非常同意”“同意”“不一定”“不同意”“非常不同意”五种回答，分别记为 5、4、3、2、1，每个被调查者态度总分就是他对各道题回答所得分数的加总，这一分数可说明他的态度强弱，或他在这一量表上的不同状态。

本书第 4 章运营控制要素与管理会计工具相关性分析、第 5 章采用计量经济学问卷分析运营数据特征，均运用李克特量表计量研究对象的属性。

2.2 系统观研究的理论基础

企业价值管理贯穿企业运营全过程，系统、科学的理论与方法是解决复杂问题的手段。系统观研究的基本含义是关于事务整体性的观念、相互联系观念、演化发展观念。纵观企业价值创造过程及运营管理路径也同理，具有系统的整体性、关联性、动态性、有序性、目的性等特征。企业运营管理是围绕着战略和关键绩效考核指标，由各级部门、责任体在内外部环境因素交互作用下，实施并推进实现价值创造目标、提升价值创造能力的过程。价值创造目标通常以一个或一组关键经济指标数据作为绩效考核依据，而实现绩效考核数据的过程是各级部门、责任体在各自管理职能规范约束下相互作用的结果。其作用和效果不仅反映为部门或职能简单相加，还可能反映为协同倍增或叠加失效等效应。由此可见，企业运营管理能够实现价值创造目标，无论从单位组织构成，还是客户驱动价值链过程，都反映为作业要素相互作用，局部数据指标与总目标呈现线性或非线性关系或逻辑联系。部门与员工管理行为在企业价值链和权变环境特征下体现为系统性和战略协同需求。

2.2.1　行为经济学

行为经济学作为实用经济学，它将行为分析理论与经济运行规律、心理学以及经济科学有机结合起来，以发现经济学模型中的错误或遗漏，进而修正主流经济学关于人的理性、自利、完全信息、效用最大化及偏好一致基本假设的不足。行为经济学旨在更好地理解人们在现实环境下的决策及其对经济的影响。理查德·塞勒（Richard Thaler）指出，行为经济学已经从一种思潮变成了经济学实证领域的一部分，与理性决策模型互相补充，各自发挥不同职能。理性模型为认识人类提供了框架和基准，实证分析则帮助我们更好地描述和预测。2017 年，塞勒获诺贝尔经济学奖。时至今日，行为经济学理论已经涵盖风险决策、跨期选择、动态决策、博弈论等多个领域。

本书研究权变环境下风险管控路径、数字特征等均涉及行为经济学理论。

2.2.2　霍尔三维结构

系统工程（Systems Engineering）是指对系统组织结构、资源要素、信息沟通、控制机理等进行综合分析研究的方法，能促进局部与整体、个体与组织等关系的协调与配合，以实现最优目标。系统工程更多体现为跨学科融合性。霍尔三维结构（Hall Three Dimensions Structure）是具有代表性的系统工程方法。如图 2-1 所示，霍尔三维结构由美国工程师 A. D. Hall 提出，使用逻辑维度、知识维度、时间维度研究事件的管理过程，涵盖事件管理的时间进程、方法步骤和科学技术等。

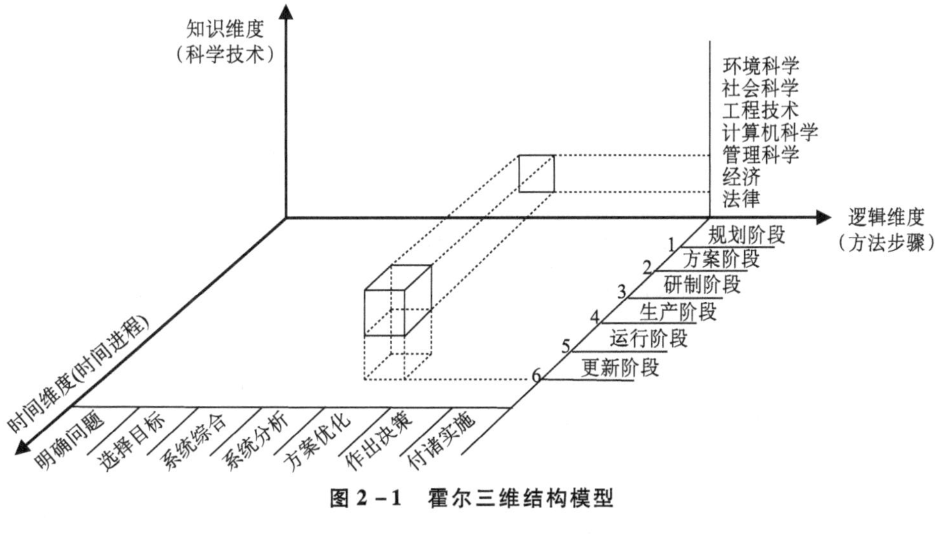

图 2-1　霍尔三维结构模型

霍尔三维结构是指导本书价值理论创新的理论基础。本书根据霍尔三维结构的系统观研究围绕企业价值的时间视角（价值链过程）、内在视角（运营管控要素）、方法视角（管理会计工具）的价值创造体系，以克服单一价值理论基础的局限性与不足。

2.2.3 价值链理论

价值链（Value Chain）理论由哈佛大学 Michael E. Porter 教授于 1985 年提出，见图 2－2。该理论指出，企业是一个实现产品或服务交付的各类活动的集体，这些活动既包括市场开拓、方案设计、方案论证、生产、验收、入库、销售等各类主活动，也包括供应链、人力资源、财务核算等辅助业务活动。价值链反映价值创造和价值增值过程中的一系列经济活动。

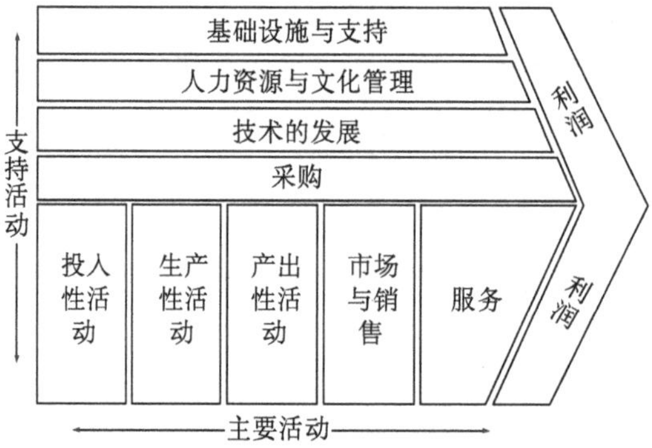

图 2－2 价值链模型

本书引入价值链理论研究企业内在因素影响的价值创造，主要指企业组织架构、控制活动、要素配置等运营环境与逻辑关系，也为提升管理方法对权变因素的适应性。

2.2.4 战略协同

20 世纪 60 年代，美国 Ansoff. H. I. 教授提出战略协同（Strategic Synergy）理论。该理论认为企业生产经营过程是由不同的子系统共同构成，这种子系统可按组织架构划分，也可按专业学科划分。但无论何种方式划分的子系统之间均存在相互影响、相互支撑的整体。这种关系组合能产生协同效应，即“1＋1＞2”的效果。协同效应有利于实现企业战略。企业价值创造就是消除企业组织及专业之间的制约和消耗，通过协作和协同实现企业战略目标的过程。

本书利用战略协同理论研究管理会计方法之间的相关性与层次性，管理方法与企业运营管理之间的协同作用。相关研究方法跨领域应用，进一步推动管理会计在拓展市场并实现价值提升方面的应用。

2.2.5 权变理论

权变理论（Contingency Theory）学派认为组成系统观的各组织或子系统之间存在相互

影响和作用的关系，这种关系不是一成不变的，而是随着企业内外部经营环境因素影响而存在变数。权变理论是 20 世纪 70 年代初在经验主义学派基础上发展起来的管理理论，是西方组织管理学根据具体环境情况提出对策的应变思想。这种理论认为，企业不存在一成不变，且普遍适用、最为合理的管理模式。学派创始人是 J. W. Lorch，代表人物有 Fred Luthans。该理论认为构成系统的要素不是普遍适用的、固定的模式，而是与系统的环境因素、管理思想、技术驱动等存在一定的变数关系。

本书基于权变理论研究责任体（划小组织单元）变革与企业经营环境权变因素的综合影响，构建企业价值创造理论体系，研究运营管控要素的内在逻辑、驱动关系、权重比例等。

2.3 系统观企业价值创造理论研究框架

由国内外相关文献可知，企业价值创造有目标及能力评价视角、价值链视角、管理会计视角三类基础理论，分别代表企业价值创造能力评价和计量、内在环境与驱动过程、管理控制工具与方法三类作用机理。当前，价值创造和管理会计还停留在单一理论基础为主导的研究模式，在结合应用情境、内在逻辑、定量分析等理论及实证方面仍存在一些需要解决的问题。由于企业价值创造理论具有系统性、复杂性、适用性等特征，本书基于大型网络通信企业 HBLT 运营转型案例，立足霍尔三维结构理论构建了系统观企业价值创造体系，并按两两维度矩阵模型研究运营目标与风险管控的统一、管理会计工具与运营控制要素的内在逻辑及协同、价值创造过程与管理会计工具对数据元一致性特征、面向责任体的 KPI 驱动及价值创造能力评价等问题。基于研究背景、问题提出、文献分析、理论基础和概念界定，提出三层次理论研究框架。第一层次，提出系统观企业价值创造体系，构成全书研究的理论基础。第二层次，价值创造体系下经营管理研究路径，包括经营风险管控、管理会计工具及内在逻辑、运营数字化特征三个方面运营路径。第三层次，基于霍尔三维结构拓展的系统观企业价值创造体系以层次化关键绩效指标作为价值创造能力评价工具，研究关键绩效指标的权重及其驱动等，阐述任务和激励驱动责任体应对企业内外部环境动态适应性的内在机理。详见图 2－3。

第一，在企业价值创造体系方面综合价值链、价值评价、管理会计三种基础理论，结合系统分析、权变理论研究系统观企业价值创造。首先，根据霍尔三维结构提出逻辑维度、知识维度、时间维度构成的系统观企业价值创造体系。其次，基于霍尔三维结构的系统观企业价值创造体系提出运营风险管控、管理会计方法、数据元特征、KPI 权重及驱动因素等研究对象。最后，以逻辑维度、时间维度为主研究运营风险管控。

第二，以知识维度和逻辑维度为主，研究运营控制与管理会计的相关性。提出企业运营工具矩阵模型，利用设计结构矩阵、域映射矩阵、多领域矩阵、战略协同等研究运营管理方法及环境要素驱动价值创造的内在逻辑。利用案例企业数据进行实证分析，进一步论证管理会计工具的内在逻辑。

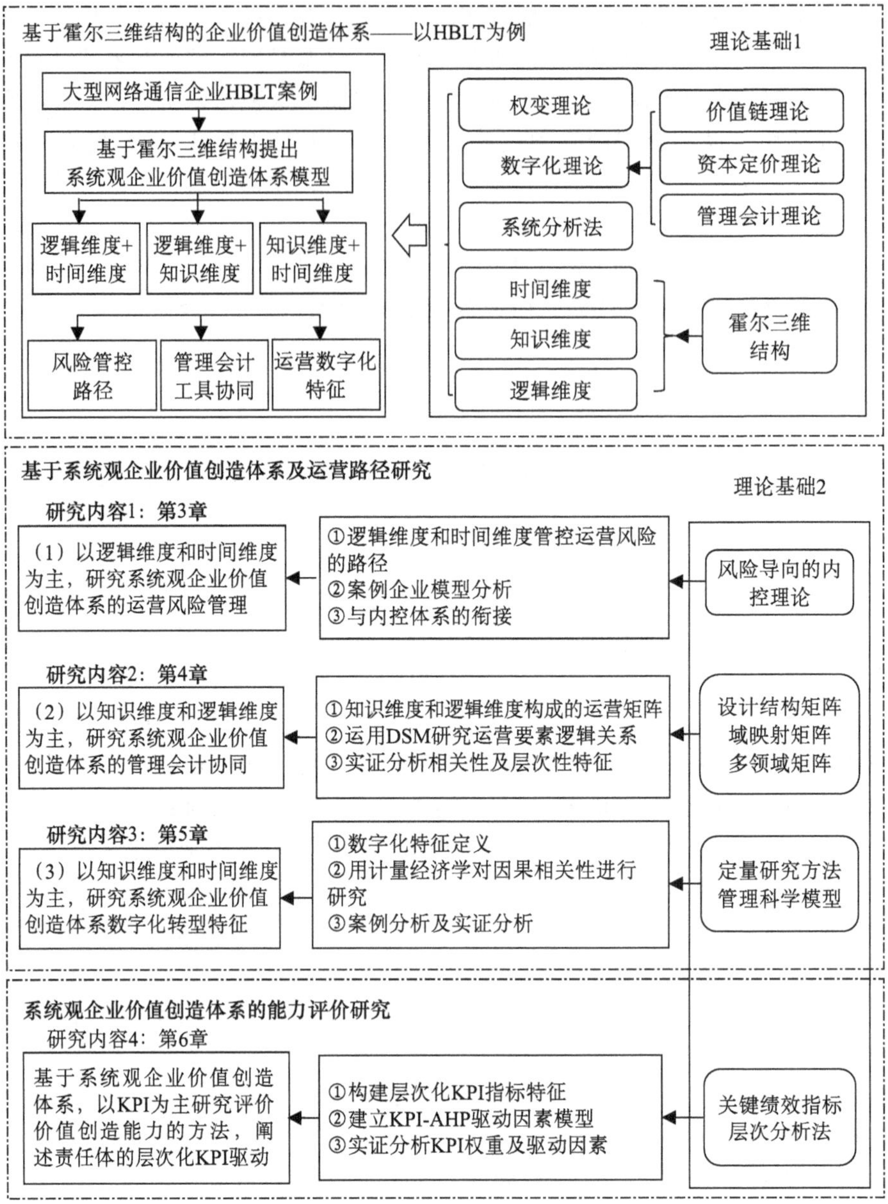

图 2－3　理论基础与研究框架

第三，以知识维度和时间维度为主，提出企业运营数字化特征矩阵，通过调查问卷开展案例企业 HBLT 运营数据元综合分析。当今，数字化成为推动企业运营变革和商业模式创新的重要源泉，以知识维度为代表的管理会计工具逐步实现信息化应用。随着技术进步和运营模式发展，企业运营模式的数字化呈现系统化、一体化趋势。国资委提出财务数智体系概念，因此，本书基于管理会计方法和价值链过程，开展企业经营数字化特征研究。

第四，基于价值创造体系及划小责任体核算的运营管理需求，论证层次化 KPI 权重及其驱动因素，研究关键绩效指标作为评价系统观企业价值创造能力的应用。利用关键绩效指标理论、责任体理论、层次分析法、Delphi 法等开展研究，结合案例企业 HBLT 调查问卷论述研究内容。

第五，总结本书研究创新点和局限，并展望未来研究方向。

2.4　本章小结

互联网和数字技术颠覆了传统商业模式和运营模式，充分竞争的市场环境加剧了企业同质化特征。通过运营管理变革和创新激发企业活力，成为提升企业价值创造、增强竞争力的重要途径。

价值创造是企业的使命和目标，企业运营管理受到运营环境和权变因素影响。管理会计是提升企业运营和价值创造的重要工具，构建运营体制、运营机制，研究价值创造在企业组织结构之间的传导和驱动因素，是当下管理创新的方向。价值创造是一个与组织方式、绩效指标、管理支撑等相关的复杂系统，管理会计是立足企业运营特征，驱动价值创造的重要方法。为聚焦研究，本章首先界定了管理会计、关键绩效指标、责任体、财务数智体系、设计结构矩阵和李克特量表等概念，并简述其在本书的应用。其次，简述行为经济学、霍尔三维结构、价值链理论、战略协同、权变理论等基础理论在本书的运用。最后，以理论研究框架图概述全书的研究脉络。

第3章　基于霍尔三维结构的系统观企业价值创造模型及运营路径研究

在动态、复杂的市场竞争环境中，企业面临多样化、个性化需求，竞争越来越激烈，运营环境越来越复杂。面对日益复杂的竞争环境，企业只有不断提高其动态应对能力，才能更好地适应市场环境和企业权变因素影响，提升企业价值创造能力及竞争力。技术驱动对传统企业产生了巨大影响。信息技术推动产业链和供应链变革，价值创造能力评价也呈现由货币计量向货币计量与非货币计量相结合的趋势。当下，传统企业价值创造能力评估和管理控制方法存在如下制约与不足：第一，未准确定义价值和驱动要素；第二，存在部门追求小团体利益等行为；第三，企业内部存在上下级之间博弈行为；第四，企业部门（责任体）之间存在因职能划分而产生的壁垒和低效制约。因此，调动一线部门（责任体）积极性，以管理会计工具、数字化转型、组织变革推动运营模式的扁平化、系统化、科学化，成为企业提升价值创造能力的手段。

首先，确定企业价值创造理论基础，引领企业运营体系实现价值创造与运营风险管控的统一。其次，识别驱动价值创造过程，包括产品开发、产品生产、产品营销、人力资源开发与利用等环节。再次，充分认识价值创造管理控制方法、运营控制要素及其承载责任主体需求。最后，识别运营管控要素构成及其内在联系，分析系统观企业价值创造体系下的数字化特征，立足责任体论证层次化关键绩效的权重及驱动要素。因此，价值创造与战略规划、资源配置、薪酬制度、业务协同等紧密相关，是与战略规划、全面预算、业绩评价和激励机制等融为一体的方法，是促进企业可持续性发展的系统工程。本书以大型网络通信企业 HBLT 运营转型为例，立足企业运营控制要素、管理会计工具、价值链过程、关键绩效评价指标等视角，研究主营业务驱动的系统观企业价值创造理论及运营路径。

3.1　案例企业 HBLT 及其运营转型简介

HBLT 是大型通信运营企业，下辖 12 个市域分公司、154 个区县分公司，且每个区县包括 N 个独立核算责任体，按企业集团战略模式推进运营转型，提升企业适应外部市场环境和内部运营权变特征的动态能力，提升企业价值创造能力和竞争力。HBLT 主营通信业务、通信设施服务业务、卫星国际专线业务、数据通信业务、网络接入业务和各类网络通信增值业务以及与通信信息相关的产业互联网和系统集成等。目前，企业固定资产近 600 亿元，年销售收入逾 150 亿元，全口径用工约 2.7 万人，客户总量达 3700 万户。HBLT 网络能力领先，拥有覆盖全域、通达世界的通信网络，综合通信服务能力在全国名列前茅。HBLT 拥有规模最大、覆盖面最广的基础传输网络，资源优势显著，具有行业领先优势。截至 2021 年，HBLT 拥有国家一级干线光缆 39 万芯长公里，省内二级干线光缆 25 万芯长公里。HBLT 是自有机房资源最多、扩展性最好、基础设施最完备的网络通信企业。HBLT 布局 M 个基地数据中心，并启动由传统网络通信经营业务向产业互联网转型的战略布局。

HBLT 始终秉持“技术领先，创新驱动”的使命。在过去 5 年，HBLT 成为“5G 时代的领先者”，建成技术成熟网络。同时，HBLT 积极落实“宽带中国”战略，成功签约“智慧城市”“数字城市”等基于互联网的技术创新项目。企业推进 5G、大数据、物联网、云计算、人工智能等高新技术成果产业化，提供面向产业互联网应用服务的一站式解决方案。面对网络通信业转型需求，HBLT 实施“移动宽带领先与一体化创新”战略，以 5G 为引擎，加强技术、业务、服务和管理创新，持续提升立足通信网络和互联网产业综合实力和核心竞争力，致力于打造行业领军企业。

3.1.1　HBLT 面临的行业背景

（1）企业运营变革刻不容缓

随着中国经济由高速增长调整为中高速增长，增速放缓甚至下滑已成为通信业的新常态。通信跨入 5G 竞争、存量竞争时代，传统通信业务收入以及数据业务收入均呈现增幅放缓趋势，行业形势严峻。传统通信市场面临被 OTT 业务替代的严峻挑战，网络通信企业营业收入组成与盈利模式已经发生根本性转变。传统网络通信业务萎缩已不可避免，互联网、物联网、移动商务、智慧城市等不同层次新应用需求促进流量业务迅速增长，且空间巨大。但是，目前移动互联网业务收入增幅难以抵消传统语音业务收入下滑，网络通信企业被管道化趋势愈加明显，新基建及数字社会等政策利好带来海量新增市场和新型领域。

市场饱和与产品同质化加剧了网络通信企业之间的竞争。对企业长期发展而言，只有通过运营转型，提高运营效率，才是提升企业可持续盈利能力的核心要素。管理的互联网化和集中化不仅提升运营效率，也促进资源集约，并通过加载新的通信运营服务拓展商业模式和市场领域。经营困境成为推动通信企业转型的动因，“去电信化”向移动互联网的商业模式转型成为网络通信企业面临的挑战与机遇。为促进经济转型升级，HBLT 以管理会计应用推动企业运营转型，这既是企业经济转型的迫切需要，也是企业可持续发展的内在需求。

（2）资源优势与高质量发展需求

企业运营转型因行业背景、宏观经济环境以及自身优势而不同。首先，要提高对管理理念及经营的认识，管理会计体现为企业最持久、不可复制的核心竞争优势。其次，网络通信企业为应对“新常态”发展，必须要适应发展速度变化，要适应商业模式与盈利模式创新驱动。最后，利用资源和平台优势创造价值能力，是网络通信企业经营转型的核心。因此，在管理会计视角下，网络通信企业的独特资源优势体现为对人、财、物的管控方法、产业链平台及渠道优势，以及对信息流的整合利用。

（1）用户资源是根本。网络通信企业拥有海量用户资源和最大用户群。

（2）产业互联网及新基建等国家政策为网络通信业基于互联网，面向行业市场拓展指明了发展方向。

（3）管理信息化为企业运营转型奠定了基础。信息技术为管理会计应用创造条件，细化管理粒度，提升响应速度，拓展管理幅度。

（4）物联网与定位技术降低了交易风险。网络通信企业具有得天独厚的优势，不需要增加特别的投资与设施，就能实现对物移动定位、跟踪与管控。

（5）人是价值创造力的源泉。员工、产品与互联网结合构成 HBLT 产业链优势。

（6）结算方式与征信体系是商业转型推手。手机支付系统与业务预付费结合，辅以征信能推动小额金融消费等应用。

（7）企业市场化程度高，各级管理者及员工对运营变革和管理会计工具实践接受度高，变革成为实施企业战略和文化的重要方法。

作为全业务运营商，HBLT 区域资源优势明显。管理会计应用能实现企业、经销商、用户之间实物、货币与商务流融合，推动运营模式变革，提升企业价值创造能力。作为面向市场化全面放开的竞争领域，在管理倒逼机制改革推动网络通信企业流程化、过程化、信息化过程中，管理会计体系在网络通信企业运营转型过程中发挥着重要作用。

3.1.2 HBLT 企业运营特点

近年来，网络通信业呈现由通信消费向信息消费转换、产品运营向平台运营过渡、单一行业向跨行业融合、通信网络向融合网络转型、行业市场发展区域饱和、盈利空间日趋狭小等特点。受企业内外部环境因素影响，HBLT 传统运营管理体系难以适应移动互联网产业融合发展需要，资源配置方式已不适应市场快速变化需要，运营模式亟待改革。基于此，HBLT 通过导入管理会计体系，推动财务转型，突破固有思维、转变管理模式，启动基于价值创造的运营转型。

HBLT 运营转型与企业运营特征、业务架构、组织结构息息相关。如图 3－1 所示，HBLT 运营转型面临的运营管理特征包括级次、职能、运营三个维度。其中，级次维度分为省、市、县、基层责任体四级，这是网络通信企业的传统运营组织架构，政令自上而下传达，任务分解自上而下层层加码，资源配置自上而下层层减少，管控能力和执行力随着管理层级呈现串行逐层衰减的趋势。职能维度以全成本业务活动为主线，划分为市场线、信息化线、建设线、运维线、行政线五类支出。市场线指与市场营销活动相关的成本，信息化线反映为信息化建设而投入的经费，建设线指建设项目等资本性投入，运维线指系统运行、维护配置的资源，行政线指管理支撑行政部门的支出保障。运营维度分为组织职能，控制活动和要素配置三方面。组织职能层面涉及使命和目标、职能描述、运营活动、制度流程等，反映对作业活动的静态管控。控制活动层面包括识别关键点、风险管控、信息与沟通、激励与考核四个层面，反映对作业活动的动态管控。要素配置层面描述价值再创造及扩大价值再创造能力的驱动因素，包括素质提升、资源投入、协同优化、创新提升四种类型。

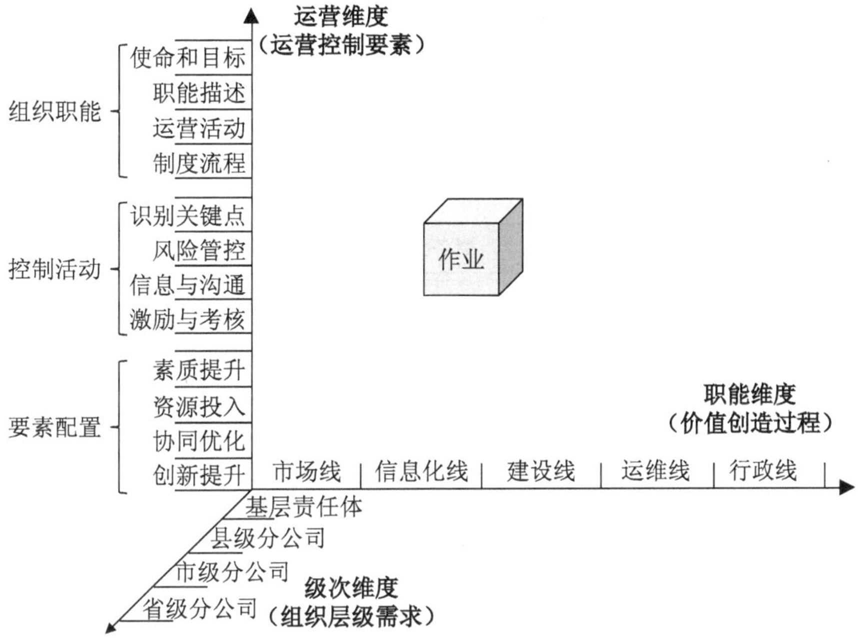

图 3－1　HBLT 运营转型的内部管理特征

对大型企业而言，以三维度划分的企业运营管理特征具有代表性。一方面，体现为自上而下的行政组织特征；另一方面，体现为业务交付及职能分工。同时，还体现为企业通过各种管控要素组合实施运营调控和激励手段。因此，企业价值创造目标分解、运营风险管控、管理会计实践及数字化转型等均与企业运营特征息息相关，需要深度协同、融合和整合。

3.1.3　HBLT 运营转型需求

随着互联网产业的发展，HBLT 面临收入利润率、资产回报率与行业平均差距逐年扩大，市场份额亟待提升，业务发展质量有待提高，产业互联网转型有待加速的局面。为此，HBLT 提出“产业及运营转型带动高质量发展”的思路，将管理会计作为实施助推器，加速经营模式和增长方式转变，提出以“管理创新”和“价值创造”为核心，建立由基础规范控制风险、支撑服务提升能力、管理会计引领价值创造三个层次组成的运营管理体系，详见图 3－2。

HBLT 自 2018 年起引进管理会计工具。第一，以全面预算引领并推动财务转型，促进企业提升价值创造能力。第二，通过组织变革激发基层责任单元活力，将可管、可控、可提升价值创造能力的各类资源下沉至基层责任单元，压缩管理层级，强化执行力。第三，构建“沃易购”平台，整合产业链资源，实现物流、信息流和资金流实时、全过程管控。第四，建立财务共享服务中心，集中会计核算、资金支付、财务报告，管理上收，资源下沉，提升效益。第五，构建“内部电子商城”，提升供应链管理水平，积极推进业务活动“去现金化、去行政化、去库存化”。此外，运用现代成本理念，实施精准化建设投资策略，实现降本增效等。

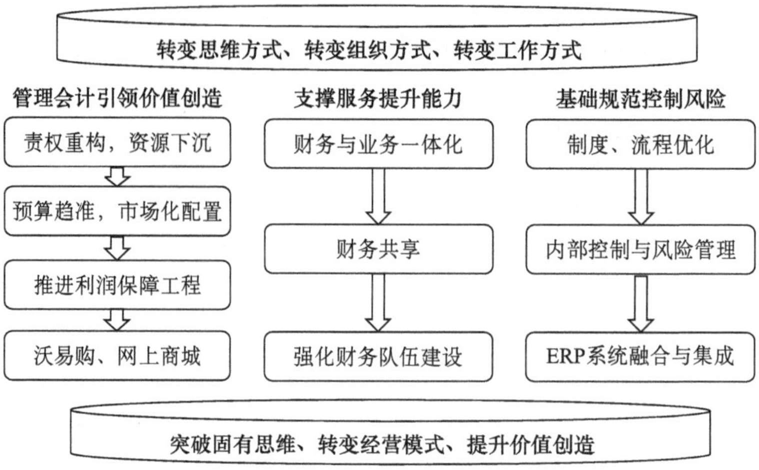

图 3－2 HBLT 基于价值创造的财务管理体系

（1）创新预算管理方式，推动企业效益最大化

按照企业运营转型要求，HBLT 启动预算趋准与市场化资源配置相结合的创新模式，建立效益导向动态预算管理机制，推动预算管理由资源导向型向目标导向型转化。按照“高目标牵引、高资源配置、高激励协同”原则，建立预算趋准方法，鼓励责任体自我提升，以解决预算目标分解过程中上下层级因信息不对称而存在的博弈问题；采用基准预算与增量预算相结合的资源配置模式，分档设置预算，增量收入配置增量资源与激励薪酬；运用收入目标函数测算考核得分，申报越趋准，考核分值越高；对申报增量预算收入，构建公开、透明资源分配规则，引导资源向高价值创造区流动。

（2）重构“责、权、利”，激发基层责任体活力

HBLT 通过划小基层核算单元，采用去行政化、职能化手段强化基层专业化能力，重构直面市场的“责、权、利”一体化经营体系。横向看，内部劳务及资源使用虚拟结算，强化毛利管理。纵向看，将各类资源下沉到基层责任单元，赋予基层责任单元人、财、物管理权，实现“任务、资源、权利、激励”的纵向穿透。同时，建立与作业匹配的直观、实时考核机制，确保各项改革配套的资源包、任务包、权利包分解到位，达到激发基层经营团队活力的目的。此外，采用行为红线控制基层风险，利用信息化手段实现资金流、物流分离。实现要素配置与任务挂钩，确保资源在省、市、县、责任体单元四级优化配置；实现业务发展与绩效挂钩、企业价值与薪酬挂钩。

（3）构建财务业务一体化体系，实现管理联动

HBLT 以规范市场行为发端，按价值形成机制建立财务业务一体化体系，明确财务支撑前端业务的职责，引导财务管理渗透至产品、渠道、商业模式、会计政策、风险防范等方面，推进财务职能由事后控制向事前、事中转移，由会计核算向报告与信息展现、风险管控转移。一是聚焦重点业务，对重点业务部门实行“专人负责、一点接入、内部协调”工作机制。二是引领财务人员深入业务前端，预判政策风险，推进全业务渗透，增强财务与业务部门在作业过程的融合；三是将预算管理前移，实施市场化资源配置，实现事中管控，及时纠偏；四是构建决策与评估模型，建立评估、评价指标池，为业务部门提供数

据、运营、政策支撑。

（4）实施精益成本管理，提升资源配置效益

精益成本理念是以客户价值增值为导向，融合精益供应链、精益产品设计、精益生产服务等环节，将精益管理思想与成本管理思想相结合，形成的一种全新成本管理理念。以营销方案为载体推进面向客户市场活动的管控，制定过程管控要点，围绕销售毛利率设置后评价指标；针对网络维护和建设，采用集中化和项目化的管理手段，实施作业成本管理。以精益成本管理为目标搭建立体化的利润保障体系，拟定《利润源项目及对应策略措施指南》，并辅以纵向到岗的责权体系指导业务活动。

（5）拓展互联网应用，实现全生命周期管控

依托“内部电子商城”提升供应链管理水平，积极推进业务活动“去现金化、去行政化、去库存化”。分离“供应商选择——商品比价——预算下达——订单生成——资金结算——成本核算”管理环节，IT 系统打通控制全流程，一揽子解决物资供应、流程优化、风险控制问题。构建“沃易购”平台，整合产业链资源，实现物流、信息流和资金流实时、全过程管控。通过资源分发、信息发布、业务受理、经营管控，改变传统供应链模式和价值分配模式，强化网络通信企业在产业链的核心地位。

（6）推动财务共享，实现报告与信息集中

HBLT 实现全域范围内财务共享，设立财务共享中心，集中提供会计核算、资金支付、数据支撑、流程管理等标准化服务。通过会计作业流程制度化、稽核标准化、资金收付规范化，确保财务信息的准确性、相关性和及时性，有效防范资金及资源管控风险。自 2019 年开始，通过推动财务机器人和信息系统深入融合，进入财务数智 3.0 阶段，实现管理层级压缩，促进财务职能向报告与信息展现、风险管控转化。

综上，在 HBLT 推动管理会计体系助力企业转型过程中，各项管理会计工具不是独立个体，而是相辅相成、互为基础、互为条件的有机整体。各种管理会计工具在业务活动管控过程中体现为管理价值，又围绕企业战略持续完善。随着企业深化转型和外部环境变化，管理会计方法也应顺势而变，与企业运营控制要素及数字化转型深度融合。虽然 HBLT 以管理会计为抓手推动企业价值创造能力提升得到改善，以财务共享为抓手推动运营管理数据整合取得较好成效，责任体主动性和创造性成为驱动价值创造能力评价，促进企业适应市场环境变化、运营权变特征组织载体。但是，这种基于职能划分的企业价值创造模式中，运营呈现串行管控特征。企业转型过程中面临的最大阻力和制约来自部门职能分工和制度流程等带来的管理“壁垒”和信息“割裂”，甚至存在部门及上下级间博弈，协调和探索过程消耗大量时间和资源。因此，从企业战略需求出发，价值创造理论亟待在管理控制方法、运营控制环境、数字化特征及面向责任体计量评价等方面实现创新、整合和协同。

3.2 运营控制要素驱动的企业价值创造

Alfred P. Sloan 指出，管理会计不再是简单计量报告和业绩激励，关键是确定各级组织

价值观，并影响企业各层级、领域、环节、岗位的行为，成为影响现代企业管理规范与激励机制的重要工具。与此同时，管理会计具有协调与整合企业经济活动，消除内在矛盾、壁垒和内耗、低效资源等作用。

企业实现价值创造的过程，既是科学组织人、财、物等资源的过程，也是实现交付产品或服务的过程，还是管理会计整合应用的过程。如图 3－3 所示，从企业运营角度看，在人、财、物的生产组织过程中，涉及人力资源的组织架构管理，资金和资本流动的财务核算以及围绕物流和物化过程的技术管理。通常，企业运营管理将产品或项目作为管理对象，且划分为市场获取、论证设计、生产加工、交付服务等环节。每个环节活动均对应特定责任部门或团队，也称责任体。责任体以产品或项目为抓手，基于职能分工开展运营活动和生产作业，有序推进企业价值链各环节良好运转，实现企业价值创造。例如：在市场开拓阶段，市场部门是责任体，负责组织市场开发和销售回款等，责任目标包括市场获取、市场占有率、销售回款率等。

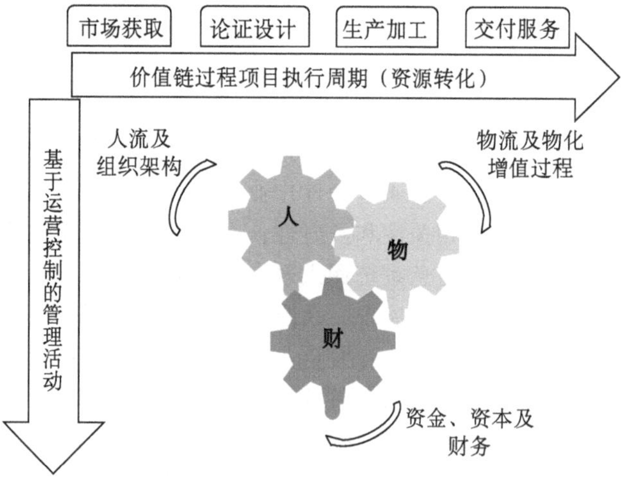

图 3－3　运营配置与价值创造示意图

企业价值链相关生产过程和运营管控体系也称作经营模式，包括组织架构、生产流程、业务规范、绩效目标、资源配置、制度规范等所有实现运营控制的相关活动和要素组合。因此，企业经营模式是一个复杂系统，是企业围绕战略目标，组织生产活动和经营循环，实现经济效益和社会效益的管理模式。为更好实施和组织生产，提升运营效率和效益，提升价值创造能力，企业需要根据价值链要求进行专业分工，围绕各阶段运营目标和管控特征运用管理会计工具，支撑各级组织机构运营管理需求。

管理会计是进行最优决策、优化经营管理、提高效益的方法。管理会计是与企业经营计划、运营管理、资源配置、绩效考核、报告与信息展现、管理控制密切相关的管理工具。信息是支配各种管理要素的重要基础，数据成为参与决策控制过程的基础元素。价值创造是管理会计的目的。企业实践管理会计与运营模式、运营特征息息相关。因此，管理会计是实现企业战略、运营转型最有效的工具。如图 3－4 所示，当下，企业常用管理会计工具包括全面预算、绩效评价、责任体、市场策略支撑、供应链、精益成本、财务数智体系、报告与信息展现等，并且根据企业运营特征和外部环境不断优化和整合。当下，管理会计应用呈现数字化、网络化、协同与整合趋势。

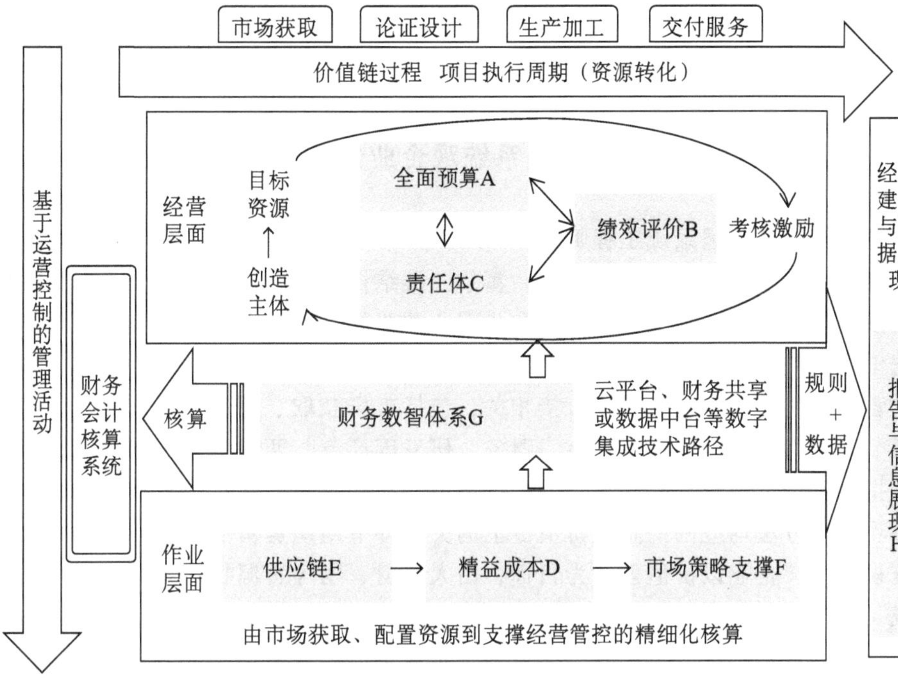

图 3－4　管理会计与运营适应性示意图

Christopher（2001）采用基于价值创造的管理框架研究管理会计，讨论常用方法和计量问题，并提出未来管理会计研究路径。因此，构建基于运营管理特征和面向价值创造的管理会计整合框架是本书研究内容之一。

综上，本书以大型网络通信企业 HBLT 运营转型为对象，研究价值创造体系、路径及要素逻辑。为聚焦研究主题，本书未涉及资本运作及资本市场估值对企业价值评价的影响。将所研究对象企业运营特征综述如下：

（1）在战略规划指导下具有明确价值创造目标，面临充分竞争市场环境和政策条件的大中型企业或企业集团；

（2）经营管理比较成熟和规范，有清晰组织架构和职责分工，有通过划小责任体激发各级创造能力的内在需求；

（3）企业有层次化组织架构和任务分配机制，具有通过生产或运营协同、资源配置实现价值创造和增值，提升企业竞争力的发展动机；

（4）企业处于成长期或成熟期，具有管理信息化基础以及数字化、一体化、共享发展需求；

（5）企业经营管理模式较为稳定，有协同创造、效率提升和信息共享基础，具有良好管理会计实践。

3.3 基于霍尔三维结构的系统观企业价值创造体系模型

3.3.1 基于霍尔三维结构拓展系统观企业价值创造体系模型

霍尔三维结构是美国系统工程师 A. D. Hall 于 1969 年提出的系统工程方法论，用于解决大型复杂系统规划、组织、管理问题。霍尔三维结构将整个系统工程分为前后紧密衔接的不同阶段和步骤，并与完成这些阶段和步骤所需要的各种专业知识及技能相结合。价值链理论把价值增加活动划分为基本活动和辅助活动，辅助活动也叫支持性活动。基本活动与企业主营产品的物化和增值过程直接相关，包括市场获取、论证设计、生产加工、交付服务等环节。支持性活动则涉及人事、财务、研发等环节，两类活动一起构成价值链。该分类方法指出创造价值受到一些特定的关键环节驱动和影响。在价值创造过程中，部门及部门的各项管理方法均应围绕企业价值链上的关键环节组织运营活动。

系统视角下，企业以价值创造为目标，由人、财、物等资源物化及管控的各类活动及作业组成。如图 3－5 所示，基于霍尔三维结构提出由知识维度、逻辑维度和时间维度组成的企业价值创造基础模型，反映了作业围绕企业价值创造过程中与管理会计方法、运营控制要素及价值链特征的联系。

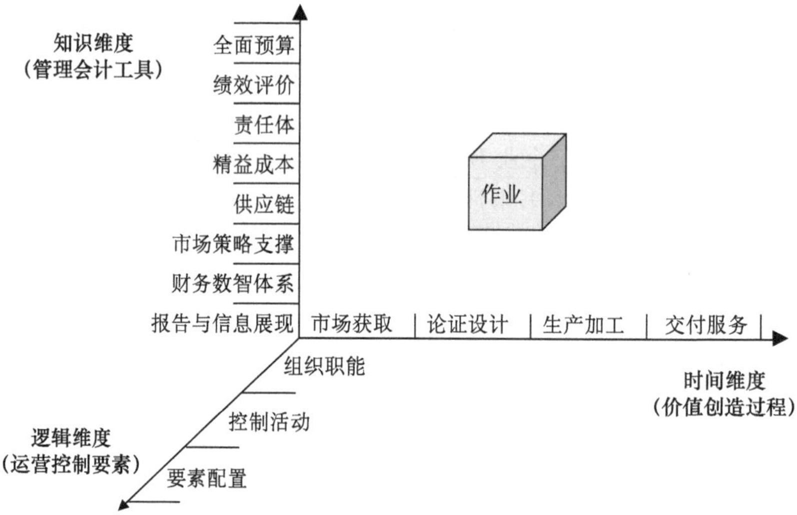

图 3－5 基于霍尔三维结构的企业价值创造基础模型

首先，霍尔三维结构中，将价值创造增值（价值链）过程定义为时间维度，作为推动企业基于项目（产品）创造和实现价值增值的过程，包括市场获取、论证设计、生产加工、交付服务四个环节。时间维度可根据企业不同阶段发展需要或经营管理特征进行进一步划分。时间维度也是价值链模型的另一种应用形式。

其次，霍尔三维结构的逻辑维度表示每个阶段应该遵循的规则、程序及资源配给，包括组织职能、控制活动、要素配置三个方面。组织职能主要是指企业按使命划分的组织架构、使命和目标、行为活动、流程规范四部分。控制活动是指企业对运营过程形成有效控制，确保方案得到有效执行，包括识别短板、风险评估、信息沟通、考核监督四个方面。为支撑企业可持续的价值创造能力，将资源配备和协同称作要素配置，包括素质提升、资源投入、协同优化、创新驱动四个方面。

最后，霍尔三维结构的知识维度表示完成这些作业活动和步骤所需的专业知识。管理会计工具是管理会计理念的具体化，是形成企业运营控制的重要支撑。管理会计围绕企业运营控制而开展管理控制活动，是一种直接参与企业运营过程的管理控制体系及管理工具集合。因此，本书以管理会计工具作为运营控制知识维度开展研究，将实施运营控制和决策支持的管理会计工具集合定义为知识维度。

为衡量和评价企业面向运营的价值创造能力，本书在传统霍尔三维结构基础上引入 KPI 关键绩效指标代表价值维度，构建系统观企业价值创造体系，如图 3－6 所示。系统观企业价值创造体系包括运营管理驱动的价值链过程、形成价值创造能力的运营控制要素、实现价值创造的管理控制工具体系、评价价值创造能力的关键绩效指标等内容，为运营管理要素内在逻辑、量化相关性等研究奠定理论基础。该模型以企业关键绩效指标构成的价值维度作为衡量企业价值目标标准，以时序进程表示价值创造过程中作业动态管控特征，以知识维度的管理会计工具反映企业运营管理过程中围绕价值创造的运营控制手段和决策支持方法，以逻辑维度反映价值创造实体要素配置和控制活动等。综上，企业实现价值创造相关作业在管理方法、管理要素、管理目标、管理过程等方面实现系统整合和模型统

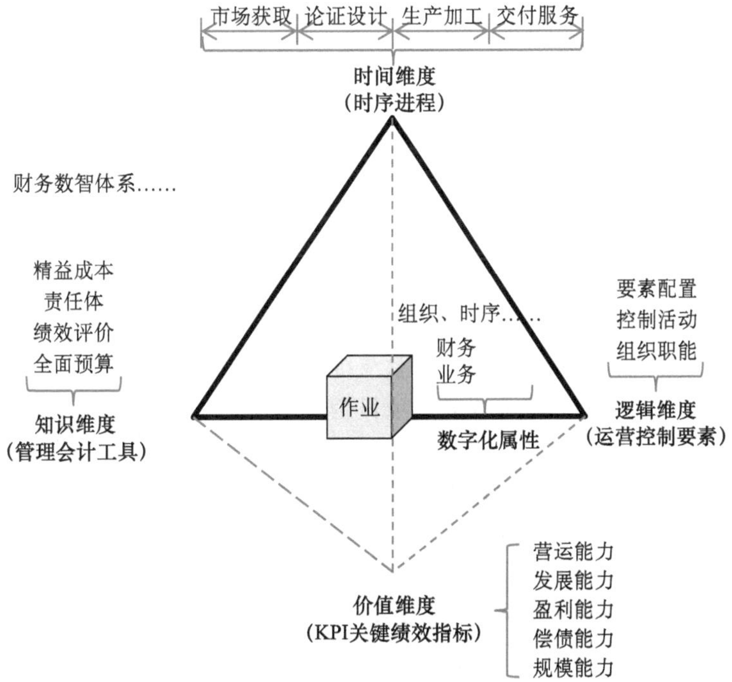

图 3－6　基于霍尔三维结构拓展的系统观企业价值创造体系

一。结合企业驱动价值创造过程的组织载体，就能实现价值创造目标和运营风险管控一致性、管理控制工具与运营控制要素一致性、价值链过程下运营控制信息数字化特征一致性、关键绩效指标在组织层级一致性等。基于系统观企业价值创造体系不仅是价值创造理论创新，更是以系统思想推动企业运营转型和数字化转型的实践基础。

3.3.2 时间维度——价值创造过程

时间维度是指企业通过市场获取、生产制造到销售及回款等实现价值增值全过程，也指构成企业价值链主活动所处阶段。本书以市场获取、论证设计、生产加工、交付服务四个阶段进行划分，作为时间维度研究对象，且每个阶段均对应企业经营管理主责部门。时间维度管理对象是项目或产品，其物化过程是企业内外部资源交互的结果，这种交互形式体现为产业链过程中的要素配置及合同契约。

（1）市场获取。指企业通过市场调研和策划，建立和完善营销信息，并通过组织架构和职能建立起企业产品与客户之间的联系，使产品或项目性能、价格、渠道、品牌、广告等策略发挥作用，提升市场份额或销售能力，进而提升企业价值创造能力。对案例企业HBLT而言，分为传统通信产品客户关系以及面向产业互联网的项目化策划、竞标、设计、实施交付等商情管理两大类。

（2）论证设计。指项目经济可行性、技术可行性论证，以及中标后项目详细设计和论证过程，甚至包括生产过程中的变更设计及论证过程等。方案设计包括设计需求分析、系统功能分析、原理方案设计等。该阶段从需求分析出发，确定实现产品功能和性能所需要的总体对象，决定技术系统，实现产品功能与性能到技术系统的映像，并对技术系统进行初步评价和优化。

（3）生产加工。指项目按设计论证方案要求，在生产线上通过采购原材料、加工、组装、测试、检测等环节，并最终形成满足设计要求和客户需求产品的过程。生产加工环节也是资源消耗和物化过程，包括资源配置、成本结转、内部结算等环节。生产加工环节根据产品通用性及客户群特征，形成库存及半成品等形态，是通过成本策略提升竞争力的管控环节。

（4）交付服务。指项目交付、开票、回款和维护等环节。通常以项目交付或后评价作为项目完工标志。项目交付服务通常属于客户关系维系的重要内容，与市场获取具有紧密内在联系。当然，在交付服务过程中，回款与维护客情关系同等重要。

为聚焦研究内容，本书以产业互联网项目企业运营特征为主，将时间维度划分为市场获取、论证设计、生产加工、交付服务四个基本阶段开展案例分析和理论建模。在企业实践和具体运营管控过程中，企业可以根据运营模式、商业模式及产品特征等对时间维度进行进一步细化或优化。

3.3.3 逻辑维度——运营控制要素

如图3-7和表3-1所示，逻辑维度是指构成企业运营控制要素的总称，包括对企业经营活动集中管控的作业活动及作业规范，具体指企业基本业务活动和辅助业务活动相关管理要素。本书将运营控制活动抽象为组织职能、控制活动和要素配置三个层次，分别从静态规则、动态控制和要素配置三方面展现企业经营管理要素。

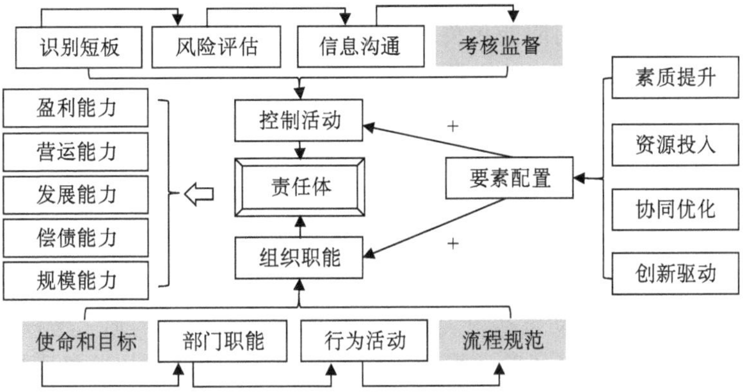

图 3－7　运营控制维度及能力驱动示意图

表 3－1　运营控制要素

控制维度	二级内容	三级要素	备注
组织职能（静态管控）	使命和目标	部门使命、战略规划、滚动计划、预算目标	为什么干
	部门职能	职能定位、职责分工、业务输入输出、组织架构	谁干
	行为活动	主业务活动、辅助业务活动、创新活动、关键驱动等	干什么
	流程规范	法律法规、制度规章、业务流程、控制标准等	如何干
控制活动（动态管控）	识别短板	资源匹配性、效益制约性、效率制约性、潜在影响等	明确管理的关键点和配置重点资源
	风险评估	风险识别、风险评估、风险控制、风险应对等	风险控制点，防止出现目标偏差
	信息沟通	业务传递单、业务负面清单、报告与报表、支持信息等	信息流支撑管理决策
	考核监督	绩效考核、会计监督、审计监督、其他监督等	激励绩效成正反馈
要素配置（资源保障）	素质提升	人才梯队、岗位轮换、定岗定编、职业培训等	人才素质和技能提升
	资源投入	基础设施、区域营销、人员配备、业务许可等	人、财、物等资源投入
	协同优化	流程优化、架构优化、资源优化、绩效优化等	优化资源配置，提升效率和效益
	创新驱动	管理创新、产品创新、方法创新、技术创新等	新市场、新领域、新的技术创新与应用

运营控制维度要素及内在联系也体现为与管理会计相关的企业环境作用，用于规范组织、活动、信息、资源并驱动管理过程的权变因素，构成管理闭环。企业价值链按主辅助活动划分职能定位下的组织载体，本书称作责任体。要素配置以资源投入、素质提升、协同优化及创新驱动方式支撑组织优化，促进提升经营活动效率，以驱动实现管理创造过程。最终，运营控制维度要素协同和综合作用，形成责任体层面盈利能力、营运能力、发展能力、偿债能力、规模能力，驱动实现企业价值创造目标。

（1）组织职能。组织职能包括使命目标、部门职能、行为活动、流程规范四个方面，对应部门职能相关管理要素的静态定义。首先，基于职能提出部门使命、目标，包括部门使命、部门规划、滚动计划或预算目标等，定义为什么要干的问题。其次，基于部门职能提出职能定位、职责分工、业务输入输出、组织架构等，定义由谁干的问题。再次，与部门职责相关的行为活动，包括主业务活动、辅助业务活动、创新活动、关键驱动等，定义干什么的问题。最后，与部门职能相关的制度规范及流程，支撑企业运营活动的合规性，防范企业经营风险，定义如何干的问题。

制度规范及流程也称作制度控制模式，是指企业通过规章与规范控制各级管理者及员工的业务行为，促进企业实现战略的管理控制模式。制度控制注重规则和流程规范化控制，强调流程和执行力，确保各级管理者均按规章制度从事正确活动，不得从事违背企业目标的作业及活动。制度规范与流程是沟通企业各级管理者开展作业活动的标准和规范，并强调执行力。

（2）控制活动。控制活动包括识别短板、风险评估、信息沟通、考核监督四个方面，反映识别管理短板、评估运营风险、提升信息沟通能力、绩效考核监督所构成的动态管理闭环。运营管理是一个制定目标、识别偏差、修正方法或目标的过程。首先，要识别短板，包括资源匹配性、效益制约性、效率制约性、潜在影响等要素，明确管理关键点和关键环节。其次，风险评估包括风险识别、风险评估、风险控制和风险应对等步骤，以控制目标偏差。再次，信息与沟通由业务传递单、业务负面清单、报告与报表等内容构成，实现信息支撑的管理决策需求。最后，考核监督由绩效考核、会计监督、审计监督、其他监督等构成，以绩效评价和监督管理构成管理闭环和正向激励。

（3）要素配置。要素配置是指价值创造及扩大价值再创造能力的驱动因素，由素质提升、资源投入、协同优化、创新驱动四方面构成，分别代表改善生产力、加大资源投入、优化内在管理、创新产品技术方法等。首先，素质提升主要指围绕人才能力建设有关的管理活动，包括人才梯队、岗位轮换、定岗定编、职业培训等。其次，资源投入主要是指面向责任体配置的人、财、物资源及数量，包括基础设施、区域营销、人员配备、业务许可等。再次，协同优化是指围绕效益和效率提升的管理活动，包括流程优化、架构优化、资源优化、绩效优化等。最后，创新驱动是指面向新市场和新领域或产品迭代升级的技术创新与应用，包括管理创新、产品创新、方法创新、技术创新等。

3.3.4 知识维度——管理会计工具

管理会计框架主要研究管理会计如何为企业创造价值，包括哪些关键因素以及因素之间关系等（潘飞等，2010）。管理会计框架体系是按照某种管理逻辑整合，由不同管理会计工具构成的体系，关键要识别出影响企业实现价值的真实问题，通过价值创造指标体系解决会计信息与价值管理内在联系。管理会计呈现智能化特征，强调由“链式管理会计”向“网式管理会计”转变。自1978年以来，中国管理会计主题的文献研究分类见表3－2。

如图3－8所示，HBLT以全面预算、绩效评价、责任体等八大工具作为推动企业运营转型的管理会计框架，并与财务会计核算系统一起支撑企业经营管理。对应表3－2可知，其分类方式具有研究适用性和代表性。其中，全面预算、绩效评价、责任体符合表3－2管理控制系统范畴，属于经营层面管理会计工具；供应链、市场策略支撑（价值链分析）

符合表3－2外部导向型管理会计范畴，与精益成本共同构成作业层面管理会计工具；财务数智体系符合表3－2所列管理会计信息系统范畴，通常是指满足运营管理和财务管理需要的云平台、财务共享或数据中台等数字集成技术路径等；报告与信息展现符合表3－2决策方法范畴，指仅仅通过数据整合、经营建模实现数据展现和决策支持、风险预测等功能集成。

表3－2　自1978年以来主要学术期刊管理会计研究主题分布

研究主题	1978—1992年	1993—2006年	2007—2013年	2014—2018年	2019—2021年	是否本书研究对象
1. 管理控制系统	82	143	192	188	16	
1.1　经营预算	32	46	19	0	5	是
1.2　业绩计量	20	49	9	5	2	
1.3　转移定价	2	5	2	1	1	
1.4　责任会计	28	16	0	3	4	是
1.6　绩效评价系统	0	15	52	118	2	是
1.7　业绩导向型薪酬体系	0	12	110	61	2	
2. 成本会计与管理	54	65	12	25	12	是
2.1　标准成本法	30	8	1	0	4	
2.2　ABC/ABM	10	33	7	5	2	
2.3　目标成本	12	13	0	6	5	
2.4　环境成本会计	2	11	4	14	1	
3. 决策方法	39	10	2	3	5	综合展现
3.1　资本预算	32	6	2	3	4	
3.2　本量利分析	7	4	0	0	1	
4. 管理会计的一般问题	27	40	16	21	38	
4.1　一般问题	20	27	11	10	16	
4.2　实务调查	7	13	5	11	22	
5. 外部导向型管理会计	0	26	56	182	23	
5.1　价值链分析	0	12	20	75	9	是
5.2　战略管理会计	0	11	8	23	8	
5.3　供应链管理	0	3	28	84	6	是
6. 管理会计信息系统	8	2	13	10	36	是

注：（1）带下划线标题所涉及的管理会计工具，与本书案例企业研究内容一致；（2）2019—2021年数据为知网文献以管理会计为关键字检索SCI、CSSCI、北大中文核心期刊文章的结果。

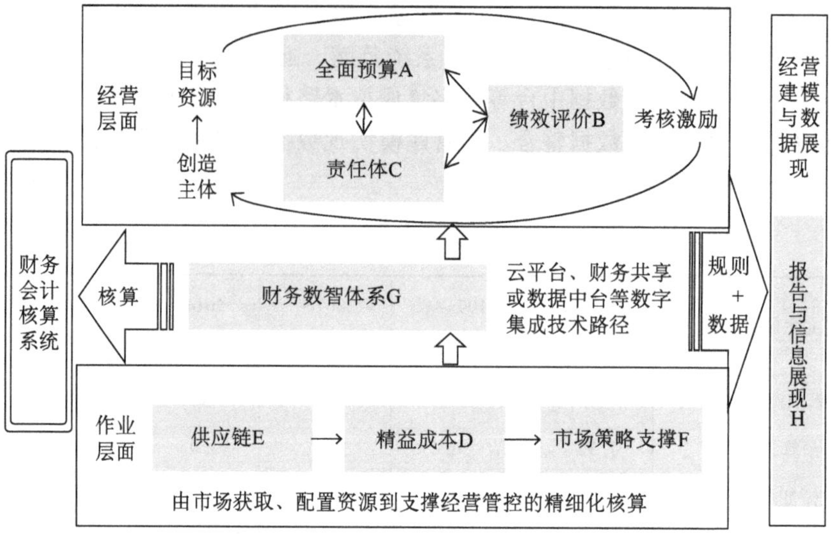

图3-8 企业层次化管理会计应用框架图

为研究管理会计与运营之间的关系，管理会计体系分为作业层面、经营层面、财务数智体系及报告与信息展现四类。其中，经营层面由全面预算、责任体、绩效评价三部分构成，代表了由责任主体、目标及资源配置、考核激励构成的管理闭环。作业层面按价值增值过程分为市场策略支撑和供应链两个对外衔接子系统，并且通过精益成本衔接业务、财务核算，落实到具体项目（产品）增值环节。财务数智体系指运营数字化特征作为信息化功能，体现为财务共享、云平台、数据中台等方式。报告与信息展现实现面向报表使用者的统一信息服务平台，行使经营仪表盘、管理驾驶舱、风险预警等职能，不再单独驱动作业活动或配置资源。另外，财务数智体系也构成会计核算系统及业务支撑系统的数据交互中心。

（1）全面预算。企业导入预算管理能促进战略落地，指导经营计划分解。全面预算为了贯彻管资本为主的编制总要求，聚焦预算大纲标准化、制度化、格式化经营数据。综合平衡股东对价值回报的要求和企业运营特征及绩效目标，形成企业预算编制主线。预算围绕资本效率和效益配置资源，增强企业活力，推动全面预算编制由经营导向向资本导向转变。首先，关注资本回报，包括资本收益和分红方案等。其次，关注资本经营，围绕产业配置资源，以预算引导企业设立、增减资、并购、退出等。再次，以合理资本布局引领产业升级。最后，通过治理机制，强化资本的风险管控能力。

（2）绩效评价。导入绩效评价引导企业价值创造能应对企业运营效率低下、与生产经营环节脱节的情景。企业价值创造过程趋于方法协同，兼顾长短期利益、利益相关者视角下绩效考核目标的统一。企业从绩效评价指标模型出发，进一步明确了企业的价值创造目标和执行策略。绩效体系特点如下：首先，企业绩效体系促进企业实现战略目标。其次，企业绩效与部门绩效具有传递效应。再次，部门绩效体现出责、权、利的统一，体现出资源配置与创造能力。最后，针对责任体的绩效考核体现为其与企业业务活动的相关性和可控制性，反映企业效率和效益水平。绩效体系是沟通组织架构、企业价值、员工诉求的桥梁，是管理会计和价值创造的重要工具。落地的绩效考核构成企业运营管理闭环。

（3）责任体。导入责任体制度能有效应对企业内部职能部门权责不清的影响。通过构建激发单元活力项目方式引入责任体体系，搭建纵向一体化资源配置机制，将资源下沉至基层业务单元，赋予基层业务单元充分的自主管理权。激发单元活力体系不仅细化责任体组织架构，而且要以责任体为载体，赋予其清晰、明确的“责、权、利”。统一配置企业、部门、员工三个层次的资源、绩效目标及考核评价。以责任体为对象归集管理会计数据，以一个完整价值链为分析单元，提供更具决策相关性的管理会计信息。

（4）精益成本。成本领先战略是企业面对竞争的基本战略。低成本不是简简单单的低价格竞争，更体现为一种成本管理体系和管控能力。成本管理体系对实现企业战略目标、提升企业竞争能力等均具有重要意义。利用成本管控实现其目标，通常要借助于组织架构、业务流程、要素配置、过程管控等基础要素之间的协同，在保持已有成本管理优势基础上，尽可能地降低成本。企业降低成本的秘诀就是要发挥优势、控制成本增长因素，准确把握成本性质并降低成本。

（5）供应链。企业价值创造是资源物化过程，资源配置模式与核算方法是衡量责任体绩效的基础。互联网条件下，供应链系统以网上商城为主，实现资源直接配送，成本直接核算，上级单位定规则不动用资源，基层单位动用资源不动用现金的管理目标。供应链模式不仅决定物资采购成本，还决定存货周转率及资金占用。因此，建立物流与资金流分离的供应模式十分重要。通过“内部网上商城”整合供应链系统，实现与财务信息共享，实现对物流、信息流和资金流管控。该模式通过改变产业链经营模式和价值分配模式，强化企业在产业链中的核心地位，挖掘企业持续创造价值能力。企业将各类运营资源移到“内部网上商城”，能有效降低经营成本。

（6）市场策略支撑。通常，将以会计工作支撑销售业务称作 BU 财务，包括 B2B 线上平台市场策略支撑。B2B 线上平台是企业借助网络进行产品、服务、信息技术交换的（供销）平台；B2B 线上平台促进企业商业模式转型。互联网使企业在市场、产品或经营等方面建立合作成为可能，通过水平及垂直的业务整合建立面对充分市场竞争的商业模式。投标报价是管理会计对招投标业务的重要支撑。实践中，投标方之间存在协作的可能，甚至存在围标等隐性竞合行为。因此，竞合情景成为分析投标人竞标决策的首要因素。

（7）财务数智体系。2022 年 1 月，国资委在《关于中央企业加快建设世界一流财务管理体系的指导意见》中提出财务数智体系概念。这是对财政部《管理会计基本指引》中信息技术在财务管理方面应用的最新界定，旨在统筹企业集团财务数字化转型规划，完善制度体系、组织体系和管控体系基础上，建立智慧、敏捷、系统、深入、前瞻数字化、智能化财务体系。财务数智体系是技术引领下实现统一底层架构、流程体系、数据规范的平台，是推动业财信息全面对接和整合的技术路径，也是构建因果关系的数据结构，推进经营决策由经验主导向数据和模型驱动转变的数字化体系。该数字化体系体现为全生命周期数据的综合治理，代表数据标准、规则、组织、技术、模型等方面信息价值，是构成数据中台、财务共享、云财务的核心，是企业探索数字化、智能化运营的基础。

（8）报告与信息展现。报告与信息展现包括与营运管理相关的报告以及面向决策支持的综合信息展现两部分，具有管理驾驶舱功能，是企业进行实时经营监测，实现财务预警的基础。其中，营运报告是指财政部《管理会计基本指引》提出的在营运管理领域应用的本量利分析、敏感性分析、边际分析、标杆管理等用于反映营运管理的各种管理会计方法，集中体现为经营建模与决策信息的综合展现。所使用和生成的数据来源于财务数智系统及各应用平台财务信息、非财务信息。营运报告与信息展现是指企业有效利用现代信息技术，对管理会计基础信息进行加工、整理、分析和传递，以满足管理会计应用和决策支撑等需要，旨在为报告使用者提供满足管理需要的信息。财务数智系统赋予管理会计报告更丰富的展现方式，其相关性、可靠性、及时性、可理解性均得到系统增强。报告和信息展现可分为定期报告、不定期报告，按内容可分为综合性报告、专项报告等类别。

3.3.5 价值维度——关键绩效指标

本书研究的系统观企业价值创造是指运营要素、管理控制方法、价值链过程等驱动提升价值创造的体系及运营路径。关键绩效指标因其综合性、系统性被广泛用于目标分解，是评价价值链过程结果的重要方法，也是衡量企业运营效率和效益的重要工具。因此，本书将企业关键绩效指标作为系统观企业价值创造能力评价的方法开展研究，为提升适用性和动态适应能力，结合企业责任体考核需要，将盈利能力、营运能力、发展能力、偿债能力、规模能力五类关键指标定义为价值维度五项要素，详见表3－3。

表3－3 构成价值维度的企业级KPI能力评价要素

KPI一级大类	KPI二级指标
盈利能力	EVA、成本费用利润率、净资产收益率、营业利润率、总资产报酬率、盈余现金保障倍数、资本收益率
营运能力	总资产周转率、固定资产周转率、人均劳动生产率、应收账款周转率、库存周转率、销售现金比率
发展能力	营业收入增长率、资本保值增值率、资本积累率、资产增长率、营业利润率、技术投入比率
偿债能力	资产负债率、流动比率、速动比率、产权比率
规模能力	总资产、总收入、员工人数、某生产要素的规模

（1）盈利能力指标。盈利能力指标主要包括盈余现金保障倍数、成本费用利润率、营业利润率、总资产报酬率、资本收益率、净资产收益率等。实务中，常采用每股收益、每股股利、市盈率等指标评价获利能力；国有企业采用EVA、净资产收益率等指标。

（2）营运能力指标。营运能力包括流动资产周转情况分析、固定资产周转情况分析和总资产周转情况分析，以及人均劳动生产率等。常见指标包括总资产周转率、固定资产周转率、人均劳动生产率、应收账款周转率、库存周转率、销售现金比率等。

（3）发展能力指标。发展能力是指企业扩大规模、壮大实力的潜在能力，又称成长能力。企业通常通过扩大经营规模、增加资源配置或创新驱动实现成长。如：通过经营活动实现经营积累，形成经营发展潜力的指标，包括资本积累率、资本保值增值率、三年平均营业收入增长率、营业收入增长率、技术投入比率和三年平均资本增长率等。

（4）偿债能力指标。偿债能力是指企业用其资产偿还长期债务与短期债务的能力。企业有无支付现金的能力和偿还债务能力，是企业能否健康生存和发展的关键，包括长期偿债指标和短期偿债指标两类。企业若无足够现金偿还债务，则面临被申请破产的风险，因此偿债能力是企业能否实现正常经营的重要标志。主要指标有速动比率、流动比例、资产负债率等。

（5）规模能力指标。规模能力指标是用于衡量企业在市场上的竞争地位和盈利能力的指标。市场份额指标有数量和质量两个方面，如：市场占有率、新客户数量等。市场份额质量是指市场份额能够给企业带来的收益总和。市场份额指标有总体市场法、目标市场法、最大竞争者法等。

3.4　系统观企业价值创造体系及运营路径研究

3.4.1　系统观企业价值创造体系的研究内容

基于霍尔三维结构的系统观企业价值创造体现了运营控制要素、管理会计方法、价值链过程、价值创造能力评价指标之间的逻辑关系，体现为运营管控要素及其相互作用。企业运营控制是指管理者为保障企业战略目标实现所实施的管理活动。企业运营是以各级责任体为载体，多种管理控制方法协调统一的系统是以价值创造过程中人、财、物及资源转化过程的信息、数据为对象，为提升企业经济运行效率和效益目标而开展的管理活动。管理会计是利用相关信息对企业经营活动进行预测、决策、规划、控制、评价，并提供内部报告与信息展现服务的管理学科。管理会计与财务会计既有联系又有区别，最大差异在于管理会计定位于满足企业内部运营管理需求为主。管理会计工具与技术并非会计部门的独享技术和能力，非货币化、非会计化整合将是管理会计的发展趋势。立足研究背景和理论基础，面对企业外部市场环境和内部权变因素带来的挑战与机遇，为提升企业运营管理的适应性，克服应用单一价值创造理论及管理会计理论的不足，本书提出系统观的企业价值创造体系。

（1）系统思维，摒弃单一价值创造理论的应用局限；

（2）协同性强，提升企业应对权变环境影响，协同管理会计工具运用的适应性；

（3）多维管控，促进企业价值创造目标、方法和过程的整合，增强多维视角管控能力。

如图 3－6 所示，系统观企业价值创造体系的核心要素由时间维度、逻辑维度、知识维度、价值维度构成。如图 3－9 所示，且分别受到以客户需求为主的项目主线驱动、以部门职能管控为主的作业主线驱动、以管理控制方法为主线的管控工具驱动、以责任体绩效目标为主线的激励驱动等综合作用，构成企业实现价值创造目标的要素驱动关系，并与外部环境因素一起，驱动企业提升价值创造能力。价值创造能力评价以盈利能力、营运能力、发展能力、偿债能力、规模能力等 KPI 指标权重及其函数关系表示。

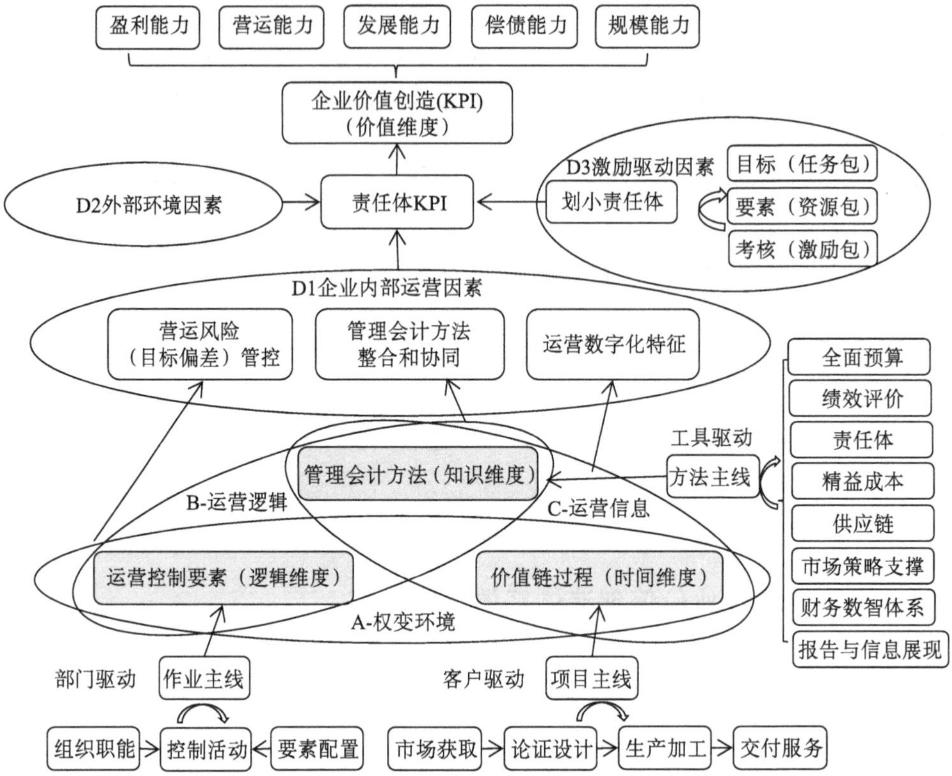

图 3－9　系统观企业价值创造体系的要素驱动关系

在逻辑维度与时间维度的构成要素中，A 代表企业内部运营因素中的权变环境，包括组织架构设置及基于项目特征的生产组织过程等，用于研究目标偏差及运营风险管控方法。既研究价值增值过程中的作业活动、审批流程、要素配置等容易引起目标偏差的行为及控制环节，又引导企业实现既定的价值创造目标。

在逻辑维度与知识维度构成的要素中，B 代表运营要素与管理会计方法之间的逻辑关系，体现为管理会计方法的适用性，运营管控要素之间的协同与配置效果等。本书根据这两个维度要素特征，研究管理会计工具与运营控制要素的内在联系以及层次特征等，以创新管理会计整合框架并指导企业实践。

在知识维度与时间维度构成的要素中，C 代表价值链过程中各种管理会计方法的整合运用，反映管理方法及工具驱动的运营信息及控制特征。本书根据这两个维度要素特征，研究企业运营管理过程中满足各类管理会计及财务会计需求的数据元特征，以推动建设运营信息共享及财务数智一体化系统。

企业价值创造能力体现为各级责任体的 KPI 指标，其形成过程受到企业内部运营因素 D1、外部环境因素 D2、激励驱动因素 D3 等要素的综合作用与影响。本书评价责任体及企业价值创造能力采用盈利能力、营运能力、发展能力、偿债能力、规模能力五类指标。

系统观企业价值创造体系涵盖经营活动与管理控制的内在逻辑、价值目标和驱动因素。其中，时间维度指以项目为主线、面向客户需求的驱动模式，用于实现市场获取、论证设计、生产加工、交付服务的价值增值过程。运营控制要素表示的逻辑维度是以作业活动为主线，以部门职责分工和目标考核为驱动，由组织职能、控制活动和要素配置组成。管理会计工具构成知识维度，代表实现价值创造目标的管理控制方法和工具的集合，是驱动实现价值创造目标的管理工具及管理策略。运营控制要素代表的逻辑维度与价值链过程代表的时间维度反映了管理控制方法对运营控制环境要素的适应性，体现为价值链过程中驱动责任体实现项目目标及控制偏差的过程。管理会计工具代表的知识维度与运营控制要素代表的逻辑维度之间体现为管理控制方法的适用性、相关性、层次性等特征。管理会计工具代表的知识维度与价值链过程代表的时间维度的结合，体现为运营管理方法及运营信息数字化特征。责任体（部门）是驱动作业、项目、方法的组织载体，在任务目标（任务包）的导向下，以激励驱动（激励包）应对外部环境因素、内部运营因素，从而实现主动性和创造性。通过资源配置（资源包）和充分授权（权利包）实现责任体关键绩效指标，进而激发企业价值创造的能力。因此，系统观企业价值创造体系四个维度要素及方法是互相作用、支撑和影响的。在责任体目标和激励驱动下存在权重关系、重要排序等内在逻辑，并通过作业及过程的精细化管理来平衡风险与收益、投入与产出、信息沟通与展现等，从而消除企业因职能分工带来的责任体之间的博弈和信息割裂，提升企业实现价值创造目标的效率和效益。

综上，本书是基于系统观企业价值创造体系及理论基础来研究企业权变环境下运营控制要素、价值增值过程、管理控制方法、价值创造能力评价等内容，研究企业运营目标与风险管控的一致性、管理会计工具与运营控制要素的内在逻辑、价值链过程中管理控制方法的数字化特征、层次化绩效评价指标及驱动等对象。

第一，如图3-10（1）所示，以逻辑维度和时间维度为主提出企业运营风险矩阵，研究价值创造过程中运营风险管控机制，探索价值目标与风险管控的协调统一。企业实现价值创造是一个与责任体分工和动态管控及资源配置相关的动态过程，是主责部门牵引实现运营目标和控制运营风险（产生目标偏差概率）的过程。同时，也是识别不同阶段关键点及制约点，提升信息沟通能力的工具。通过制度化和流程化的内部控制设计，来落实责任部门绩效考评，从而推动运营风险管控。

第二，如图3-10（2）所示，以知识维度和逻辑维度为主提出企业运营工具矩阵，研究推动价值创造过程中管理控制手段（管理会计方法）与运营控制要素的适应性，研究管理控制方法与运营控制要素的协同。基于运营控制要素与管理会计方法提出价值创造体系下的运营工具矩阵，是研究运营驱动价值创造要素与方法的内在逻辑。包括：（1）知识维度和逻辑维度构成企业运营工具矩阵；（2）运用DSM、DMM、MDM研究运营工具矩阵的逻辑关系；（3）立足企业案例实证分析相关性及层次性的特征。

第三，如图3-10（3）所示，以知识维度和时间维度为主提出企业运营数字化特征矩阵，研究推动价值创造过程管理控制方法的数字化特征。当今，数字化成为推动企业运营变革和商业模式创新的重要源泉，以知识维度为代表的管理会计工具与方法均实现信息化应用。随着技术发展，企业运营模式和商业模式的信息化应用已呈现系统化、平台化、一体化的趋势。本书基于知识维度和时间维度研究企业运营管理模式下的数字化特征，为推动企业数字化转型奠定数据基础。

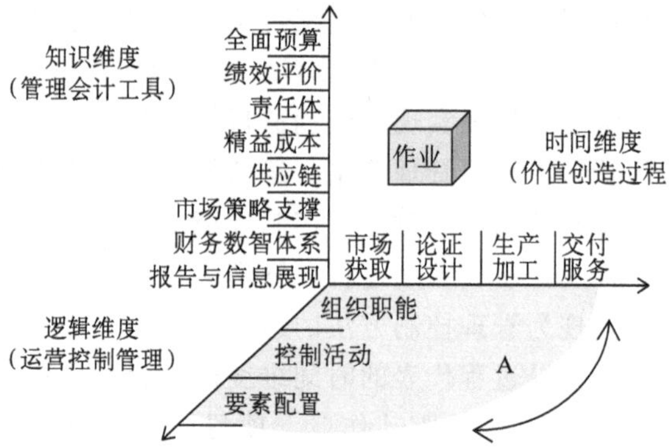

（1）以逻辑维度+时间维度为主，研究系统观企业价值创造体系的运营风险管理

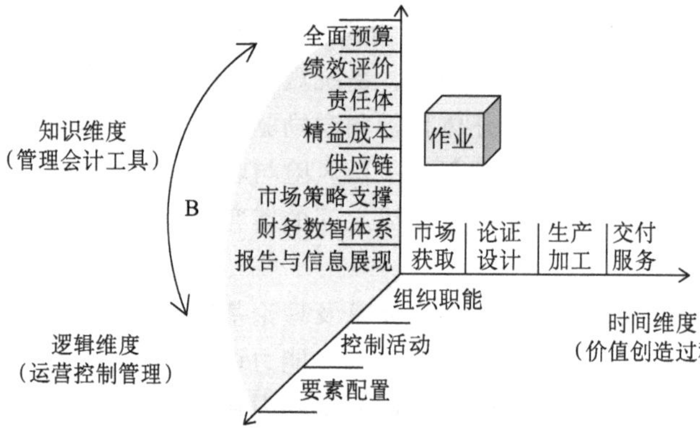

（2）以知识维度+逻辑维度为主，研究系统观企业创造体系的管理会计工具协同

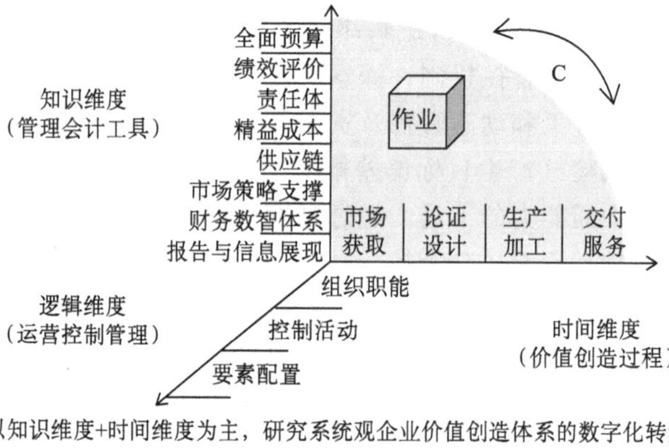

（3）以知识维度+时间维度为主，研究系统观企业价值创造体系的数字化转型特征

图 3－10　基于霍尔三维结构的系统观企业价值创造体系研究内容

第四，在系统观企业价值创造模型基础上，研究责任体 KPI 与企业 KPI 的内在联系，论证层次化关键绩效权重与驱动要素协调统一的问题。如图 3－9 所示，价值维度反映以企业 KPI、责任体 KPI 为对象，研究运营目标与风险管控相统一、管理工具与运营要素相统一、运营数据与运营方法相统一所构成内部运营因素的影响，包括资源驱动和管理工具驱动两个方面。此外，还需要研究市场策略和市场适应性的影响；将激励驱动作为调动责任体 KPI 的重要内容，研究层次化 KPI 构成及驱动因素排序。

本书立足霍尔三维结构理论基础，提出系统观企业价值创造体系理论模型及运营路径。以网络通信企业 HBLT 运营转型为例，研究支撑企业价值创造运营风险管控、管理会计工具相关性、运营数字化特征等，并实证分析企业层次化 KPI 权重及其驱动因素等内容。

3.4.2　系统观企业价值创造体系的演进路径

如图 3－11 所示，提出职能分工的企业价值创造模式和系统观企业价值创造模式。职能分工的企业价值创造模式是指在传统组织架构及职能分工条件下，围绕价值链过程实现产品管理和产品交付的模式。业务通过行政和业务两条管理渠道实施管控；通过计划或运营系统下达生产部门；通过产品交付实现价值增值。职能分工的企业价值创造模式具有如下特征：

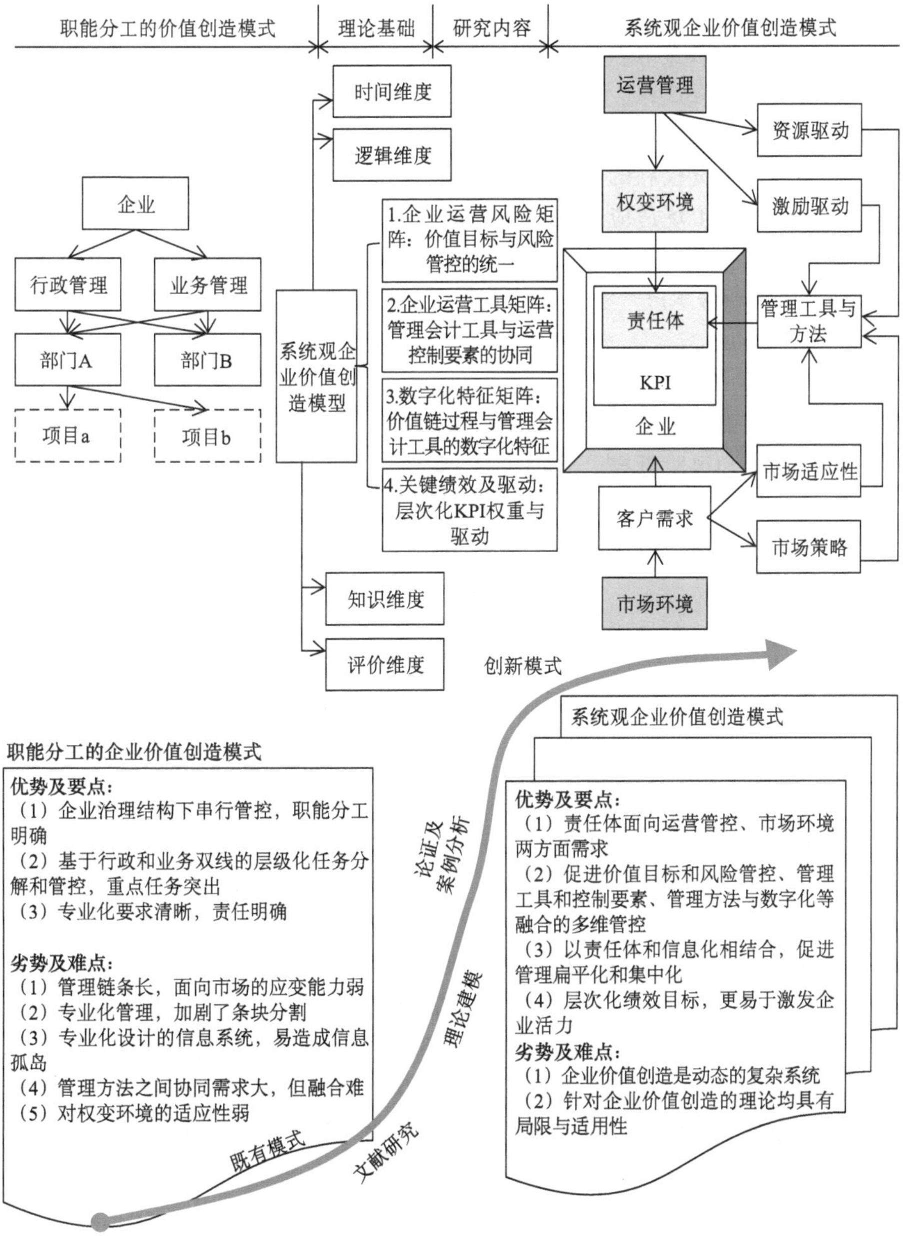

图 3－11　系统观企业价值创造体系演进路径

（1）优点

①企业治理结构下串行管控，职能分工明确。

②基于行政和业务双线的层级化任务分解和管控，重点任务突出。

③专业化要求清晰，责任明确。

（2）不足

①管理链条长，面向市场的应变能力弱。

②专业化管理，加剧了条块分割；业务管理的融合度较难，降低了企业对内外部权变因素的适应性。

③专业化设计的信息系统，易造成信息孤岛。

④管理方法之间协同需求大，但融合难。

⑤对权变环境的适应性弱。

系统观企业价值创造模式是基于责任体构建的运营管理体制，责任体作为独立核算单元，具有匹配运营相关责权利的属性和运用资源驱动、激励驱动应对运营管理的权变环境特征；通过市场策略和市场适应性应对市场管理的客户需求；通过管理工具与方法直接作用的责任体运营管理，激发基层单元创造性和主动性；通过层次化关键绩效体系，责任体KPI 绩效汇总生成企业级 KPI，实现价值创造目标及过程。系统观企业价值创造模式具有如下特征：

（1）优点

①立足责任体，面向运营管控、市场环境两方面需求推进企业价值创造过程。

②促进价值目标和风险管控、管理工具和控制要素、管理方法与数字化等融合的多维管控。

③以责任体为主的组织变革和数字化转型相结合，促进企业管控方式向扁平化、集中化、科学化演进。

④层次化绩效目标，更易于激发企业活力。

（2）不足

①企业价值创造是一个随运营特征和市场环境动态变化的复杂系统，需要创新理论支撑；

②传统企业价值创造理论具有局限性与适用性，需要在发展中持续完善。

③企业价值创造体系既是理论创新，更是实践过程；对具体企业而言尚不存在标准的模式。

如表 3－4 所示，价值创造理论是企业建立竞争优势和价值最大化的重要理论。为实现价值创造模式由传统模式向系统观的创新模式演进，本书基于霍尔三维结构拓展系统观企业价值创造理论，提出如图 3－8 所示的系统观企业价值创造理论模型和如图 3－11 所示的系统观企业价值创造体系演进路径。为实现系统观企业价值创造，推动价值创造过程与企业动态运营管理、权变环境、客户需求相适应，本书通过运营风险矩阵、运营工具矩阵、数字化特征矩阵、关键绩效及驱动四个对象开展研究。本书立足企业责任体为组织载体，研究企业价值操作目标与风险管控的协调与统一、管理会计工具与运营控制要素的内在逻辑、价值链过程与管理会计方法的数字化特征、层次化关键绩效权重与驱动等问题，实现企业面对外部市场环境与企业内部权变因素时的适应性。同时以层次化 KPI 为主研究企业价值创造的驱动，推动企业由传统职能分工的价值创造模式向系统观价值创造模式演进。

表 3-4 企业价值创造模式特征分析

分类特征	职能分工的企业价值创造模式	系统观企业价值创造模式
价值创造方法	关注职能分工下的价值创造过程	关注价值创造过程与管理控制方法、运营控制要素、价值创造目标评价的结合
组织结构关系	职能分工、层次传递	面向责任体的扁平化组织架构
价值取向	资源和能力导向	提升外部市场环境与企业内部权变因素相结合的适应性；在运营层面实现价值创造与风险管控的统一、管理会计工具与运营控制要素的协同、价值链过程与管理会计方法的数字化特征；层次化关键绩效权重及驱动
价值链形式	单线性、串行管控	网络化、扁平化、数字化
价值创造空间	职能分工，部门更关注规章、规章和制度边界，以流程和内控促进价值协同	明确责任体面向价值创造的目标，以激励、资源、授权调动积极性和主动性，激发创造力
价值链变异性	固定式、流程式	系统性、可塑性、适应性强

本书以大型网络通信企业 HBLT 运营转型为例，通过案例分析、问卷调查和实地调研等方法论证和研究企业由传统价值创造模式向系统观企业价值创造模式演进的过程，探讨其适应性。

3.5 系统观企业价值创造体系的运营风险管理研究

3.5.1 企业运营风险矩阵模型及其管理控制方法

企业运营管理是基于作业层面实现价值创造目标与运营风险管控相统一的过程。如图 3-10（1）所示，以逻辑维度和时间维度为主研究价值创造过程中的风险管控。时间维度根据价值链过程划分为市场获取、论证设计、生产加工、交付服务四个阶段。为系统展现运营过程中风险识别和处置的过程，本书将市场获取、论证设计、生产加工、交付服务构成的时间维度作为横坐标，以部门组织职能和控制活动构成的逻辑维度作为纵坐标，研究企业运营过程中识别短板、风险评估、信息沟通、考核监督的动态管控过程。时间维度的市场获取、论证设计、生产加工、交付服务与逻辑维度的二级指标共同构成企业风险矩阵模型。组织职能由使命和目标、部门职能、作业活动、流程规范四个方面静态管控要素构成，控制活动由识别短板、风险评估、信息沟通、考核监督四个方面动态管控要素构成。考虑到运营风险管控是针对作业活动管控，资源是融入作业活动的配置过程，因此，针对企业运营风险矩阵未单独列示要素配置，而是统筹组织职能（谁负责）与控制活动（如何做），研究价值创造目标、价值创造过程与运营风险管控的统一。

企业风险矩阵模型及运营风险管控方法如图 3－12 所示。其中，横坐标由价值增值过程中的市场获取、论证设计、生产加工、交付服务四类跨作业构成，每个时间阶段分别代表了产品或项目的价值形态，也对应企业的某个主责部门。

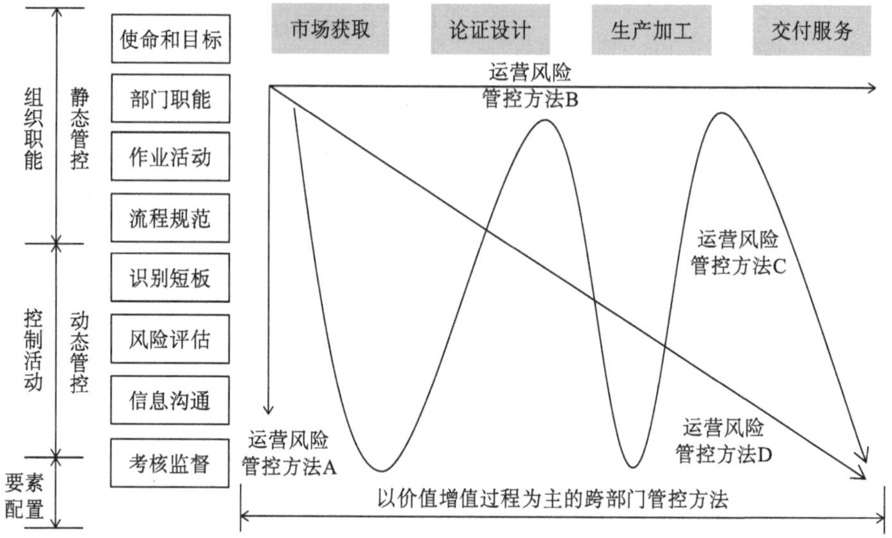

图 3－12 企业风险矩阵模型及运营风险管控方法

将组织职能按作业活动与责任体之间的内在联系进一步划分为使命和目标、部门职能、作业活动、流程规范四个部分，定义为逻辑维度的静态管控。第一，每一项任务或作业在某个时间阶段的价值增值过程与主责部门相关，并以使命和目标方式明确到部门或责任体；第二，以部门职能方式予以明确，规范企业价值创造相关的主责部门；第三，明确定义特定时间阶段的作业活动及服务，对接责任体的职责使命与业务活动；第四，以流程规范方式定义业务活动的操作方式。以上四方面定义为部门静态管控，反映业务活动在增值过程中的责任部门、作业标准、支撑条件和流程规范等要素。

将控制活动按关键点、风险评估与责任体之间的内在联系进一步划分为识别短板、风险评估、信息沟通、考核监督，定义为动态管控要素。第一，识别短板是识别每个时间段存在的关键问题和短板等；第二，将所识别短板及关键问题进行风险评估；第三，沟通项目和产品的价值创造过程信息；第四，按责任体进行考核和监督，以规范价值创造过程中的进度和状态。

在企业运营风险矩阵中，基于责任体职能、作业活动特征以及流程规范开展对价值创造目标偏差的管控。立足问题导向和风险导向，通过信息沟通反馈并优化作业规范，实现企业价值创造目标。按照企业运营风险矩阵模型维度分析运营风险管控的方法分为四种类型。第一，与每个时间维度阶段相关的调控行为称作运营风险管控方法 A，是指以责任部门内部为主导的管控行为；第二，将价值增值过程中需要跨部门调控的业务之间调控行为称作运营风险管控方法 B；第三，在企业运营风险矩阵管控模式下，业务在逻辑维度和时间维度两个轴线上跨部门业务调控行为称作运营风险管控方法 C；第四，业务从市场阶段到交付服务，实现预期绩效考核目标的协同过程称作运营风险管控方法 D。

3.5.2　企业运营风险矩阵下的目标及风险计量

价值创造是指实现每个阶段运营目标的过程。价值创造体现为一定期间内实现责任体运营目标的程度，运营风险体现为产生价值创造目标偏差的概率。因此，从各阶段责任体视角分析，运营风险管控与价值创造目标具有统一性。

根据价值创造相关理论，价值创造评价有净利润、经济增加值、市值评估等方式。将基于责任体层次化营运能力激发价值创造作为研究内容，将责任体在某个阶段 KPI 目标定义为该部门价值创造能力评价标准，研究责任体在价值链过程中实现价值之和作为企业价值创造能力的计量目标。因此，将企业某个责任体价值创造能力定义为 KPI_{ij}。

根据 COSO［美国反虚假财务报告委员会下属的发起人委员会（The Committee of Sponsoring Organizations of the Treadway Commission）］内部控制框架理论和我国财政部关于企业内部控制指引的定义，风险是指结果对期望的偏差，即产生目标偏差的概率。本书引入损失期望值法定量研究企业时间维度价值增值过程中的运营风险。损失期望值法（Loss Expectancy Method）首先分析和估计某个阶段责任体产生运营风险的概率和 KPI 偏差（损失或收益），然后将二者相乘求出风险损失（实现某项 KPI 目标的负向偏差）的期望值，再使用项目损失期望值去度量项目风险。本书将所有责任体在价值链各阶段的风险损失 L_{ij}（实现某项 KPI 目标的负向偏差）和产生损失概率 P_{ij} 乘积的和定义为企业运营风险 R_E（运营损失期望值）。将所有责任体在价值创造过程中各阶段运营风险之和定义为可计量的企业运营风险。如公式 3－1 所示。

$$V = \sum_{i=1}^{N}\sum_{j=1}^{M} KPI_{ij} - \sum_{i=1}^{N}\sum_{j=1}^{M} P_{ij} \times L_{ij} \qquad (公式 3-1)$$

其中，V 表示可评价和计量的企业创造的价值；

KPI_{ij} 表示时间维度第 j 个阶段中，第 i 个责任体提升企业价值创造能力的关键绩效指标；

P_{ij} 表示时间维度第 j 个阶段中，第 i 个责任体发生损失（目标偏差）的概率；

L_{ij} 表示时间维度第 j 个阶段中，第 i 个责任体发生损失的大小；

j 表示时间维度的第 j 个阶段；

i 表示第 i 个责任体；

M 表示企业价值创造的过程数量；

N 表示某个价值创造过程中责任体的数量。

在运营风险矩阵模式下，价值创造和风险管控具有辩证统一关系。主责部门是价值链各阶段风险管控目标和价值创造目标的责任主体，是静态管控、动态管控和资源要素需求的主体，是各种管理方法和资源要素及协同管理的主体，是运营目标偏差控制的主体，是推动价值创造过程的主体。实现责任体运营风险管控的过程，就是责任体实现价值创造的过程。价值创造目标具有可评价和可计量性，企业 KPI 指标由责任体 KPI 指标汇总而成，其评价和计量是控制目标偏差及风险的过程。

3.6 HBLT应用企业运营风险矩阵的实例

3.6.1 浅析案例企业经营风险

根据企业内部控制配套指引可知，风险导向的企业内部控制目的如下：战略目标方面，建立和完善符合现代管理要求的内部组织结构，形成科学决策机制、执行机制和监督机制，确保单位长期管理目标的实现程度。运营目标方面，建立行之有效的风险控制系统，确保单位各项业务活动的有效协同，实现企业经营效益与效率的提升。资产安全目标方面，保护单位财产的安全完整，确保资源配置的效率及资产安全性。报表质量目标方面，规范行为，保证会计资料真实、完整，提高企业披露企业财务状况与经营成果等信息的质量，以满足各类运营沟通需要。合规性目标方面，确保企业贯彻执行国家有关法律法规和企业规章制度。

HBLT以公众客户、集团客户、产业互联网三种类型产品为主开展业务。公众市场收入占30%，集团客户收入占30%，产业互联网收入占40%。互联网产品利润率高、批量小，对项目技术、质量及交付服务等要求高。HBLT以开拓产业互联网市场作为经营的战略重点。产业互联网类项目话语权在发包方，并按交付进度、资金情况与供货厂商结算。案例以市场获取、论证设计、生产加工、交付服务等作业活动为主开展运营风险管控研究。企业以运营协调会方式识别风险，并调度企业经营与项目进度。某次企业运营协调会内容摘录如下：

物资部门陈述：资金结算滞后，供货商有停止赊销供货的倾向。

财务部门陈述：市场回款少，流动资金紧张。

市场部门陈述：大量任务无法及时交付，因此客户不满意；一般款项均要交付后6—12个月才能收到，交付滞后影响客户付款的及时性。

库管部门陈述：检测部门没有及时办理产品入库，故产品无法交付出库；或产品未能成套入库，单品无法交付。

检测部门陈述：加工滞后和设计项目检测内容苛刻，检测工作量大。

生产部门陈述：产品量太小，产品设计对技术和工艺要求太高，生产受到元器件和原材料供应瓶颈的影响。

设计部门陈述：技术指标是依据市场部门签订合同确定，项目对质量及技术要求高，交付期紧。因此，存在冗余设计。

市场部门陈述：由于生产能力不足和产品不成系列，因此，客户基本上把量小、工期紧、技术指标要求高的项目签给HBLT。

3.6.2 立足运营风险矩阵的内部控制应用

从企业内部控制五要素视角分析，运营协调会存在如下问题：

控制环境。企业现金流与财务报告压力大。企业职能部门管理者存在本位主义、推诿、扯皮现象。经营分析反馈机制不健全，运营协调会没有落实经营数据到具体项目、关键环节、责任人。

风险评估。企业存在库存资产损失风险，运营管控力弱，运营风险较高，合同管理混乱，存在坏账风险、诉讼风险等。

控制活动。企业合同管理、库存管理、开票管理、物资申请与领用、项目立项评审、销售政策方面等未形成审批闭环。企业授权审批、不相容职务分离、资产安全等方面存在缺陷。

信息与沟通。当前运营协调会沟通效果差，缺失项目全过程的运营信息；没有建立基于项目的信息反馈机制。

监控。未提及领导参加会议，没有监察和效能监督机制，没有与考核挂钩，为协调而协调，协调会变成"扯皮"会，呈现"逆向推卸"责任。

企业控制环境与运营模式紧密相关，责任体协同既是提升效率、效益的手段，也是内部控制活动的主体。在运营风险管控时，既要考虑企业内部控制与企业运营模式的适应性，也要注重信息沟通的系统性。同时，也要细化责任体绩效，防止企业产生经营目标偏差。

运营风险矩阵下企业内部控制环境如图 3－13 所示：

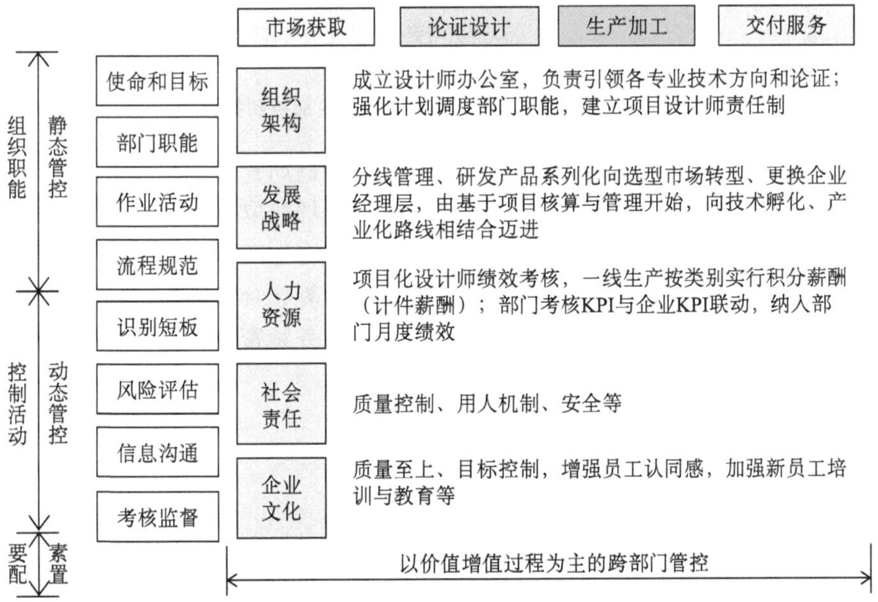

图 3－13　运营风险矩阵下企业内部控制环境

组织架构方面，成立设计师办公室，负责引领各专业技术方向和论证；强化计划调度部门职能，建立项目设计师责任制。

发展战略方面，结合国家产业政策与国企改革制定战略。体现为产品分线管理、研发产品系列化，推进技术孵化与产业化路径。

人力资源方面，建立项目设计师绩效考核，按类别实行积分薪酬（如计件薪酬）；实现责任体 KPI 与企业 KPI 联动，纳入月度绩效。

社会责任方面，重视质量控制、用人机制、安全等。

企业文化方面，质量至上，增强员工认同感等。

运营风险矩阵下的内部控制手段如图 3－14 所示。横向管控是以价值增值过程为主的跨部门管控，体现为部门之间管理协同与要素配置。纵向管控体现为职能划分和部门使命相关的业务目标实现过程。

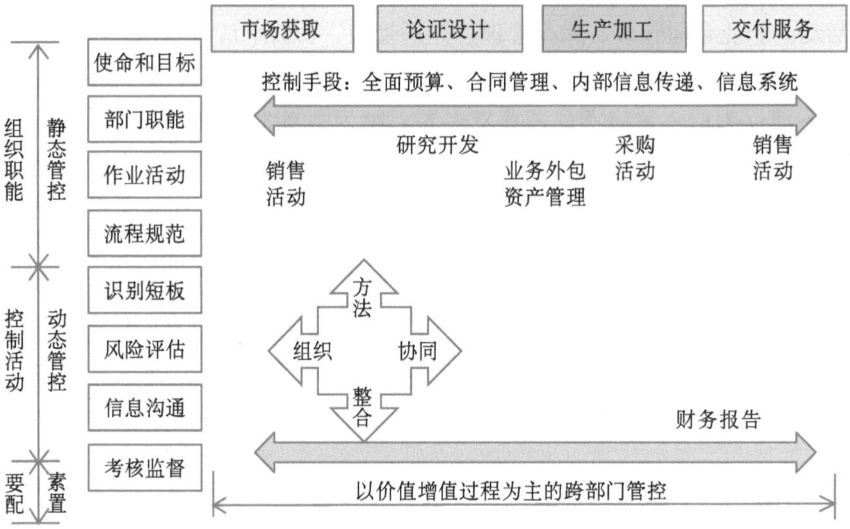

图 3－14 运营风险矩阵下活动类内部控制指引

基于活动的控制指引与业务活动具有较强相关性。例如：资金相关活动主要体现为收到预收款，以及与采购相关的结算；销售活动主要在市场获取阶段和交付与服务阶段；研究开发在论证设计阶段体现；业务外包、资产管理主要在生产加工及论证设计两个阶段发生；采购活动主要分布在生产加工阶段。同时，全面预算、合同管理、信息传递、信息系统等控制手段或工具，贯穿价值增值活动始终，具有业务紧密相关性，在责任体职能、项目全过程、作业活动等层面提供管理支撑。

3.6.3 企业运营风险矩阵的沟通与监督

在企业运营风险矩阵管控模式下，沟通与监督机制如图 3－15 所示。其中，核算支撑包括会计核算、报告及报表；全面预算包括目标管理、资源配置等；项目管理体现为企业价值创造载体与对象。另外，在推动企业运营管理过程中，还要加强归口管理，包括合同归口、费用归口等内容。同时，信息化支撑包括 ERP 系统及质量控制等。资质认证方面包括高新技术企业认证、产品生产许可、安全许可、质量许可等。

在绩效考核方面采用企业绩效、部门绩效、项目绩效、员工绩效四维联动，并实现层次化管控。

在职能监督方面，通过质量、计划、财务、交付构成闭环，环环相扣，互相配合、相互推动，实现督导。

在效能监察方面，包括纪检监察、第三方监督、审计、专项检查等。

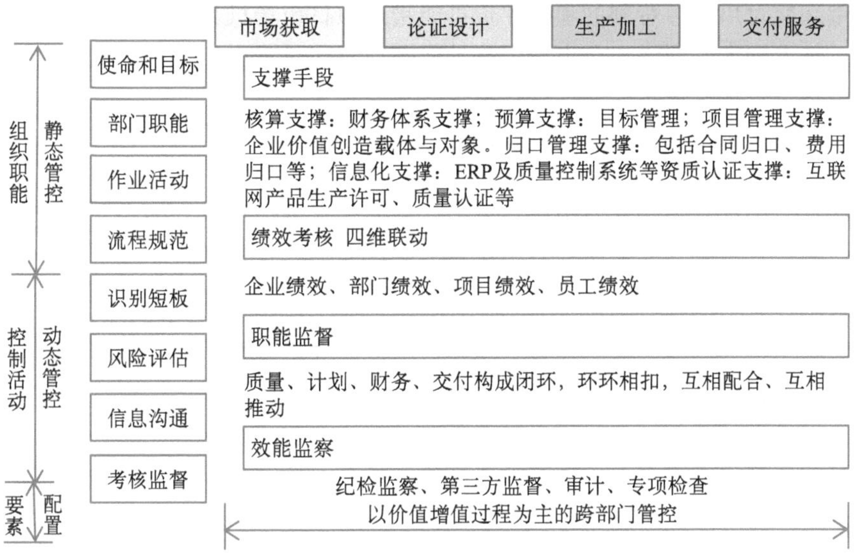

图 3－15　运营风险矩阵下的沟通与监督

3.6.4　时间维度各阶段风险应对简析

（1）市场获取阶段风险管控要点

问题　企业的产业互联网类产品面临市场话语权差、交付能力弱、质量与返工频繁等问题。外部市场环境良好，而市场拓展能力弱。项目多为硬骨头、未采用区域或行业营销。市场回款能力差、销售费用高、支出不规范、预算执行力差。

风险　项目按需定制，客户过于集中，对客户产品依存度高。产品质量问题频发，存在被吊销许可证的风险。项目市场开发力度弱，若走低成本战略，与企业高质量发展战略不匹配。销售费用高、支出不规范，带来运营风险和审计风险。项目回款差，影响企业资金链安全。

关键点　市场拓展环节要保障重点客户和重点行业，突破新行业。克服部分产品交付周期短、市场开拓周期长的缺点。

解决方法　项目交付与回款是同一个问题的两个阶段，需要计划部门牵头协同项目执行与产品交付，建立基于项目的任务机制、考评机制、责任机制，推动项目交付。协同财务预算、核算、决算，资源配置、考核要到位。市场话语权与各类产品分线管理是企业战略层面的问题，需要技术引领，提升产能，系统解决投资、建设、研发等各环节的问题。财务部门要介入论证、资源配置及绩效考核等环节。建立面向责任体的预算、核算、资源配置及考核机制。按市场特点和区域差异化、精细化配置要素资源，避免资源在项目之间交叉入账。

（2）论证设计阶段风险管控要点

①论证阶段。

问题　项目可行性评价脱离实际，带来研制成本上升，引起亏损或交付困难。宽松的项目评价带来交付风险，苛刻的项目评价可能错过项目市场机会。

风险 技术评审不严谨，会出现因技术问题项目交付难度加大的情况，带来毁约和信用风险。经济可行性论证不严谨，存在项目亏损及运营风险。

关键点 技术可行性和经济可行性论证等环节。

解决方法 建立市场部、设计师团队、财务、计划、采购等共同参与的项目评审机制，互通信息，明确责任体及关键绩效指标。按产品类别、项目、部门及市场区域等维度实施预算、核算、决算、考核等并配置资源，监督评价。

②设计阶段。

问题 技术路线决定了生产流程、元器件采购、外部协作、检验检测等内容。设计环节决定了生产方式和项目成本、效益。但是，过于强调技术先进性，容易造成经营风险。

风险 过度设计存在项目交付风险，需要平衡质量与成本效益。

关键点 任命技术负责人，确定技术路线、设计方案、原材料选型、质检指标、工艺设计等。

解决方法 建立项目设计师责任制、项目考核评价机制。尽量标准化、模块化设计产品；采用平台设计，提高设计过程管控水平，提升知识复用程度。生产图纸由档案部门发出，减少设计归档与生产图纸“两张皮”现象。将项目毛利率作为责任体考核指标，建立项目核算与考核机制。推进项目支出定额和对标机制，纳入考核评价，引导设计、生产并实现目标成本。开放库存物资信息到设计师桌面，设计引导库存降低。建立项目设计风险管理基金，补贴因非设计人员主观因素超额支出。引导通过设计降低成本，但又不唯低成本进行考核。通过技术创新完善产品系列，引导客户选用目录产品。

（3）生产加工阶段风险管控要点

①任务分解。

问题 任务调度和项目进度管理不到位，造成窝工和赶工同时存在的现象。企业资源利用率低，部门和专业任务不均衡。供应商和外协厂家的任务过于集中，交付能力受到制约。

风险 存在交付、资源浪费等风险。

关键点 计划和调度环节。

解决方法 以项目负责制统配和协调任务；根据市场商情预判任务量，统筹项目责任人任免，建立基于项目交付绩效考核；将供应商考核纳入项目管理，强化供应链管控能力。

②生产加工。

问题 批量小、产量低，柔性生产对员工素质要求高。采购周期长，价格高；质量管控缺失，造成批次性返工等损失。

风险 存在冗余库存、外协管理、质量控制、突破成本定额等风险（周期长、返工、冗余备份大）；归档与投产不一致；存在变更控制、资产安全等风险。

关键点 计划调度；外协、检测瓶颈；解决批生产与试生产之间资源平衡的矛盾。

解决方法 鼓励优先选用调剂物资，节约物资纳入激励考核。优化采购流程，建立框架采购或协议采购机制。将供应商一次交付合格率纳入结算条款和供应商考核。建立供应商和外协厂商认证机制，避免过度依赖。论证项目核算与评价机制。建立质量问题责任制，纳入部门与单位考核，并推动精益核算。平衡业务量，推动员工业绩与薪酬挂钩。

③验收入库。

问题　存在内部领用未计价，库存产成品再利用率低等问题；质量方面提出限制接触，环境安全等要求。

风险　存在出入库不合规带来的资产损失、保管受损、产品过期减值等风险。

关键点　检验单、包装及成套性检查、交付记录。

解决方法　将配套入库率作为计划部门考核指标之一；完善内部出库计价机制；完善库存积压产品利用考核机制；将库存产品信息与市场对接，优化出库流程。将合同交付信息反馈到库房，将库房周转指标纳入考核。

（4）交付服务阶段风险管控要点

问题　企业回款时间滞后，造成资金紧张；存在坏账风险；项目后评价利用度低；定额和定价体系不完善。

风险　存在交付及结算滞后，坏账等风险。

关键点　催收与询证函，坏账核销；项目后评价。

解决方法　建立定额制度、项目后评价制度，与设计、计划、生产、采购共同推进目标成本和精益管控。制定产品定价体系、销售折让体系；将回款与合同比对识别风险，纳入业务员与责任体考核。建立坏账责任机制、账销案存管理机制，推动法务与业务联动，消除呆坏账及超龄款项。

3.6.5　企业运营风险矩阵应用实例及成效

基于企业运营风险矩阵原理，案例企业 HBLT 运营情况如表 3－5 所示。企业运营风险管控矩阵表反映了企业运营过程中的价值创造过程。案例阐述了逻辑维度和时间维度面向价值增值过程所构成的管控方式，从静态行为、动态行为两个角度阐述了业务自市场获取开始在价值增值创造环节与风险管控过程中完成的情况，体现为管理控制的一致性要求，并通过主责部门协同和推动，实现项目交付和价值创造目标。

在企业运营风险矩阵应用过程中，能将企业内部控制指引与企业运营管理特征相结合，并融入企业制度体系和流程优化，通过全面预算、合同管理、会计报告等工具整合信息，实现项目交付目标和风险管控在价值创造过程的高度统一。

应用企业运营风险矩阵能识别关键环节，并判断风险点。第一，根据问题点所在的矩阵时序确定责任体和责任人。第二，根据作业活动规范和流程，启动信息沟通机制。第三，着手解决风险，并推动作业进入下一个价值增值阶段。因此，经营过程与项目执行中发现的相关问题均可在运营风险矩阵范围内解决，并且遵循从左上角向右下角的风险解决路径。

在企业运营风险矩阵的运行过程中，责任体是关键，是任务分解、目标承揽、业务推动、管理协同、资源配置、流程优化及绩效评价等活动的承载主体。因此，责任体细化是企业实现运营转型的组织保障，也是形成权变环境的主因；同时，职能部门也是激发创造力、活力的责任主体。企业运营风险矩阵能清晰呈现制约环节和因素，在责任体职能、目标、考核引领下，激发主责部门主动性、积极性和创造性，反向促进制度规范、流程优化和信息沟通。该模式能很好消除传统组织架构下因职能分工和制度、流程适应性带来的信息割裂和扯皮。

表 3-5 运营风险处置矩阵表

	市场获取	论证设计	生产加工	交付服务
使命和目标	市场规划、目标实施要符合企业目标，满足部门核算需要；根据行业市场开发与支出匹配资源	技术、经济、进度可行性分析确认是否承接？使任务符合产业、技术发展方向及价值最大化目标	项目预算与部门考核的起点，各类资源分配依据。明确责任、匹配资源、建立考核基准。满足业务执行的进度、质量和预算管理需要，技术指标、工艺过程、程序文件满足要求。入库或验收作为承担部门阶段性完成项目的标志，作为考核的依据	出库反映项目实体结束，同时也是收款依据。建立企业、部门、项目三级出库考核。加强回款、应收账款管理，提升项目执行数据的评价和利用
部门职能	市场部门是主体，按职责分工进行区域或行业划分指导市场开拓	计划部门组织初步评审并确定承接后，市场部后续完善合同手续，计划处安排研发、生产计划	计划部门分配承接任务确认进度及资源消耗、确认承接部门和任务分解。计划指导，以责任中心为主体为实现任务开展的活动。包括设计、物资、检验、加工等部门，项目必须办理入库或结题评审，作为任务完成标志。直接交付须经计划部门备案	申请、库房办手续、财务核算，且依据出库手续办理发票，样件审批且审核预收款。市场收款、财务核定项目后评价，考核项目组，并结合市场进行产品化和产业化设计
作业活动	①确认及论证市场目标，确定行业客户；②基于区域或行业的市场；③各部门的市场作用；④开发成功后任务确认，不成功项目支出摊销；⑤投标策略	组织项目评审，重点关注可实施性和技术可行性，重视试验及外协的条件等。关注物资采购周期及评审过程的繁易程度	确认计划分解、任命负责人及直接成本预算，加强关键的元器件、检验过程、进度节点和主要的技术风险、任务饱和量等要素的评价。外协、加工、差旅、检验、材料等业务活动组成，归口管理，遵循授权审批和科研流程及合同执行规范。建立内部结算、任务衔接和质量事件追究等。入库作为生产项目完工节点，质量返工应办手续。研发项目评审作为结题依据，课题短时间未能结题的，应暂时办理暂停手续	三联出库单，核对合同后开票。按进度确认研发项目收入，采用内、外核算分离的方式，核定各部门业绩。强化样件和历史库存销售政策。确认回款部门、项目及行业属性，梳理所耗费资源，进行经济分析和市场分析。对具有市场前景的项目将定额和供应商、生产流程固化
流程规范	按区域进行预算分解和核算，市场支出比例和额度按相关制度执行。合同签订需明确预收款和客户信用评价	合同评审参照；新产品的技术及潜在任务评审；自研课题前景及产业化评审；技术协议等关键指标确认等	计划管理流程；质量程序文件、物资采购流程、财务预算管理、部门及项目考核体系等规范。计划管理、程序文件、质量管理、财务核算流程、合同管理流程、预算规定、归口管理要求等满足业务执行与核算需要。计划处协调客户验收和评审。验收和入库作为部门项目完成标志及考核依据	杜绝未办理相关手续直接交付情况。出库、发票、赊销应符合规定且与合同构成闭环。样件销售和信用评价完备，建立价格体系。回款考核规定和部门回款指标的确认，项目执行数据的归集与后评价

续表

市场获取		论证设计	生产加工	交付服务
识别短板	市场分类、先期市场费用核销、行业属性，签订确认，未开发成功的支出核销。开发项目状态及确认点，客户属性	技术难度、进度要求、支出结构及结算；设计师配置，合同签订与经济评价，合同类别与评审	项目负责制与责任中心承揽制，进度、质量、技术、关键工艺及资源的匹配列示。直接支出预算控制。核算项目收、支及跨年结转，考虑企业和部门级核算需求。逻辑性、构成比例、用量与预算配比分析。直接交付，样件核定，入库、投产数量核定、关键原材料控制，是否存在质量损失和未结支出	预收款、虚拟出库、直接交付、开票、收入核定。赊销、价格审批，且核算到部门。项目执行后评价，回款的确认及按考核目标的归集
风险评估	不当销售政策和策略会引起经营风险，信用管理不到位会遭受损失或欺诈，舞弊导致企业受损	技术难度衡量不足会影响效益。任务过于集中会影响交付和声誉	任务分配不当、采购周期过长，关键工艺不落实不能保证进度，易亏损。不协调、设计不合理会出现返工和质量隐患。考核不到位容易引起扯皮影响后续任务。未及时完工会带来信誉等损失，未入库交付带来经济损失、核定和评价	防止收入舞弊和收入遗漏，确保及时回款，保证经济良性运行。防止销售舞弊的重要环节。是否有后续支出、返工、产业化跟踪考核。产业化项目或后续生产项目成本定额资料的归集
信息沟通	确认任务输入单，下达任务依据，批复合同审批单、项目申报表，任务前期与客户沟通的主要技术指标和应用环境	评审主要指标及可行性，研制方案和初步承接思路；生产任务指标、合同额、工期等变化、产量和承接合同的结算条款是否变化	①任命；②预算；③计划；④采购计划；⑤加工及外协计划；⑥任务内部协作分解。合同审批、内部结算、出差、检验、外协、付款申请；检验报告、课题负责人签字与认定。领料单、验收单、成本核算。入库单、阶段性停滞申请单、项目验收单等	出库申请单、赊销审批单、阶段回款虚拟出库单、直接出库申请单、价格表、客户信息等。应收账款、合同条款及回款确认单。项目执行过程经济数据归集与申请审批核查
考核监督	合同额和支出对比分析、行业考核、合同分类考核、责任中心考核。对比分析、趋势分析	任务承接量；按责任中心承接任务量或按片区和行业任务量衡量	任务承接量；按责任体承接任务量或按片区和行业任务量衡量。以部门和项目考核办法为主题进行考核，含有量化的考核和质量考核。满足财务、计划、人事部门考核需要	出库和回款关联指标考核，项目阶段性回款考核。虚拟出库制度，直接交付管理流程。回款、应收账款、项目过程的执行数据等

在企业运营风险矩阵中，项目是实现价值目标和风险管控的载体。面向价值增值过程，也是获取项目和实现交付的过程。因此，项目管理是运营管理的主线和抓手。企业实现价值链的过程，就是各种运营管理工具及管控要素围绕项目目标整合和协同的过程。

通过企业运营风险矩阵分析可知，在价值创造过程不同阶段的责任体根据职能分工与风险评估建立直面作业活动的管控机制。配置资源、设定目标，建立薪酬激励能有效推动企业运营转型，并实现责任体层面价值创造目标和运营风险管控的统一，切实调动责任体的积极性和创造性。因此，依据市场需求和项目交付建立责任体，是承载价值创造过程和价值创造目标的组织载体，是激发企业价值创造力和活力的基础单元。同时，实施责任体机制为主的运营体制变革，除了关注运营风险管控，还要关注企业运营要素及管理会计方法协同、数字化特征、价值创造驱动因素等内容。

HBLT 运用企业运营风险矩阵的管控模式，有效地推进了运营控制要素与价值链过程在作业层面的融合和协同，通过提升责任体立足职能，以项目为抓手实现绩效目标。HBLT 近三年运营显示，企业未达账项下降近 50%，借款额下降 23%，有效地降低了财务风险，提升了企业价值创造能力。营运能力提升优于行业平均水平，资金状况得到根本性改善。营收规模和净利润指标年均增长达到 7% 以上，应收账款和存货合计较三年前基期降低了 10.3%。企业运营风险矩阵不仅细化了企业管理要素和管理过程，为运营数字化奠定了流程和规范的基础，而且基于价值链的全过程管理，通过运营要素和管理控制的协同，提出了企业运营风险管控能力和企业价值创造能力相统一的管理路径。

3.7 本章小结

本章简述了大型网络通信企业 HBLT 面临内外部运营环境权变影响的运营特征，探讨了以运营转型推动提升企业价值创造能力的方法。在实施运营管控与管理会计工具时，企业需要考虑运营管理控制要素构成关系、以管理会计工具为代表的管理控制工具相关性和适用性、价值链过程与管理控制运营数字化特征需求等内容，激发以 KPI 评价为对象的企业价值创造能力。据此，提出以系统观的企业价值创造体系作为研究对象。

第一，简述了运营要素及管理控制方法驱动责任体实现价值创造目标的内在逻辑。以大型网络通信企业 HBLT 运营转型为例，基于霍尔三维结构模型构建了系统观企业价值创造体系。系统观企业价值创造模型构成要素包括：以价值增值时序进程为主的时间维度、以运营控制需求为主的逻辑维度、以管理会计工具为主的知识维度。第二，基于霍尔三维结构分别以时间维度和逻辑维度为主，分析了企业运营风险矩阵下的经营风险管控；以知识维度和逻辑维度为主，分析了企业运营工具矩阵下的管理会计工具的相关性；以知识维度和时间维度为主，定义了企业运营数字化特征矩阵。据此，从经营风险管控方法、管理会计工具相关性、经营数字化特征三个方面研究企业价值创造过程中工具、方法、要素的逻辑关系，探讨系统观企业价值创造体系模型及运营路径。第三，以 HBLT 为例论述了产业互联网类业务运营风险管控方法，阐述了企业运营风险矩阵与财政部内部控制指引理论的内在联系，提出了企业运营风险矩阵模式下的 KPI 目标及风险计量，描述了价值创造和风险管控的辩证统一关系，以企业运营风险矩阵表的形式给予综合分析及展现。案例进一步论证了主责部门是价值链各阶段风险管控目标和价值创造目标的责任主体，是静态管控、动态管控和资源要素需求的责任主体，是各种管理方法和资源要素及协同管理的责任主体，是运营目标偏差控制的责任主体，是推动价值创造过程的核心要素。实现责任体主责范围内企业运营风险控制的过程，就是各级责任体实现价值创造的过程。因此，在责任体视角和作业层面，企业价值创造与运营风险管控具有一致性。

综上，本章基于大型企业运营转型实践及权变环境特征，创新了系统观企业价值创造体系，为研究管理会计相关性、数字化特征、层次化 KPI 权重及驱动等奠定了理论基础。

第4章 基于系统观企业价值创造体系的管理会计协同研究

管理会计是实现企业价值创造的运营控制方法及实践工具。权变理论建立了控制环境与管理控制工具之间的联系。为克服单一管理会计方法及权变要素等影响和制约，在系统观企业价值创造理论基础上，以管理会计工具与运营控制要素内在逻辑为对象，研究价值创造过程中管理协同、资源配置等内容。目前，企业价值创造体系还没有最优的管理会计实践，企业应根据外部环境和不确定性选择适用的管理会计方法。因此，本章基于系统观企业价值创造体系理论，从逻辑维度、知识维度切入，研究运营控制要素与管理会计方法的协同，提升企业运营的动态应变能力。此外，以案例企业 HBLT 运营特征为研究对象，实证管理会计与运营控制要素之间的相关性和层次化特征，以提升管理会计方法与运营控制要素的协同，促进管理会计方法之间的整合。

4.1 认识价值创造体系下的企业运营要素

价值观是人们对事物的认识与看法。企业作为社会实践的主体，对自身生存价值、企业组织战略及战术有独特的价值观。这种价值观具有与企业组织架构相融合、与企业文化相融合、与企业核心竞争力相融合、与企业生产管理流程及管控模式相融合、与企业特定时期采购模式及成本管控相融合、与绩效激励及控制方式相融合、与企业市场价值相融合等特性。

从经济角度分析，效率性与效益性是价值创造能力的两个重要特征，通常以货币计量的投入产出比表示。马克思将商品所附属的无差别人类劳动定义为价值。价值往往从资金角度入手，体现为人与人之间的生产关系。对企业而言，价值被理解为盈利能力的现值。Kaplan 认为企业价值可以精确地衡量为未来现金流量折现。这说明企业价值是一种长期、动态的创造盈余现金流量的能力。现金流折现是一个与资产、资本、运营活动等各方面息息相关的过程。此外，价值是指企业价值链的具体作业。任何一项经济活动都伴随产生一定的价值，除去各项费用，即为形成价值增加的过程。这也说明企业价值创造是评价企业经济活动的结果。企业价值形式也可以用资本市场的外部投资者认可度表示，例如：上市公司股票价值。此外，Michael E. Porter 认为：“企业价值最终体现为客户价值，体现为企业创造价值能力评价指标”。这种基于客户认可的价值评价对内反映为盈利能力指标，也可用规模能力、边际贡献能力以及量本利分析和成本管控能力等指标衡量。

企业经营管理是实现使命目标的过程，是在企业组织架构和企业文化背景下，围绕运营管理相关的成本管控模式、供应模式、资金运作模式、绩效管理模式等系列活动的集合。这些管理活动以信息为基础，以特定管理手段和管理方法为依托，通过设定业务活动载体及目标，以预算匹配资源和目标，实现企业、责任体、员工之间“责、权、利”的统一，进而提升效率和效益，实现企业价值创造。

如图 4 - 1 所示，以知识维度和逻辑维度为主研究运营控制与管理会计相关性，并进一步分析企业价值创造体系下运营组织架构、控制活动、要素配置等以及以规则、流程为主的权变要素与管理会计工具驱动价值创造的内在逻辑及层次化关系。针对管理会计工具内在相关性进行量化研究，能进一步揭示管理会计工具与企业运营特征的内在联系，对指导管理会计实践，认识管理会计工具实践的系统性、科学性、协同性具有良好思维导向作用。

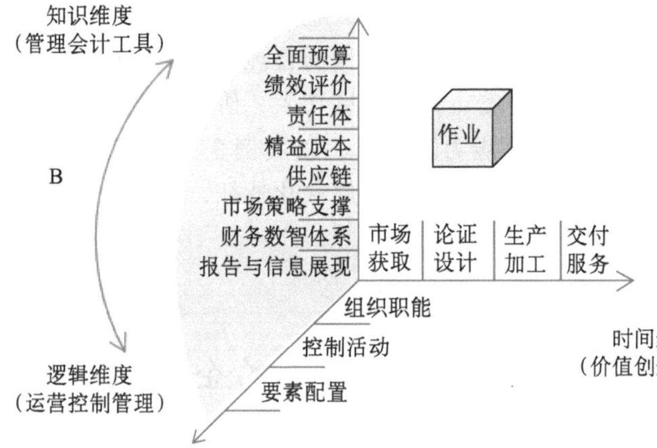

图 4 - 1 以知识维度和逻辑维度为主研究运营控制与管理会计相关性，促进运营协同

4.2 以价值创造为目标的管理会计方法

管理会计是企业实现价值创造的管理控制工具和手段。管理会计在企业运营环境变化中普遍存在不适应性（Robert S. Kaplan，1983）。现有研究提出基于价值管理、平衡计分卡、全面预算、作业成本法等管理会计框架。管理会计需要主动应对环境不确定性，这是管理会计驱动企业价值创造的本质（冯巧根，2014）。管理会计对象是企业生产经营活动，涉及市场、技术、运营、组织等方面，包括战略导向、组织模式变革等内容（孙茂竹等，2012）。管理会计服务于组织目标，是面向价值创造的控制系统，立足组织目标实施经营活动。因此，充分认识企业价值创造及与组织控制关系，才能构建有效的管理会计体系。互联网时代给企业价值管理、竞争方式、组织架构等带来全新挑战，需要不断深化管理会计理论创新和实践。

Ittner 和 Larcker（2001）提出价值管理框架以持续创造股东价值为目标，包括企业内部经营目标、战略选择和组织架构、驱动因素分析、行动计划、绩效评价、改善与反馈等步骤。Kaplan 和 Norton（2001）基于战略管理理论，以平衡计分卡（BSC）为主线按照管理过程化原则，提出将作业管理、股东价值和全面预算进行整合的管理框架。Hope 和 Fraster（2001）提出包括财务预测与计划、业绩评价和激励方案为主的“超越预算”整合框架。Covaleski（2003）提出预算系统内部整合理论综合社会学等学科特点的框架。

分析可知，现有研究提出的管理会计框架主要围绕单个管理会计工具展开，缺乏对管理会计工具与运营控制的内在联系。同时，现有研究关注单一管理会计工具对特定运营控制过程的影响，而忽视单一管理会计工具之间存在缺陷及不同管理会计工具之间的相关性。在选取管理会计工具时，企业需要根据组织特点深入分析运营控制要素与不同管理会计工具的相关性，以及管理会计工具之间的适用性和协同性，以确保管理会计工具能有效对接企业的运营控制模式。因此，构建基于运营控制的管理会计框架能提高企业运营控制水平和价值创造能力，进而推动企业高质量发展。

因此，需深入研究企业运营管控特征下管理会计方法之间的相关关系、层次化特征、驱动因素等内容，以有效对接企业经营管控模式，提升管理会计工具整合成效。

4.3　系统观企业价值创造体系的管理会计协同研究假设

为研究企业运营控制要素与管理会计工具的量化相关性，本章对研究企业运营工具矩阵设定如下条件：

（1）研究对象为成长期及成熟期的企业或企业集团，面临充分市场竞争，具有通过优化营运能力和管理会计应用提升企业竞争力及价值创造能力的需求。

（2）将运营控制维度分为组织职能、控制活动、要素配置三个一级元素，涵盖企业静态管控、动态管控和要素配置等运营控制要素。

（3）将全面预算、绩效评价、责任体、精益成本、供应链、市场策略支撑、财务数智体系、报告与信息展现八个方法作为案例企业 HBLT 及本书研究管理会计工具的集合。

综上，提出如下研究命题：

命题 1　运营控制维度的组织职能、控制活动、要素配置与管理会计工具之间存在量化相关性。

命题 2　推动价值创造能力提升的企业管理会计工具之间存在量化相关性及层次化特征。

4.4　基于逻辑维度和知识维度的企业运营工具矩阵模型

权变理论认为不存在普遍适用的管理控制实践，应结合企业组织的特定环境和结构设计恰当的管理控制框架。本书立足系统观企业价值创造体系，从逻辑维度和知识维度提出企业运营工具矩阵模型，研究运营控制和管理会计工具的动态适应性和相关性。运营控制是管理者为实现企业战略目标所实施的管理活动。企业运用管理会计工具能为运营控制提供更高质量的信息，从而提升企业的运营控制水平。然而，实践中，开展运营控制活动依附于主责部门的驱动，管理会计工具因管理控制环境的不同而存在差异。因为存在差异性，所以研究管理会计工具之间的关系需要选取适用的管理会计工具。综上，开启运营控制与管理会计工具之间相关性研究是非常必要的。

运营管理既体现为组织使命和目标、部门职能、作业活动、流程规范等静态管理的一致性；也从识别短板、风险评估、信息沟通、考核监督等动态方面体现为管理的执行力；并在素质提升、资源投入、协同优化、创新驱动方面与企业战略规划、业务经营及各项职能相融合。因此，企业根据内外部环境对运营管理的适用性要求而选择管理会计工具。

当企业面临复杂多变的内外部环境时，通常更易接受运用管理会计工具改善企业效率和效益，以提升企业竞争力。以系统观企业价值创造模型为理论基础，构建由运营控制维度和管理维度组成的企业运营工具矩阵，详见表4－1。逻辑维度是指控制运营活动要素的集合，构成企业运营工具矩阵纵坐标，描述在职能分工条件下企业为实现价值创造目标对组织架构、控制方式、要素配置等要素静态规划和动态配置。知识维度指管理会计工具的集合，企业运营工具矩阵横坐标由全面预算、绩效评价、责任体、精益成本、供应链、市场策略支撑、财务数智体系、报告与信息展现等组成。

表4－1　企业运营工具矩阵

项目		管理会计工具（知识维度）							
		全面预算	绩效评价	责任体	精益成本	供应链	市场策略支撑	财务数智体系	报告与信息展现
运营控制（逻辑维度）	组织职能	要素的内在逻辑							
	控制活动								
	要素配置								

企业运营工具矩阵反映运营控制维度与管理会计工具之间存在的内在逻辑。企业运营工具矩阵要素之间的相关性因受到企业运营环境影响而存在差异。从系统角度分析，企业运营工具矩阵要素的相关性及其影响能够被科学量化和评价。因此，如果能证明运营控制维度组成要素与管理会计工具之间的内在相关性，则能证明管理会计工具之间的内在相关性。

4.5 企业运营工具矩阵要素量化分析方法

企业运营工具矩阵反映运营控制维度与管理会计工具之间的内在逻辑。企业运营工具矩阵要素之间的相关性因受到企业运营环境影响而存在差异。从系统角度分析，企业运营工具矩阵要素的相关性及其影响能够被科学量化和评价。

设计结构矩阵（DSM）是 Steward（1981）提出用于描述复杂系统中不同元素间相互依赖关系的可视化工具。DSM 主要分为流程 DSM、产品 DSM 和组织 DSM（Browning, 2016）。其中，DSM 是管理学和组织学常用的研究方法，用于分析组织内部的相互依赖关系。例如，Eppinger（2012）运用 DSM 模型，研究在产品开发组织内部如何为分布在世界各地的设计研发中心分配任务。Millhiser 等（2011）运用 DSM 模型研究将员工分配到团队策略的有效性。

因此，引入 DSM 模型研究运营控制和管理会计工具相关性是适用的。

4.5.1 基于企业运营工具矩阵模型设计调查问卷

基于企业运营工具矩阵模型（见图4-1）设计调查问卷，论证案例企业 HBLT 的运营控制要素与管理会计工具之间的量化相关性，增进管理会计之间的协同能力。设计调查问卷要素取值采用李克特量表（Likert Scale）标准。取值标准从低到高设定如下：

不值得考虑：分数 0 分。把不值得考虑列进来的原因是因为组织内有人将它作为一个相关因素，而决策者认为它是不相关的。虽然分值是 0，但可以说明这个因素未被忽略。

值得稍加考虑：分数 1 分。当某个因素对最终决策的影响很小时，给它的分数为 1。只有当仔细核实该因素确实不能归于“不值得考虑”的因素后，才这样做。

值得考虑：分数 2 分。值得考虑的因素肯定影响决策。

有些意义：分数 3 分。这一类因素虽然有些意义，但不是非常有意义。决策者有时会发觉其他人认为这些因素具有不同的重要性程度，但决策者却将他们置于较低的位置。

有意义：分数 4 分。这类因素在决策中起到重要作用，有意义的因素不是无所谓，而是表示任何有所谓的因素都必须纳入考虑范围。

很有意义：分数 5 分。如果有意义的因素表示为有所谓的事，则很有意义的因素表示非常有所谓的事情。

案例企业 HBLT 选择全域县级分公司责任体负责人作为逻辑维度和知识维度构成企业运营工具矩阵模型的问卷填写人。问卷填写人对运营控制要素和管理会计驱动的运营控制具有丰富实践经验和运营管理需求认知。以李克特量表计量方式评定指标体系、驱动因素的影响，以众数作为模型参数数值，评价数据的集中趋势。发放调查问卷 170 份，收回有效调查问卷 157 份。

4.5.2 运营控制与管理会计工具相关性矩阵

如表4-2所示，定义 HBLT 运营控制维度 DSM。组织职能 α 对控制活动 β 的量化相关性影响为5，而控制活动 β 对组织职能 α 的量化相关性影响为4，说明组织职能 α 对控制活动 β 的影响大于控制活动 β 对组织职能 α 的影响。另一个典型的相关性关系是要素配置 γ 与控制活动 β 之间，要素配置 γ 对控制活动 β 的量化相关性影响为3，而控制活动 β 对要素配置 γ 的量化相关性影响为1。说明要素配置 γ 对控制活动 β 的影响大于控制活动 β 对要素配置 γ 的影响。同理，组织职能 α 对要素配置 γ 的量化相关性影响为1，而要

素配置 γ 对组织职能的量化相关性影响 α 为 2。说明要素配置 γ 对组织职能 α 的影响大于组织职能 α 对要素配置 γ 的影响。

表 4-2 运营控制维度 DSM

项目	组织职能 α	控制活动 β	要素配置 γ
组织职能 α	α	4	2
控制活动 β	5	β	3
要素配置 γ	1	1	γ

如表 4-3 所示，以域映射矩阵（DMM）表示 HBLT 管理会计工具与运营控制要素之间的量化相关性。其中，全面预算 A 作为战略实施的工具，受到组织职能 α、控制活动 β、要素配置 γ 的量化相关性影响均为 5。组织职能 α 是界定组织的使命和规则，控制活动 β 推进实施目标，要素配置 γ 是匹配并投入资源，说明运营管控要素对全面预算的量化相关性影响很重要，推进全面预算 A 受到组织职能 α、控制活动 β 和要素配置 γ 的综合影响。另一个典型的相关性是报告与信息展现 H 受到组织职能 α、控制活动 β、要素配置 γ 的量化相关性影响分别是 3、2、1。说明报告与信息展现 H 与组织职能 α 的相关性较大，而受要素配置 γ 的影响比较小，控制活动 β 对报告与信息展现 H 的影响介于两者之间。

表 4-3 管理会计工具与运营控制域映射矩阵（DMM）

项目	组织职能 α	控制活动 β	要素配置 γ
全面预算 A	5	5	5
绩效评价 B	5	4	3
责任体 C	5	5	4
精益成本 D	3	4	5
供应链 E	3	4	3
市场策略支撑 F	2	4	3
财务数智体系 G	4	5	2
报告与信息展现 H	3	2	1

4.5.3 多领域矩阵与要素相关性测算

本书运用域映射矩阵（DMM）和多领域矩阵（MDM）识别运营控制活动与管理会计工具之间的关系（杨青，2014）。域映射矩阵是反映两个不同领域元素之间相关关系的非正方形矩阵。域映射矩阵中的数字表示管理会计工具与运营控制活动之间量化相关性影响。多领域矩阵也能表示两个或多个不同领域 DSM 模型之间关系。多领域矩阵对角线表示每个单独领域 DSM，其中域映射矩阵就是非对角线对应的数据区域。

如图 4-2 所示，运营控制维度 DSM 与管理会计工具 DSM 通过域映射矩阵（DMM）和多领域矩阵（MDM）建立逻辑关系。在多领域矩阵（MDM）中，左上角对角线位置数据为运营控制维度 DSM，右下角对角线位置数据为管理会计工具 DSM，左下角非对角线位置数据表示域映射矩阵（DMM）。

控制维度DSM　C_DSM(i, j)　DMM(i, j)　P_DSM(I, J)　管理会计方法DSM

	α	β	Υ	A	B	C	D	E	F	G	H
组织职能α	α	4	2								
控制活动β	5	β	3								
要素配置Υ	1	1	Υ								
全面预算A	5	5	5	A	325	375	315	265	235	295	165
绩效评价B	5	4	3	340	B	318	271	227	204	251	137
责任体C	5	5	4	390	316	C	308	258	229	286	160
精益成本D	3	4	5	300	247	282	D	197	172	221	127
供应链E	3	4	3	280	229	262	219	E	160	203	117
市场策略支撑F	2	4	3	250	207	234	193	161	F	179	107
财务数智体系G	4	5	2	340	276	317	268	222	195	G	140
报告与信息展现H	3	2	1	180	143	168	145	121	110	133	H

（1）多领域矩阵（MDM）

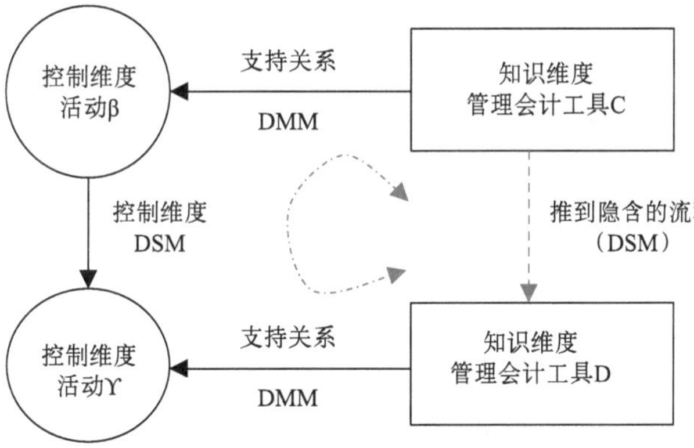

（2）多领域矩阵（MDM）的信息流

图 4－2　多领域矩阵（MDM）推导示意图

（1）识别活动之间的信息流

管理会计工具 DSM 反映各工具之间互为输入/输出或相互影响的内在联系，多领域矩阵（MDM）反映管理会计工具与运营控制活动要素之间的相关性，即运营控制活动为实现管理会计工具相关功能而提供的信息或支撑。因此，依据运营控制维度 DSM 和域映射矩阵（DMM）的相关性可以判断管理会计工具之间信息流方向。例如，由图 4－2（1）中 C_DSM（3，2）＝1 可知，运营控制活动 β 将信息传递给运营控制活动 γ；由域映射矩阵（DMM）可知，运营控制活动 β 和 γ 分别通过管理会计工具 C 和 D 实现。据此，判定管理会计工具 C 与 D 之间存在“隐含”的相关性。图 4－2（2）表示由运营控制活动之间相关性推导管理会计工具之间“隐含”的相关性逻辑框架。

（2）测度工具之间的量化相关性

在多领域矩阵中，若已知运营控制活动 i 与 j 之间的量化相关性 C_DSM（i，j），运营

控制活动 j 与管理会计工具 J 之间的量化相关性 $DMM(J, j)$，运营控制活动 i 与管理会计工具 I 之间的量化相关性 $DMM(I, i)$，则可由公式 4－1 计算得到管理会计工具 DSM 中 I 与 J 之间的量化相关性 $P\_DSM(I, J)$。

$$P\_DSM(I,J) = \sum_{i=1}^{m}\sum_{j=1,j\neq i}^{m} DMM(I,i) \times DMM(J,j) \times C\_DSM(i,j) \quad (公式 4-1)$$

其中，$i, j=1, 2, \cdots, m$；$I, J=1, 2, \cdots, n$。m 和 n 分别表示管理会计工具数量和运营控制活动数量。本书不考虑为实现同一运营控制活动而开展不同管理会计工具之间相关性，因此，公式 4－1 中 $j\neq i$。

多领域矩阵（MDM）可用于测算管理会计工具之间“隐含”的量化相关性。利用运营控制维度 DSM（表 4－2）和域映射矩阵（DMM）（表 4－3）数据，根据公式 4－1 计算管理会计工具之间的量化相关性，如图 4－2（1）所示的多领域矩阵（MDM）。

4.5.4 管理会计工具内在相关性及其协同分析

对多领域矩阵（MDM）相关度数值大小优化排序，可推导出管理会计工具 DSM，详见表 4－4。按相关度数值大小排序后管理会计工具顺序为：全面预算、责任体、绩效评价、财务数智体系、精益成本、供应链、市场策略支撑和报告与信息展现。

表 4－4　管理会计工具 DSM

项目	A	C	B	G	D	E	F	H
全面预算 A	A	375	325	295	315	265	235	165
责任体 C	390	C	316	286	308	258	229	160
绩效评价 B	340	318	B	251	271	227	204	137
财务数智体系 G	340	317	276	G	268	222	195	140
精益成本 D	300	282	247	221	D	197	172	127
供应链 E	280	262	229	203	219	E	160	117
市场策略支撑 F	250	234	207	179	193	161	F	107
报告与信息展现 H	180	168	143	133	145	121	110	H

第一，全面预算对其他管理会计工具的量化相关性影响居于首位。由此可见全面预算的战略引领地位与作用。第二，全面预算、责任体、绩效评价之间的量化相关性均在 316 以上，也证明了这三个管理会计工具一起构成提升企业营运能力的重要元素。第三，在对全面预算影响中，责任体量化相关性 390 排在首位，绩效评价量化相关性 340，财务数智体系量化相关性 340、精益成本量化相关性 300、供应链量化相关性 280、市场策略支撑量化相关性 250、报告与信息展现量化相关性 180，说明责任体是实现预算分解和预算目标的重要元素，也是承载绩效评价的重要载体。第四，财务数智体系对全面预算编制量化相关性影响相对较大，在实施管理会计框架过程中起到承上启下的作用，须统筹考量。第五，精益成本、供应链和市场策略支撑对其他管理会计工具量化的相关性数值处于中等水

平，这与面向作业层面管理会计工具以及运营支撑的管理属性有关。第六，精益成本、供应链和市场策略支撑之间量化相关性要小于其对全面预算、绩效评价、责任体之间的量化相关性，这说明管理会计工具之间的量化相关性具有显著的层次化特征。第七，报告与信息展现对各管理会计工具的量化相关性较弱，这与报告与信息展现的数据整合属性有关，也与其支撑企业经营层决策的属性有关。

①全面预算是实现企业战略和引领企业运营目标的核心工具，且与责任体、绩效评价两个因素一起构成激励企业提升营运能力的关键因素，属于第一层次的核心支撑方法。②除了对全面预算、责任体影响外，财务数智体系对其他各项管理会计工具的影响均在140～300，各项管理会计工具与财务数智体系之间的影响均位于中位数附近，说明财务数智体系构成支撑其他管理会计工具的基础，属于第二层次的重要支撑方法。③精益成本、供应链、市场策略支撑是企业面向作业层面提升运营效率和运营效益的管理会计工具，属于第三层次的业务支撑方法。④报告与信息展现因其具有信息整合功能和综合性等特征，对其他管理会计工具的相关性影响较弱，属于第四层次的运营支撑方法。

DSM 方法证明了案例企业 HBLT 运营控制要素与管理会计工具之间，以及管理会计工具相互之间存在的量化相关性，且管理会计工具之间具有层次化的特征，进而论证了企业管理会计工具与运营控制整合框架要素的整体性及内在逻辑。

案例企业 HBLT 通过管理会计实践推动财务与业务深度融合，以财务会计为主拓展了管理会计的应用，促进运营控制要素与管理会计方法的协同，以增强企业的运营效率和运营效益，提升企业的价值创造能力。管理会计方法与运营控制要素结合，成为进一步规范企业运营管控的手段。管理会计工具内在逻辑与价值链过程相结合，为财务共享及数字化转型提供了协同控制的维度。

4.6　本章小结

本章以知识维度和逻辑维度为主，研究运营控制要素与管理会计的相关性，系统分析和论证以企业组织职能、控制活动、要素配置等为代表的权变环境与管理会计工具驱动企业价值创造的内在逻辑。第一，以组织职能、控制活动、要素配置等权变要素作为逻辑维度；以全面预算、绩效评价、责任体等八个工具作为推进管理会计应用的知识维度，并据此定义企业运营工具矩阵，阐述了管理会计工具与企业运营控制的内在联系，研究提升企业价值创造能力的运营管理控制特征。第二，利用 DSM 方法和李克特量表、研究组织职能、控制活动、要素配置之间的依存度关系。第三，通过域映射矩阵（DMM）推导多领域矩阵（MDM），分析管理会计工具与运营控制之间的内在联系。第四，推导管理会计工具 DSM，量化分析管理会计工具层次性及相关性。综合分析 HBLT 案例可知：全面预算是企业运营控制的核心管理会计工具，且与责任体、绩效评价一起构成企业运营管控的关键方法。财务数智体系是支撑管理会计的重要工具，面向作业的精益成本、供应链、市场策略支撑是提升企业运营效率，改善企业经营效益的重要方法。同时，报告与信息展现因其具有的信息整合功能和综合性，对其他管理会计工具的影响度偏弱。

基于系统观企业价值创造体系提出的企业运营工具矩阵研究了管理会计与运营控制要素相关性，丰富了管理会计框架理论和管理控制、管理协同等理论。此外，研究证明了运营控制与管理会计工具之间存在依存关系和层次特征，为指导企业实践管理会计工具提供了启示。

第5章　系统观企业价值创造体系的数字化转型特征研究

第四次工业革命也称工业4.0，它使企业能以云服务、区块链、大数据、人工智能（AI）技术和网络技术相结合，创新商业模式和运营模式。数字化转型是企业至关重要的战略。一方面，企业须应对颠覆传统行业的竞争者，通过竞争规则获取市场份额；另一方面，数字化转型为企业运营转型提供信息平台和技术手段，促进企业提升对内、外部环境的适应能力。数字化成为推动企业运营变革和商业模式创新的技术手段。企业依据价值链特征推动管理会计信息化的过程，就是企业践行数字化转型的路径。因此，本章基于系统观企业价值创造体系的时间维度和知识维度，研究管理会计工具在企业价值链过程中的数字化特征。以计量经济学方法分析HBLT运营数字化特征的相关性和可靠性，简述企业以财务共享为平台，以系统集成推动数字化转型的案例。

5.1　系统观企业价值创造体系下企业运营与数字化转型需求

“数字化”也称数字化转型，被定义为一种企业运营模式和商业模式的演变，是数字技术深深植根于企业文化、运营模式、商业模式的创新和实践。数字业务转型通过打破人、企业和事物之间的障碍，颠覆着每个企业。这种颠覆创造了新产品、新服务，并促进经营方式转型，改变流程和商业模式，提升效率和效益。创新正在各个行业、各种类型的企业中发生。数字化创新能力是指技术应用构建新的业务模式、流程、软件和系统，从而带来更强竞争优势和更高效率。由于数字创新和转型发生在高度动态和不确定环境中，参与者之间价值观和利益不同，控制和决策被组织结构分化。技术创新影响员工和组织行为以及市场获取模式。数字化改变业务流程，并给企业带来更深层次问题。企业运营管理必须确保信息系统完整性、质量和安全，涉及数据共享及治理模式创新。

数字化转型是将新数字技术集成到所有业务领域，引导组织工作方式发生根本变化。数字化转型涉及企业商业模式和运营模式深刻变化，也可能影响流程、资源、运营方法或企业文化等方面转变。如何启动数字化转型是企业至关重要的战略决策。数字化转型打破人、企业和事物之间障碍，正在颠覆每个企业。通过打破这些障碍，能创造新产品、新服务，并找到更有效的经营方式。企业数字化转型，必须平等地实现组织、技术和数据的整合。然而，与任何新兴技术一样，企业数字创新与转型项目都面临着重大挑战。

数字化转型需要深入分析组织的业务流程和业务模式，运营模式和商业模式分析先于数字化转型战略。企业数字化转型受到如下因素影响：管理层对数字商业战略的支持态度；在员工工作中使用数字技术的程度；商业模式数字化是市场驱动的最新的、重要的、紧迫的需求。数字化转型对建立竞争优势和保持竞争力至关重要。企业数字化主要困难和障碍不是技术，而是文化传统、员工对变革的抵制、缺乏相关知识和良好实践、缺乏足够资源、缺乏动力和冒险精神等。因此，企业数字化转型需要根据价值链环节和管理控制工具特征推动数据元标准统一，推进运营数据共享。

研究表明，数字化不仅能改变客户体验，还能创新商业模式和业务流程。因此，在探索系统观企业价值创造模型中，研究企业管理控制方法与价值链过程的数据元特征，以数字化转型助力企业运营转型，提升企业价值创造能力。传统企业资源和能力不足以预测业务价值，因此组织职能和数字化转型对企业有重要影响。

5.2 知识维度与时间维度下的运营数字化特征

当下，数字化转型正在改变管理会计和财务会计作业，在创建一流管理会计体系、提升企业价值创造能力方面有很大空间。未来，管理会计因为计算机信息收集和处理能力而更加精准详细，辅助各级经营层决策。高质量数据集成和展现需要解决运营数字化转型过程中数据元标准化问题。应用大数据技术推动数字化转型，比当前传统功能信息系统更有效，运营信息呈现集中化、一体化共享趋势。一方面，会计数字化实践出现集成信息系统、机器人过程自动化和智能分析等技术趋势；另一方面，如果不谨慎使用，数字化和自动化将带来运营风险。因此，数字化转型必须确定管理会计与业务系统之间的内在关系，有效解决数据元统一化、标准化、集成化。

数字化为资源配置和提升管理会计处理信息能力创造了条件。数据来源渠道更广泛和便捷，从而支持组织实现经营管理目标。管理会计数字化涉及如何寻求一种方式来分配作业活动与计算机流程之间协同、管理会计与价值创造过程协同、各种管理会计方法对信息需求协同等。当企业面临数字化转型时，管理者行为随着数字化推进而不断变化和完善。因此，企业如何解决数字化转型过程中数据元标准化问题尤为重要。管理会计是 ERP 系统的核心组成，管理会计数据构成各级运营决策的关键信息，因此，开展管理会计数字化及标准化研究，是提升决策能力，实现内、外部运营数据深度整合的基础。

逻辑维度由静态管控为主的组织职能、动态管控为主的控制活动和要素配置为主的资源投入组成，信息系统应用是围绕企业运营管控中的价值增值过程。如图 5－1 所示，本章以系统观企业价值创造模型为理论基础，以知识维度管理会计工具和时间维度价值链过程为要素研究企业运营数字化特征。研究管理会计及各类工具方法与企业价值增值过程相结合对信息系统集成需求，分析运营数据元特征。信息是实现运营管理控制回路的必要元素。因此，本书以案例企业 HBLT 运营转型为背景，研究经营层面、作业层面、数据展现等管理会计方法及财务会计系统，与市场获取、论证设计、生产加工、交付服务代表的时间维度构成运营数字化矩阵及数据元特征。

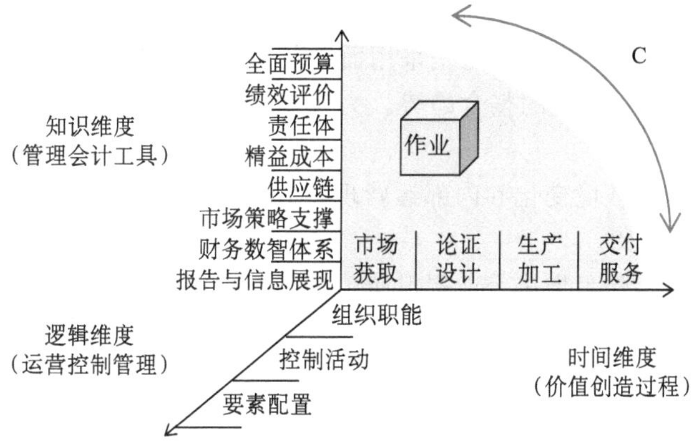

图 5－1　价值创造体系的运营管理数字化特征

5.3　基于知识维度和运营维度构建企业运营数字化特征矩阵

在系统观企业价值创造体系中，管理会计工具作为运营控制手段是推动作业活动在价值链中实现增值的过程。管理会计协同一方面体现为与运营要素的协同，另一方面也体现为管理会计方法之间信息数据的一致性。随着管理水平的提升，对数据一致性、时效性和共享需求更加迫切。大型企业信息系统通常以专业分工的独立系统方式承建。在信息化初期阶段，这种方式能有效推动企业管理水平提升。随着互联网和大数据技术应用，该建设方式加剧信息割裂，造成信息“孤岛”。系统观企业价值创造体系对管理方法协同、管理要素协同提出更高要求。运营管理提升对运营信息标准化、一体化等需求更加迫切。在系统观企业价值体系下，管理会计和价值链过程是生产运营信息和运用运营信息的环节。同时，对国有大型企业而言，运营信息共享是一个在发展中持续完善的过程。基于运营管理的企业数字化研究就成为现实问题。例如，哪些数据需要在企业运营层面实现标准化和共享？以什么模式推动运营数据共享？以何种建设方式实施运营数据共享？

本书基于系统观企业价值创造体系，立足知识维度和时间维度，以运营数据元为对象研究企业运营数据共享特征，以推动企业数字化转型。以案例企业 HBLT 的运营转型为例，实证系统观企业价值创造体系下运营数字化转型所需要的基础数据元类别，阐述 HBLT 推进运营数字化转型的模式和建设方式。

5.3.1　系统观企业价值创造体系的运营数字化特征研究假设

信息既是管理要素，也是管理资源。管理会计提供了方法，互联网技术将方法与信息有机结合，在数据收集、处理、展现以及运营建模、预警分析等方面拓展传统会计职能，围绕价值链过程中实物流、资金流、业务流等实践管理。信息以业务流程、控制节点、授权审批、核算报告、计量评价等方式固化到信息系统中，形成运营形式的数据和业务模型。当前，企业管理信息系统建设步入系统化、一体化、集成化阶段，无论是采用 ERP 模式、技术驱动的系统集成模式，还是采用面向信息共享的数据中台方式，企业运营转型均面临着数据标准化、一体化的整合趋势。为聚焦研究，结合 HBLT 案例对研究对象企业的运营特征做出如下假设：

（1）面对外部市场环境变化和内部运营现状具有较成熟的管理体制，具有运营转型需求的大型企业或企业集团。

（2）管理会计工具作为推进企业提升价值创造能力的工具得到普遍应用，且按功能分类划分为全面预算、责任体、绩效评价、市场策略支撑、精益成本、财务数智体系、报告与信息展现等。

（3）本书研究的运营数据元是一种对运营数据需求的分类特征，泛指具有某一类共同或相关属性的数据，而非特定单一数据元素。运营数据元指能够满足所有业务系统调用的管理对象全要素信息。比如：项目（产品）属性是指项目（产品）全生命周期的属性特征以及子母项目属性等，项目来源，项目负责人，交付期，项目核心指标等。

本书提出运营数字化特征研究是以运营数据中心和一体化运营系统建设为目标，研究系统观企业价值创造体系下运营转型对数据标准化、集中化和共享等共性需求及属性特征的影响。

5.3.2 知识维度和时间维度下的数字化特征矩阵

如表 5 - 1 所示，基于系统观企业价值创造体系构建运营数字化特征矩阵，研究管理会计和财务会计在价值链过程中面临共享需求的企业运营数据元类型。知识维度在全面预算、责任体、绩效评价等八种典型管理会计工具应用基础上，加入财务会计核算系统。时间维度由市场获取、论证设计、生产加工、交付服务四个环节组成，对应主责部门、辅助部门共同支撑的价值创造过程。在企业运营实践和调研的基础上，项目（产品）属性、组织属性、合同属性、资源获取方式、资源配置形式、计量属性、时间属性、作业颗粒度、记账属性、其他属性（非经营类业务）十类运营数据元，编号定义为 H0—H9，分别代表与运营业务相关的某一类业务对象的数字化属性。

H0：项目（产品）属性　项目（产品）全生命周期的属性特征以及子母项目属性等，项目来源，项目负责人，交付期，项目核心指标等；

H1：组织属性　部门、项目组、责任人等与组织架构、任务分解、资源配置及绩效考核对象相关的属性；

H2：合同属性　交易执行过程信息，关系物流、资金流、信息流的转化；合同的业务依附和结算、终止、变更等与作业流转和执行相关的属性；

H3：资源获取方式　外购资源、自有资源、许可资源、协同资源、共享资源等；

H4：资源配置形式　构成对象的目标属性，收付实现制、权责发生制与项目、组织等相关性，是否涉及摊销或资源支配方式等；

H5：计量属性　作业活动的货币化及非货币化计量属性；

H6：时间属性　指作业及活动作用的时点或影响作用的时期；

H7：作业颗粒度　指作业活动颗粒度大小，以匹配收支及评价考核需要；

H8：记账属性　预算、核算、结算、决算等账务处理的阶段，也代表着业务信息的核算属性；

H9：其他属性（非经营类业务）　指非经营性业务属性、盘盈、盘亏、减值等。

表 5-1　知识维度和时间维度下的运营数字化特征矩阵

<table>
<tr><th colspan="2">时间维度
知识维度</th><th>市场获取</th><th>论证设计</th><th>生产加工</th><th>交付服务</th></tr>
<tr><td rowspan="8">管理会计</td><td>全面预算</td><td colspan="4" rowspan="9">H0，项目（产品）属性
H1，组织属性
H2，合同属性
H3，资源获取方式
H4，资源配置形式
H5，计量属性
H6，时间属性
H7，作业颗粒度
H8，记账属性
H9，其他属性（非经营类业务）</td></tr>
<tr><td>绩效评价</td></tr>
<tr><td>责任体</td></tr>
<tr><td>精益成本</td></tr>
<tr><td>供应链</td></tr>
<tr><td>市场策略支撑</td></tr>
<tr><td>财务数智体系</td></tr>
<tr><td>报告与信息展现</td></tr>
<tr><td colspan="2">财务会计核算系统</td></tr>
</table>

5.4　基于企业运营数字化特征矩阵的调查问卷和 HBLT 案例分析

5.4.1　基于企业运营数字化特征矩阵设计调查问卷

本章运用计量经济学方法，基于企业运营数字化特征矩阵设计调查问卷，研究运营数据元的相关性和可靠性。为聚焦研究对象，调查问卷设计以案例企业 HBLT 行业背景和运营管理特征为研究对象，采用 SPSS 软件系统分析运营数字化特征的相关性、可靠性。此外，为夯实研究内容，消除问卷填写人认知差异影响。在调查问卷设计中除了陈述案例企业运营管理背景及特征外，通过如下数据采集方案修正案例企业对运营数字化特征矩阵变量的选择性偏差。第一，在调查问卷中征求了填表专家对 HBLT 企业运营数字化特征矩阵中管理会计方法推荐的建议。第二，在调查问卷中征求了填表专家对运营数据元分类的建议。第三，征集了填表人专业背景属性信息，便于对样本质量做出进一步分析判断。第四，调查问卷还以购买一体化信息系统、技术集成打破独立系统信息“孤岛”、构建数据中台等三种主要类型调研了填表人所属企业数字化转型的建设方式。

基于企业运营数字化特征矩阵，根据企业管理会计应用，结合企业市场获取、论证设计、生产加工、交付服务的价值链过程特征，采用十级量表评定数据元样本变量数值。分值在1~10分，10分代表满分，重要性、紧迫性和制约性最强；1代表1分，重要性、紧迫性和制约性最弱；其他分值根据问卷填表专家专业认知自主选择。

问卷调查以财政部全国大中型企事业单位总会计师培训学员和部分央企财务负责人为问卷填写人。收到调查问卷总计45份，剔除空表及填制信息不完整的无效问卷后，有效样本为42份。

5.4.2 基于调查问卷样本对象特征的分析

(1) 管理会计工具有关内容

对问卷统计分析可知，填表专家推荐的管理会计工具涉及战略管理、资金管理、数据分析三个方面。战略管理方面包括战略地图（3次）、平衡计分卡（2次）、资本及投资管理（2次）等方面。一方面，战略管理体现为目标体系、组织架构及绩效考核、资源配置等方面的协同性和整体性；另一方面，战略管理也体现为数据支撑和展现等。关于体系架构整体性，体现为企业基于价值创造的运营控制体系。数据支撑在各业务系统以及报告与数据展现系统中均有所侧重和体现。

数据综合分析方面选取大数据、动态风险指标监测、风险管理、保本点分析、本量利分析（2次）、成本分析、对标分析等内容。本书将数据分析功能均归纳为报告与信息展现方法开展研究。

现金流管理方面提到司库（2次）或其他资金管理系统、融资、内部银行、自由现金流等。本书将现金流管理相关内容纳入财务会计核算。

财务共享中心是财务数智体系的具体应用，故未作为独立管理会计工具开展研究。本书研究聚焦围绕主营业务的运营管理，故未涉及资本运作与价值创造相关研究。对调查问卷统计可知，问卷填表专家推荐管理会计工具还聚焦在管理工具融合及具体管理方法细化应用等方面。管理会计工具融合应用体现为：财务与管理会计、资金管理与投资管理、管理会计与战略管理、战略与风险等。在管理会计工具细化应用方面体现为：①量本利分析、对标分析；②WBS及作业成本等。

综上可知，本书提出的以全面预算、责任体、绩效评价等为代表的管理会计工具集合在大型网络通信企业HBLT运营实践中具有代表性和适用性。

(2) 填表人专业背景和专业认知频数分析

对表5-2所示问卷填表人职业背景综合分析如下：

来自“企业”的问卷填表人为37人，占比88.10%。另外，高校科研人员3人，事务所专家1人，其他咨询机构1人。从职位分布看，“部门负责人以上职位”的样本比例超过90.48%，其中，“总会计师或其他经营层领导以上的职位”比例为54.76%。从职称分布分析，“教授及正高级”18人，占比为42.86%，高级职称样本比例是40.48%，副高级职称以上占比为83.34%。从学历维度分析，填表人“博士”占16.67%，有超过6成填表人为“硕士”；“硕士”以上填表人占比为80.96%。此外，从业年限在20年以上填表人占比为71.43%。

由问卷填表人所属单位规模分析可知：收入规模在“100亿元以上”的样本超4成；收入规模在“10亿元以上”的企业共31家，占比达73.81%。另外，问卷填表人所属单位用工在“3000 名以上”的样本比例为 57.13%。

表 5-2　　填表人职业背景信息样本频数分析

项目	选项	频数	百分比（%）	累计百分比（%）
4.1 填报人从事的行业及职业	企业	37	88.10	88.10
	高校	3	7.14	95.24
	事务所	1	2.38	97.62
	其他咨询机构	1	2.38	100.00
4.2 填报人职位	单位主要负责人	2	4.76	4.76
	总会计师或其他经营层领导	21	50.00	54.76
	部门负责人	15	35.72	90.48
	其他	4	9.52	100.00
4.3 填报人职称	教授及正高级	18	42.86	42.86
	副高级	17	40.48	83.34
	中级	4	9.52	92.86
	其他	3	7.14	100.00
4.4 填报人学历	博士	7	16.67	16.67
	硕士	27	64.29	80.96
	本科及其他	8	19.04	100.00
4.5 填报人从业年限	30 年以上	4	9.52	9.52
	20—30 年	26	61.91	71.43
	10—20 年	12	28.57	100.00
4.6 填报人单位营收规模	100 亿元以上	19	45.24	45.24
	30 亿—100 亿元	5	11.90	57.14
	10 亿—30 亿元	7	16.67	73.81
	1 亿—10 亿元	6	14.29	88.10
	1 亿元以内	5	11.90	100.00
4.7 填报人单位从业人数	30000 人以上	5	11.90	11.90
	10001—30000 人	4	9.53	21.43
	3001—10000 人	15	35.71	57.14
	501—3000 人	14	33.34	90.48
	500 人以内	4	9.52	100.00
4.8 填报人单位会计及管理会计人数	300 人以上	10	23.81	23.81
	101—300 人	7	16.67	40.48
	51—100 人	6	14.28	54.76
	21—50 人	8	19.05	73.81
	20 人以内	11	26.19	100.00
合计		42	100.00	100.00

综上，问卷填表人具有与案例研究背景相适用的经历、资历和学历，作为问卷填报专家是适用的，问卷数据具有客观性和代表性。

通过对表5-3问卷填表人所属企业应用管理会计的情况分析可知：

A：全面预算中超过9成样本选择“选中”。

B：从绩效评价来看，样本中“选中”相对较多，比例为85.71%。

C：责任体机制类中有45.24%的样本为选中，超过5成样本选择“未选中”。

D：成本管理类中超过7成样本选择“选中”。

E：供应链类中有35.71%的样本为“选中”，还有64.29%为“未选中”。

F：市场业务运营支撑中超过7成样本选择“未选中”。

G：从报告与信息展现类来看，样本中“选中”相对较多，比例为61.90%，还有38.10%的样本为“未选中”。

表5-3 填表人所属企业应用管理会计方法的样本频数分析

项目	选项	频数	百分比（%）	累计百分比（%）
A：全面预算	未选中	2	4.76	4.76
	选中	40	95.24	100.00
B：绩效评价	未选中	6	14.29	14.29
	选中	36	85.71	100.00
C：责任体机制类	未选中	23	54.76	54.76
	选中	19	45.24	100.00
D：成本管理类	未选中	12	28.57	28.57
	选中	30	71.43	100.00
E：供应链	未选中	27	64.29	64.29
	选中	15	35.71	100.00
F：市场业务运营支撑	未选中	32	76.19	76.19
	选中	10	23.81	100.00
G：报告与信息展现类	未选中	16	38.10	38.10
	选中	26	61.90	100.00
合计		42	100.00	100.00

通过分析可知，全面预算应用程度最为广泛，是绩效体系和成本管理、报告与信息展现的基础。管理会计职能呈现自运营层面向作业层面发展的趋势，这与中国企业管理模式实行自上而下的组织模式及行政模式具有较强相关性。相比之下，企业开展责任体类应用的比例较低，这与被调查人所在企业责任体应用实践弱有关。限于组织职能分工，供应链类和市场业务支撑的比例在30%左右。作业层面管理会计多停留在职能部门，说明管理会计工具应用在作业层面因职能划分而呈现割裂，信息因为专业分工而存在部门壁垒。比如：供应链系统多由采购部门负责，市场支撑多由市场部门负责。因此，财务部门对供应链系统的管控参与度弱。这与企业经营特征、组织架构相关，也与企业深化管理会计体系实践路径有关。针对填表人所属单位管理会计应用情况的问卷分析可知，问卷填写人所属

企业之间应用管理会计工具存在差异性。这种差异与填表人所供职单位的经营环境、运营特征密切相关，也取决于所属单位职能分工及绩效协同等。

综上，进一步说明本书提出的以全面预算、责任体、绩效评价等为代表的管理会计工具集合在大型网络通信企业 HBLT 运营实践中具有适用性。

（3）数据元频数分析

调查问卷的数据元频数分析详见表 5 -4。

表 5 -4　数据元频数分析

项目	选项	频数	百分比（%）	累计百分比（%）
H0：项目（产品）属性	4	1	2.38	2.38
	6	3	7.14	9.52
	7	6	14.29	23.81
	8	13	30.95	54.76
	9	10	23.81	78.57
	10	9	21.43	100.00
H1：组织属性	6	4	9.52	9.52
	7	7	16.67	26.19
	8	8	19.05	45.24
	9	12	28.57	73.81
	10	11	26.19	100.00
H2：合同属性	6	3	7.14	7.14
	7	8	19.05	26.19
	8	9	21.43	47.62
	9	11	26.19	73.81
	10	11	26.19	100.00
H3：资源获取方式	5	3	7.14	7.14
	6	4	9.53	16.67
	7	9	21.43	38.10
	8	13	30.95	69.05
	9	9	21.43	90.48
	10	4	9.52	100.00
H4：资源配置形式	5	1	2.38	2.38
	6	8	19.05	21.43
	7	7	16.67	38.10
	8	10	23.81	61.90
	9	11	26.19	88.10
	10	5	11.90	100.00

续表

项目	选项	频数	百分比（%）	累计百分比（%）
H5：计量属性	4	1	2.38	2.38
	5	3	7.14	9.52
	6	7	16.67	26.19
	7	11	26.19	52.38
	8	8	19.05	71.43
	9	7	16.67	88.10
	10	5	11.90	100.00
H6：时间属性	5	1	2.38	2.38
	6	9	21.43	23.81
	7	8	19.05	42.86
	8	12	28.57	71.43
	9	6	14.28	85.71
	10	6	14.29	100.00
H7：作业颗粒度	6	4	9.52	9.52
	7	3	7.14	16.66
	8	16	38.10	54.76
	9	12	28.57	83.33
	10	7	16.67	100.00
H8：记账属性	6	8	19.05	19.05
	7	4	9.52	28.58
	8	14	33.33	61.90
	9	12	28.58	90.48
	10	4	9.52	100.00
H9：其他属性（非经营类业务）	5	5	11.90	11.90
	6	11	26.20	38.10
	7	5	11.90	50.00
	8	12	28.57	78.57
	9	5	11.91	90.48
	10	4	9.52	100.00
合计		42	100.00	100.00

对 H0：项目（产品）属性来讲，“8”占比最高为 30.95%。样本中 23.81% 会选择“9”。

H1：组织属性和 H2：合同属性中选择“9”的样本量在所有样本中排第一，说明组织属性和合同属性是运营管理信息化数据元的重要构成要素。

从 H2：合同属性来看，有超过 2 成的样本选择“9”，与选择“10”的样本并列第一。

从 H3：资源获取方式分布来看，样本大部分选择“8”，共有 13 个，占比为 30.95%。

从 H4：资源配置形式来看，有超过 2 成的样本选择“9”。

从 H5：计量属性的分布来看，样本从“4”到“10”分布范围最广。这也说明问卷填表人对是否货币化计量存在不同的认识。

从 H6：时间属性分布来看，样本大部分为“8”，共有 12 个，占比为 28.57%。

对 H7：作业颗粒度来讲，“8”占比最高为 38.10%。

H8：记账属性中选择“8”、“9”和“10”的共有 30 个，占比达到 2/3，说明记账属性在财务数智系统中比较重要。

H9：其他属性（非经营类业务）中“7”以下共有 21 个，占比 50%。这说明非经营性业务的重要性在大型企业得到普遍认同。

（4）数字化转型建设方式交叉分析

由调查问卷的交叉分析表 5 - 5 可知，数字化转型建设方式分布方面，有效样本为 40 家（剔除数据为空的 2 个样本）：购买一体化信息系统平台 12 家，占比 30%；集成打破独立系统信息“孤岛”17 家，占比 40.25%；构建数据中台实现共享 11 家，占比 27.5%。

表 5 - 5　数字化转型建设方式交叉分析

项目	分类	购买一体化信息系统平台	集成打破独立系统信息“孤岛”	构建数据中台实现共享	百分比
4.6 填报人单位营收规模	100 亿元以上	5（41.67%）	8（47.06%）	6（54.55%）	19（47.50%）
	30 亿—100 亿元	1（8.33%）	3（17.65%）	1（9.09%）	5（12.50%）
	10 亿—30 亿元	2（16.67%）	4（23.53%）	1（9.09%）	7（17.50%）
	1 亿—10 亿元	3（25.00%）	0（0.00%）	1（9.09%）	4（10.00%）
	1 亿元以内	1（8.33%）	2（11.76%）	2（18.18%）	5（12.50%）
4.7 填报人单位从业人数	30000 人以上	2（16.67%）	2（11.76%）	1（9.09%）	5（12.50%）
	10001—30000 人	1（8.33%）	0（0.00%）	3（27.27%）	4（10.00%）
	3001—10000 人	4（33.33%）	9（52.94%）	2（18.18%）	15（37.50%）
	501—3000 人	5（41.67%）	5（29.41%）	3（27.27%）	13（32.50%）
	500 人以内	0（0.00%）	1（5.88%）	2（18.18%）	3（7.50%）
总计（2 人未选择此项内容）		12	17	11	40

产值在 100 亿元以上企业中，通过集成打破独立系统信息“孤岛”方式承建财务数智体系平台建设的为 8 家，远高于整体平均数为 17 家占比 40.25% 的情况，说明企业规模越大，越倾向于通过数据集成的方式实现既有信息系统的整合。一方面，其重置信息系统的成本更高，另一方面，这类企业运营特征和管理特点决定了其需要采用发展中解决问题的方式，提升财务数智体系平台功能。

5.4.3　调查结果的相关性及可靠性分析

（1）项目分析

由表 5 - 6 可知，项目分析目的在于确定问卷量表研究项目是否有效和合适。其原理是先对分析项求和，进而将其分成高分和低分组（以27%和73%分位数为界），然后使用T检验去对比高分和低分组别的差异情况，如果有差异则说明量表项设计合适，反之，则说明量表项无法区分出信息，设计不合理，应该进行删除处理。针对H0：项目（产品）属性，H1：组织属性，H2：合同属性，H3：资源获取方式，H4：资源配置形式，H5：计量属性，H6：时间属性，H7：作业颗粒度，H8：记账属性，H9：其他属性（非经营类业务）共十项进行项目分析，并且对此十项进行求和后，分成高、低组别，并且使用T检验进行差异对比。

表5-6 项目分析（区分度）分析

项目	组别（平均值±标准差）		t（决断值）	p
	低分组（$n=12$）	高分组（$n=14$）		
H0：项目（产品）属性	6.83±1.19	9.43±0.65	7.037	0.000**
H1：组织属性	7.42±1.24	9.43±0.65	5.062	0.000**
H2：合同属性	7.25±0.97	9.43±0.76	6.452	0.000**
H3：资源获取方式	7.00±1.28	8.86±1.10	3.983	0.001**
H4：资源配置形式	6.67±0.78	9.29±0.61	9.608	0.000**
H5：计量属性	6.00±0.95	9.07±0.83	8.791	0.000**
H6：时间属性	6.58±1.00	8.93±1.00	5.981	0.000**
H7：作业颗粒度	7.08±0.90	9.36±0.63	7.533	0.000**
H8：记账属性	6.75±0.87	8.64±1.08	4.866	0.000**
H9：其他属性（非经营类业务）	6.08±0.90	8.43±1.34	5.135	0.000**

注：* $p<0.05$，** $p<0.01$。

高、低两组对H0：项目（产品）属性，H1：组织属性，H2：合同属性，H3：资源获取方式，H4：资源配置形式，H5：计量属性，H6：时间属性，H7：作业颗粒度，H8：记账属性，H9：其他属性（非经营类业务）全部均呈现出显著性（$p<0.05$），意味着这十项均具有良好的区分性，应该保留。

通过分析可知，十项均具有良好的区分性，不需要删除分析项。

由表5-7数据可知，十项属性决断值（CR）最小的为3.983，全部呈现显著性（$p<0.05$），因此不需要删除分析项。

表5-7 分析项与量表总分相关

项目	决断值（CR）	p值（CR）	与量表总分的相关性	p值（与量表总分的相关性）
H0：项目（产品）属性	7.037**	0.000	0.771**	0.000
H1：组织属性	5.062**	0.000	0.697**	0.000
H2：合同属性	6.452**	0.000	0.736**	0.000
H3：资源获取方式	3.983**	0.001	0.703**	0.000
H4：资源配置形式	9.608**	0.000	0.826**	0.000
H5：计量属性	8.791**	0.000	0.855**	0.000

续表

项目	决断值（CR）	p 值（CR）	与量表总分的相关性	p 值（与量表总分的相关性）
H6：时间属性	5.981**	0.000	0.759**	0.000
H7：作业颗粒度	7.533**	0.000	0.887**	0.000
H8：记账属性	4.866**	0.000	0.690**	0.000
H9：其他属性（非经营类业务）	5.135**	0.000	0.700**	0.000

注：* $p<0.05$；** $p<0.01$。

（2）分类汇总分析

由表 5－8 数据分析可知，H2：合同属性、H1：组织属性、H7：作业颗粒度、H0：项目（产品）属性、H8：记账属性的平均值均在 8 以上，从分值的角度也说明这几个要素的重要性排序高于其他因素。其他几项属性平均值也在 7 以上，说明问卷所选属性适用性很好。

表 5－8　描述分析结果

项目	样本量	平均值	标准差	平均值 ± 标准差
H0：项目（产品）属性	42	8.286	1.367	8.286 ± 1.367
H1：组织属性	42	8.452	1.310	8.452 ± 1.310
H2：合同属性	42	8.452	1.273	8.452 ± 1.273
H3：资源获取方式	42	7.786	1.353	7.786 ± 1.353
H4：资源配置形式	42	7.881	1.383	7.881 ± 1.383
H5：计量属性	42	7.500	1.550	7.500 ± 1.550
H6：时间属性	42	7.738	1.398	7.738 ± 1.398
H7：作业颗粒度	42	8.357	1.144	8.357 ± 1.144
H8：记账属性	42	8.000	1.249	8.000 ± 1.249
H9：其他属性（非经营类业务）	42	7.310	1.522	7.310 ± 1.522

（3）相关分析

由表 5－9 可知，利用相关分析研究 H0：项目（产品）属性，H1：组织属性，H2：合同属性，H3：资源获取方式，H4：资源配置形式，H5：计量属性，H6：时间属性，H7：作业颗粒度，H8：记账属性，H9：其他属性（非经营类业务）之间的相关关系，使用 Pearson 相关系数去表示相关关系的强弱情况。具体分析可知：

H0：项目（产品）属性与 H1：组织属性，H2：合同属性，H3：资源获取方式，H4：资源配置形式，H5：计量属性，H6：时间属性，H7：作业颗粒度，H8：记账属性，H9：其他属性（非经营类业务）之间全部均呈现出显著性，相关系数值分别是 0.580，0.667，0.403，0.548，0.507，0.640，0.666，0.429，0.461，且相关系数值均大于 0，意味着 H0：项目（产品）属性与 H1：组织属性，H2：合同属性，H3：资源获取方式，H4：资源配置形式，H5：计量属性，H6：时间属性，H7：作业颗粒度，H8：记账属性，H9：其他属性（非经营类业务）之间有着正相关关系。

H1：组织属性与 H9：其他属性（非经营性业务）之间的 p 值为 0.116，大于 0.05，相关性不显著，与其他属性的定义中非经营性支出、资本运作等业务的管理特征并非价值链全过程经营活动有关，也可能与样本数据偏差相关。作为系统设计的一部分，将 H9：其他属性（非经营类业务）纳入整个体系，符合完整性、系统性原则。

表 5-9 Pearson 相关系数

项目	相关系数	H0：项目（产品）属性	H1：组织属性	H2：合同属性	H3：资源获取方式	H4：资源配置形式	H5：计量属性	H6：时间属性	H7：作业颗粒度	H8：记账属性	H9：其他属性（非经营类业务）
H0：项目（产品）属性	相关系数	1									
	p 值										
H1：组织属性	相关系数	0.580**	1								
	p 值	0.000									
H2：合同属性	相关系数	0.667**	0.474**	1							
	p 值	0.000	0.002								
H3：资源获取方式	相关系数	0.403**	0.455**	0.426**	1						
	p 值	0.008	0.002	0.005							
H4：资源配置形式	相关系数	0.548**	0.421**	0.544**	0.507**	1					
	p 值	0.000	0.006	0.000	0.001						
H5：计量属性	相关系数	0.507**	0.582**	0.575**	0.471**	0.859**	1				
	p 值	0.001	0.000	0.000	0.002	0.000					
H6：时间属性	相关系数	0.640**	0.679**	0.397**	0.434**	0.589**	0.681**	1			
	p 值	0.000	0.000	0.009	0.004	0.000	0.000				
H7：作业颗粒度	相关系数	0.666**	0.589**	0.624**	0.586**	0.721**	0.750**	0.655**	1		
	p 值	0.000	0.000	0.000	0.000	0.000	0.000	0.000			
H8：记账属性	相关系数	0.429**	0.313*	0.476**	0.462**	0.551**	0.554**	0.349*	0.631**	1	
	p 值	0.005	0.044	0.001	0.002	0.000	0.000	0.023	0.000		
H9：其他属性（非经营类业务）	相关系数	0.461**	0.246	0.467**	0.613**	0.528**	0.501**	0.349*	0.579**	0.539**	1
	p 值	0.002	0.116	0.002	0.000	0.000	0.001	0.024	0.000	0.000	

注：* $p<0.05$；** $p<0.01$。

（4）效度分析

由表 5-10 可知，效度研究用于分析研究项是否合理，是否有意义。效度分析采用因子分析数据分析方法，分别通过 KMO 值、共同度、方差解释率、因子载荷系数等指标进行综合分析，以验证数据的效度水平情况。KMO 值用于判断信息提取的适合程度，共同度用于排除不合理研究项，方差解释率用于说明信息提取水平，因子载荷系数用于衡量因子（维度）和题项对应关系。所有研究项对应的共同度值均高于 0.4，说明研究项信息可以被有效提取。另外，KMO 值为 0.829，大于 0.6，说明数据可以被有效提取。另外，两个因子的方差解释率值分别是 35.182%，34.124%，旋转后累积方差解释率为 69.306%，大于 50%。意味着研究项的信息量可以被有效提取。

表 5－10　　效度分析

项目	因子载荷系数		共同度（公因子方差）
	因子 1	因子 2	
H0：项目（产品）属性	0.718	0.372	0.654
H1：组织属性	0.863	0.115	0.758
H2：合同属性	0.515	0.531	0.547
H3：资源获取方式	0.296	0.687	0.559
H4：资源配置形式	0.535	0.642	0.698
H5：计量属性	0.659	0.555	0.742
H6：时间属性	0.856	0.214	0.778
H7：作业颗粒度	0.630	0.639	0.806
H8：记账属性	0.206	0.776	0.644
H9：其他属性（非经营类业务）	0.119	0.855	0.745
特征根值（旋转前）	5.865	1.066	—
方差解释率%（旋转前）	58.650	10.656	—
累积方差解释率%（旋转前）	58.650	69.306	—
特征根值（旋转后）	3.518	3.412	—
方差解释率%（旋转后）	35.182	34.124	—
累积方差解释率%（旋转后）	35.182	69.306	—
KMO 值	0.829		—
巴特球形值	271.771		—
df	45		—
p 值	0.000		—

此外，结合因子载荷系数，确认因子（维度）和研究项的对应关系，是否与预期相符。如果相符则说明具有效度，反之，则需要重新进行调整。因子载荷系数绝对值大于 0.4 时，即说明选项和因子有对应关系。

使用 KMO 和 Bartlett 检验进行效度验证。从表 5－11 可以看出：KMO 值为 0.829，KMO 值大于 0.8，说明研究数据非常适合提取信息（从侧面反映出样本数据的效度很好）。

表 5－11　　KMO 和 Bartlett 的检验

KMO 值		0.829
Bartlett 球形度检验	近似卡方	271.771
	df	45
	p 值	0.000

（5）信度分析

由表5－12可知，信度系数值为0.918，大于0.9，说明研究数据信度质量很高。针对“项已删除的α系数”，任意题项被删除后，信度系数并不会有明显上升，说明题项不应该被删除。

针对“CITC值”，分析项的CITC值均大于0.4，说明分析项之间具有良好的相关关系，同时也说明信度水平良好。综上所述，研究数据信度系数值高于0.9，说明数据信度质量高，可用于进一步分析。

表5－12 Cronbach信度分析

项目	校正项总计相关性（CITC）	项已删除的α系数	Cronbachα系数
H0：项目（产品）属性	0.708	0.909	0.918
H1：组织属性	0.622	0.914	
H2：合同属性	0.671	0.912	
H3：资源获取方式	0.627	0.914	
H4：资源配置形式	0.776	0.905	
H5：计量属性	0.805	0.903	
H6：时间属性	0.692	0.910	
H7：作业颗粒度	0.860	0.903	
H8：记账属性	0.618	0.914	
H9：其他属性（非经营类业务）	0.612	0.916	

注：标准化Cronbach α系数：0.920。

（6）方差分析

由表5－13可知，利用方差分析（全称为单因表方差分析）研究H0：项目（产品）属性对H1：组织属性，H2：合同属性，H3：资源获取方式，H4：资源配置形式，H5：计量属性，H6：时间属性，H7：作业颗粒度，H8：记账属性，H9：其他属性（非经营类业务）的差异性。由表中可以看出：不同H0：项目（产品）属性样本对H3：资源获取方式和H9：其他属性（非经营类业务）不会表现出显著性（$p>0.05$），意味着不同H0：项目（产品）属性样本对H3：资源获取方式和H9：其他属性（非经营类业务）全部均表现出一致性，并没有差异性。另外，H0：项目（产品）属性样本对H1：组织属性，H2：合同属性，H4资源配置形式，H5计量属性，H6时间属性，H7作业颗粒度，H8记账属性呈现出显著性（$p<0.05$），意味着不同H0：项目（产品）属性样本对H1：组织属性，H2：合同属性，H4：资源配置形式，H5：计量属性，H6：时间属性，H7：作业颗粒度，H8：记账属性有着差异性。

H0：项目（产品）属性对H1：组织属性呈现出0.01水平显著性（$F=5.172$，$p=0.001$），具体对比差异可知，有着较为明显差异的组别平均值得分对比结果为“9.0 > 6.0；10.0 > 6.0；10.0 > 7.0；9.0 > 8.0；10.0 > 8.0”。

H0：项目（产品）属性对 H2：合同属性呈现出 0.01 水平显著性（$F=6.204$，$p=0.000$），具体对比差异可知，有着较为明显差异的组别平均值得分对比结果为“8.0 > 6.0；9.0 > 6.0；10.0 > 6.0；9.0 > 7.0；10.0 > 7.0；10.0 > 8.0”。

H0：项目（产品）属性对 H4：资源配置形式呈现出 0.05 水平显著性（$F=3.528$，$p=0.011$），具体对比差异可知，有着较为明显差异的组别平均值得分对比结果为“10.0 > 6.0；9.0 > 7.0；10.0 > 7.0；9.0 > 8.0；10.0 > 8.0”。

H0：项目（产品）属性对 H5：计量属性呈现出 0.01 水平显著性（$F=3.871$，$p=0.007$），具体对比差异可知，有着较为明显差异的组别平均值得分对比结果为“9.0 > 6.0；10.0 > 6.0；9.0 > 7.0；10.0 > 7.0；9.0 > 8.0；10.0 > 8.0”。

H0：项目（产品）属性对 H6：时间属性呈现出 0.01 水平显著性（$F=6.943$，$p=0.000$），具体对比差异可知，有着较为明显差异的组别平均值得分对比结果为“9.0 > 6.0；10.0 > 6.0；9.0 > 7.0；10.0 > 7.0；9.0 > 8.0；10.0 > 8.0”。

H0：项目（产品）属性对 H7：作业颗粒度呈现出 0.01 水平显著性（$F=6.682$，$p=0.000$），具体对比差异可知，有着较为明显差异的组别平均值得分对比结果为“9.0 > 6.0；10.0 > 6.0；10.0 > 7.0；9.0 > 8.0；10.0 > 8.0”。

H0：项目（产品）属性对 H8：记账属性呈现出 0.05 水平显著性（$F=2.519$，$p=0.047$），具体对比差异可知，有着较为明显差异的组别平均值得分对比结果为“9.0 > 6.0；9.0 > 7.0”。

表 5-13　　方差分析

项目	H0：项目（产品）属性（平均值 ± 标准差）						F	p
	4（$n=1$）	6（$n=3$）	7（$n=6$）	8（$n=13$）	9（$n=10$）	10（$n=9$）		
H1：组织属性	7.00 ± null	7.33 ± 1.15	8.00 ± 1.41	7.77 ± 1.36	9.00 + 0.67	9.67 ± 0.50	5.172	0.001**
H2：合同属性	6.00 ± null	6.67 ± 0.58	7.67 ± 0.52	8.31 ± 1.18	9.10 + 0.88	9.33 ± 1.12	6.204	0.000**
H3：资源获取方式	5.00 ± null	7.33 ± 1.53	7.50 ± 0.55	7.54 ± 1.13	8.10 + 1.60	8.4411.42	1.731	0.152
H4：资源配置形式	6.00 ± null	7.00 ± 1.00	7.00 ± 1.26	7.4611.05	8.50 + 0.97	8.89 ± 1.62	3.528	0.011*
H5：计量属性	6.00 ± null	633 ± 0.58	7.00 ± 0.89	6.6911.49	8.40 + 1.17	8.56 ± 1.59	3.871	0.007**
H6：时间属性	6.00 ± null	633 ± 0.58	7.17 ± 0.98	7.0011.29	8.40 + 0.97	9.11 ± 0.93	6.943	0.000**
H7：作业颗粒度	6.00 ± null	7.00 ± 1.00	8.00 ± 1.10	7.9210.95	8.90 + 0.57	9.33 ± 0.87	6.682	0.000**
H8：记账属性	6.00 ± null	7.00 ± 1.00	7.33 ± 1.21	7.92 ± 1.19	8.80 + 0.42	8.2211.56	2.519	0.047*
H9：其他属性（非经营类业务）	5.00 ± null	6.00 ± 1.00	6.83 ± 0.98	7.15 ± 1.52	7.60 + 1.26	8.2211.79	1.981	0.105

注：* $p<0.05$；** $p<0.01$。

总结可知：不同 H0：项目（产品）属性样本对 H3：资源获取方式和 H9：其他属性（非经营类业务）不会表现出显著性差异，但 H0：项目（产品）属性样本对 H1：组织属性，H2：合同属性，H4：资源配置形式，H5：计量属性，H6：时间属性，H7：作业颗粒度，H8：记账属性呈现出显著性差异。

5.5 调查数据的综合分析与运用

5.5.1 调查数据的综合分析

案例企业 HBLT 管理信息系统功能主要数据元的项目属性、组织属性、合同属性、资源获取方式、资源配置形式、计量属性、时间属性、作业颗粒度、记账属性、非经营性业务构成的其他属性在大型企业运营管控中具有典型的适用性，且数据元要素之间具有较强相关性。通过效度分析和信度分析，证明了其有效性和合理性。企业数字化转型过程中必须综合考量项目属性、组织架构、合同属性等要素，这突破了既有财务会计职能的数据信息及系统范畴。因此，基于价值创造体系研究的运营数据元，是推动业务与财务的融合，以数字化转型带动运营转型的数据基础；且与管理模式、组织架构等息息相关，需从战略高度统筹设计。

通过对知识维度和时间维度矩阵模型下的运营数据元分析，夯实研究对象，进一步调研了企业数字化转型的建设方式，包括购买一体化信息系统平台、集成打破独立系统信息“孤岛”、构建数据中台三种类型。同时，问卷数据也说明系统集成是大型国有企业解决财务数智体系方案中最主要的解决方法。

基于霍尔三维结构的系统观企业价值体系下，管理会计与价值链过程的协同不仅体现为内在相关性，也体现为运营数据共享及治理模式。本章以调查问卷方式实证了企业价值链过程中管理会计和财务会计对运营共享的数据元需求。项目属性、组织属性、合同属性、资源获取方式、资源配置形式、计量属性、时间属性、作业颗粒度、记账属性、非经营性业务构成的其他属性共同组成系统观企业价值创造体系下管理会计等运营需求的重要数据元，在数据共享和数据治理过程中需要统筹考量和设计。

5.5.2 HBLT 以财务共享实施运营数据中心模式

案例企业 HBLT 以财务共享为抓手，以运营数据元标准化为基础推动运营数据共享，为大型企业数字化转型做出有益尝试。管理本质是对信息的反馈和运用，通过财务共享贯通了管理会计和财务会计系统的运营信息，管理会计协同加快了运营数字共享进度。为满足企业战略目标、运营决策、作业管理等不同层面的管控需要，统一系统之间经营数据元，以作业层面数据共享推动企业数字化进程，见图 5－2。共享数据中心是面向管理会计的运营数据集，既包括涉及价值创造过程的非货币化作业信息，也包括货币化计量的会计核算数据。

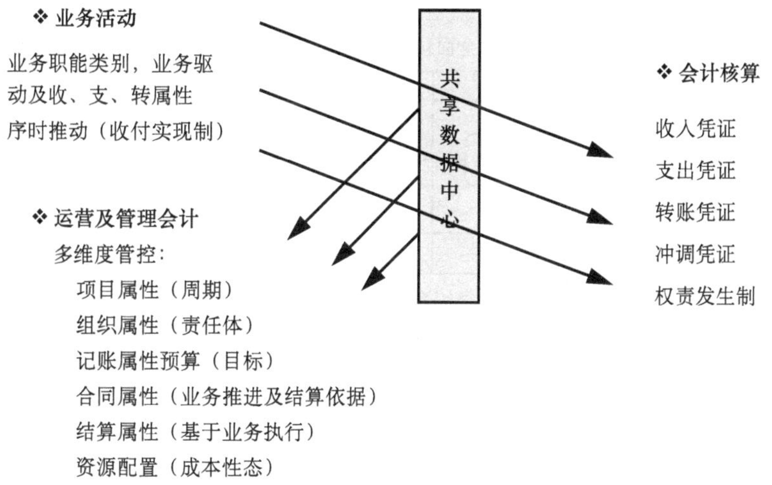

图 5-2　HBLT 运营视角的财务共享数据中心

共享数据中心的基础是业务活动和凭证级的数据。以标准的运营数据元信息打通业务与全面预算、核算、决算、结算全过程的数据联系，实现面向项目管理、责任体、全面预算、合同管理、资金管理、作业成本等不同维度的管理拓展。其中，项目属性数据实现业务全生命周期核算和跨层级管控；组织属性数据实现责任体考核和激励；记账属性数据实现运营目标的分解和管控；合同属性数据实现对业务进度和结算方式的管控。以外，还可以拓展管理会计应用，例如：资金预测、成本性态分析等。

以财务共享作为推进业务与财务一体化的手段打造运营共享数据中心，为提升企业营运能力奠定信息基础；同时，也是深化管理会计应用，以数字化推动企业价值创造能力提升的模式。

5.5.3　HBLT 以技术集成的建设方式推动运营数字化转型

HBLT 数字化转型是基于专业信息系统，通过运用技术手段实现系统集成的建设方式来推动运营数据共享，如图 5-3 所示。纳入共享数据中心的运营数据元，是对不同信息系统数字整合的过程。例如：项目（产品）属性来自项目管理系统，合同属性来自负责合同生效签章审批部门管理的合同系统等。整合专业信息系统包括建设部门主管的项目管理系统、市场部门主管的合同系统、运维部门主管的资产模块和项目维护模块、物资部门主管的物采系统和网上商城系统，以及财务部门主管的账务系统、应付模块等。其中，审计系统是一个轻度综合的信息集成平台。在企业运营转型过程中，财务共享是企业推进系统融合和集成的重要形式。在系统集成过程中，首先要解决项目代号统一、管理颗粒度等问题，才能推进业务与财务管理的统一。合同管理是实现资金流、业务流、信息流统一的重要载体。信息系统集成要满足不同层级管控需要；满足业务管控需要（企业、事业部门、项目主管等）、项目进度管理需要（计划、进度、采购等）、以及资金流动性预测（预测、申报、审计、核销）等管理需求。案例企业 HBLT 以财务共享为核心建设财务数智系统，数字化转型经历了如下三个阶段。

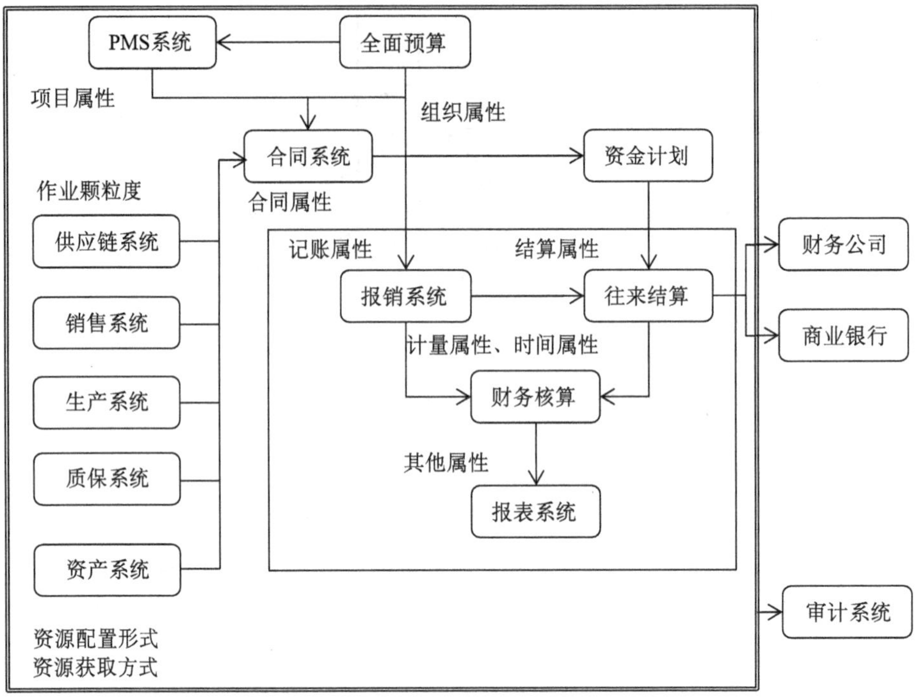

图 5－3　HBLT 通过集成模式推进数字化转型示意图

财务共享 1.0 阶段。2015—2016 年，以财务集中为标志，实现会计核算、资产管理、绩效考核层面系统和运营数据的统一，为企业数字化转型奠定组织基础和业务基础。以财务共享倒逼业务、财务数据、流程的标准化。实现财务人员由分布式属地支撑向网络化集中支撑转变，促进财务与业务边界划分和管理协同。

财务共享 2.0 阶段。2017—2019 年，以财务共享中心为标志，以管理会计、财务会计融合为基础，通过网上商城贯通供应链、网上商城贯通客户渠道、项目管理贯通价值链、责任体激发企业活力等实现运营系统和运营数据统一，推进各专业信息系统在数据元层面的共享和功能集成。通过财务共享构建企业运营数据共享的内核，以财务共享为抓手推动企业数字化转型。

财务共享 3.0 阶段。2020 年至今，以上线财务机器人与智能分析应用为标志，推动全流程业务模型化、数字化，推动运营数字化向产业生态集成。推动多维运营数据元支撑商业模式、运营模式的数字建模，财务机器人替代重复性、程序化业务处置，人工智能应用与运营决策分析与趋势预测。随着数据共享与数据元深度应用，实现价值链过程、管理会计工具的全过程数字化，企业运营管理进入大数据和人工智能应用阶段。

HBLT 以财务共享为中心，以管理会计为主线，围绕价值链过程研究运营数据元标准化和信息共享；以数字化转型促进运营转型，增强企业动态应对内外部环境变化的能力，提升企业价值创造能力。历经六年持续推进，HBLT 传统财务岗位由 227 人降为综合运营支撑岗位 37 人，大幅优化财务资源。核减的核算人员向运营一线分流，成长为经营骨干人才，进一步推动系统观企业价值创造理念的应用。

5.6　本章小结

本章以知识维度和时间维度为主，研究价值创造过程中管理控制方法的运营数字化特征，为系统观企业价值创造体系的数字化路径提供数据基础。第一，通过建模及问卷分析，采用计量经济学方法验证数字化转型的数据元要素特征。通过综合分析得知，数据元包括项目属性、组织属性、合同属性、资源获取方式、资源配置形式、计量属性、时间属性、作业颗粒度、记账属性、其他属性（非经营类业务）10 个类别。通过问卷数据分析可知：数据元之间具有较强相关性，通过效度分析和信度分析，证明了其有效性和可靠性。第二，分类汇总中平均值较高的数据元为：H1：组织属性（8.452）、H2：合同属性（8.452）、H7：作业颗粒度（8.357）、H0：项目（产品）属性（8.286），说明组织架构、合同管理、作业颗粒度、项目属性是企业运营数字化转型过程中的重要元素。实践中，上述四个属性的相关业务由非财务部门主导，这恰好是相关信息系统“割裂”制约业务、财务融合发展的因素，也是以组织变革、数字化转型推动运营管控扁平化、系统化、科学化的动因。第三，通过交叉分析可知，企业采用采购一体化信息系统平台、技术集成打破独立系统信息“孤岛”、构建数据中台三种方式推动数字化转型，且系统集成建设的方式占比超过四成。第四，简述了 HBLT 以财务共享为核心推进运营数据共享，以技术手段实现信息系统集成，以数字化转型促进运营转型，提升企业价值创造能力的成功案例。

通过分析可知，大型企业运营管理常用自上而下的运营信息需求和运营部署，作业层面管理会计工具因职能划分而存在应用“割裂”及信息“孤岛”。第一，部门因职能分工而增加协同难度。第二，上、下级因目标分解而存在博弈。第三，激励考核、资源配置、任务分解在责任体预算、结算、核算及评价等环节，必须实现业务流、资金流、信息流整合，对数字化转型、管理会计整合框架提出更高要求。因此，数字化转型需要从战略高度考量，运营数字化是“企业上下级组织对变革形成共识”“发展中解决问题”的过程。本章为系统观企业价值创造体系下根据价值链过程推进管理会计方法应用提供了数据元支撑。

第 6 章　系统观企业价值创造能力评价研究

任何受控的运营系统都需要评估其绩效目标及价值创造的能力（Otley，1980），不同类型的组织计划和策略往往会导致不同的管理控制系统配置。从组织架构角度看，价值创造目标需要满足组织（自上而下）和汇总（自下而上）的管理需要，绩效指标差异化与控制方式相关，且受制于责任体类型及核算方式（Otley，1999）。研究企业管理会计工具与运营相关性可知，全面预算与绩效评价、责任体三个工具一起构成企业营运能力提升的关键要素。因此，本章以系统观企业价值创造理论为基础，通过构建层次化关键绩效指标体系，研究价值创造能力评价和驱动等。

6.1　企业价值创造体系能力评价的要素

为应对市场竞争及权变环境的动态变化，基于霍尔三维结构提出由价值链过程构成的时间维度、管理会计驱动的知识维度、运营控制要素为主的逻辑维度、KPI 评价价值维度构成的系统观企业价值创造体系及运营路径。该体系改变了传统单一理论基础为主导的价值创造模式，促进运营情境下对管理要素内在逻辑的定量分析。第一，以逻辑维度和时间维度为主提出企业运营风险矩阵模型，研究运营风险管控与价值创造过程管控一致性的方法，防范经营性偏差。第二，以知识维度和逻辑维度为主提出企业运营工具矩阵模型，研究运营控制要素与管理会计方法协同，提升企业的运营效率和效益。第三，以知识维度和时间维度为主提出企业运营数字化特征矩阵模型，探索企业运营数字化路径。

价值创造目标通常以一个或一组关键绩效指标作为考核的依据，而实现绩效考核目标的过程是各级责任体驱动作业的结果。实现价值创造是责任体驱动运营要素、管理控制方法、价值链过程等，实现绩效目标，提升价值创造能力的过程。关键绩效指标因其综合性、系统性被广泛用于目标分解，是评价价值链过程和结果的重要方法，也是衡量企业运营效率和效益的重要工具。本章将企业关键绩效指标作为系统观企业价值创造能力评价的方法开展研究，将盈利能力、营运能力、发展能力、偿债能力、规模能力等指标定义为价值维度的评价要素。

价值创造能力受到责任体 KPI、多维管控要素及运营路径，以及外部市场环境的影响和驱动。因此，责任体 KPI 可以增强组织架构与层次化绩效评价体系的适应性，驱动价值创造的绩效指标和权变环境的适用性。责任体层次化 KPI 为激发企业运营活力，提升经营效率和效益提供了理论基础和决策依据。责任体与员工行为在企业价值链过程和权变环境影响下，运营控制要素与管理方法体现为系统性和战略协同需求。责任体实现价值创造的过程，就是通过任务分解、资源配置、绩效考核构成管理闭环，直面市场需求并释放激励薪酬的过程。分解和落实层次化 KPI 体系，促进责任体驱动运营要素和管理控制方法的汇总、生成企业 KPI，实现企业价值创造目标。责任体 KPI 受到市场适用性、市场策略等外部因素影响，存在层次化特征及权重关系。利用层次化 KPI 体系评价企业的价值创造能力，成为企业运营转型研究的根本目标。因此，本章以 HBLT 价值创造能力评价为研究对象，研究关键绩效指标权重及驱动内容。

6.2　企业价值创造能力的绩效考核指标分解

基于价值链理论，企业价值创造过程需要部门间有效协同。这些部门有的直接创造价值，有的间接创造价值。企业考核评价有杜邦分析体系、平衡计分卡（BSC）等方法。但是，从业务流程看，这种面向企业层面的评价体系并不适用于责任体绩效评价。各责任体只有协同管理才能实现企业价值创造。因此，评估部门绩效需要考虑责任体之间的价值协同效应以及资源配置，并通过薪酬激励形成正反馈。限于责任体的职能，各责任体工作目标是对企业运营活动的分解，所产生效益和目标均不同。因此，责任体之间评价指标也不尽相同，企业需要构建体系化、层次化绩效评价体系。

绩效考核需从客户需求出发，根据生产过程分析企业运营，按项目实施过程识别企业经营活动，按产品物化流程了解企业经营结果，按部门经营职责评价经营成果。因此，部门需要具有资源配置、资金使用、经营决策、独立考核和独立核算的权利。企业内部清晰划定责任体及其业务活动，并建立层次化的关键绩效指标和激励机制。

6.2.1　企业价值创造及价值评价的特征

企业价值创造评价是对一定时期内责任体通过价值链过程实现绩效目标的计量和考核，是运营要素、管理会计方法推动作业增值的过程。因此，企业价值创造及价值评价具有如下特征：

企业职能架构的适应性。运营管理是实施企业战略目标和使命过程的重要管理手段，与企业主营业务规划密切相关，且以企业组织架构与管控模式为基础。因此，企业经营管理必须依据企业战略方向调整经营路线，责任体是划小核算单元的组织架构、提升应对环境动态适应性的方法。由于企业经营项目、行业地位以及管理模式的差异，企业需要理顺资源配置关系，引导规划落地。企业经营管理体系与组织架构相关，而且随业务和组织架构的发展不断修正和完善。

运营管控活动的一致性。职能相关性是指企业经营管理目标根据企业经营特点而产生的整体作用。由于职能目标不同，管理环境不同，各责任体推进业务过程中存在相互制约，进而降低整体效率和效益，消耗企业价值的问题。因此，本书通过逻辑维度和时间维度，研究价值创造过程中的经营管控。整合过程会触及利益相关方的诉求，权衡职能架构与运营管理的适应性，是识别驱动因素的关键。

企业经济业务的周期性。企业经营管理是以主营业务为主线开展的系列活动。每一个经营业务在价值创造过程中均体现出其个性与共性特征。若主营业务活动以研发为主，其共性特征表现为项目生命周期的特点，以市场获取、论证设计、生产加工、交付服务为周期，呈现业务实现的过程。

6.2.2 价值创造是对资源、活动的计量

价值链理论实质是以交付产品和服务为目标的作业活动及资源消耗过程，以实现更多边际贡献或利润。企业生产产品并交付顾客，通常从订单、项目角度来理解企业将经营成果交付客户的过程。然而，在企业内部，生产过程体现为各级责任体消耗的资源，最终以收入、支出、毛利等评价责任体业绩。

对资源、活动的计量是评价企业运行状况及价值创造能力的第一手材料，是各种经营管理决策的依据，是企业价值创造能力的评价方式。评价数据主要来源于财务报表和运营统计分析，随着责任体 KPI 的实施，这两种数据受结算周期影响而存在时滞性，需要用非货币计量的业务数据做补充。

第一，计量指标包括通用指标和个性指标两类。通用指标是指绩效考核指标，而个性指标是指与责任体战略性调控相关的指标，如：客户满意度、市场占有率等。第二，设计评价指标应该考虑组织的层次性，通过绩效考核权重设计、资源配置、绩效考核实现绩效激励。因此，企业价值创造能力与经营管理效率、效益之间存在内在联系。企业经营管理效率和效益的评价方法，是评价企业价值创造能力的重要内容。

6.2.3 关键绩效指标与经营目标的关系

关键绩效指标是指企业战略分解为可操作目标的工具，是衡量工作绩效的量化指标，是企业绩效管理的基础。建立行之有效的 KPI 体系是绩效管理的前提。绩效指标体系有两种设计方式：一种是自上而下层层分解战略目标产生 KPI；另一种是自下而上参照历史绩效等数据，对标确定 KPI。

二八原理显示，80% 的任务是由 20% 关键工作完成，这拓展了绩效考核思路，促使考核工作将重点聚焦在关键过程、关键节点、关键结果方面，即围绕 KPI 展开。KPI 是财务与非财务指标的结合，不仅关注短期效益，也注重企业长期发展。KPI 是对公司战略目标的分解。企业经营效果是内因、外因综合作用的结果。内因是可控制的，也是 KPI 评价的对象。KPI 应剔除外在影响，尽量反映责任体可直接控制的因素。此外，还侧重考评关键经营活动，而不是所有经营过程。总之，KPI 是由上下级达成一致的结果，而不是上级压下级的工具。

6.2.4 企业价值创造过程关键绩效评价

企业经营业绩考核目标划分为盈利能力、营运能力、发展能力、偿债能力、规模能力

五类指标。根据企业战略与业务差异，这五种类型指标在企业及责任体层面的定义和使用有所侧重，不仅体现为具体指标名称和定义，也体现为关键指标之间的权重关系。

（1）系统性。KPI是体系，从企业到责任体，再到班组、员工，均有其KPI，但需从战略目标出发，做到层层分解、关联。

（2）可控与可管理性。KPI是根据企业战略设计，不仅仅立足于岗位。

（3）价值牵引和导向性。上下道工序间是内部客户关系，价值最终体现为外部客户需求。

SMART原则是确定KPI数值的常用标准。S（Specific），具体指KPI要针对性工作；M（Measurable），指KPI可数量化、可度量，验证数据计量特征；A（Attainable），指KPI在经过努力后的可实现性；R（Relevant），指KPI与上级目标、企业目标相关联；T（Time bound），指时限性，强调完成KPI时间条件。

相对责任体而言，KPI与企业价值评价能力的管理体现为对作业活动评价和计量，对应划分为效益类、效率类、发展类、风险类、规模类五类指标。责任体KPI与企业KPI具有一致性，在具体计量和评价指标定义方面可能会存在差异。比如：企业以净利润作为收益类KPI指标，而责任体可能采用边际贡献作为KPI指标。

6.2.5 划分责任体是激发价值创造能力的组织载体

责任体是企业基于职能分工赋予部门的责、权、利目标，是实现价值创造的最小一级可评价、可核算单元。各级责任体立足职能、有效配合以实现企业运营目标。责任体KPI分解因责任体差异而不尽相同，是立足职能对企业运营目标的分解。在价值创造体系下，KPI因为责任体组织结构而具有层次化特征，其权重及驱动受到外部市场环境与内部运营环境的综合影响。

激发责任体活力首先以面向市场的运营单元为载体进行变革。责任体承担面向市场的独立运营目标，在职责范围内独立作业，单独运营核算，并配置资源、分配任务、评价绩效。每个责任体均集生产作业、会计核算、经营决策于一体，自行制定职责计划，独立核算，激发全员参与经营管理。这种划小核算单元的组织架构具有经营灵活、市场灵敏度高等特点。责任体机制核心在于建立与市场挂钩的独立核算机构；发掘并培养责任体的经营人才，下放经营决策权利；利用管理信息系统和转变运营机制将经营理念下沉到一线员工，进而激励员工在经营过程中的成就感和积极性。责任体职责通常比较单一，一般不承载多种职责。因此，责任体面向价值创造的运营目标、消耗的资源及绩效等均需要实时计量。这种分层次、明确目标的运营构架以责任体“责、权、利”核算为主，运营模式与业务相关性更强，面对市场的适用性更强，对细化后的价值创造目标驱动性更强。基于责任体的管控模式具有核算直接、考核直接的特点。此外，责任体体系能引入面向市场发展量、客户满意度等非货币化绩效指标，建立与企业价值创造指标更为直接的激励模型。

责任体机制成为推动企业运营转型和激发一线价值创造能力的手段。责任体的颗粒度决定了管理的细化程度，并影响KPI分解、作业核算、绩效评价等。从责任体角度构建的预算管理将预算目标以KPI体系进行层次化分解，并作为考核责任体的绩效依据。在执行环节，通过财务共享中心、内部商城、营销系统、合同管理等实时反馈作业信息，进而防范经营风险。在评价环节，通过 ERP 数据集成进行责任体的预算及 KPI 评价。在预算控制环节，通过预算目标和内部商城实现业务与 KPI 的匹配。责任体机制能更好配置责任体 KPI 与地域、资源、政策等外部因素的相关性，并据此建立责任体认领式目标，实现运营目标不封顶，根据绩效目标和 KPI 实现程度按比例、按进度分配资源。基于责任体 KPI 考核和资源配置方式改变了既往的任务分解层层加码、资源分配层层“剥皮”现象，实现了“目标、资源、激励”在责任体层面的衔接和价值创造目标的竞标机制。

划小责任体是重构企业组织的过程。设定责任体是为企业价值创造过程中配置资源、管控过程、评价绩效、激励绩效提供可量化的对象。组建责任体的过程应充分利用历史数据和运营数据，测算所划分责任体的运营模式和任务包、激励包、资源包、权利包。资源重配需要考量历史数据。为降低责任体重构对企业绩效造成的不良影响，还需优化全面预算、运营核算、流程审批等相关制度，评估实施责任体机制前后对企业价值创造目标及运营目标的影响。以市场获取、收入规模指标为核心，辅以毛利率导向设定责任体的任务包。责任体 KPI 分配方式，就是激发责任体主动性、积极性和创造性的手段。

6.3 企业价值创造关键绩效评价的分析

6.3.1 关键绩效指标体系及因素驱动分析

企业价值管理贯穿运营全过程，具有系统性。系统科学的理论与方法是解决复杂问题的思维方式。企业价值目标作用及效果不仅反映为各种功能或职能简单叠加，而且还体现为管理的协同效应。因此，企业 KPI 反映为活动的作用或联系。将责任体 KPI 作为任务包，通过上下结合竞标方式逐级分解，实现“任务、激励、资源”的匹配。如图 6 - 1 所示，驱动责任体任务包的因素包括：以积分制匹配薪酬为主的激励驱动；以固定资产投入、服务支撑、人力资源为主的资源配置驱动；以企业产品体系、营销策略、报价策略为主的市场策略驱动。此外，还要考虑管理会计工具与市场适应性。最后，通过优化流程，调动责任体的积极性、主动性与创新性。

（1）激励驱动

激励驱动也称作激励包，研究特指围绕 KPI 目标各级责任体（部门）经营需配置的人工成本及薪酬激励，体现为绩效目标与薪酬激励之间的匹配关系。以 KPI 配置责任体激励包，既要考虑组织架构因素，又涉及各级利益相关者诉求，并实现绩效差异化考核，进而提升企业绩效考核导向目标和激励效果。责任体及成员既是目标的承担者与推动者，也是成果的受益者。激励是围绕价值增值活动的直接驱动因素，激励包随 KPI 竞领配置到责任体，向一线及产出效益高的责任体倾斜。激励驱动因子以收入指标、客户指标和毛利率为主。长期而言，激励因子围绕企业价值最大化，通过责任体激励影响员工。激励模型即是激励策略，服从企业战略，以 KPI 引导业务行为，引导企业运营目标，是激发企业活力的重要驱动因素。

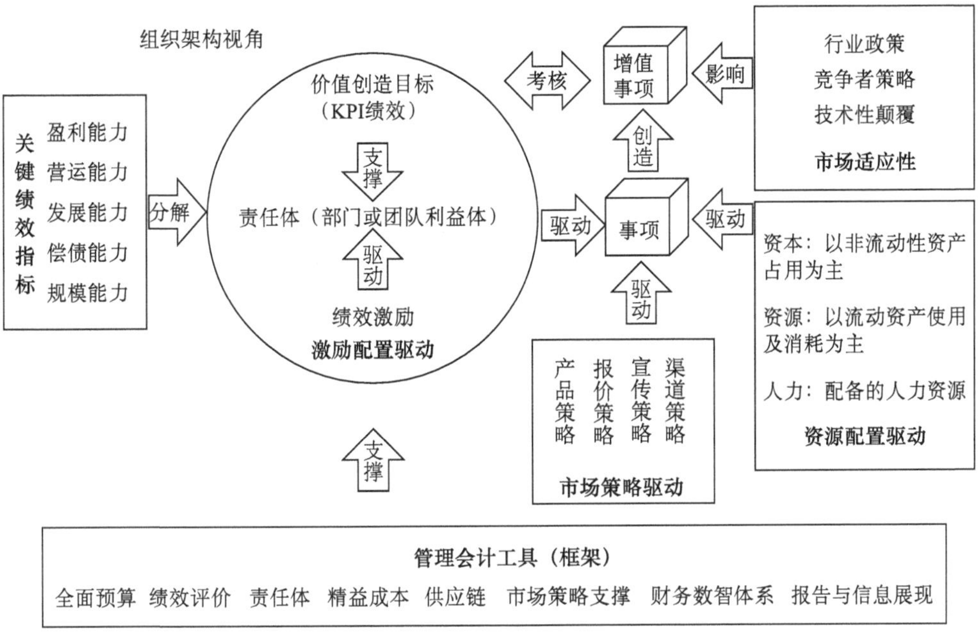

图 6-1　关键绩效指标及因素驱动的价值创造过程

（2）市场策略驱动

市场策略驱动主要是指面向客户开展的产品或服务营销方案、营销策略及资源配置等，对提供公共产品或服务的企业，也包括招投标策略等市场获取方法。根据 4P 营销理论，即宣传（Promotion）、渠道（Place）、价格（Price）、产品（Product），再加上策略（Strategy），简称为“4P's”。通常，产品、价格、宣传是企业统一制定的策略，而渠道方式则因地域不同而存在差异，并随着竞争对手营销策略的变化而持续优化。市场策略通过销售系统固化规则和作业流程，运用积分制建立市场策略与责任体，甚至员工 KPI 绩效的关联，引导市场拓展。

（3）资源驱动

资源驱动是指责任体在推动业务过程中，伴随着资源消耗或占用（资源包括人力资源、营业消耗及服务、投资性资源等），配置责任体资源实现业务增值，并以 KPI 绩效展现价值成果，作为绩效兑现的依据。第一，在人力资源配置方面，建立职级动态调整机制，实施岗级晋升能上能下，以积分制为基础，直接与任务包绩效挂钩，动态匹配薪酬。根据基层单元划分标准、规模和工作量，确定人员编制。第二，资源消耗及服务方面，通过企业网上商城实现物资直配，并与预算、核算、结算互联互通，实时清算。资源包直接下沉配置到责任体。第三，投资性资源方面，体现为维护能力与基础性建设投资。

（4）市场适应性

市场适应性是指在充分竞争的市场条件下，企业业务活动受到竞争对手、市场环境等因素的影响，包括行业政策、来自竞争者策略、技术性颠覆等三个方面。政策性影响包括国家发布的行业政策。例如：网络通信企业携号转网、取消不限量套餐、降低资费等，均属于行业政策的范畴。来自竞争者策略的影响包括融合套餐、价格战、互联互通障碍等。

技术性颠覆指技术推动创新产品形成的功能性替代等，比如：微信对短信、语音等传统通信服务的颠覆。市场适应性是指企业受到市场的影响和冲击，这是普遍存在的现象。

（5）管理会计工具

管理会计工具的本质是提升营运能力，是利用资源创造价值的能力，是经营转型的核心管理方法的集合，包括支撑和协同两方面的作用。营运能力包括产品营运能力，如IT基础支撑、产品开发和快速迭代等；客户营运能力，如销售服务支撑、客户触点等；平台营运能力，如平台建设、平台合作、获取资源等。通过营运能力提升客户价值，包括提升信息消费类价值和拓展跨界产品价值等。最终提升企业价值，包括提高效率、降低成本，增加收益、可持续发展，提高竞争力、获得更多市场机会等。网络建设维护方面，建立集约化维护体系。物资采购方面，“去现金化、去库存化”。财务管理方面，推进财务共享与资金集中。信息化方面，推动数据集中、统一平台、整合优化业务。为改善运营的适应性，采取行之有效的运营举措。通过营运能力提升客户价值，最终提升企业价值。

如前所述，本研究应用的管理会计工具包括全面预算、绩效评价、责任体、精益成本、供应链、市场策略支撑、财务数智体系、报告与信息展现。另外，管理会计工具运营环境还涉及资金集中、财务共享、负面清单、准入清单等内容。

6.3.2 企业价值创造能力关键绩效指标评价的研究假设

为聚焦系统观企业价值创造体系下层次化KPI体系的驱动因素研究，设定如下研究条件：

（1）本研究对象为处于成长期及成熟期的企业或企业集团，企业面临充分竞争的市场环境，且具有通过营运能力协同和优化提升企业价值创造的现实需求；

（2）企业具有层次化管控需求，并通过责任体（或部门、项目组、阿米巴等）组织形式激发企业活力，促进企业强化实现运营目标和价值创造目标的动机；

（3）以层次化KPI为评价对象研究价值创造能力，主要考虑与企业内部运营策略、资源配置相关的驱动因素，以及责任体受到市场适应性和市场策略的影响。

综上，提出本章研究命题如下。

企业在既定运营环境和驱动因素条件下，KPI具有可量化的比例关系，且驱动要素之间具有重要性排序。

6.4 层次化关键绩效指标及其驱动因素

绩效考核是计量、评价价值创造的方法，是驱动价值创造的桥梁，制定KPI体系需要充分考虑企业价值创造的过程及特征。构建企业与责任体层次化KPI绩效体系，以激发各级责任体活力，驱动企业价值创造能力，引领责任体由资源消耗型向价值创造型转化。

企业内部由不同职能的责任体或部门组成，通常采用预算分配资源和任务分解模式将责任体划定为资源消耗为主的成本中心，将资源与其物化及价值创造属性分离。事实上，企业内部运营重视业务归口管理，针对价值创造的管理通常采用收入和利润为主的 KPI 评价。成本控制型绩效考核方式具有单向控制缺陷，容易产生企业战略目标及员工绩效、薪酬之间的偏差。所以，需要精细化衡量部门绩效，处理好“责、权、利”关系，实现部门价值创造目标。同时，绩效考核和薪酬激励能激发部门及员工的积极性和创造性。责任体关键绩效要正确地传递企业战略目标、经营层绩效考核与部门绩效、员工薪酬之间的价值关系。

6.4.1　层次化关键绩效指标体系构建

企业责任体（部门）层级的绩效评价与业务活动联系更紧密，深入评价各责任体业绩对企业绩效的贡献度是激发企业价值创造能力的关键。构建层次化的绩效评价体系能更好地激励并促进企业的价值创造能力。结合管理矩阵的思路，构建两层次 KPI 绩效体系，如图 6 -2 所示。如果责任体使用的资源报酬率高，就应该配置较多的资源和薪酬。只有合理评价员工、资源、活动效果，才能有效衡量责任体业绩，并通过薪酬激励形成正向反馈。

企业各项 KPI 由承担业务价值创造活动和物化过程的责任体实现。在实践中企业层面将 KPI 划分为盈利能力、营运能力、发展能力、偿债能力、规模能力五种类型。在责任体层面，企业 KPI 指标对应着效益指标、效率指标、发展指标、风险指标、规模指标等五种类型。各项指标根据责任体职能和业务特点进行进一步细化和量化。例如：效益指标可细化为部门边际贡献、人均边际贡献等；效率指标分解为资产周转率、人均销售量、人均产值等；发展指标定义为新客户发展量等；财务风险指标分解为存货占销比、应收账款占销比等；规模指标可分解为销售量、区域市场占比等。设定层次化关键绩效指标需要考量如下因素：

（1）结算方式

结算方式是对因商品交易、劳务供应、资金调拨等经济往来引起的货币收付关系进行清偿的办法。通常分为即时结算与信用结算两种，而结算方式直接影响到现金流，同时也是收付实现制下的现金流入确认与权责发生制下的收入计量之间形成的时间差。因此，将结算方式纳入绩效考核是综合考核企业销售策略、资金链、财务风险的综合驱动因素。

（2）总量指标

反映一定条件下企业生产经营的总规模、总体水平或工作总量等统计指标。总量指标通常以绝对数表示，反映在一定时期或时间点的总量状况。了解企业或责任体的经济运行状况，首先要准确地掌握在一定时间、地点条件下的发展规模或水平和资源条件，然后才能更深入地认识企业或责任体的创造能力和水平。企业内部责任体的考核可能是实物指标、劳动指标、作业指标，而非货币化计量的财务会计指标。实物指标与投入的资源及价值创造能力具有一定的内在联系，这种联系为责任体的效率和效益提升提供了基础条件。

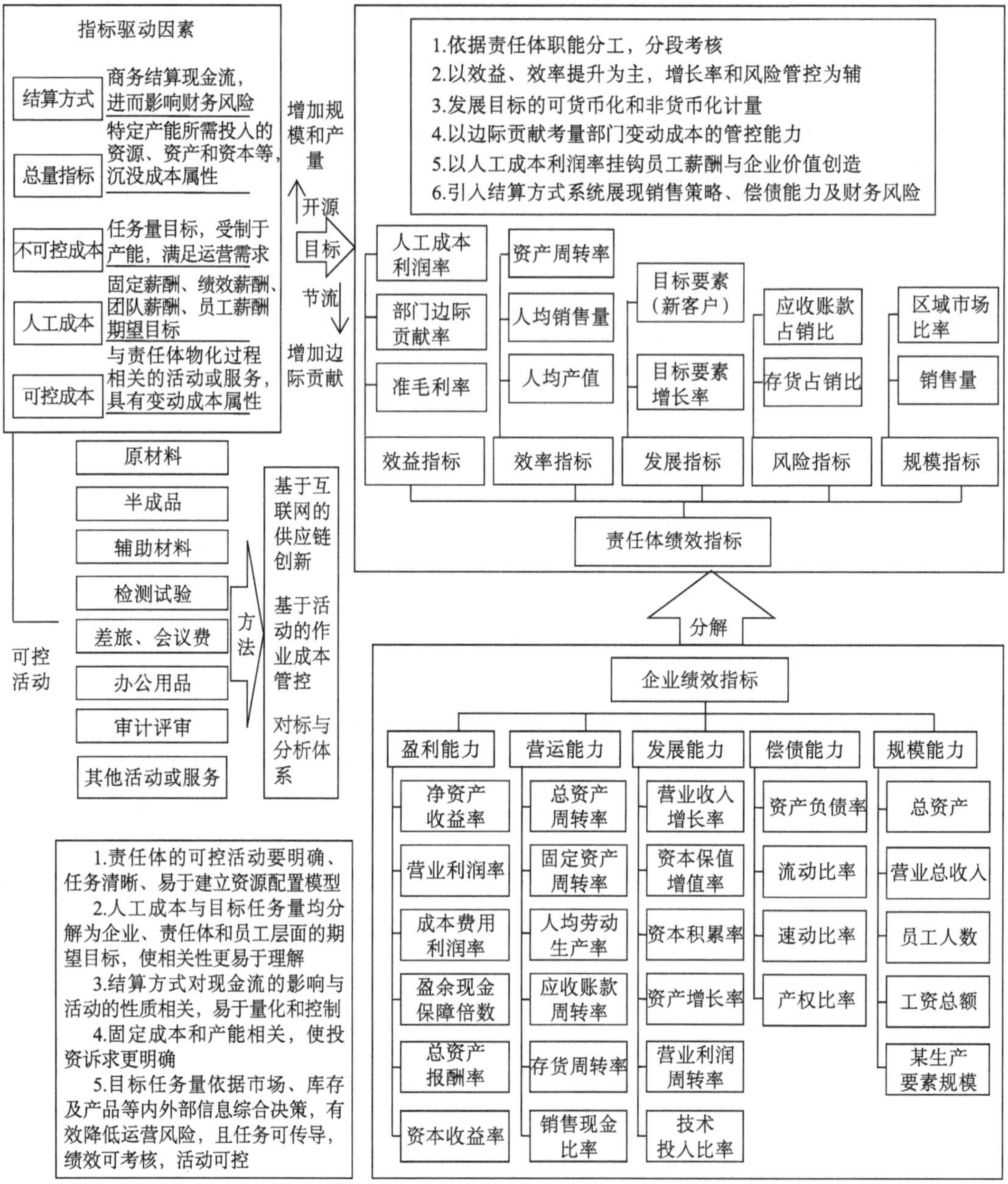

图 6-2 企业基于 KPI 的层次化绩效架构体系

（3）可控成本

可控成本是企业内部责任体在经营过程中能主动控制的作业及资源消耗。在经营活动过程中，并非所有成本都能由部门及管理者来控制，因为企业经营过程是在不同责任体之间的物化传递，各责任体只负责岗位职能范围内的业务活动，而产品物化过程中不能对其他部门的支出及固定成本负责。企业经营是为了创造利润和给股东回报，也就是实现价值创造的过程。因此，价值创造指标能把责任落实到每个责任体和员工。在企业运营活动的各个环节，职能部门以降低可控成本或提升效率作为提升企业价值创造的路径。指标能有效地标识部门对企业净收益的贡献。

（4）人工成本

人工成本是指雇主在雇佣劳动力时产生的全部费用，也是激励责任体和员工的手段。人工成本，也称为“劳动成本”，包括工资和各种福利性报酬，分析指标主要包括总量、结构、效益指标三类。人工成本效益是衡量员工绩效与企业绩效目标关联关系的指标。而人工成本结构与员工薪酬体系、员工激励方式息息相关。

人工成本的管理包括激励与控制两个方面。在控制的同时，也要适当增加投入。科学合理地确定人工成本，对促进企业经济效益的提升非常关键。

（5）不可控成本

不可控成本是相对“可控成本”而言的，通常是指不能被某个责任单位或个人控制的成本或资源消耗。不可控成本的相对性，与成本发生的时空范围有关。短期内，固定成本是不可控成本。但从长期看，固定成本是可控成本。责任体绩效考核所引用的不可控成本是指年度内某个责任体就其职责范围内和业务环节过程中所不能直接控制的成本，并非指企业或产品角度的不可控成本。例如，检测环节，原材料成本就是不可控的。当然，根据经营活动属性，作业活动在不同环节体现出不同的控制属性。

6.4.2 责任体关键绩效指标体系

企业 KPI 在责任体层面分解，实行分层控制。第一，绩效指标在责任体层面依管理职能而存在差异化。第二，要分析驱动价值创造的因素，以激发驱动价值创造的关键要素，并优化 KPI。通过“任务明、规则清、数据实”的机制，企业实现任务分解、资源配置、业绩评价和绩效激励。如表 6－1 所示，企业层面盈利能力、营运能力、发展能力、偿债能力、规模能力等指标，对应责任体层面效益、效率、发展、风险、规模五类指标。

表 6－1　　责任体 KPI 体系

企业级 KPI 指标	责任体级 KPI 二级指标
效益指标	准毛利率、部门边际贡献、人工成本利润率、人均利润
效率指标	资产周转率、人均产值、人均销售量
发展指标	目标要素增长率、目标要素（新客户发展量等）
风险指标	经营性净现金流、存货占销比、应收账款占销比
规模指标	区域市场占有率、产品销量、员工人数

设置责任体关键绩效指标需要考虑如下要素：（1）依据责任体职能划分利于分段考核，调动责任体积极性。（2）部门考核指标以任务目标的效益、效率为主，将业务增长率和财务风险指标作为辅助，并且通过人工指标关联企业绩效与员工薪酬。（3）发展目标可以选择货币化指标，也可以选择非货币化指标，更利于考核的准确性、及时性与透明性。（4）责任部门采用准毛利率或边际贡献指标衡量部门效益，充分考虑责任部门对变动成本的管控能力及对企业绩效创造水平。（5）以人工成本利润率关联员工薪酬与企业价值创造能力，更好匹配企业绩效与员工绩效关联程度，充分调动员工积极性、主动性与创造性。

(6) 引入结算方式将业务活动与结算方式关联，更好展现销售策略、偿债能力及财务风险之间的内在联系，将现金流考核指标向业务控制环节延伸，解决现金流对运营决策的影响。

层次绩效考核体系具有如下特点：(1) 矩阵管控下分段考核，不同职能部门可控活动明确、任务清晰，易于建立资源匹配模型。(2) 人工成本与目标任务量均变为企业和员工两个层面期望目标，其相关性更易于理解。(3) 结算方式对现金流影响与活动更相关，易于量化控制。(4) 固定成本与产能相关，投资诉求更明确。(5) 目标任务量由市场、库存及产品等内外部信息综合决策，可有效降低运营风险，且任务可传导，绩效可考核，活动可控。

层次化绩效指标适应绩效指标传导性与业务规律，并能更好匹配部门绩效与部门可控成本、部门目标、人均创造之间的关系。促进责权利对等，推进绩效、资源和激励可控。分层次、个性化设置绩效考核体系反映出责任部门绩效对企业绩效的贡献和影响，又为任务认领机制及基于业务预算控制和过程控制提供管理基础，促进流程化、透明化，为管理模式创新、商业模式创新提供基础。

6.4.3 层次分析法与关键绩效评价

层次分析法（AHP）指将决策有关元素分解成目标、准则、方案等不同层次，按分解、比较、综合的决策思维进行分析的决策方法。通过比较 2007—2018 年 AHP 文献（William Ho 和 Xin Ma，2018）可知，综合层次分析法应用最为广泛。Petra Grah 等（2018）采用 AHP 验证了财务指标和非财务指标中偿付能力对管理层成功收购起着至关重要的作用。

近年来，有很多学者将 AHP 应用于绩效指标评价研究。Manoj Hudnurkar 等（2018）用 AHP 建立基于平衡计分卡的供应商协作绩效指标评价体系。Bernardo M. S. Castela 等（2018）通过 AHP 评价中小企业创新能力多重指标权重和关系。Inés A. S. J. Oliveira 等（2018）利用 AHP 计算住宅安全评价体系中各评价指标权重和权衡取舍关系。在国内，刘成明（2006）将复杂理论、神经网络理论等应用于层次分析法，得出复杂系统决策时的权重处理。何奕佳（2008）构建 AHP 模型客观、科学分析和评价企业成长性。田平等（2009）归纳了 AHP 和 ANP 在不同领域应用及研究。马虹（2013）提出基于 AHP 公共文化服务绩效评价。许敬轩（2014）将 AHP 用于地方财政基本公共文化服务绩效评价与优化建议。曾志杰、梁新潮（2017）将 AHP 应用于福建公共文化服务支出绩效评价。韦锦义、赖洁基（2017）提出 AHP 与 KIP 理论下项目绩效评价模型。李延利、刘天善（2017）基于 IFAHP 研究战略性新兴产业政策导向型参股基金评价。

因此，AHP 在衡量与评价绩效及指标权重方面具有广泛应用，适用于本章研究内容。

6.4.4 关键绩效指标与价值驱动因素模型

如表 6 - 2 所示，提出 KPI - AHP 分析模型。第一，明确要研究的问题及其构成因素、内在关系、研究目的等。第二，建立递阶层次结构，以分析系统中各因素（方案层）的内在关系，包括方案层 S、准则层 C、目标层 V。准则层 C_{1-5}分别为盈利能力、营运能力、发展能力、偿债能力、规模能力。方案层 P_{1-5}分别为激励驱动、市场策略驱动、资源驱动、市场适应性、管理会计工具。建立层次化分析模型用于研究方案层 S 是否对准则层 C，以及基于 KPI 价值目标 V 产生影响的内在联系及重要性排序。

表 6－2　　KPI 与策略驱动的 AHP 模型

目标层 V	基于 KPI 的价值目标 V				
准则层 C	C_1	C_2	C_3	C_4	C_5
	盈利能力	营运能力	发展能力	偿债能力	规模能力
方案层 S	S_1	S_2	S_3	S_4	S_5
	激励驱动	市场策略驱动	资源驱动	市场适应性	管理会计工具

价值创造与驱动因素 AHP 模型如图 6－3 所示。如何确定五项核心逻辑在企业价值创造驱动中的权重及优先次序？AHP 验证需要提供各要素的权重，因此将 AHP 与 KPI 验证模型结合应用。为使要素之间依存度关系更为准确，使用构造判断矩阵两两比较同一层次的各因素相对上一层某因素的重要性，并分析相关影响。本章采用表 6－3 的尺度构造判断矩阵，并满足：$a_{ij}=1/a_{ji}$，i，$j=1$，2，…，n。并取 RI＝1.12。

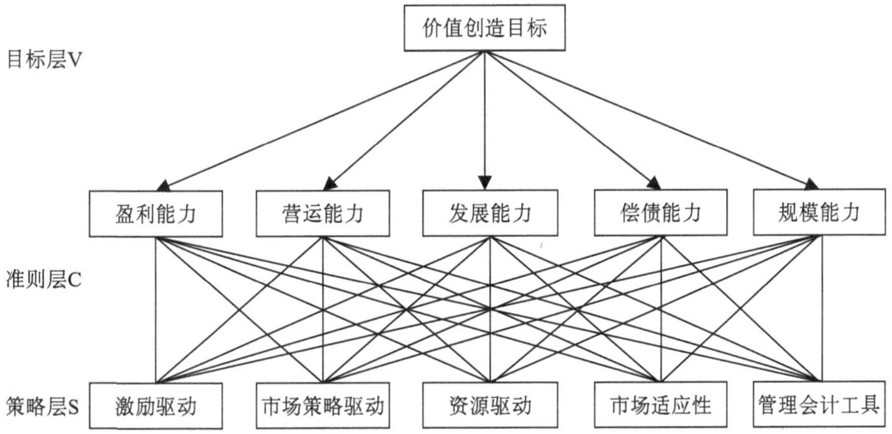

图 6－3　KPI 指标与策略驱动的 AHP 模型示意图

表 6－3　　a_{ij}数值表

B_i 比 B_j	绝对强	很强	强	稍强	相同	稍弱	弱	很弱	绝对弱
a_{ij}	9	7	5	3	1	1/3	1/5	1/7	1/9

依据 KPI 与策略驱动 AHP 模型设计调查问卷论证案例企业 HBLT 系统观企业价值创造能力评价方法。以德尔菲法（Delphi Method）由全域县级分公司责任体的 170 个负责人作为问卷填写者，评定准则层 C、策略层 S 的参数。实际收到有效数据为 157 份，以众数作为调查问卷模型参数值，计算评价企业价值创造能力 KPI 权重和驱动因素关系。案例中用 AHP 解决排序问题，用综合评判法解决评价问题，用量化数据收集各级管理者基于经验的决策信息，以减少信息不对称的影响。

价值创造目标通常以一个或一组关键经济指标数据作为绩效考核依据。如上文所述，本研究以企业 KPI 作为衡量和评价企业价值创造能力的方法。企业价值创造 V 可以表示为准则层 C_{1-5}的函数与企业运营风险期望 R_E 的差值。即企业价值创造能够用盈利能力、营运能力、发展能力、偿债能力、规模能力的函数关系表示为公式 6－1。

$$V = f(C_1, C_2, C_3, C_4, C_5) - R_E \quad \text{（公式 6－1）}$$

其中，C_1 ——盈利能力指标；

C_2 ——营运能力指标；

C_3 ——发展能力指标；

C_4 ——偿债能力指标；

C_5 ——规模能力指标；

R_E ——基于 KPI 评价的价值创造能力目标偏差的期望。

综上，价值创造指标权重、驱动因素重要性排序及其内在联系的研究是价值创造综合评价的重要因素。因此，提出价值创造能力评价与五类面向责任体 KPI 指标权重及驱动性研究的内容。如果证明相容，则此模型构成企业层次化价值创造指标准则。

6.5 HBLT 层次化关键绩效指标构成及验证

6.5.1 关键绩效指标的模型验证

如表 6－4 所示，一致性指标 C_i = 0.0998，随机一致性比例 CR = 0.0891，小于 0.1，通过一致性检验。

KPI 绩效的权重为，W = （0.2936，0.2936，0.2004，0.1061，0.1061）。取整后权重为：W = （0.3，0.3，0.2，0.1，0.1）。

表 6－4　　准则层对目标层的判断矩阵单排序和一致性检验

V	C_1	C_2	C_3	C_4	C_5	按行相乘	开 n 次方	归一化权重 W_i	AW_i	AW_i/W_i	C_i = （λ － n）/（n －1）	$CR = C_i/R_i$
C_1	1	1/3	3	3	3	9	1.5518	0.2936	1.5393	5.2420	0.0998	0.0891
C_2	3	1	1	3	3	9	1.5518	0.2936	2.0298	6.9126		
C_3	1/3	1	1	2	2	1.333	1.0592	0.2004	1.0409	5.1934		
C_4	1/3	1/3	1/2	1	1	0.056	0.5610	0.1061	0.5121	4.8244		
C_5	1/3	1/3	1/2	1	1	0.056	0.5610	0.1061	0.5121	4.8244		
S_i	5	3	6	10	10		5.2849	1		5.3994		

6.5.2 判断矩阵及一致性检验

假定指标体系的适用性没问题，方案层中，P_1、P_2、P_3、P_4、P_5 相对准则层 C_1，C_2，C_3，C_4，C_5 的重要性判断矩阵分别为 B_1，B_2，B_3，B_4，B_5。判断矩阵的一致性检验计算如下。

（1）方案层对盈利能力准则的判断矩阵及单排序和一致性检验

如表 6－5 所示，一致性指标 $C_1=0.069$，随机一致性比例 $CR=0.062$，小于 0.1，通过一致性检验。

计算可知，盈利能力准则对五项目标绩效的权重为：W_1 = （0.198，0.198，0.227，0.150，0.227）。

表 6－5　判断矩阵 B1 及单排序和一致性检验计算表

C_1	S_1	S_2	S_3	S_4	S_5	按行相乘	开 n 次方	权重 W_1	AW_i	AW_i/W_i	$C_1=(\lambda-n)/(n-1)$	$CR=C_i/R_i$
S_1	1	2	1	1	1/2	1.000	1.000	0.198	1.084	5.481	0.069	0.062
S_2	1/2	1	1	2	1	1.000	1.000	0.198	1.051	5.313		
S_3	1	1	1	2	1	2.000	1.149	0.227	1.150	5.061		
S_4	1	1/2	1/2	1	1	0.250	0.758	0.150	0.787	5.253		
S_5	2	1	1	1	1	2.000	1.149	0.227	1.198	5.271		
S_i	5.5	5.5	4.5	7	4.5		5.055	1	5.270	5.276		

（2）方案层对营运能力准则的判断矩阵及单排序和一致性检验

如表 6－6 所示，一致性指标 $C_2=0.086$，随机一致性比例 $CR=0.077$，小于 0.1，通过一致性检验。

计算可知，营运能力准则对五项目标绩效权重为：W_2 = （0.205，0.115，0.143，0.287，0.250）。

表 6－6　判断矩阵 B2 及单排序和一致性检验计算表

C_2	S_1	S_2	S_3	S_4	S_5	按行相乘	开 n 次方	权重 W_2	AW_i	AW_i/W_i	$C_2=(\lambda-n)/(n-1)$	$CR=C_i/R_i$
S_1	1	3	1	1	1/2	1.500	1.084	0.205	1.105	5.388	0.086	0.077
S_2	1/3	1	1	1/4	1	0.083	0.608	0.115	0.648	5.632		
S_3	1	1	1	1/2	1/2	0.250	0.758	0.143	0.732	5.104		
S_4	1	4	2	1	1	8	1.516	0.287	1.489	5.192		
S_5	2	1	2	1	1	4	1.320	0.250	1.349	5.402		
S_i	5.33	10	7	3.75	4		5.286	1		5.344		

(3) 方案层对发展能力准则的判断矩阵及单排序和一致性检验

如表 6-7 所示，一致性指标 $C_3=0.081$，随机一致性比例 CR=0.073，小于 0.1，通过一致性检验。

计算可知，发展能力准则对五项目标绩效权重为：W_3 = (0.196，0.148，0.180，0.196，0.280)。

表 6-7 判断矩阵 B3 及单排序和一致性检验计算表

C_3	S_1	S_2	S_3	S_4	S_5	按行相乘	开 n 次方	权重 W_3	AW_i	AW_i/W_i	$C_3=(\lambda-n)/(n-1)$	$CR=C_i/R_i$
S_1	1	2	1	1	1/2	1.000	1.000	0.196	1.008	5.153	0.081	0.073
S_2	1/2	1	1/2	1	1	0.250	0.758	0.148	0.812	5.476		
S_3	1	2	1	1	1/3	0.667	0.922	0.180	0.962	5.330		
S_4	1	1	1	1	1	1.000	1.000	0.196	1.000	5.111		
S_5	2	1	3	1	1	6.000	1.431	0.280	1.556	5.559		
S_i	5.5	7	6.5	5	3.83		5.111	1		5.326		

(4) 方案层对偿债能力准则的判断矩阵及单排序和一致性检验

表 6-8 所示，一致性指标 $C_4=0.019$，随机一致性比例 CR=0.017，小于 0.1，通过一致性检验。

计算可知，偿债能力准则对五项目标绩效权重为：W_4 = (0.172，0.172，0.198，0.261，0.198)。

表 6-8 判断矩阵 B4 及单排序和一致性检验计算表

C_4	S_1	S_2	S_3	S_4	S_5	按行相乘	开 n 次方	权重 W_4	AW_i	AW_i/W_i	$C_4=(\lambda-n)/(n-1)$	$CR=C_i/R_i$
S_1	1	1	1	1/2	1	0.500	0.871	0.172	0.870	5.055	0.019	0.017
S_2	1	1	1	1/2	1	0.500	0.871	0.172	0.870	5.055		
S_3	1	1	1	1	1	1.000	1.000	0.198	1.000	5.061		
S_4	2	2	1	1	1	4.000	1.320	0.261	1.344	5.155		
S_5	1	1	1	1	1	1.000	1.000	0.198	1.000	5.061		
S_i	6	6	5	4	5		5.061	1		5.077		

(5) 方案层对规模能力准则的判断矩阵及单排序和一致性检验

表 6-9 所示，一致性指标 $C_5=0.103$，随机一致性比例 CR=0.092，小于 0.1，通过一致性检验。

计算可知，规模能力准则对五项目标绩效权重为：W_5 = (0.163，0.247，0.322，0.118，0.150)。

表 6-9　判断矩阵 B5 及单排序和一致性检验计算表

C_5	S_1	S_2	S_3	S_4	S_5	按行相乘	开 n 次方	权重 W_5	AW_i	AW_i/W_i	$C_5=(\lambda-n)/(n-1)$	$CR=C_i/R_i$
S_1	1	1	1	1	1/2	0.5	0.871	0.163	0.925	5.676	0.103	0.092
S_2	1	1	1	2	2	4	1.320	0.247	1.268	5.135		
S_3	1	1	1	5	3	15	1.719	0.322	1.773	5.511		
S_4	1	1/2	1/5	1	1	0.1	0.631	0.118	0.619	5.242		
S_5	2	1/2	1/3	1	1	0.333	0.803	0.150	0.825	5.491		
S_i	6	4	3.53	10	7.5		5.343	1		5.411		

6.5.3 驱动因素层次总排序检验

（1）层次总排序计算

如表 6-10 所示，归一化处理后权重为 W_i =（0.205，0.181，0.205，0.191，0.217）。驱动要素重要性排序为：①管理会计工具；②激励驱动、资源驱动；③市场适应性；④市场策略驱动。

表 6-10　层次总排序计算表

五准则 ai	C_1	C_2	C_3	C_4	C_5	按行相乘	权重 W_i	驱动次序
KPI 权重	0.2936	0.2936	0.2004	0.1061	0.1061			
KPI 取整	0.3	0.3	0.2	0.1	0.1			
S_1	0.19781	0.20516	0.19781	0.17202	0.16295	0.202	0.205	2
S_2	0.19781	0.11509	0.19781	0.17202	0.24698	0.178	0.181	4
S_3	0.22723	0.14337	0.22723	0.19760	0.32172	0.202	0.205	2
S_4	0.14991	0.28675	0.14991	0.26074	0.11810	0.189	0.191	3
S_5	0.22723	0.24963	0.22723	0.19760	0.15025	0.214	0.217	1

（2）层次总排序一致性检验

如表 6-11 所示，总随机一致性比例 CR = 0.067，小于 0.1，通过一致性检验。

表 6-11　层次总排序一致性检验表

项目	C_1	C_2	C_3	C_4	C_5	$CI=\sum CI_i$	$RI=\sum RI_i$	$CR=CI/RI$
CI_i	0.069	0.086	0.081	0.019	0.103	0.358	5.600	0.067
RI_i	1.12							
CR_i	0.062	0.077	0.073	0.017	0.092			

6.5.4 关键绩效指标及驱动要素适应性评价

将指标要素相对驱动因素的适应性影响定义为很低、较低、一般、较高、很高五个级别，对应值为0、0.25、0.5、0.75、1。若五项指标相对五项驱动要素的适用性总评分高于0.5，就说明两者具有适用性，但需要寻求更高的指标体系；若适用性总评分高于0.75，则可认定研究内容适用。适用性评分矩阵见表6－12。

表6－12 用德尔菲法收集的价值驱动模型要素数据

驱动因素/KPI		盈利能力	营运能力	发展能力	偿债能力	规模能力
		C_1	C_2	C_3	C_4	C_5
激励驱动	P_1	1	1	0.75	0.50	0.50
市场策略驱动	P_2	1	1	0.75	1	1
资源驱动	P_3	1	0.75	0.75	1	1
市场适应性	P_4	1	0.50	1	1	1
管理会计工具	P_5	0.50	0.75	1	1	0.25

五项KPI对每项驱动因素的适用性权重为：

$$Wi \times A = (C_1, C_2, C_3, C_4, C_5)$$

$$= (0.205, 0.181, 0.205, 0.191, 0.217) \times \begin{pmatrix} 1 & 1 & 0.75 & 0.5 & 0.5 \\ 1 & 1 & 0.75 & 1 & 1 \\ 1 & 0.75 & 0.75 & 1 & 1 \\ 1 & 0.5 & 1 & 1 & 1 \\ 0.5 & 0.75 & 1 & 1 & 0.25 \end{pmatrix}$$

$$= (0.8913, 0.7987, 0.7565, 0.8975, 0.734)$$

由表6－4计算出KPI体系权重并予以取整，即W＝（0.3，0.3，0.2，0.1，0.1），因此，五项KPI对每项驱动因素的适用性总评价为：

$$(0.8913, 0.7987, 0.7565, 0.8975, 0.734) \times W$$

$$= 0.8215 > 0.75$$

综上，企业KPI体系五项指标权重分别为：0.3、0.3、0.2、0.1、0.1；五项驱动要素对责任体KPI绩效重要性影响排序为：①管理会计工具；②激励驱动和资源驱动；③市场适应性；④市场策略驱动。

由KPI－AHP模型验证可知，五项驱动要素对责任体KPI绩效重要性影响排序为：①管理会计工具；②激励驱动和资源驱动；③市场适应性；④市场策略驱动。虽然驱动因素权重差异性不大，但也说明责任体更关注运营机制、激励驱动、资源驱动能否高效支撑业务发展。市场环境及市场策略方面的外在因素因市场充分竞争和产品标准化而不明显，责任体对这两项因素敏感性弱，其对KPI的价值创造驱动导向偏弱。

因此，企业面向责任体KPI绩效的五项价值创造指标对驱动因素适用性合理，本章研究命题成立。

6.5.5 HBLT层次化关键绩效指标驱动价值创造的应用

运用AHP建立企业价值驱动模型分析验证得知，考虑多目标因素决策评价模型应用于 KPI 绩效分析方法具有适用性，且对制定 KPI 权重具有指导意义。该模型很好地处理了决策主观性对模型的影响，且将决策者态度、认知、信息等予以量化，证明价值创造驱动因素的内在逻辑，并以驱动排序形式辅助决策。

运营适应性、激励方式、资源供给是影响企业价值创造的三个核心要素，如图 6－4 所示。如果将绩效目标看作是任务包，则运营适应性多以组织架构和价值链方式体现为企业动态管理能力和管理效率，运营提升则以部门团队为依托，体现为责任体性质组织载体。案例企业 HBLT 以财务共享为核心推动数字化转型，并运用管理会计工具贯通全面预算、绩效管理、责任体、供应链、网上商城等系统，为面向价值链过程精益成本管理奠定基础，为划小责任体核算激发企业价值创造能力提供组织划分、管控手段和数据基础。HBLT 层次化 KPI 驱动责任体创造价值的方法简称“四包一清单”，由激励包、资源包、任务包、权利包及负面清单组成，也是系统观企业价值创造体系逻辑维度的另一种分类表述方式。其中，激励包是指以工资总额和激励机制为主兑现的责任体绩效。资源包是指驱动价值链过程的资源配置及供给。权利包是指基于责任体职能定位与 KPI 目标形式对“人、财、物”的决策。任务包是指以 KPI 作为评价责任体价值创造能力目标的方法。负面清单用于约束责任体禁止性行为，释放责任体活力。

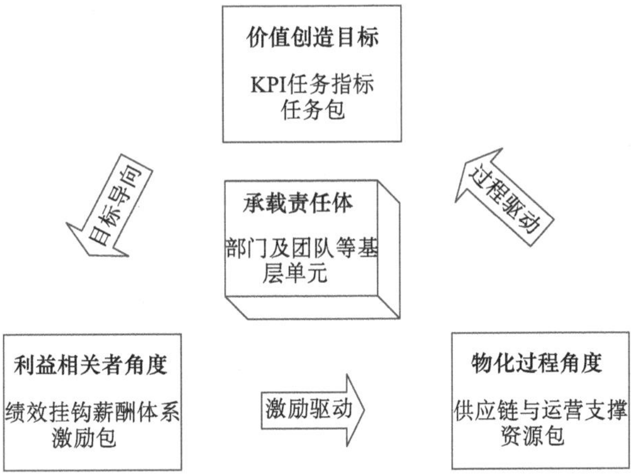

图 6－4　HBLT 责任体关键绩效指标驱动示意图

企业运营管理实现价值创造目标。无论从单位组织构成，还是客户驱动的价值链过程，都反映为作业要素的相互作用，局部数据指标与总目标呈现线性或非线性关系或逻辑联系。因此，依据系统观企业价值创造理论和责任体层次化组织特征，按价值链过程划分的责任体价值创造评价表示为公式 6－2。

$$V = \sum_{i=1}^{N}\sum_{j=1}^{M} f(C_{1ij}, C_{2ij}, C_{3ij}, C_{4ij}, C_{5ij}) - \sum_{i=1}^{N}\sum_{j=1}^{M} P_{ij} \times L_{ij} \qquad (公式 6-2)$$

C_{1ij}——价值创造过程 j 中，责任体 i 的盈利能力指标；

C_{2ij}——价值创造过程 j 中，责任体 i 的营运能力指标；

C_{3ij}——价值创造过程 j 中，责任体 i 的发展能力指标；

C_{4ij}——价值创造过程 j 中，责任体 i 的偿债能力指标；

C_{5ij}——价值创造过程 j 中，责任体 i 的规模能力指标。

在动态、复杂的市场竞争环境中，消费者需求呈现多样化、个性化趋势，企业之间的竞争与合作越来越复杂，竞争越来越激烈。在互联网及数字技术驱动下，企业过去参与市场竞争的模式受到冲击，管理呈现扁平化、精细化、数字化发展趋势。面对动态和复杂竞争环境，企业只有不断提高其动态适应能力，才能更好适应企业内外部环境变化。面向责任体的运营方式和信息化手段促进考核指标的精细化、非货币化和层次化。为应对市场需求，强化价值链动态管控能力，是企业通过管理创新，增强企业对外部动态、复杂环境适应性的路径。企业价值创造由不同层次责任体在激励驱动、市场策略驱动、资源驱动、市场适应性、管理会计工具等因素作用下，通过改善和完成责任体 KPI，并汇总形成企业关键绩效及价值创造目标。系统观企业价值创造体系模型为企业推动面向责任体的绩效考核和评价体系，并通过管理会计方法构成知识维度提供管理控制手段，通过运营控制要素构成逻辑维度提供运营要素支撑及环境，通过价值创造过程构成时间维度阐述企业价值链特征。在基于系统观企业价值创造模型下运用两两维度矩阵方式，论证价值创造目标与运营风险的统一、运营控制要素与管理会计方法的相关性、价值链环节下管理会计工具所需数字化特征等内容。最终，从责任体 KPI 与企业 KPI 层次化关系视角阐述价值创造的动力机制。

层次化绩效目标是基于组织架构基础上各种运营控制要素、管理会计方法、价值链过程等的整合过程。价值创造评价最终体现为企业应对内外部动态和复杂环境营运能力。基于霍尔三维结构和责任体体制构建的系统观企业价值创造体系为企业高质量发展和转型升级提供了解决方案。

2019 年以来，HBLT 以财务共享为核心推动企业数字化转型，实现价值链过程和管理控制方法的数字化；利用管理会计方法实现运营管理控制的系统化、扁平化，提升企业运营管理协同能力和动态适应能力；运用企业运营风险矩阵实现责任体对运营风险和价值创造目标管控的统一；按责任体 KPI 任务目标配置资源要素和薪酬，激发企业价值创造活力。在疫情及经济增长趋缓双重交织影响下，案例企业 HBLT 系统提升企业价值创造能力，以理论创新和系统实践实现逆势和突破。近三年，企业经营效率和效益增长均高于行业平均水平，取得良好发展态势。企业绩效指标由行业中下水平提升到区域排名前三的位次。通过系统观企业价值创造理论和运营路径研究推动企业数字化转型，不仅推动运营模式转型，也推动商业模式创新。系统观企业价值创造理念作为企业战略及企业文化得到员工普遍认同。

6.6 本章小结

本章以层次化责任体、KPI 绩效评价等拓展系统观企业价值创造体系，研究层次化 KPI 权重及其驱动因素。第一，把 KPI 作为战略目标分解工具，提出效益类、效率类、发展类、风险类、规模类等五类要素构成的 KPI 体系。第二，提出部门考核与企业绩效考核之间的关系，并导出企业级、责任体级 KPI 层次关系。第三，从激励驱动、市场策略驱动、资源驱动、市场适应性、管理会计工具五方面提出绩效增值驱动模型。第四，利用

KPI 目标与五个驱动要素构建 AHP 模型，验证 KPI 权重。通过调查问卷及实证分析可知，盈利能力和营运能力权重排第一，发展能力排第二。盈利能力和营运能力体现为效益及效率，是企业价值创造的直接目标。发展能力体现为责任体经营活力和区域市场竞争力。因此，偿债能力和规模能力不是案例企业 HBLT 责任体考核的关键指标。通过模型验证了企业基于价值创造的 KPI 权重及驱动因素，为企业面向责任体实现层次化 KPI 定量决策提供路径参考。

本章以关键绩效指标为主研究价值创造能力评价方法，阐述责任体组织架构下的层次化 KPI 驱动逻辑。案例证实，企业以责任体及项目团队为依托推动责任体变革，将责任体作为各类经营活动承载组织，激发企业价值创造能力。通过综合分析可知，驱动因素协同也很重要，是激发责任体实现 KPI 的源动力。层次化绩效目标是责任体整合运营控制要素、管理会计工具及方法的过程，也是企业提升运营效率和效益，进而提升企业价值创造能力和企业竞争力的本源。

第7章 结 论

企业使命是价值创造与风险管控在战略层面的统一，是运营要素、管理方法、数字化工具在经营权变环境中实现各级组织绩效的管理过程。价值创造成为推动企业实现高质量发展的必然路径。为克服传统研究围绕某个单一价值创造目标或管理会计工具的局限性，克服管理方法与运营控制内在关系量化研究方面的不足，以大型网络通信企业 HBLT 运营转型为例，基于霍尔三维结构提出系统观企业价值创造理论模型及运营路径研究。第一，以系统观企业价值创造模型为理论基础，研究运营控制要素、管理会计方法、价值增值过程等要素的内在逻辑，提升价值创造能力，增强企业应对组织变革及权变环境的动态营运能力。第二，研究企业经营风险管控、管理会计与运营要素、运营数据元特征、层次化 KPI 体系等内容。在理论层面，研究拓展了企业价值创造及管理会计框架等理论深度和广度。在实践层面，研究阐述了企业实施价值创造及管理会计工具受到经营环境及权变因素影响，不能一蹴而就。本研究既是对管理理论的创新，也是对管理实践的总结，对指导企业价值创造相关理论研究及运营路径实践具有重要意义。创新点如下：

（1）基于霍尔三维结构提出系统观企业价值创造模型及运营路径研究

为应对外部市场竞争及内部权变环境的动态变化，基于霍尔三维结构构建控制要素、管理会计方法、价值链过程、绩效评价等驱动的系统观企业价值创造体系模型。模型由价值链过程的时间维度、管理会计驱动的知识维度、运营控制要素的逻辑维度、KPI 评价的价值维度构成，改变了传统单一理论基础为主导的价值创造模式，促进了对运营情境下要素的内在逻辑、定量分析。研究为运营风险管控、管理会计工具逻辑、运营数字化特征、层次化 KPI 体系等运营路径奠定了基础。研究整合了运营控制要素、管理会计方法、价值实现过程，能有效应对企业环境和组织变革等权变特征影响，有利于企业以责任体为载体，解决企业运营管理过程中的矛盾、冲突及风险，实现运营载体、资源、方法、过程、评价等要素协同。

（2）以两两维度矩阵研究运营控制、管理方法、价值链的协同及数字化特征

第一，基于系统观企业价值创造体系的逻辑维度和时间维度，以企业运营风险矩阵研究运营风险管控与价值创造目标一致性的方法，防范经营目标偏差。企业价值创造是一个与部门分工、动态管控及要素配置相关的过程。同时，该过程也是识别关键点、制约点，提升信息沟通能力，通过制度化和流程化落实责任部门绩效考评，推动运营风险管控的过程。在企业风险矩阵中，运营管控基于责任体职能、作业活动特征、管控过程中的流程规范等，以问题导向为始点，以风险导向推进运营管控过程。通过信息沟通反馈并优化作业流程规范，最终实现管控目标。按企业运营风险矩阵理论基础提出四种管控方法。结合 HBLT 案例阐述企业运营风险矩阵与内部控制指引的内在联系，并以企业运营风险矩阵表

示案例分析。

第二，基于系统观企业价值创造体系的知识维度和逻辑维度，以企业运营工具矩阵研究运营控制要素与管理会计方法协同关系，提升企业动态应变能力。定义企业运营工具矩阵模型，阐述管理会计工具之间的内在逻辑，促进企业根据运营特征选择适用的管理会计工具，运用整合和协同提升企业价值创造能力。企业运营工具矩阵研究丰富了管理会计整合框架理论，对企业深化管理会计实践具有指导作用。同时，利用 DSM、DMM、MDM 等方法实证了案例企业 HBLT 运用的管理会计工具与运营控制要素之间内在联系，拓展了管理会计理论框架和研究方法。研究揭示了管理会计工具间的层次化关系，有利于开展“本土化”管理会计实践。

第三，基于系统观企业价值创造体系的知识维度和时间维度，以企业运营数字化特征矩阵研究运营数据元，推动管理方法与价值链过程的数字化。当今，数字化成为推动企业运营变革和商业模式创新的技术手段，以知识维度为代表的管理会计工具结合价值链过程信息化，就是企业运营实现数字化转型的路径。随着技术进步和运营模式发展，企业数字化呈现系统化、标准化、一体化趋势。据此，本书基于知识维度和时间维度提出企业运营数字化特征矩阵模型，以计量经济学问卷研究案例企业 HBLT 运营数据元特征。实证数字化转型过程中项目属性、组织属性、合同属性、资源获取方式、资源配置形式、计量属性、时间属性、作业颗粒度、记账属性、其他属性（非经营类业务）十个类别数据元的相关性及可靠性。最后，简述案例企业 HBLT 以财务共享为主推动企业运营数据共享及运营数字化应用。

（3）提出企业价值创造能力评价的层次化 KPI 及其驱动研究

基于系统观企业价值创造体系，构建面向责任体 KPI 及驱动模型，运用 AHP 实证 KPI 权重，评价企业价值创造能力。从责任体视角构建层次化 KPI，增强组织架构与层次化绩效评价体系的适应性，探索绩效评价指标权重、驱动因素量化研究方法。研究阐述了驱动价值创造的绩效指标和权变环境关系，利于企业依据运营环境和驱动因素分解责任体层次化 KPI。本研究为企业以责任体为组织载体推动企业激发运营活力，提升效率和效益提供了理论基础和决策依据。

立足大型网络通信企业 HBLT 运营转型实践，提出系统观企业价值创造体系及运营路径研究。通过两两维度矩阵的研究方法，论述了运营风险管控、管理会计控制、数字化特征、层次化 KPI 及其驱动等研究内容。探索管理控制系统框架（Otley，1999）、控制杠杆（Simons，1995）等经典理论与中国大型企业权变环境的结合方法，创新运营转型、管理控制、数字化转型、KPI 等理论和实践。互联网和人工智能发展将不断丰富管理理论及实践，企业价值创造理论将随着经营环境变化不断融合、创新、实践。基于案例企业 HBLT 的研究与分析未能涵盖所有大型企业运营情景。此外，本书未探讨资本运作及资本市场对企业价值估值的影响。基于大数据、智能财务的企业价值创造将成为进一步研究方向。

中篇

系统观企业价值创造体系下的管理会计实践

笔者按：认识会计信息的本真

从业以来，会计准则一直伴随着学习、考试、实践。会计准则作为工具，随经济发展迭代和更新。

随着资本市场对会计准则信息需求的影响，会计准则的金融属性越发显著。当前，部分会计准则更像是金融模型，会计准则越来越有“嚼劲”和专业性。遵守准则是信仰，更是修养，需要不断地认识和学习。没有了考试压力，反而多了些对会计准则信息本真的思考。作为国家治理机制组成的信息规范，会计准则随科技进步、商业创新、经济发展而变化，理解和认识会计准则更要立足信息的本真属性。

一、会计准则是技术规范

会计准则是时代产物，更是技术规范。

随着中国经济步入百年历史机遇期，经济行为及其会计处理与创新、协调、绿色、开放、共享等新发展理念息息相关。加强会计管理是为促进实体经济发展，将为企业经营和国家经济管理提供具有法律证据力的财务状况和经营业绩信息。

会计准则是技术规范，也是构成资本市场规则的要素，还是促进国际经济交往的手段。创新、协调、绿色、开放、共享的新发展理念更具有战略性、纲领性、引领性。

创新理念要求计量、反映和报告企业的无形资产和研发活动，并通过会计准则改进激励企业研发与创新。协调理念要求会计信息不仅应反映个体企业的绩效，还应通过宏观会计计量来度量区域发展指数、行业发展指数，不同行业、区域之间的发展平衡性等。绿色理念涉及环境成本会计、碳会计、自然资源会计等方面。开放理念则需要更加积极地介入会计准则国际协调进程，积极参与国际会计准则制定，在平衡的原则下促进会计准则国际趋同。共享理念指通过人力资源会计、收入分配会计，运用会计信息引导、改进分配行为，促进收入分配的均等化，以实现共同富裕的目标。

二、会计准则是思维凝练

会计准则是信息规范，更是思维凝练。

步入信息化社会，在5G和互联网推动下，大数据的多维度信息属性打破了信息的专业化应用。当下，经济已经步入数字化时代，企业和财会人员均面临着发展的新机遇、新理念、新格局。“变”成为常态，“应变”成为创新驱动发展的路径。

在企业应对数字化变革的过程中，财会人员要从会计未来和企业发展的角度认识“思维方式转变”“组织职能转变”和“工作方法和工具转变”的重要性。技术服务于管理需求，数据来源于业务，经聚合、整理、分析后，又用于优化业务模式和提升管理水平。

步入大数据时代，财会人员要充分认识生产数据的业务流程、商业模式、业态圈等要素的内在商业逻辑及其与企业发展的关系，从战略高度和系统性、整体性等维度分析和利用业务的数据特征，从业务需求的角度运用技术手段对数据进行清洗、整理、建模及分析等，以助力企业管理创新与高质量发展。会计准则作为信息规范，在数字经济到来之际，将呈现出专业融合和思维方式凝练的发展趋势。

三、会计准则是商业脉络

会计准则是业务规则，更是商业脉络。

为适应新发展理念对会计准则发展的要求，财会人员应关注企业会计准则对新经济、新业态、新模式的影响，以技术引领认识会计准则的建设与发展。

一方面，科技创新在新发展阶段被提升到前所未有的高度，企业将成为科技创新的主体。另一方面，科技革命和产业创新加速了经济社会的数字化转型，新业态、新商务模式层出不穷。会计准则是国家治理体系的重要组成部分，也是经济全球化和资本流动的基础工具。

第一，要认识到信息社会对业务活动、规则和商业脉络计量的需求。

第二，满足新发展理念对会计技术发展的要求，认识到创新理念对计量、反映和报告企业的无形资产和研发活动，以及通过改进会计准则激励企业研发与创新的影响。

第三，会计准则引导企业经济行为和经营决策。以新收入准则为例，引入履约概念促进企业准确区分企业收入的性质、价值贡献的来源等，从而提高收入质量。

第四，认识企业高质量发展对会计指标的要求。研究会计准则对企业高水平、高层次、高效率的可持续成长、价值创造、发展范式的支撑，以及会计对实现高质量发展及新发展理念的驱动因素。

四、会计准则是职业底线

会计准则是执业准绳，更是职业底线。

记得竞聘过程中常被问到："如何看待财务部门与业务部门的冲突?"作为财务总监可能多多少少都面临过这样的窘境。

其实，无论是财务与业务部门的冲突，还是在目标压力下面临的会计处理方法抉择，问题的根源是职业底线。

从公司价值创造目标的角度，无论是财务人员还是业务人员都是围绕共同的企业主体，面临共同股东、企业价值和主营业务，财务部门与业务部门何来冲突与差异？财务总监对董事会、股东会负责，何谈目标与处置方法差异?

无非是以资本市场为主的外部信息需求者或以绩效考核为主的内部信息使用者对数据规则计量和使用之间的差异。在应用会计准则记载业务执行的过程中，要充分认识到新业态、新模式和现有法律法规之间的矛盾。

只有运用专业知识和素养，才能找到解决方案。其核心取决于对会计准则本真的认知和实践。在方案中，平衡和准则的运用不是一成不变的。平衡的主旨在于基于会计准则的认知，如何从时间、空间两个角度对业务流程、结算规则、商务模式等进行整体筹划和引导。从会计核算、计量的角度来看，会计准则就是执业的准绳，框定并如实记载业务。

案例成果刊于2021年12月24日《中国会计报》第11版。

案例A　基于竞合情景的报价博弈及应用研究

引　言

招投标是应用技术、经济及市场规则择优选取合格供应商或建设方的交易行为。在组织货物、工程和服务招标时，招标人委托招标公司发布招标公告，引导投标人提交投标文件进行公平竞争，并由专家按评标规则审定合格的中标人。从中国推行投标、招标的实践过程来看，招投标过程实现了规范、公开和透明，但是招投标制度仍存在不少缺陷，其中围标行为有愈演愈烈和越来越隐蔽、难以识别的趋势。围标行为也被称为串通招标投标，是指招标者和投标者之间或者投标者之间采用不正当手段，排挤其他投标人，从而使某个利益相关者中标来谋取利益。考虑到投标者之间的围标行为，竞标者可分为围标人和独立投标方两类，其中围标人又可分为主围标人和参围标人。本案例基于竞标人的不良行为，考虑三种竞合情景，即独立竞合情景、多对一竞合情景和多群组竞合情景。在独立竞合情境中，所有的投标方均为独立报价者，他们之间不存在显著的利益合作关系；在多对一竞合情景中，存在一个围标团体和多个（或一个）独立竞标者；多群组投标则指的是存在两个或者两个以上的围标团体，而其他竞标者相互独立。

当前，随着投标人的资质及专业胜任能力普遍提升，不同投标人之间的项目技术及商务方案差异越来越不显著，这使围绕价格的竞争越来越激烈。据统计，在中标人的评定中，价格评分占比较大，通常占总分值的30%以上。这意味着价格评审是决定中标的重要环节，从而促使报价策略成为影响中标的关键因素。根据投标人的不同特征和目标，报价策略可分为生存型策略、竞争型策略和盈利型策略三类。当投标人（企业）面临着生死攸关的选择时，他们具有风险厌恶的特征，采用生存型策略实现以较低的报价实现较高的中标概率。对风险中性的投标者而言，他们一般基于成本、报价和市场行情的分析，采用合理利润的竞争型报价策略。对追求利润最大化的投标人而言，他们不惜冒着风险，采用盈利型策略来获得高利润。

在招标投标过程中，投标人根据企业成本、评价规则、竞标目的等作出决策。由于不同投标者的报价不仅对其自身有影响，也对其他竞争对手的报价产生影响，每个投标者在选择其投标价格时需考虑其竞争对手的报价策略。在实际投标过程中，投标人通常不能获得参与者的全面信息，他们之间也因竞争关系而存在信息不对称。换言之，参与投标的投标人之间形成不完全信息静态博弈。理论上，投标方均为独立的竞争关系，也称作理想的竞合情景。虽然法规明令禁止围标、串标等行为，但是竞合行为具有隐蔽性和信息不对称的特点，在实践中投标方之间存在协作的可能，甚至存在围标等隐性竞合行为。因此，竞合情景成为投标人报价决策时首要的分析因素。基于是否可能存在围标行为，我们在不同的竞合情景下，分析围标人的报价策略以及应对者的策略，并综合项目成本性态及盈利目标提出竞价金额方案，防范报价风险偏差。运用决策矩阵法和博弈论相关知识，分析不同竞合情景下的报价博弈策略，实现报价博弈、最优竞价金额和失分风险以及淘汰风险的定量分析。研究发现，存在投标者利用其投标行为突破招标人预期价格区间或降低评价规则效能的可能，并且投标人的报价策略与竞合情景相关。在多对一竞合情景中，围标人首选盈利型策略来追求更多的利润；而在其他竞合场景（即独立竞合场景和多群组竞合场景）下，围标人优选竞争型策略，却末选盈利型策略。此外，应对者的策略和竞争者的策略在其理性选择顺序上具有相似性，且存在跟随关系。

文献综述

招投标作为一种国际通用的商品交易方式，通过集中公开竞争的方式来消除市场垄断，实现资源更有效的配置。招标理论在长期的理论研究和实践中在不断地完善，同时也面临着诸多问题。根据研究内容，我们从两方面进行文献综述。

博弈论应用于招投标过程，最早出现于 1969 年，Au 等（1969）采用博弈论及随机数字技术来研究投标者竞争的工程投标问题。余杭（1990）指出工程项目招投标过程实质上是招标人与投标人、投标人与投标人之间的博弈。王文举（1998）从博弈论角度研究拍卖和招标，给出私有价值在均匀分布情况下第一价格密封招标博弈模型。何增勤（2004）提出投标人利益会受到其他竞争报价行为的影响，不同利益主体之间相互影响、相互制约关系形成典型的博弈特征。胡静等（2004）介绍了博弈论的发展史，研究了常见的报价博弈模型及其实现方式。张静等（2007）基于大型基础设施招投标的特殊性，分析了大型基础设施工程投标报价博弈。李笑等（2009）研究了编制招标控制价时应考虑的关键事项，并提出编制招标控制价对策。张宪等（2010）分别采用综合评估法和单一价格法，研究了招标控制价模式下工程项目投标报价博弈模型。曾宪科等（2012）针对现有模型中投标人对称假设的局限性，建立了基于非对称投标人的英式拍卖模型。Huang（2016）研究了不完全信息条件下投标决策过程和博弈行为对投资决策的影响。周学广等（2016）考虑较高的固定投标成本，建立三阶段博弈模型推导最优投标价格。何建洪（2016）等引入逆向拍卖方法，构建了公开招标人偏好的多属性招投标博弈模型。张亦潇等（2017）基于 SIPV 模型对比分析第一、二、三级价格密封招标的均衡报价，根据投标人风险特性研究招标人期望支付及招标方式。李登峰等（2018）提出清单计价模式下考虑投标人风险态度的投标报价博弈模型，研究了投标价策略和风险态度对其最优报价的影响。在上述基于博弈论的招投标研究中，我们发现相关研究普遍基于独立竞价的假设，这与招投标法的要义一致，却与现实情景存在差异。实际中，投标过程中存在着利益团体或围标、串标等行为。投标行为的隐蔽性使报价博弈具有竞合情景特征，而独立、理性的投标行为只是理想的竞合情景。因此，考虑投标过程中围标、串标行为，在独立竞合情境、多对一竞合情景以及多群组竞合情景下进行报价博弈分析。当考虑投标过程中的合谋行为时，Agbiboa 和 Besfamille 指出合谋行为在建设项目投标中最为严重和广泛，并且这种现象在发展中国家和发达国家中普遍存在。通过对不同拍卖形式进行对比，Milgorm 等发现公开拍卖形式更容易出现合谋行为。利用统计分析工具，Padhi 等发现围标人的报价和最低价比值的均值、中值以及方差均高于正常投标人，并以此检验围标现象。Che 等发现信息不对称会减弱围标人的合谋力度，招标人可利用这一结论对合谋现象进行有效防范。国内关于合谋理论的研究则主要包括合谋成因、影响因素以及防范措施。例如，周其明等指出围标行为是建筑市场发展到一定阶段出现的腐败行为，其形成原因包括准入要求比较低、退出机制不完善等。任宏等认为串标行为与企业投标成本关系不大，而源于处罚成本和串标检测成本。从招标角度出发，郑从旭等认为加大处罚力度、提高串标成本可以有效地减缓串标行为。唐颖（2009）认为设置招标控制价并适时公布，可以有效地控制投标人的串标、围标等腐败行为。本案例从博弈论角度出发，考虑串标、围标行为，建立投标人之间的不完全信息静态博弈模型，并讨论不同风险态度的投标行为。

综上所述，国内外对投标报价的研究或者没有考虑投标过程中存在的腐败现象，或者没有定量地分析投标人之间的博弈行为，或者没有考虑投标人不同的风险态度。本案例针对以上问题，基于投标过程中的围标、串标行为，从博弈论角度出发，定量分析不同竞合情境下投标人的生存型策略（风险厌恶）、竞争型报价策略（风险中立）以及盈利型策略（风险偏好）下的竞价金额及失标风险。

理论基础

（1）基础理论

不完全信息静态博弈是指参与人中至少有一个不了解其他方的行动策略或参数，投标人之间存在沟通障碍形成信息不对称。竞争对手的报价对最终结果存在重要影响，投标人不能获得参与者的全面信息，或需要估计、推测竞争对手的行动。

风险中性是通过价格表示不同状态下的概率，将状态与风险偏好、期望收益联系，统一以风险中性偏好定价。报价的前提条件是所有投资者都是风险中性，或者是在一个风险中性的经济环境中决定价格。

理性人假设是博弈论的基本假定，即所有参与人都是理性举措。博弈论研究人们互动行为推理，在利益和行为相互影响和作用下个体的理性选择，使收益或目标概率最大化的策略。报价博弈包括两类，一是投标方与招标方之间围绕中标价格的博弈，二是投标者之间围绕中标概率的博弈。投标人根据企业成本、评标规则、竞标目的等作出决策。招标人不知道潜在投标人的真实竞价金额，但能估算出项目报价范围。

成本性态又称为成本习性，可分为固定成本、变动成本两类。固定成本也称“费用”，指在一定范围内不随产品产量或销售量变动的成本。变动成本指成本总额随业务量变动而呈正比例变动的成本。

边际贡献反映项目为企业创造的价值，指销售收入减去变动成本后的余额，也称作毛利。按边际贡献分析成本习性，不考虑固定成本，只考虑项目变动成本形成的收益。如果企业有闲置产能，原则上只要中标价高于单位变动成本，投标人即可接受。

竞合情景指在招投标规则下，招投标人在开拓市场和商务活动过程中沟通、合作形成的隐蔽竞合行为。另外，投标者之间因为产业协作、互为供应商或服务商、联盟关系或战略合作等行为也易于形成利益绑定。

（2）优化的低价中标法

常见的评标方法包括综合评分法、复合标底法、低价中标法等类型。传统的低价中标法容易引起投标人之间恶意低价竞争，导致偷工减料等行为，引发项目质量隐患、发生索赔、追加预算等纠纷。因此，设计了优化的低价中标法，在投标人平均报价基础上设置淘汰控制线防止恶意低价中标，将有效的最低报价作为基准报价，并据此计算其他投标人的报价得分。另外，发标方在招标文件中明确了项目经审计的预算控制价，凡是高于该价格的投标方案无效。本案例以优化的低价中标法作为研究对象。

①招标公告中明确价格评审的分数、规则和预算控制价。设定项目预算预警线，记作：

$$C_{\lambda Y} = Y_B \times \lambda \qquad \text{（公式 1）}$$

$C_{\lambda Y}$——预算预警线；

Y_B——预算控制价。

②所有投标人的报价中，有效最低报价为基准报价。

为防止恶意低价竞争，在平均报价的基础上引入淘汰系数和淘汰控制线。淘汰控制线等于所有合格竞标方平均报价与淘汰系数乘积，记作：

$$C_A = \frac{1}{n}\sum_{i=1}^{n} C_i \qquad \text{（公式 2）}$$

$$C_{A\lambda} = C_A \times \lambda \qquad \text{（公式 3）}$$

i——第 i 个投标人；

λ——淘汰系数；

C_A——平均报价；

$C_{A\lambda}$——淘汰控制线。

③低于淘汰控制线的报价方案无效。将有效最低报价作为基准报价，等于总分值。其中报价偏离度记作：

$$Dev_i = (C_i \div C_0 - 1) \times 100\% \qquad \text{（公式 4）}$$

C_0——有效的最低报价，即基准报价；

C_i——第 i 个投标人报价；

Dev_i——第 i 个投标人报价偏离度。

报价得分指基础分值减去投标人报价偏差的失分值，记作：

$$G_i = G_0 - W \times Dev_i \times 100\text{，且 } G_i \geqslant 0 \qquad \text{（公式 5）}$$

G_i——第 i 个投标人得分；

W——偏离分权重。

为聚焦竞合情景下的报价博弈研究，对投标行为和环境参数设定如下条件：

①所有投标者均是理性投标人，具有判断报价环境因素，推理、决策报价策略的能力。

②投标过程中存在利益相关者群体或围标、串标等行为，具有利用信息优势投标的动机。竞标人能根据商务等不完全信息判断投标人数量并推测竞合情景。

③投标者对项目的理解相同或相近。投标者通过对项目目标及技术方案的理解能测算实现项目目标所需的资源及成本配置，且项目成本性态基本相同。

④投标人能承受的最低价格是变动成本，即项目中标后能为企业带来边际贡献。

⑤经评审的有效最低报价为基准报价，得满分。投标人能根据竞合情景作出报价策略，确定不被淘汰前提下的竞价金额。

⑥基于研究内容，博弈过程不考虑技术及商务方案的影响，只考虑报价因素及得分；或认为各竞争者提交的技术方案和商务方案均能满足招标人要求，可以忽略技术方案和商务方案的差异。

综上，提出研究命题。

命题 1：在竞合情景下，竞标人的理性投标行为会根据信息优势不同而发生偏差，存在根据竞合情景作出投标策略决策的博弈模型。

命题 2：竞合情景下，中标结果与评标淘汰系数、投标人数、围标的人数之间存在密切的函数关系。

命题 3：在竞合情景下，能实现报价博弈、最优竞价金额和失分风险的定量分析。

竞合情景及报价策略分析

投标人以己方实现项目的成本性态为主，分析成本构成、成本要素及敏感因素，作出投标决策。底线价格需考虑投标方的采购成本、付现成本等，当报价高于变动成本时视作边际贡献。投标人报价策略还要分析企业产能、市场占有率、任务完成率、绩效压力及行业竞争优势等。因此，报价博弈是对企业运营效能及竞合情景的综合决策。

（1）报价策略分类

生存型策略是指围绕边际贡献目标，以较低报价获得较高的中标概率的策略。生存是企业的终极目标。如果企业面临生死攸关的选择，任务量就尤为重要。此时，只要价格能覆盖付现成本，就能为企业带来边际贡献和净经营现金流。生存型报价策略实现的利润很少，甚至低于成本。第一，投标人依据边际贡献和付现成本决策。第二，投标价格必须控制在不被淘汰且不被质疑的合理范围。第三，综合分析竞争对手等外在因素的影响。生存型策略属于风险厌恶型的投标行为。

竞争型策略指投标人通过分析成本性态、报价特性以及市场行情等信息，为获取合理利润而实施的报价策略。第一，分析竞争方的商情及报价策略。第二，考虑企业市场战略、市场开拓能力及市场占有率等。第三，设定合理的利润目标。竞争型策略属于风险中性的投标行为。

盈利型策略指投标人围绕利润最大化形成的报价策略。第一，企业产能及任务量饱满，且具有较高的市场占有率、口碑或技术优势。第二，企业面临的任务指标压力较小。第三，竞争对手成本较高，低价投标概率较低。选择盈利型策略既能为企业创造更大利润，也面临较大的报价偏差风险。盈利型策略属于风险偏好型的投标行为。

（2）成本性态与报价策略的内在联系

竞合情景下的报价策略不仅追求利润最大化，而且对利润目标、中标概率、边际贡献等因素进行综合考量。竞合情景下报价策略会突破利润最大化目标，而采用边际贡献作为决策依据。竞合情景下围标人具有信息优势，第一，利用围标行为影响中标概率；第二，获取更大的利润或边际贡献。如图 1 所示，风险中性的理性独立投标人首选竞争型策略，运用高于项目完全成本的值域区间竞价，以获取合理的项目利润。对风险偏好的投标者，运用盈利型策略趋近招标人预算控制价决策，以获取较高的项目利润。对面临生存压力或具有闲置产能的企业，优选生存型策略低价竞标，甚至以接近变动成本的金额竞价，牺牲利润空间提升中标概率，以获取边际贡献。

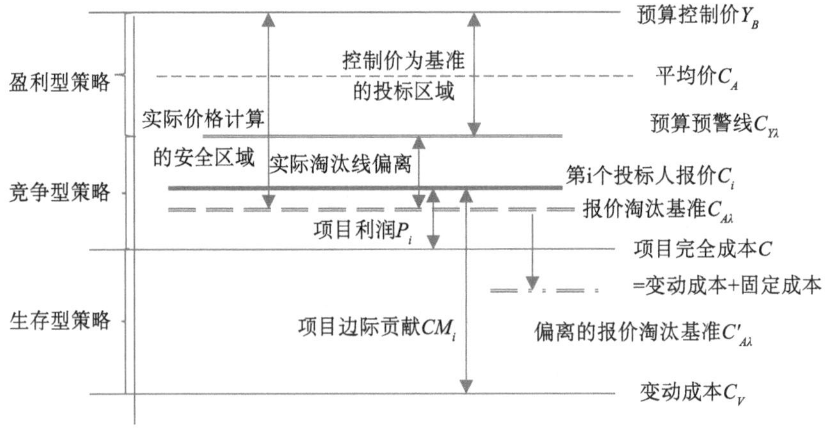

图 1 成本性态与报价策略的内在联系

在竞合情景下，评分规则和信息不对称性影响竞标企业报价决策。利益相关者或围标人会利用信息优势影响评分规则和基准报价，作出利于己方竞价目的策略。从理性角度分析，招标人预期的合理报价区间位于项目完全成本与预算控制价之间，即中标企业实施项目能获得合理利润。为防止投标人过度低价中标，评标规则中设置了淘汰系数和淘汰控制线。从独立、理性投标人角度分析，淘汰控制线应高于完全成本。当投标人以生存型策略投标时，则可能存在低于完全成本，高于变动成本的情况。生存型策略面临低于淘汰控制线而出局的风险。平均报价决定了淘汰控制线，在竞合情景下平均报价可能被拉低。这种情况受到两个因素的影响：①多数投标人采用生存型策略；②存在向下围标的群体。若竞标人均采用生存型策略，就会出现淘汰控制线低于完全成本的情形，称作投标规则突破量，记作：

$$A = \begin{cases} C - C_{A\lambda} & ,C > C_{A\lambda} \\ 0 & ,C \leqslant C_{A\lambda} \end{cases} \qquad \text{（公式 6）}$$

A——投标规则突破量。

将投标规则突破量与完全成本的比值称作降效系数，指竞价行为突破招标规则的程度。记作：

$$\kappa = A \div C \qquad \text{（公式 7）}$$

κ——降效系数；

C——完全成本。

降效系数越大，说明投标行为突破招标规则的能力越强，对招标规则降效作用越大。因此，存在投标人利用投标行为突破招标人预期价格区间或降低评标规则效能的可能。

（3）竞合情景分类

隐蔽的竞合行为使得报价博弈更复杂。竞标人不良的行为促使投机者追求利益，采取围标或串标等不正当竞争行为。围标指招标者与投标者之间或者投标者与投标者之间采用非正当手段，串通招投标事项，排挤竞争对手或者损害招标者或其他投标人利益的行为。假设围标群体由 n 名成员组成，其中发起者称为主围标人，其他成员称为参围标人。通常一个围标群体由一个主围标人和 $n-1$ 个参围标人构成。随着竞争加剧，可能出现多个围标群体。

竞合情景下的报价策略是基于商情判断作出的博弈行为。投标者按其信息优势、劣势的属性，将竞合情景分为独立投标、多对一投标、多组群投标三种基本类型。

独立的竞合情景指投标方均为独立报价者，或报价者之间没有显著利益合作关系，或不能得到彼此之间的相关商务信息。独立的竞合情景是不完全信息静态博弈。此时，独立投标通常优选竞争型策略投标，锁定合理利润。次选生存性策略，以项目边际贡献作为目标。通常会末选盈利型策略，以回避失分风险。

多对一竞合情景也称作单群组竞合情景，是指存在一个围标集团或利益共同体，且存在一个或多个独立投标者的竞合情景。若从理性投标人角度分析，具有信息优势主围标人将运用向上或向下两种投标行为参与竞价。第一，围标人会优选盈利型策略，谋求利润最大化，同时防止竞争对手恶意低价。第二，若企业有市场占有率方面绩效压力，则选择生存型策略。如果主围标人采用生存型策略，主围标人通过影响淘汰控制线走势能获得绝对的竞标优势。第三，因为多对一投标情境下竞争型策略不能发挥主围标人的信息优势，故末选。

多群组投标指存在两个或两个以上的围标集团或利益共同体，且其他方均为独立投标者的竞合情景。在多群组竞合情景下，围标主体之间一定是独立的，否则他们就构成同一个围标主体。因为投标人数较多，基数较大，各投标人对平均报价的影响有限。因此，多群组竞合情景中平均报价趋于理想状态，无论向上或向下的围标行为影响程度均有限，围标人更倾向于控制平均报价的细微走势获得竞价优势。

（4）理性的报价策略分析

假设投标人均具有独立、理性且风险中性的特征。第一，从规避风险角度趋近预算预警线的竞价金额相对安全。此时被淘汰概率为零，丢分概率相对低，且项目存在利润空间。第二，如果投标人均为理性投标人，且均认可趋近预算预警线的竞价金额为最优，则投标均价应为预算预警线。此时，最优选报价为 $\lambda \times C_{Y\lambda}$，且满足 $\lambda \times C_{Y\lambda} > C$ 时尚有利润空间，满足 $\lambda \times C_{Y\lambda} > C_V$ 时项目存在边际贡献。因此，独立投标人理性竞价金额的值域为

$[\lambda \times C_{Y\lambda}, C_{Y\lambda}]$。

竞标者分为围标人、独立投标方两类。其中，围标人又进一步分为主围标人和参围标人，也称作信息优势方。独立投标方通常为多个，甚至一个，也称为信息劣势方。从理性投标人视角分析，主围标人具有信息优势，其报价策略更具有主动性。独立投标方利用商情和市场信息判断竞合情景，并作出应对者策略。第一，要分析是否存在围标行为。第二，判断围标人的报价策略。第三，提出应对者策略。第四，综合项目成本性态及盈利目标提出竞价金额，防范报价偏差风险。

在竞合情景下，不同的投标人面临的风险不同。信息优势方具有影响平均价的能力，进而能影响报价淘汰控制线。从理性投标人的角度分析，围标人首选向上围标的行为，即盈利型报价策略，以获得较高的项目利润。同时，盈利型策略抬高了平均报价和淘汰控制线，能淘汰采用生存型策略的独立投标人。若主围标人向下围标，即采用生存型策略低价投标，则影响平均报价实现更低的报价，甚至实现恶意低价中标。因此，若主围标人选用生存型策略，可通过报出其他独立投标人不敢跟进的低价，来确保中标。

竞合情景下投标人的理性决策行为受信息优势的影响而发生变化。信息劣势方面临的风险要远高于信息优势方。信息劣势方若运用生存型策略报低价，既面临被围标者向上围标被淘汰的风险，也面临围标者向下围标而丢分的风险。因此，独立投标人首先要分析竞合场景中是否存在围标行为，判断优势方的报价策略及排序，并据此提出应对策略。

竞合情景与报价博弈模型

（1）决策矩阵

鉴于应对者策略行动及竞争者策略状态都比较多，采用决策矩阵法建模分析竞合情境下的报价博弈与策略。

设有 n 个竞合情景下的应对者策略方案 $X_1, X_2, \cdots, X_j, \cdots, X_n$，写成集合为：

$X = \{X_1, X_2, \cdots, X_j, \cdots, X_n\}$

称作应对者策略行动向量，X_j 是它的第 j 个分量，$j = 1, 2, \cdots, n$；

有 m 个竞争者策略状态 $S_1, S_2, \cdots, S_i, \cdots, S_m$，写成集合为：

$S = \{S_1, S_2, \cdots, S_i, \cdots, S_m\}$

称作竞争者策略状态向量，S_i 是它的第 i 个分量，$i = 1, 2, \cdots, m$；

每个竞争者策略状态发生的概率分别为：$P(S_1), P(S_2), \cdots, P(S_i), \cdots, P(S_m)$，写成：

$P = \{P(S_1), P(S_2), \cdots, P(S_i), \cdots, P(S_m)\}$

称作竞争者策略状态概率矩阵，或称作概率矩阵。

由概率论可知：

$P(S_1) + P(S_2) + \cdots + P(S_i) + \cdots + P(S_m) = 1$

即：

$$\sum_{i=1}^{m} P(S_i) = 1$$

设 x_{ij} 是竞争者策略状态为 S_i，采取第 j 个应对者策略行动时所取得的目标效益值，即：

$$x_{ij} = x(S_i, X_j)$$

当 j 确定时，i 由 1 变化到 m，则采取应对者策略方案 X_j 在各种不同的竞争者策略状态 $S_1, S_2, \cdots, S_i, \cdots, S_m$ 下的益损值分别为 $x_{1j}, x_{2j}, \cdots, x_{ij}, \cdots, x_{nj}$，写成一般决策表如表 1 所示。

表 1　　一般决策表

损益矩阵 / 应对者策略 / 应对概率 / 竞争者		X_1	X_2	$\cdots$	X_j	$\cdots$	X_n	
S_1	$P(S_1)$	x_{11}	x_{12}	$\cdots$	x_{1j}	$\cdots$	x_{1n}	
S_2	$P(S_2)$	x_{21}	x_{22}	$\cdots$		$\cdots$	x_{2n}	
$\vdots$		$\vdots$	$\vdots$	$\vdots$	$\vdots$	$\vdots$	$\vdots$	$X_\tau = \max\limits_{X_j \in A}\{E(X_j)\}$
S_i	$P(S_i)$	x_{i1}	x_{i2}	$\cdots$	x_{ij}	$\cdots$	x_{in}	
$\vdots$		$\vdots$	$\vdots$	$\vdots$	$\vdots$	$\vdots$	$\vdots$	
S_m	$P(S_m)$	x_{m1}	x_{m2}	$\cdots$	x_{mj}	$\cdots$	x_{mn}	
应对损益期望值 $E(X)$		$E(X_1)$	$E(X_2)$	$\cdots$	$E(X_j)$	$\cdots$	$E(X_n)$	

根据如上分析，应对者策略方案为：

$$E(X_j) = x_{1j}P(S_1) + x_{2j}P(S_2) + \cdots + x_{ij}P(S_i) + \cdots + x_{mj}P(S_m) = \sum_{i=1}^{m} x_{ij}P(S_i)$$

简单记作：

$$E(X_j) = \sum_{i=1}^{m} P_i x_{ij} \qquad \text{（公式 8）}$$

用 B 表示益损值矩阵：

$$B = \begin{pmatrix} x_{11} & x_{12} & \cdots & x_{1n} \\ x_{21} & x_{22} & \cdots & x_{2n} \\ \vdots & \vdots & \vdots & \vdots \\ x_{i1} & x_{i2} & \cdots & x_{in} \\ \vdots & \vdots & \vdots & \vdots \\ x_{m1} & x_{m2} & \cdots & x_{mn} \end{pmatrix} \text{（又称风险矩阵）}$$

应对者策略方案的期望值矩阵为：

$$E(X) = (E(X_1) \quad E(X_2) \quad \cdots \quad E(X_n))$$

概率向量写成：$P = \{P_1, P_2, \cdots, P_i, \cdots, P_m\}$

显然有：

$$P \times B = (P_1 \quad P_2 \quad \cdots \quad P_i \quad \cdots \quad P_m)\begin{pmatrix} x_{11} & x_{12} & \cdots & x_{1n} \\ x_{21} & x_{22} & \cdots & x_{2n} \\ \vdots & \vdots & \vdots & \vdots \\ x_{i1} & x_{i2} & \cdots & x_{in} \\ \vdots & \vdots & \vdots & \vdots \\ x_{m1} & x_{m2} & \cdots & x_{mn} \end{pmatrix}$$

$$= \left(\sum_{i=1}^{m} P_i x_{i1} \quad \sum_{i=1}^{m} P_i x_{i2} \quad \cdots \quad \sum_{i=1}^{m} P_i x_{ij} \quad \cdots \quad \sum_{i=1}^{m} P_i x_{in} \right)$$

$$= (E(X_1) \quad E(X_2) \quad \cdots \quad E(X_n)) = E(X)$$

所以有：

$$P \times B = E(X)$$

B 矩阵为 m 行 n 列，P 矩阵为 1 行 m 列，则 $E(X)$ 矩阵为 1 行 n 列。

竞合情景下的报价博弈为了求得最大目标期望，则在应对者策略方案期望值的行向量中最大元素所对应的方案就是最优解。即：

$$X_\tau = \max_{X_j \in A}\{E(X_j)\}$$

X_τ ——应对者策略的最优解。

若存在几种应对者策略可供备选，则决策的优选顺序与期望值排序相同。

(2) 运用决策矩阵的报价博弈

运用决策矩阵法处理竞争者策略状态矩阵和应对者策略行动矩阵，得到应对策略权重矩阵 $E(X)$：

$$E(X) = P \times B \qquad \text{（公式 9）}$$

X ——应对者策略方案集合；

P ——竞争者策略的概率矩阵；

B ——损益值矩阵。

其中，$X = \{$盈利型策略，竞争型策略，生存型策略$\}$。

①独立的竞合情景。

在独立的竞合情境下，竞争者盈利型策略赋值 1/6，竞争型策略赋值 1/2，生存型策略赋值 1/3。则竞争者策略矩阵为 P'：$\left(\frac{1}{6} \quad \frac{1}{2} \quad \frac{1}{3}\right) \triangleq P'$

根据竞争者策略，应对者所采取的策略赋值情况如表 2 所示。

表 2　　独立竞合情景下应对者策略

B'		应对者策略		
		盈利型策略	竞争型策略	生存型策略
竞争者策略	盈利型策略	1	1/2	0
	竞争型策略	0	1	0
	生存型策略	0	0	1

则应对者策略矩阵为 B'：$\begin{pmatrix} 1 & \frac{1}{2} & 0 \\ 0 & 1 & 0 \\ 0 & 0 & 1 \end{pmatrix} \triangleq B'$

应对策略权重 $E(A)'$：$E(A)' = P' \times B' = \begin{pmatrix} \frac{1}{6} & \frac{7}{12} & \frac{1}{3} \end{pmatrix}$

即盈利型应对策略权重为 1/6，竞争型应对策略权重为 7/12，生存型应对策略权重为 1/3。应对者策略方案优选竞争型应对策略，次选生存型应对策略，末选盈利型策略。

②多对一竞合情景。

在多对一竞合情境下，竞争者盈利型策略赋值 1/2，竞争型策略赋值 1/6，生存型策略赋值 1/3。则竞争者策略为 P''：$\begin{pmatrix} \frac{1}{2} & \frac{1}{6} & \frac{1}{3} \end{pmatrix} \triangleq P''$

根据竞争者策略，应对者所采取的策略赋值情况如表 3 所示。

表 3　多对一竞合情景下应对者策略

B''		应对者策略		
		盈利型策略	竞争型策略	生存型策略
竞争者策略	盈利型策略	1	1/2	0
	竞争型策略	0	1	0
	生存型策略	0	0	1

则应对者策略为 B''：$\begin{pmatrix} 1 & \frac{1}{2} & 0 \\ 0 & 1 & 0 \\ 0 & 0 & 1 \end{pmatrix} \triangleq B''$

应对策略权重 $E(A)''$：$E(A)'' = P'' \times B'' = \begin{pmatrix} \frac{1}{2} & \frac{1}{4} & \frac{1}{3} \end{pmatrix}$

即盈利型应对策略权重为 1/2，竞争型应对策略权重为 1/4，生存型应对策略权重为 1/3。应对者策略方案优选盈利型应对策略，次选生存型应对策略，末选竞争型策略。

③多群组竞合情景。

在多群组竞合情境下，竞争者盈利型策略赋值 1/6，竞争型策略赋值 1/2，生存型策略赋值 1/3。则竞争者策略为 P'''：$\begin{pmatrix} \frac{1}{6} & \frac{1}{2} & \frac{1}{3} \end{pmatrix} \triangleq P'''$

根据竞争者策略，应对者所采取的策略赋值情况如表 4 所示。

表 4　多群组竞合情景下应对者策略

B'''		应对者策略		
		盈利型策略	竞争型策略	生存型策略
竞争者策略	盈利型策略	1	1/2	0
	竞争型策略	0	1	0
	生存型策略	0	0	1

则应对者策略为 B'''：$\begin{pmatrix} 1 & \frac{1}{2} & 0 \\ 0 & 1 & 0 \\ 0 & 0 & 1 \end{pmatrix} \triangleq B'''$

应对策略权重 $E(A)'''$：$E(A)''' = P''' \times B''' = \left(\frac{1}{6} \quad \frac{7}{12} \quad \frac{1}{3}\right)$

即盈利型应对策略权重为1/6，竞争型应对策略权重为7/12，生存型应对策略权重为1/3。应对者策略方案优选竞争型应对策略，次选生存型应对策略，末选盈利型策略。

通过对竞争者策略及应对策略分析可知，基于竞合情景的报价博弈具有如下特征：

①报价策略与竞合情景相关，竞争者策略和应对者策略的理性选择顺序具有相似性，应对者策略和竞争者策略存在跟随关系。

②多对一竞合情景下，报价策略呈现极端的策略行为。围标人利用信息优势选择盈利型策略的可能性最高，选择生存型应标策略可能性较小。但是，若围标人选择生存型策略，能最大程度控制中标概率。围标人选择竞争型策略可能性低，且应对者选择竞争型策略的可能性最低。

③多群组竞合情景下，随着围标群组数增加削弱了围标作用。报价策略排序与独立的竞合情景相似。

④在未被淘汰的前提下，生存型策略更稳妥。除了多对一情景下应用生存型策略与盈利型策略差距较大外，在其他情景中以生存型策略应对竞争型策略、盈利型策略均适用。

⑤竞争型策略是最普遍运用的策略，这与招投标法要义及招标人的初衷相符。除了多对一竞合情景外，盈利型策略通常排在末位，说明竞合情景下投标人的理性选择会发生偏差。

综上，运用决策矩阵建模展示了竞合情景及投标策略之间的博弈关系。在竞合情景下，竞标人的理性投标行为会根据信息优势不同而发生偏差，存在根据竞合情景作出投标策略决策的博弈模型。命题1成立。

（3）竞合情景下的竞价决策

静态报价博弈即报价策略，最终要落实到竞价金额和偏差风险。偏差风险包括淘汰风险和失分风险两种形式。第一，收集并分析商情。商情包括投标人数、投标方竞合群组及规模等。商情分析包括市场环境、运营环境、竞合情景、成本性态等。第二，根据商情信息判断投标参数。第三，判断竞争者策略，运用决策矩阵分析应对者策略。第四，测算竞价金额及分析报价偏差风险。竞价金额的决策步骤为：

①判断竞合情景；

②运用策略矩阵模型分析竞争者的报价策略；

③确定竞价参数；

④建立报价模型，并计算淘汰控制线，设定为最优报价，作为报价底线；

⑤综合己方应标策略，确定竞价金额的决策区间；

⑥均衡项目收益等管理目标，确定竞价金额方案；

⑦判断竞价金额被淘汰风险及得分偏差。

竞合情景下投标人包括主围标人、参与围标人，独立投标人三种类型。

淘汰控制线为：$C_{A\lambda} = \lambda \times \frac{1}{N}\sum_{i=1}^{N} C_i$　（公式 10）

若存在围标群组，则有：$N = \sum_{i=1}^{M} N_i$　（公式 11）

考虑围标群组后的淘汰控制线：$C_{A\lambda} = \lambda \times \frac{1}{N}\sum_{i=1}^{M}\sum_{j=1}^{N_i} C_{ij}$　（公式 12）

M——围标群组个数；

N_i——第 i 个围标群组里围标人数；

N——参与投标总人数；

C_{ij}——第 i 个围标群组里第 j 个投标人的报价。

假设己方为第一群组里的第一个投标人，记作 C_{11}。将己方最优报价设定为淘汰控制线，代入（公式 12），则有：

$$C_{A\lambda} = \lambda \times \frac{1}{N-1}\sum_{i=1}^{M}\sum_{j=1}^{N_i} C_{ij}, \text{且 } i \times j \neq 1$$　（公式 13）

对策略矩阵分析可知，围标人的信息优势决定了其报价策略，进而影响应对者跟随的报价策略。淘汰控制线是应对者报价下限，即 $C_{11} \geqslant C_{A\lambda}$，考虑到投标人对边际贡献的基本要求，则 $C_{A\lambda} \geqslant C_V$。通常应对者报价上限控制在预算预警线。因此，推荐的应对者竞价金额值域为：

$$C_{11} \in [\max(C_{A\lambda}, C_V), C_{Y\lambda}]$$　（公式 14）

C_{11}——指待求解的应对者报价；

C_V——变动成本。

突破推荐的竞价金额值域将面临更高的偏差风险。当竞价金额低于淘汰控制线又面临被淘汰的风险。报价向上偏离淘汰控制线越远，竞价金额越高，项目收益越大，失分风险越高。因此，竞价金额是对预期收益和竞价风险的综合决策。

（4）多对一竞合情景下的策略特征

假设多对一竞合情景下 N 家投标，其中参与围标的群体为 1 家，围标人数为 N_1。根据策略矩阵分析可知，主围标人优选盈利型策略，次选生存型策略。代入公式 13，分别分析两种报价策略的竞价金额及特征。

①优选盈利型策略的特征。

根据策略矩阵分析，若主围标人优选盈利型策略，将项目利润作为首选博弈目标，引导参围标人向上围标。参与围标人报价趋于预算控制价，主围标人报价趋于预算预警线。假设独立投标方理性报价也趋于预算预警线。此时，应对者最优报价为：

$$C'_{11} = \frac{(N-N_1) \times \lambda + N_1 - 1}{N-1} \times Y_B$$　（公式 15）

C'_{11}——多对一竞合情境下盈利型策略的最优报价。

若将 N、N_1、λ 构成的公式定义为情景应标系数 γ，则：

$$\gamma = \frac{(N-N_1) \times \lambda + N_1 - 1}{N-1}$$　（公式 16）

γ——竞合情景应标系数。

将 γ 代入（公式 15），应对者最优报价为：

$$C'_{11} = \gamma \times Y_B \quad \text{（公式 17）}$$

多对一竞合情景下，若围标人选择盈利型策略，则应对者最优报价可用竞合情景应标系数和预算控制价表示。竞合情景应标系数是与淘汰系数、投标人数、围标的人数相关的函数，且小于 1。

当应标者为唯一独立投标人时，即 $N - N_1 = 1$，代入（公式 16），竞合情景应标系数为：

$$\gamma = \frac{N_1 + \lambda - 1}{N_1} \quad \text{（公式 18）}$$

因为 $\lambda < 1$，故 $\gamma \approx 1$。在多对一竞合情景下，参与围标的竞标人数量对评审规则及竞价金额值域有重大影响。随着参与围标人数增多，围标人控制中标概率的能力越强，情景应标系数近似趋近 1。此时 $C'_{11} \approx C_{Y\lambda}$。当参与围标人数足够多时，围标人能将淘汰控制线操控到趋于预算预警线。此时，若应标人未采用跟随策略，而是采用生存型策略企图以低价中标，竞价金额就会低于预算预警线而被淘汰。同时，发标方不得不接受较高的中标价格。

综上，在投标人之间存在合谋的竞合情景下，中标结果存在与评标淘汰系数、投标人数、围标的人数密切相关的函数关系。命题 2 证明完毕。

②优选生存型策略的特征。

根据策略矩阵分析，若主围标人优选生存型策略，则将项目中标概率作为首选博弈目标，引导参围标人向下围标。参与围标人报价趋于自主可控的低价，甚至报出趋于 0 的极端竞价金额。此时，独立投标方报价将面临巨大的偏差风险。将参与围标人报价为 0 的极端报价代入（公式 15），则：

$$C'_{\lambda A} = \frac{N - N_1}{N - 1} \times \lambda \times C_{ij} \quad \text{（公式 19）}$$

$C'_{\lambda A}$——多对一竞合情境下生存型策略的最优报价。

在多对一竞合情景下，如果围标人选择生存型策略，则最优报价取决于淘汰系数、投标人数、围标人数和独立投标人竞价金额。当应标者为唯一独立的投标人时，即 $N - N_1 = 1$，代入（公式 19），则：

$$C'_{\lambda A} = \frac{1}{N - 1} \times \lambda \times C_{ij} \quad \text{（公式 20）}$$

因此，主围标人选择生存型策略能实现对最优报价的重大影响，将竞价金额控制到独立竞标方不敢跟进，甚至低于变动成本的地步，以确保中标。围标人对这种信息优势的利用，是以牺牲收益为代价的恶意投标行为。这种投标行为既突破了其他独立竞标人的预期，也突破了招标人的预期。

（5）计算偏差风险及报价得分

淘汰控制线就是中标概率最大时的竞价金额。因为最优报价与项目预期利润存在反比关系，所以投标报价是对项目收益与中标概率的综合决策。实践中，当报价高于最优报价时能给企业带来更高收益，同时也产生较大的报价偏离度和偏差风险。

第 i 个投标人报价偏离度为：

$$Dev_i = \begin{cases} (C_i \div C_0 - 1) \times 100\%, C_i \geq C_{A\lambda} \\ 淘汰, C_i < C_{A\lambda} \end{cases} \quad (公式 21)$$

第 i 个投标人报价得分为：

$$G_i = \begin{cases} G_0 - W \times Dev_i \times 100, C_i \geq C_{A\lambda} \ \& \ G_0 > W \times Dev_i \\ 0, C_i \geq C_{A\lambda} \ \& \ G_0 \leq W \times Dev_i \\ 淘汰, C_i < C_{A\lambda} \end{cases} \quad (公式 22)$$

综上可知，定量分析竞价金额、失分风险及被淘汰风险是竞合情景下投标报价策略的重要内容。在竞合情景下，能实现报价博弈、最优竞价金额和失分风险的定量分析，命题 3 成立。

算例分析

算例的评标规则及主要参数如下：

（1）招标人设定项目预算控制价为 1000；

（2）有效最低报价为基准价，得满分，低于有效报价平均数的 80% 被淘汰；

（3）总分 30 分，偏离基准价 1% 扣除 1 分，不足 1% 采用插值法计算。

通过商情分析可知，多对一竞合情景，共 8 家投标人，付现成本 $C_V = 400$。根据报价策略矩阵可知，多对一竞合情境下主围标人优选盈利型策略，引导参与围标人向上围标。

假设参与围标人报价趋于预算控制价 $Y_B = 1000$，主围标人报价趋于预算预警线 $C_{\lambda Y} = 800$，独立投标方理性报价也趋于预算预警线 $C_{\lambda Y} = 800$。若参与围标人数为 $N_1 = 7$，代入公式 16，竞合情景应标系数为：

$$\gamma = \frac{(N - N_1) \times \lambda + N_1 - 1}{N - 1}$$

$$= \frac{(8 - 7) \times 80\% + 7 - 1}{8 - 1}$$

$$= 0.97$$

将竞合情景应标系数代入（公式 14），应对者最优报价为：

$C'_{11} = 777.14$

参与围标人数为 $N_1 = 7$ 时，$C'_{11} = 777.14$，则推荐的竞价金额值域为 $C_{11} \in [777.14, 800]$。

当 $C_{11} = 810$ 时，代入（公式 4），报价偏离度为：

$Dev_i = 4.22\%$

代入公式 5，报价得分为：

$G_i = 25.77$

假设 $C_0 = C'_{11}$，围标者数量从 1 到 7 时计算的应对者竞价金额值域和偏差风险见表 5。

表 5　　多对一情景下应对者竞价金额值域及报价偏差风险一览表

指标		多对一竞合情景及参数						
Y_B		1000						
λ		80%						
N		8						
G_0		30						
W		1						
N_1		7	6	5	4	3	2	1
测算竞合情景系数及应对者竞价金额值域区间								
γ		0.97	0.94	0.91	0.89	0.86	0.83	0.80
C'_{11}		777.14	754.29	731.43	708.57	685.71	662.86	640
C_{11}值域		[777.14, 800]	[754.29, 800]	[731.43, 800]	[708.57, 800]	[685.71, 800]	[662.86, 800]	[640, 800]
G_1：假设 $C_0=C_{11}$，则自 600 开始，测算典型的应对者报价得分及淘汰风险								
C_i	600	淘汰	淘汰	淘汰	淘汰	淘汰	淘汰	淘汰
	625	淘汰	淘汰	淘汰	淘汰	淘汰	淘汰	淘汰
	640	淘汰	淘汰	淘汰	淘汰	淘汰	淘汰	30
	650	淘汰	淘汰	淘汰	淘汰	淘汰	淘汰	28.44
	662.86	淘汰	淘汰	淘汰	淘汰	淘汰	30	26.43
	675	淘汰	淘汰	淘汰	淘汰	淘汰	28.17	24.53
	685.72	淘汰	淘汰	淘汰	淘汰	30	26.55	22.86
	700	淘汰	淘汰	淘汰	淘汰	27.92	24.40	20.63
	708.58	淘汰	淘汰	淘汰	30	26.67	23.10	19.28
	725	淘汰	淘汰	淘汰	27.68	24.27	20.63	16.72
	731.43	淘汰	淘汰	30	26.77	23.33	19.65	15.71
	750	淘汰	淘汰	27.46	24.15	20.63	16.85	12.81
	754.29	淘汰	30	26.87	23.55	20.00	16.21	12.14
	775	淘汰	27.25	24.04	20.63	16.98	13.08	8.91
	777.15	30	26.97	23.75	20.32	16.67	12.76	8.57
	800	27.06	23.94	20.63	17.10	13.33	9.31	5.00
	825	23.84	20.63	17.21	13.57	9.69	5.54	1.09
	850	20.63	17.31	13.79	10.04	6.04	1.77	0
	875	17.41	14.00	10.37	6.51	2.40	0	0
	900	14.19	10.68	6.95	2.98	0	0	0
	925	10.97	7.37	3.54	0	0	0	0
	950	7.76	4.05	0.12	0	0	0	0
	975	4.54	0.74	0	0	0	0	0
	1000	1.32	0	0	0	0	0	0

对表 5 分析可知，随着围标人数增加，项目最低报价呈现同向变化趋势。如果基准报价偏离最低报价，则报价偏差风险与偏离度正比例相关。因此，将竞价金额控制在略高于最低报价时偏差风险最小。随着围标人数增加，竞合情景系数越大，应对者竞价金额的值域越小。此时，要关注淘汰风险。随着参与围标人数量越多，竞合情景应标系数趋近于 1，淘汰控制线趋近预算预警线。竞合情景系数越小，应对者竞价金额的值域越大。此时，既要防范失分风险，也要防范被淘汰风险。

当所有投标人均独立时，也称作独立的竞合情景或理想的竞合情景。此时，竞合情景系数等于淘汰系数，推荐的竞价金额值域为 $[\lambda \times C_{\lambda Y},\ C_{\lambda Y}]$。

当投标人数为 8，参与围标人数分别为 7、4 和 1 时对报价策略的影响见图 2。随着围标人数增加，竞价金额趋势线被显著影响，向右偏离了理性独立投标人竞价金额趋势线。此时，招标人承受更高的中标价格，独立竞标人面临更大的竞价金额不确定性和偏差风险，应标者竞价金额的值域被整体提升。主围标人的围标行为与收益正相关，且通过博弈优势进一步放大其他投标人的报价偏差风险。

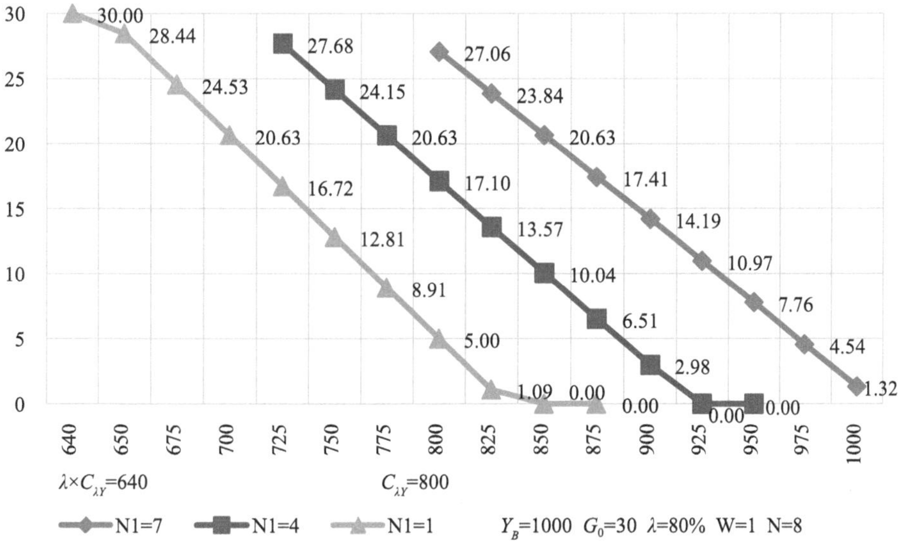

图 2　多对一竞合情景下围标人数量对报价策略的影响趋势

结论与展望

投标报价是充满不确定性的复杂决策，是依赖经验、直觉、偏好等因素，综合成本水平、中标动机、评审方法等作出决策的系统工程。

本案例以优化的低价中标法为研究对象，运用决策矩阵工具从理论上对报价策略与报价情景进行建模分析，并展开存在合谋的竞标行为对评标规则影响的理论研究。研究结果显示：

第一，在竞合情景下，竞标人的理性投标行为会根据信息优势不同而发生偏差，存在根据竞合情景作出投标策略决策的博弈模型。第二，竞合情景下，中标结果与评标淘汰系数、投标人数、围标的人数之间存在密切的函数关系。第三，基于报价策略矩阵建模，实现竞价金额和报价得分、偏差风险的定量决策。第四，通过多对一竞合情景下的最优报价案例分析引入竞合情景下的应标系数，论证参与围标的竞标人数量对评审规则及竞价金额值域有着重大影响。

研究成果丰富了竞合情景下商业行为决策的博弈理论，对同类商业行为具有启示作用。

由于评标规则多样性和线上评审系统应用，信息在不同的利益相关方之间的不对称性会越来越强。因此，针对竞合情景下报价博弈策略的精准研究尚存在不足，无法实现中标概率和项目收益的兼顾。但是，随着社会信息化程度的提升，利用商务大数据进一步完善决策模型，以减少围标、串标等非法竞价行为是未来的研究方向。

案例《Research on Bidding Game and Its Application Based on Coopetition Scenario》发表详见 https：//www. hindawi. com/journals/mpe/2021/9999292/#reprints。

案例B 基于经营数据建模的预算编制与审核

CPJT属于跨地域文化产业集团公司。由于集团内各企业成长性与绩效目标存在差异，子企业在竞争力、产业策略等方面也不尽相同。在预算编制与审核过程中，上下级企业之间围绕预算目标存在博弈和信息不对称等问题。基于此，企业明确以管资本为主的预算编制导向、运用基于经营数据建模的预算审核策略，完善预算编制及审核模式，使预算能够更好地得到落地执行，进而助力企业提升营运能力和市场竞争力。

以管资本为主的预算编制导向

为贯彻国资委以管资本为主推进企业职能转变的总要求，CPJT预算编制聚焦资本收益质量；关注资本回报，包括资本收益和分红方案等；关注资本经营，围绕产业配置资源，引导企业设立、并购、退出等；以资本布局引领产业升级；通过强化治理机制加强对资本的风险管控。

（1）预算大纲统领预算编制要求

预算大纲是CPJT编制预算的纲领性文件。第一，预算大纲要分析和研判货币政策、财政政策和产业政策，以及公司生产经营条件和市场竞争力。第二，预算大纲要明确年度预算编制的总要求、指导思想、基本原则，并按滚动规划的方式分解年度经营目标。第三，预算大纲还要包括任务分解、会审安排等，围绕国资委预算编制的要点，指导公司预算布置、汇审和审核。具体来说：在投资方面，明确资本布局方向及重点支持的产业、项目投资回报率等，综合考量各产业板块主营业务规模、趋势及经营回报。在经营方面，聚焦主业，剥离非运营资产，切实围绕主业提升资本收益质量。在产业方面，聚焦主业和重点产业布局，关注内、外部资源协同及效益。在融资方面，按产业规模与杠杆效应配置资金结构，测算融资成本，同时，关注应收账款和存货规模及经营现金流。在生产要素方面，关注原材料价格、进出口市场趋势、人工成本等。除此以外，还要综合考量上级布置的专项任务，比如：去杠杆减负债目标、科技创新、两金压降等。

（2）产业专项预算引导资源配置

CPJT的资本收益源于各产业的竞争力和盈余情况。因此，在预算大纲中，应从产业板块和资源投入角度引导企业编制重点产业的专项预算。第一，分析各产业板块的经营环境，聚焦产业和核心技术优先配置资源，支持重点产业和产品，明确产品迭代路径和周期。第二，各事业部要梳理产业发展规划及行业解决方案，明确项目及产业经营目标和资源配置规模。第三，结合集团规划和子企业运营计划，提出重大专项预算，包括项目投资、筹资、规模和效益等。

（3）部门职能预算重在合规

在预算大纲中，部门职能预算要结合年度经营计划，按业务和职能分工提出工作目标和资源配置需求。部门职能预算既包括人工成本、安全专项、信息化专项等，也要考虑法治建设、党务专项、扶贫攻坚等目标和举措，并按一定比例配置资源。此外，预算大纲还要明确预算组织机构、任务分解和预算单元，预测利率、汇率、税率等变动对公司生产经营的影响。

基于经营数据建模的预算审核

数据建模是认识企业经营规律、统一沟通与展现方式、量化预算大纲编制要点的工具。为使预算编制契合公司运营实际，CPJT 采用 Word 文档制度化描述预算审核的要求，采用 Excel 经营数据建模实现预算编制格式化，采用 PPT 规范预算汇报大纲、层次化展现经营策略，创新集团预算编制与审核模式，并将预算大纲和审核要求落实到预算编制过程中。

（1）审核要求制度化

CPJT 以 Word 文档将制度化的集团预算审核要点传达到各级子企业，引导预算编制规范化并突出重点。同时，除明确各项预算指标的编制要求外，还要考虑企业属性与预算指标的关系，结合企业属性选择基准指标，避免“一刀切”。比如：近三年成立或涉及新增资或拟增资企业，对照公司可行性报告核实收入、利润、净资产收益率等预算指标，预算增长率水平原则上不低于公司前三年收入增长趋势，或同行业对标收入增长趋势；对“两金”（指应收账款和存货占用的资金）的测算，要结合应收账款和存货周转效率进行优化，进而控制好资产负债率和杠杆风险；PPP、建设—经营—转让（BOT）等项目要通过产业基金、权益性融资和长期融资等方式解决好资金配置问题，防止短融长投；基于工资总额测算人工成本，除符合可行性论证要求处于初创期的亏损企业外，若企业连续亏损，则需要通过管理提升和优化人力成本解决增量薪酬，防止出现企业年年亏损、员工薪酬只升不降的现象；招待费、会议费及公务经费的增长原则上不高于前三年收入平均增长水平。

（2）审核模型格式化

为增强集团与企业之间、财务与业务部门之间对预算审核要点的理解，CPJT 通过 Excel 进行经营数据建模，将以管资本为主的要求落实到预算编制过程中。同时根据公司产业特点、发展阶段、运营趋势、融资策略等选择适用指标，整体测算关键运营管控指标和阈值。

CPJT 构建以管资本为主的预算审核模型，详见图 1。具体来说：根据各单位资本占用情况与运营特点，选择适用的净资产收益率测算公司净利润，同时以前三年平均销售净利率为基础，修正预算销售净利率，测算集团收入规模。一方面，按公司运营效率，测算资金周转率、应收账款及存货水平，并根据“两金”压控要求，测算应收账款与存货的预测阈值。另一方面，根据集团收入规模及增长水平，测算人工成本、招待费和其他重要支出等。CPJT 通过经营数据建模，预算大纲和预算编制及审核要求一目了然，财务部门与各业务部门及子企业能够更好地沟通，而应收账款与存货也不再是报表上的数值，而是与经营模式和业绩考核、收入规模等相关的系统指标。

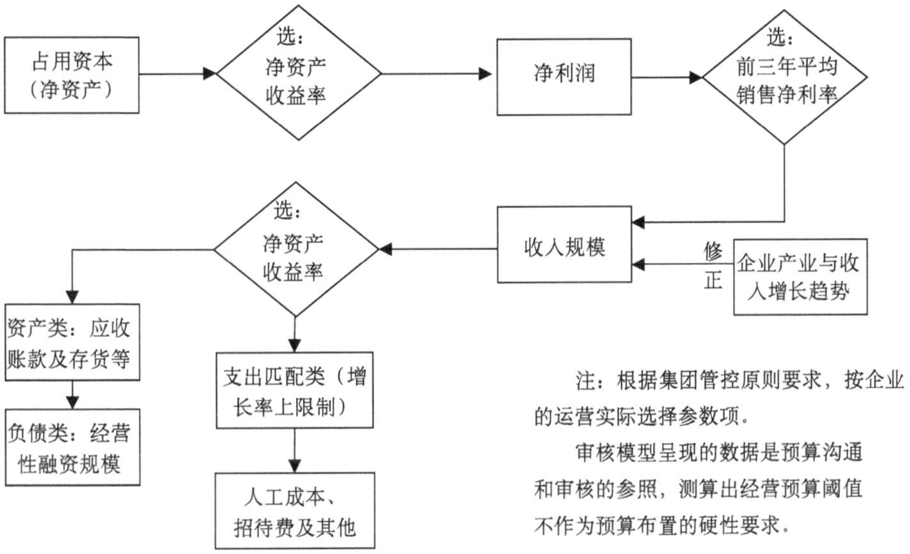

图 1　预算审核模型

（3）审核步骤规范化

CPJT 以研讨会方式召集集团管理层和事业部门，以及子企业董事会、监事会、经营层成员参加，集中审核各子企业全面预算数据及指标、参数选择原则等。第一，审核关键指标（包括收入规模、收入增长率、利润总额、净资产收益率、融资规模、经营净现金流等）的目标值与阈值边界。第二，关注历史数据和审核标准是否与创业期、成长期、扩张期、成熟期等契合。第三，审核预算指标是否优于预期，若优于预期则通过审核。若低于预期或异常，则需要公司从战略、经营、项目等层面详细阐述拟采用的改善举措。

同时，各子企业还要在平衡价值创造与运营风险的基础上，进行预算研讨，分析各项预算指标的提升空间。比如：预算指标不是最优的客观原因、已作出的开源节流计划是否能够实现、是否能持续激发和释放企业活力、对标行业标杆企业是否还有管理提升的空间等。

集团在进行预算审核时，要统筹考虑经营层预期业绩考核与预算目标，并引入一票否决的经营业绩考核办法。比如：净资产收益率低于预期值不能评为 C 以上；经济增加值（EVA）为负不能评为 B 以上；“两金”增长率高于集团管控要求不能评为 A 等。而对经营者挑战的目标或创新举措等，则设置加分项。

在经营数据建模基础上形成具体的预算达标指标

CPJT 采用经营数据建模的方式规范对预算的审核，系统展现预算指标的内在联系及各子企业经营状况。最终，预算管理委员会针对子企业的预算研讨，结合企业运营思路，提出经营关键点并助力企业补齐短板，统筹配置集团资源，并给出各企业预算的审核建议。集团及各子企业结合预算管理委员会的审核建议，在经营数据建模的基础上形成预算达标指标（见表 1）。

表 1　　预算指标达标情况示例　　单位：万元

公司	收入预算	指标达标情况（超过↑，差距↓；达标√，未达标×）							
		较基准增长率（设定为 7%）	净利率	净利率以 10% 为基准	应收账款	存货	人工成本	招待费	安全、党务……
集团	34560	↑	14.8%	↑	√	√	√	√	
制造板块	65240	↑	9.2%	↓	√	×	√	√	
企业 A	32115	↓	7.9%	↓	√	×	√	√	
……									
信息板块	55780	↑	13.2%	↑	√	√	√	√	
企业 A	23123	↑	14.5%	↑	×	√	√	×	
……				↑					
文化板块	113540	↑	15.5%	↑	√	√	√	√	
企业 A	89210	↑	14.6%	↑	√	√	√	√	
……									
合并	269120	↑	14.2%	↑	√	√	√	√	

CPJT 通过采用经营数据建模方式完善预算编制和审核机制，围绕资本收益配置资源，倒逼所属企业提升营运能力和市场竞争力。

案例《基于经营数据建模的预算编制与审核》发表于《财务与会计》2019 年第 9 期。

案例C 激发基层责任单元活力的体制变革

激发基层责任单元活力理论最早由日本著名企业家稻盛和夫提出，把企业分割成许多个独立核算运作的阿米巴经营模式小集体，每个阿米巴集生产、会计、经营于一体，自行制定计划，独立核算，是一种全员参与经营的管理模式。阿米巴的组织架构较灵活，市场灵敏度较高，核心包括：确立与市场挂钩的独立核算经营单元；培养有经营者意识的人才，将经营权下放；将经营理念和信息与员工共享，实现员工参与经营的成就感。这种模式建立在细化的运营单元基础之上，以管理会计为基础构建直面市场活动的任务分解、资源匹配、绩效考核及薪酬激励机制，赋予与其职责相关的基层责任单元运营权，通过层次化的资源匹配和成本属性分析，进而计算每个责任单元的业绩指标。

HBLT启动了激发基层责任单元活力倒逼企业运营体制改革。通过划分“任务明、规则清、数据实”的基层责任单元，实现直达基层的任务分解、资源匹配、业绩评价和激励机制，以管理会计方法主导企业财务和运营转型。

激发基层责任单元活力的主要做法

（1）划小核算单元，建立直面市场的责任主体

激发基层责任单元活力工作是以面向市场一线的最小运营责任体为载体，能够担负企业特定运营目标，独立行使职责，独立核算，具有资源配给、任务考核、绩效激励职能的基层运营团队。基层责任单元一般不承载两种以上职责，因此，其运营活动、资源消耗及任务绩效均可实时计量。这种分层次、明确目标的运营架构促进了会计核算模式的变革，以基层责任单元“责、权、利”为主的核算具有更强的业务相关性，并具有核算模式固化、考核直接等特点，适合引入市场发展量等非货币化考核指标，建立与企业战略目标匹配的激励模型。

划小基层责任单元成为推动企业运营转型和管理会计应用的手段。划分单元粒度决定了管理粒度，并影响任务分解、成本核算、绩效考核等。基于基层责任单元的运营改变了HBLT省、市、县、乡的运营模式、考核模式、核算模式，建立了省、市、基层责任单元专业通透的三级运营架构，压缩了管理层级，强化了执行力。

(2) 创新预算管理体系，构建认领式任务分配机制

预算管理作为战略目标落地的一种重要方法，用来分配人、财、物等资源，且监控运营进度、控制开支、预测现金流与营业利润。在市场经济体制下，传统预算管理方法存在瓶颈与制约，其局限性表现为：预测的准确性较差；促使管理者过多关注预算约束的行为，而忽略了价值创造目标；预算管理存在短期效益主义；增量预算模式不能激励出卓越的绩效；信息不对称促使各层级管理者存在对预算的操纵等。为了更好地调动员工的积极性、优化资源配置、助力企业转型，HBLT 构建了基于基层责任单元的新型预算管理体系。

基于基层责任单元的预算管理体系要点如下：在预算编制环节，将预算目标作为绩效考核系统的依据；在预算执行环节，通过报账平台、"内部电子商城" 等系统控制作业流，防范风险；在预算评价环节，用 ERP 数据分析与评价预算的执行；在预算控制环节，依据盈利责任系统计算预算目标，数据与 ERP 预算模块和 "内部电子商城" 对接，实现业务与预算的同步控制。

对基层责任单元而言，其职责清晰，营运能力与所处地域、资源、产品等因素相关且可评价。因此，结合基层责任单元任务分配机制建立的认领式、开放式预算，能实现企业运营目标上不封顶、资源比例式配给或定额式分配的目标，改变了传统预算布置时在任务分解阶段层层加码、资源分配阶段层层截留的现象，向 "目标——资源——激励" 相衔接的上下互动竞标机制转变，由静态资源分配向开放式动态资源配置转变。

(3) 建立面向业务活动的成本管控模式，直配资源

资源配置方式决定了企业的成本管控模式，合理配置资源、优化流程、量化考核成为基层责任单元的成本管控目标。为实现该目标，HBLT 基层责任体结合业务相关性和可控度将成本分为直接支配成本、受益分摊成本、资源占用类成本三类。其中：直接支配成本与基层业务直接相关，属变动成本，按任务量、员工定额的方式，考虑地域等因素的影响配置资源，据实列支；受益分摊成本聚焦不受基层责任单元管控的受益成本，属沉没成本，期末分摊归集，用以横向对标；资源占用类成本是基层责任单元可用的既有通信资源。

HBLT 在开放式预算管理的基础上，以业务活动驱动动因直配资源，建立层次化的成本管控体系，从而加强成本管理。主要做法是：通过基于作业的成本控制优化资源配置，合理安排资源投向，提高资源使用的指向性；加强对专项成本的控制，降低生产性行政费用支出，实现成本刚性压降；对非生产性行政费用设定阈值，采用绝对值进行控制；在资源总额打包的基础上，设定驱动因素单价浮动区间控制单价变动的影响；结合预算时序控制资源消耗，杜绝大进大出，防范经营风险。

(4) 构建直观的考核体系，调动员工积极性

第一，以毛利考核为导向，结合收入规模、发展量、预算完成率等指标形成任务包。在开放式预算体系支撑下，建立动态的配置资源机制，形成资源包。任务包和资源包均与经营活动直接相关，因此以绩效激励为牵引的基层责任单元其 "责、权、利" 更加明确。第二，将企业运营目标与员工绩效直接挂钩，调动员工积极性，促进员工收入由固定薪酬向变动薪酬转变，由差异薪酬向同工同酬转变。第三，加强对基层责任单元的行为底线控制，促进公司经营活力和价值创造力的同步提升。

激发基层责任单元活力改革需考虑的因素

在激发基层责任单元活力的实施过程中，HBLT 面临着旧体制制约、人员激励、价值创造、风险管控等多方面挑战，为保障此项工作顺利推进，在实施过程中还需考虑如下因素：

（1）关注实施过程中的变与不变因素

推动激发基层责任单元活力改革过程中要关注五个变与不变因素，并采取相应措施。第一，面对的客户和市场没有发生变化，但基层责任单元变了。省公司应在基层责任单元的种类、业务类型、运营资源等方面统筹地区差异，并在基层单元配置、资源、业务、考核等方面制定统一标准。第二，业务操作方式没变，但考核激励机制变了。全省应确定统一的积分制考核、激励机制，并做到公开、公平、透明。第三，一线岗位角色没变，但“责、权、利”变了。应在既有业务的基础上，统一任务分配、资源匹配、绩效考核、市场活动、数据展现规则等。第四，地市公司管控范围没变，但基层责任单元管控模式变了。地市公司由原来的三级管控变为二级管控，因此，全省应统一单元业务、岗位、人员考核激励标准、直接支出定额等规则。第五，地市公司绩效和职能没变，但运营模式变了。省公司应对地市公司采用工效挂钩考核，而地市公司则采用单元划分、资源下沉、定量考核，并建立标准的业务运营模式。

（2）建立适合于企业运营策略的激励模型

激发基层责任单元活力的关键在于激励模型及驱动因子。激励模型既体现出核算主体“责、权、利”的匹配关系，也体现为运营策略与企业战略的内在联系，是驱动员工业务行为的动因。激励驱动因子包括以收入为考核指标的规模驱动型、以客户规模为考核指标的业务成长驱动型和以毛利率考核为主的价值驱动型三类。长期而言，激励驱动因子都围绕企业价值最大化目标。因此，只有建立适合于企业运营策略的激励模型，才能实现引导企业价值创造目标。

（3）在测算的基础上划分基层责任单元

划分基层责任单元是为资源投放、过程管控、量化评价、考核激励提供平台，应充分利用历史数据测算所划分的基层责任单元。历史数据需要按新运营模式进行清理，涉及业务、资源、绩效的重新分配。为降低新运营模式对绩效的影响，还需要优化预算、核算、审批等流程与制度，并评估组织架构级次变动前后的运营目标。在划分时应遵循如下原则：第一，划分标准依据全省统一方案，各地市公司在综合地域、收入均衡、历史延续、资源条件等因素基础上划分本地市单元，并履行报批手续。第二，单元类型按省公司统一要求，突出专业线穿透原则，既要做好业务衔接，又不能出现交叉、重叠的现象。第三，在划分单元的过程中，需综合考虑单元内的历史绩效和人均产能等情况，避免非业绩因素的影响。

（4）围绕任务、资源、激励测算新的运营模式

对照全省统一方案与工效挂钩机制，在考虑业务发展性、结合规划目标、梳理存量资

源、整理历史数据的基础上测算新的运营模式。利用信息化为数据清理和模型测算提供有效支撑，以业务发展、收入指标为核心，辅以毛利率导向设计任务包，对比历史数据合理设定基层责任单元任务额。识别不利因素，评估任务变动区间，制定管理预案。测算时要考虑各基层责任单元的任务占比，预测其可发展性。将增量薪酬向增量价值创造者倾斜，测算新运营模式下任务及薪酬与历史状况的匹配程度。妥善处理好存量积分占比，避免因存量积分引起较大薪酬差异。还应结合业务实际测算各基层责任单元的历史毛利率水平，通过积分单价系数调控不同毛利率水平的基层责任单元积分单价，缩小地域薪酬差异。

（5）优化提升效率，划分行为红线控制风险

HBLT 采用划分行为红线的方式，将触发负面清单的行为纳入 KPI 考核控制风险。行为红线包括市场类和资源使用类。市场类行为红线主要包括：基层责任单元的运营不能改变产品规则和属性，不从事影响产品品牌形象、恶性竞争和侵犯客户利益等行为；资源使用类行为红线包括：标准支出必须到位，按规则使用资源、经费，杜绝账外交易、暗箱操作等行为。

关于激发基层责任单元活力改革的体会

HBLT 在分公司启动激发基层责任单元活力改革试点，初步建立了直面市场、“责、权、利”相统一的基层责任单元经营体，成效明显。同时，实践中也发现受体制转型的影响，面临诸多问题。只有从实际出发，克服企业固有的局限性，才能充分发挥激发基层责任单元活力的效力。

第一，应选基础条件好的单位开展激发基层责任单元活力试点。过程中需固化单元划分标准、业务审批流程优化、历史数据清理、各级管理者的信息需求等，并及时反馈实施过程中发现的问题，逐步完善全省统一的整体方案，为全省推广奠定基础。激发基层责任单元活力改革工作不是简单的经营承包，要避免因划小基层责任单元而出现的本位主义，从业务规范和发展通道两方面增加对业务的专业化指导。

第二，加强宣传，建立引导员工自主经营的企业文化氛围，为划小核算单元奠定文化基础。在开展激发基层责任单元活力工作初期，一线员工需要转变为自主经营、自我管理、独立创造价值的营业主体。员工需要转变观念和工作方式，尽快适应新的经营方式。一方面，强化员工的收入和成本意识、竞争意识、责任意识、创新意识和客户服务意识。另一方面，倡导激情、平等的企业文化，鼓励员工实现自我价值提升。此外，还需加强培训，提升员工综合素质。

第三，强化信息化支撑手段。搭建一体化的信息综合展现系统，用信息化手段减少人为因素的干扰，以支持基层责任单元的经营核算和管理需要，客观评价工作效果。信息化系统数据自下而上分层次展现，越往上数据集聚性越强，越往下，数据与业务相关性、岗位相关性、活动相关性、积分相关性越强。

案例《激发责任体活力 促进运营体制改革》发表于《财务与会计》2015 年第 5 期。

案例 D 浅析网络通信企业层次化绩效体系

引 言

在互联网经济与新商业模式冲击下，网络通信企业竞争已由产品和市场层面向全产业链、全时空、全方位转化，运营转型与商业模式创新成为企业实现可持续发展的必然路径。企业运营转型首先要实现管理目标和管理方法的协同，企业传统的层次化组织架构束缚了责任体“责、权、利”的分配和考核。以预算为导向的管理方式又面临着“任务层层加码、资源层层剥皮”，以及上下级之间围绕考核目标的博弈。企业通过绩效评价激发团队和员工活力等方式创新管理，挖掘企业效益，以促进企业在新时期、新格局、新理念下的高质量发展。本案例结合网络通信企业的运营特征，构建了层次化 KPI 引领的企业价值创造体系，并简析了网络通信企业基于 KPI 绩效的驱动因素。

企业关键绩效指标特征

价值创造是企业目标及使命，绩效评价是价值计量、评价方法与价值创造的桥梁，责任体是实现企业价值创造的最小可评价单元。绩效激励是通过创新工作环境或奖酬模式，借助信息沟通来激发、引导和规范组织及员工行为的方法。通常，企业依据经营目标和滚动计划制定企业的 KPI 自上至下分解、细化、定期分析，并为管理者提供引导价值创造的决策因素。企业绩效评价体系不仅是分解企业经营目标的工具，还与企业运营模式、行业特点及内外部环境、供应模式、成本核算等具有较强相关性。企业绩效评价涉及不同层面利益相关者的“责、权、利”关系，以及人、财、物、信息等资源的配置。因此，基于价值创造视角建立企业 KPI 绩效是激发各层级责任体及员工积极性、主动性、创造性的工具。

从管理角度，KPI 绩效是“制定目标、执行目标、检验目标、制定新目标……”的循环过程，KPI 绩效评价实际上是为“检验目标达成程度”，起到承上启下的作用。企业制定部门 KPI 时，需要结合企业战略规划与滚动计划，统筹中长期利益，兼顾战略、运营和业务等层面。KPI 绩效评价需解决如下三个问题：第一，关键价值驱动要素是什么？通常指影响价值的各种因素。第二，影响绩效指标的价值驱动要素包括财务和非财务性两类指标。第三，价值驱动要素创新与责任体形式、运营管控特征、指标分解策略等密切相关。

考核过程中 KPI 在企业战略规划、经营目标、部门绩效、员工评价四个评价层次会发生变化。相应地，企业经营重点以及企业绩效衡量尺度也会发生转变，用于沟通利益相关者。KPI 与市场环境、营运能力、企业战略、计量方式、责任体等息息相关。组织层次越高，外部市场环境越复杂，指标的可比性、综合性越强。第一，应确定衡量企业价值的目标。第二，将该目标具体化为一系列可量化、可评价的指标。第三，将战略目标与企业日常活动关联，增强可操作性和可实现性。第四，归类整理各责任体的考核指标，分析目标差距，识别制约因素，据此优化企业的绩效策略。

如何构建层次化 KPI 绩效体系

企业价值管理贯穿运营全过程。KPI 体系体现为价值创造的可管控、可计量、资源需求、投入产出等属性，是受目标驱策的资源投入及物化过程。如图 1 所示，价值创造既体现为价值传递，也体现为目标约束。绩效体系既要考虑企业内在的运营适应性，也要考虑外部环境影响体现的市场适应性，并通过匹配责任体资源驱动、市场策略驱动和激励配置驱动实现各级责任体所承担的 KPI。责任体 KPI 包括三个驱动要素：激励驱动——以人工成本及积分制考核为主的激励包；资源配置驱动——以人力资源、经营性消耗品及服务、投资性网络资源为主的资源包；市场策略驱动——主要指网络通信产品、价格、宣传、渠道等营销包。另外，还包括市场适应性和运营适应性两个责任体面对的内、外部环境因素。运营适应性包括资金集中、反向考核、财务共享、负面清单、控制红线等，体现为管

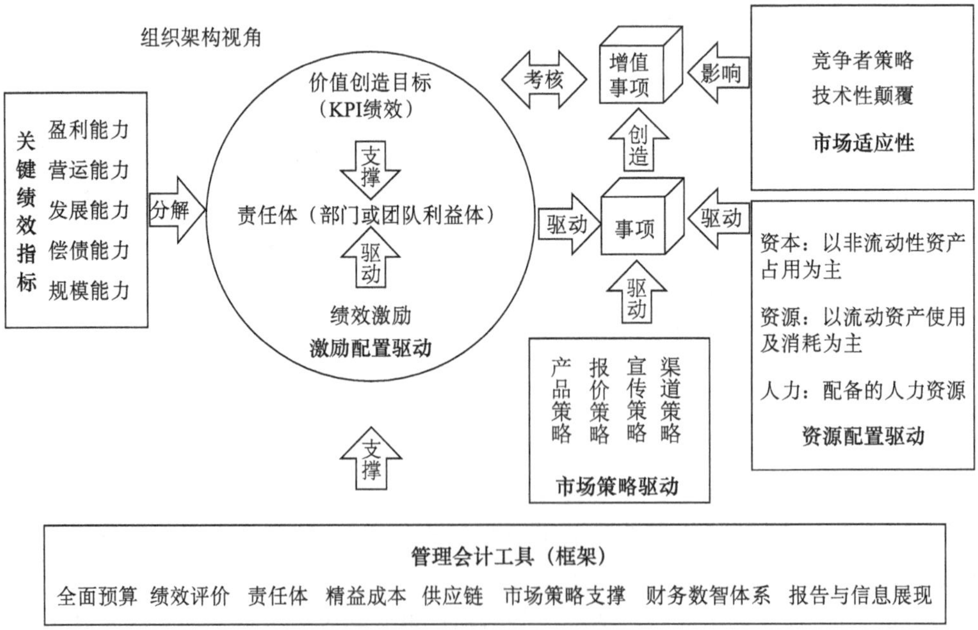

图 1 业务活动增值的驱动及影响因素

理会计工具驱使下的业务融合。市场适应性包括行业政策变化、竞争者策略分析和技术性替代因素等，体现为行业特征。通过驱动因素的配置和 KPI 体系优化分解，调动责任体的积极性、主动性与创新性。

（1）企业 KPI 定义

KPI 是将企业战略分解为可操作目标的工具，是衡量工作绩效的量化指标，是企业绩效管理的基础。KPI 是对公司战略目标的分解，其考核内容亦取决于企业战略。企业经营效果是内外因综合作用、相互影响的结果，内因是可控因素，也是 KPI 评价的对象。KPI 应剔除外在影响，反映为直接可控的活动。此外，它还侧重对关键经营活动的考评，而不是罗列所有的经营活动。KPI 绩效由领导与员工共同完成，是双方达成一致意愿的指标，而不是上下级之间博弈的对象。

企业 KPI 绩效按业务与战略的相关性划分为盈利能力、营运能力、偿债能力、发展能力、规模能力五种类型，各类型指标具有不同的战略定位与业务方向，经济运行管理体系也应该针对这五种类型有所侧重。分解层次化 KPI 绩效需要考虑部门职能、生产流程、业务活动管控过程中的各类目标，符合企业、部门及业务层面的管理特征。

效益指标包括营业利润率、成本费用利润率、盈余现金保障倍数、总资产报酬率、净资产收益率、资本收益率和人工成本利润率等指标。实务中，上市公司常采用每股收益、每股股利、市盈率等评价其获利能力。

效率指标包括流动资产周转情况分析、固定资产周转情况分析和总资产周转情况分析，以及人均劳动生产率等。资源类指标包括：资产效率、资本效率、人工生产率、薪酬效率、销售现金比率等。

销售现金比率指经营活动现金流量净额与销售额之比，反映销售收入带来的现金流净额，数值高表示收入质量高，资金利用率高。

发展指标又称为企业成长性，主要指标包括营业收入增长率、资本保值增值率、总资产增长率、营业利润增长率、技术投入比率等。

财务风险指标也称作偿债能力，是反映财务状况、经营能力的重要指标，按偿还期分为长期偿债能力指标和短期偿债能力指标。

规模及市场指标指一个企业的盈利能力、竞争地位和市场份额等。

（2）责任体绩效的考量因素

企业绩效与激励自上而下包括企业、责任部门、项目和个人四个层次，既相互统一，又有所区别。各级责任体依据职责分工完成企业所赋予的价值创造目标，通过业务活动的管控支撑企业运营。在实现企业绩效考核指标时，责任体所创造的价值或关键活动均不相同。因此，传统企业的 KPI 绩效体系不能完全适应部门的绩效考核需求。那么，企业绩效目标如何与部门目标融合就是一个管理会计问题。关键在于对部门交易、部门属性、部门可控活动的计量和评价。

责任体核算是对内运营管理的过程，核心是以合适的绩效指标实现激励和引导。责任体可控制的直接成本是绩效评价的重要因素。通过计量、核算和考核，引导责任体实现绩效目标。因此，只有建立与业务活动及部门相匹配的绩效评价模式才能提供实时、准确的业务评价。涉及部门考核时，要关注费用摊销的影响。责任体考核中考虑摊销费用是为了匹配激励考核成效，平衡不同部门的毛利率差异，引导激励成效。

（3）构建责任体 KPI

企业 KPI 划分为盈利能力、营运能力、偿债能力、发展能力、市场能力五种类型，各项指标是由业务物化过程的职能部门承担。从业务活动角度看，价值创造是部门协同创造的过程。部门层面 KPI 依据管理职能及其业务特点体现为效益、效率、发展、风险、规模五类，且取决于结算方式、总量指标、固定支出、人工成本及可控成本五个方面的业务特征。

如表 1 所示，企业级绩效指标是针对财务报表的计量，而责任体绩效指标多是针对所使用资金、资源和活动的评价，包括财务与非财务两类指标。企业资源配置是基础，资源利用效率和效益是价值管理的目标，而产值或产量的存量与增量则是企业生产活动的目标。部门绩效管理需要均衡人员生产率和人工薪酬比率、薪酬利润创造水平等。如果责任体资源报酬率高，就应该获得更多的资源和薪酬激励。部门资产报酬率取决于部门净利率和部门资产周转率。部门价值创造能力受到变动成本率和人均指标的影响，特别是人均绩效、效率指标充分显示了创造性对评价部门业绩的重要性。只有合理评价员工、资源、活动所产生的经营效果，才能有效地衡量责任体的业绩，并通过薪酬激励形成管理反馈。

表 1　层次化 KPI 绩效考核体系

项目		效益类	效率类	发展类	财务风险	规模类	责任体
企业级别	企业运营	净资产收益率 营业利润率 成本费用利润率 盈余现金保障倍数 总资产报酬率 资本收益率	总资产周转率 固定资产周转率 人均劳动生产率 应收账款周转率 存货周转率 销售现金比率	营业收入增长率 资本保值增值率 资本积累率 资产增长率 营业利润周转率 技术投入比率	资产负债率 流动比率 速动比率 产权比率	总资产 总收入 员工人数 工资总额 生产要素规模	经营层
责任体级别	新品研发	成本费用控制率	研发周期改善率	知识产权增长率 专利数量增长率	新产品转化率	新品数量 专利数量	研发部
	市场拓展	销售费用控制率 销售占收比 广告宣传占收比	应收账款周转率 应收账款改善率	新签合同增长率 新品市场增长率	销售回款比率	新签合同额 新品市场额 签订量	市场部
	采购	采购费用控制率 采购预算控制率	应付账款增长率 预付账款改善率 存货周转率 库存降低率 人均效率	采购增长率	流动比率 速动比率	采购量 库存量	物资部
	生产	边际贡献率 毛利率	资产利用效率 产能利用率 人均效率	产量增长率	外协类应付款比率 外协类预付款比率	产量 产值 资产规模 固定资产规模	产品线
	检测	成本费用控制率 边际贡献率 毛利率	设备利用效率 产能利用率 人均效率	产量增长率	外协类应付款比率 外协类预付款比率	检测量 检测设备规模 检测产量	检测部
	销售渠道	销售毛利率 销售费用控制率 销售占收比	应收账款周转率 应收账款改善率 人均效率	收入增长率 新品收入增长率 相对市场占有率	应收账款改善率 现金销售占比	销售收入 销售量 市场占有率	市场部

设计责任体 KPI 需要考量如下因素：①依据责任体职能划分考核的重点指标，利于分层考核。②以效益、效率为主，将业务增长率和财务风险指标作为辅助，通过人均产值指标关联企业绩效、部门绩效与员工薪酬。③选择货币化指标和非货币化指标作为发展目标，更利于考核的准确性、及时性与透明性。④采用准毛利率或边际贡献指标衡量责任体效益，充分考虑责任部门对变动成本的管控能力及对企业绩效的贡献度。⑤以人工成本利润率挂钩员工薪酬与企业价值创造能力，匹配企业绩效与员工绩效的关联度，充分调动员工的积极性与创造性。⑥引入结算方式将业务活动与现金结算关联，展现销售策略、偿债能力与财务风险的内在联系。⑦将现金流考核指标向业务控制环节进行延伸，解决权责发生制与收付实现制的核算方式差异。

层次化 KPI 体系考虑了绩效指标的传导性与业务规律的相关性，能更好匹配部门绩效与部门可控成本、责任体目标、人均价值创造之间的关系。促进“责、权、利”对等，提升绩效、资源和激励的可控性。分层次、个性化的绩效考核体系能反映责任部门对企业绩效的贡献，为开放式任务认领机制及基于业务的全面预算管控奠定了基础。

实施层次化 KPI 的要点

实践层次化 KPI 绩效体系是一个系统工程，不仅涉及 KPI 指标体系的结构，同时也需要充分考虑企业内外部环境下驱动因素的影响，并与责任体、全面预算等管理会计应用协同发展。

（1）优化 KPI 指标结构

KPI 构成比例及权重是引领价值创造的重要因素，因此需要优化 KPI 指标权重。建模并结合实践可知，当下网络通信企业五项指标构成比例约为：0.3、0.3、0.2、0.1、0.1。其中，盈利能力和营运能力权重因素排第一，发展能力排第二，反映了网络通信企业责任体绩效与企业绩效的内在联系。盈利能力和营运能力是企业级价值创造的直接目标，体现为效益和效率。发展能力是通过积分制实现直接驱动，体现为责任体经营活力和区域竞争力。偿债能力和规模能力不是责任体层面的核心指标，这与责任体对与这两项指标相关的业务活动管控程度弱有关。

（2）KPI 绩效的驱动要素

责任体 KPI 绩效重要性受到运营适应性、激励驱动、资源驱动、市场适应性、市场策略驱动等五个因素影响，且在一定的经营环境下相对稳定。就当下网络通信企业而言，运营适应性、激励驱动、资源驱动是激发责任体 KPI 的重要因素，说明责任体更关心运营机制能否高效支撑业务发展，促进创造价值的生存过程是否畅通等。市场环境及市场策略等外在因素因竞争白热化和产品标准化，品牌差异并不明显。激励是责任体价值创造的驱动因素，资源配置是责任体价值创造的保障条件，市场适应性和市场策略应从企业战略层面提供策略及支撑。

（3）管理会计与 KPI 绩效协同

实施层次化 KPI 绩效体系要关注管理会计工具的协同。全面预算、绩效评价、责任体一起构成提升企业营运能力的核心要素，责任体对 KPI 的作用排在首位。说明责任体是实现预算分解和预算目标的核心要素，绩效评价是实现预算目标的激励因素，精益成本、业财一体化对全面预算编制的影响相对较大，实施过程中须统筹考量 KPI 与管理会计工具的协同。第一，全面预算是实现企业战略和引领运营目标的核心工具，且与责任体、绩效评价两个因素一起构成激励企业创造力，提升运营绩效的关键方法。第二，除了全面预算、责任体外，业财一体化对各部门的 KPI 实施具有重要作用。第三，精益成本、供应链、市场策略支撑则为 KPI 体系提供了作业层的支撑。

案例《电信企业责任体绩效评价探析》发表于《财务与会计》2021 年第 15 期。

案例E　基于作业及职能主线的企业运营风险矩阵

实施背景

管理是企业竞争力的重要要素。科学的管理体制能将企业目标、资源、内外部环境、战略部署等促进企业发展的至关重要因素合理匹配并互相结合，而现代化的管理机制和体系已成为企业争相实践的方法，如战略规划、质量体系、企业文化、风险控制、全面预算、业绩考核等。而企业管理是一个与内在因素及外在环境密切相关，且不断持续改革和创新的过程。在现代化企业中，如何将企业运营目标依据企业运营特点分解，且协调各种管理因素实现企业运营管控，以满足各职能管理需求，是企业价值创造能力的综合体现。融入企业运营特点，且能很好协调职能划分以及不同管理具体目标的方法是解决部门管理职能单一和多部门运营目标协调的基础。

企业在推动管理体制变革时，会在传统企业管理体制基础上部分引入新的管理理念，如：全面预算、内部控制、绩效考核、质量体系等。这种方法既稳妥，又重点突出，短期成效显著。通常，不同的管理理念由不同的管理部门牵头实施，即使是“一把手”工程，也常常出现顾此失彼、推诿、扯皮的现象。协调和妥协成为最可行的解决办法。即使企业通过了质量体系认证，也主要是质量部门主抓质量管理；即使推行了全面预算，也是财务部门主抓预算管理；即使推行了战略规划，也多是规划部门主抓战略规划。虽然所有管理都是全员管理，可实际却是单一职能成效独大。这种现象在国有大中型企业更甚，管理创新在改变人的思维和习惯的同时，通常伴随着权力和利益的重新分配。从企业规划和发展的角度实施管理，杜绝管理过程中出现推诿现象，解决职能部门之间的业务衔接，使多管理要素与目标协调一致，不仅能提升企业管理效率，降低企业风险，同时也能大大提升管理的价值创造力和竞争力。

基于业务活动轨迹及职能主线的管理矩阵（以下简称“管理矩阵”）就很好地解决了单一管理职能不足和多管理目标协调等问题，并将现代企业管理理念与企业业务活动的轨迹保持一致，系统展现管理目标、职能划分、制度规范、信息传递、考核监督、风险分析与关键点的融合，是管理环境与管理思想融合的综合体系。

通过对企业优劣势与外部环境分析，A研究所面临的主要问题是企业发展与管理体制适应性的问题，如何解决制约企业发展引起的运营风险，建立适合国际化竞争力和市场条件下的现代企业制度是提升竞争力的关键。

企业风险管控内涵与做法

内部控制与全面风险管理一样都是社会经济发展到一定阶段的产物，其内容随着企业对外满足社会需要、对内强化管理而不断丰富和发展。内部控制是企业现代化管理的重要手段，建立有效的企业内部控制制度是经济管理工作的重要基础。不断完善企业内部控制制度，对防范舞弊，减少损失，提高获利能力，保障企业资产安全、完整具有重要的意义。

企业风险管理是内部控制概念的自然延伸，在内部控制走向风险管控的同时，对内部控制和企业风险管理各有侧重。内部控制侧重制度层面，通过规章制度规避风险；风险管控侧重交易层面，通过市场化的自由竞争或市场交易规避风险。典型的内部控制依然是为了保证资金、资产安全和财务信息的真实可靠；会计控制是其核心，内部控制一般仅限于财务及相关部门，并没有渗透到企业管理过程和整个经营系统，控制只是管理的一项职能；典型的风险管理关注特定业务中与战略选择或经营决策相关的风险与收益比，它贯穿管理的全过程。

典型的风险管理关注特定业务中与战略选择或经营决策相关的风险与收益比较；典型的内部控制是指会计控制、审计活动等，通常局限于财务相关部门。它们的共同点都是小范围，并没有渗透或应用于企业管理过程和整个经营系统。因此，随着内部控制或企业风险管理的不断完善，它们之间必然会相互交叉、融合，直至统一。实践中，以基于业务活动轨迹及管理职能为主线的矩阵模型在推进企业内部控制和企业风险管控，提升企业管理水平做出了有益探索。

虽然企业运营构成闭环，但在实际运营过程中，存在诸多问题影响效率和风险。由于每个环节涉及多个部门，职责划分使各部门职能分工不尽一致，对管理过程中的新需求，以部门职责为主开展工作会产生推诿，影响效率或形成管理盲区。基于业务活动轨迹及职能主线的管理矩阵在部门职责方面进行了明确划分，明确了运营流程及岗位职责，进而有助于各部门之间的工作衔接，将风险、关键点、目标、考核、信息沟通和部门职责一体化展现，有助于解决管理冲突与管理盲区，实现管理目标的一体化和协同。在管理过程中不仅要实现部门职责的协调，还需要建立基于业务活动特征的成本核算与管控体系，加强企业管理以实现产品化和产业化策略，提升企业的核心竞争力。

基于业务活动轨迹及职能主线的管理矩阵

COSO 报告《内部控制——整体框架》中，提出了五个要素：控制环境、风险评估、控制活动、信息和沟通、监督。(1) 控制环境——是指董事会与管理层对待公司内部控制重要性的态度及采取的行动。内部环境包含组织的基调，它为主体内的人员如何认识和对待风险设定了基础，包括风险管理理念和风险容量、诚信和道德价值观以及他们所处的经营环境。(2) 风险评估——通过考虑风险的可能性和影响来对其加以分析，并以此作为决定如何进行管理的依据。风险评估应立足于固有风险和剩余风险。(3) 控制活动——是指能确保管理层的决策与指示得以执行的政策和程序。控制活动有助于确保管理层的指令得以执行，以及任何可能需要用以处理风险以实现企业目标的行动得以实施。包括组织控制、职责划分、调节和复核、实物控制、授权和批准、计算和入账、人员控制、监督及管理控制。(4) 信息与沟通——确保有关员工履行其职责的信息得以识别、获取和沟通。有效沟通的含义比较广泛，包括信息在主体中的向下、平行和向上流动。(5) 监督——对企业风险管理进行全面监控，必要时加以修正。监督可以通过持续的管理活动、个别评价或者两者结合来完成。

企业关注风险的人分为两类：决策者和操作员。决策者是制定目标和创造管理环境，影响企业文化的要素；操作员主要影响控制活动和信息沟通。如何将内部控制要素和风险管理融入企业日常运营活动，还涉及业务特征、组织形式和绩效考核等。

基于业务活动轨迹及管理职能主线的矩阵模型能够有效地将企业目标、企业风险、组织形式、管理职能以及业务流主线有效结合在一起。横坐标是业务活动主线，在科研生产为主的研究院所表现为以项目为对象的价值增值过程，在业务实现的过程中反映了企业适于科研生产的组织方式。按项目生命周期依次划分为市场分析、任务可行性分析、任务分解与下达、任务执行、验收入库环节、出库及销售环节、收款与后评价环节七个阶段。每个阶段之间具有明晰的界限，且有主管部门负责该阶段的职责及目标。

管理模式是企业竞争力的重要要素。科学的管理体制能将企业目标、资源、内外部环境、战略部署等因素合理匹配并互相结合。企业管理是一个与内在因素和外在环境密切相关，且不断持续改革和创新的过程。在现代化的企业中，如何将企业的运营目标与企业运营特点分解，协调各种管理因素对企业运行进行协调管控，以满足运营目标基础上的各职能管理需求，是企业管理价值创造能力的综合体现。融入企业运营特点，且能很好协调职能划分以及不同管理具体目标的方法是解决部门管理职能单一和多部门运营目标协同的基础。

通过对企业优劣势与外部环境分析，企业面临的主要问题是企业发展与管理体制适应性问题。系统性解决制约企业发展引起管理不适应性的因素，是提升企业竞争力的关键。

(1) 企业运营风险矩阵模型

在企业经济运行中，应处理好业务的相关性，打破系统中所有元素的孤立观点，按企业经济运行系统中特有的、足以区分其他系统的方式管理在一起，建立相互依存、相互作用、相互激励、相互补充、相互制约的整体。整体性不仅表现在构成统一的整体，而且具有整体结构、整体特性、整体状态、整体行为、整体功能等特征。系统就是整合多样性，兼具多样性的特征。

如图 1 所示，基于业务活动轨迹及管理职能主线的矩阵模型形式能够有效地将企业目标、企业风险、组织形式、管理职能以及业务流主线有效结合在一起。横坐标是业务逻辑维度，以项目活动的阶段特征为主线。在科研生产为主的研究院所表现为以项目为对象的业务组织与业务流程，反映了企业适于科研生产的组织结构。按项目的生命周期依次划分为项目的市场阶段、任务可行性分析阶段、任务分解与下达阶段、任务执行阶段、验收入库环节、出库及销售环节、收款与后评价环节七个阶段，每个阶段之间具有明晰的界限，且有主管的职能部门负责该阶段目标的实现。

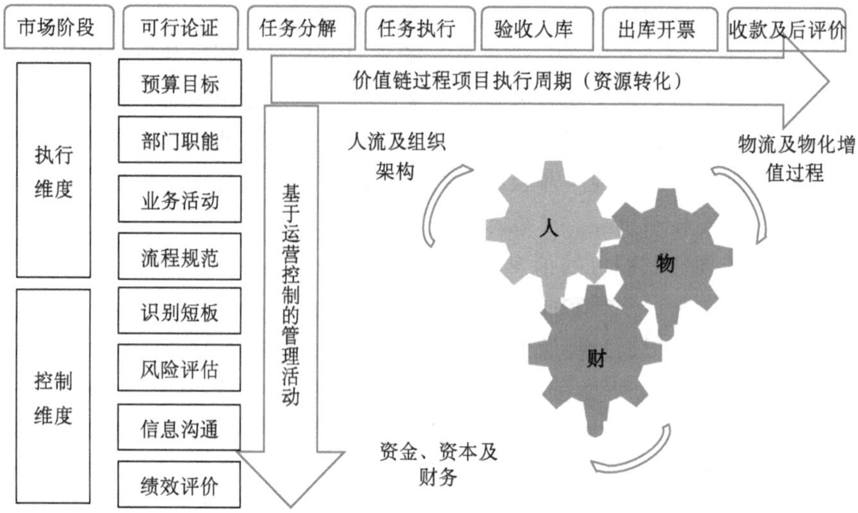

图1 企业运营风险矩阵模型

纵坐标展现的是每个阶段的管理职能。自上而下分别体现为每个阶段任务的部门职能，解决“谁干”的问题。每个阶段的主要活动，解决“干什么”的问题。每个阶段的规范和流程，解决“怎么干”的问题。同时，将单位中财务、质量程序文件、计划管理流程等方面的制度、规范进行梳理，以满足该阶段各管理目标对业务规范的要求。接口界面是指该阶段各部门因管理需要以及各阶段之间因管理需要沟通与交流的信息，同时也是绩效考核的基础数据。目标指管理的阶段性职能要求。考核是指为了实现管理目标所建立的绩效激励考核指标，起到对业务绩效考核和管理过程监督的作用。关键点反映每个阶段实现管理目标，开展业务活动，实施部门管理职能，实现绩效考核激励机制存在的关键环节，通常称作管理“短板”。关键点和规范是具有转化性的，由于流程和规范的实施，关键点将不再关键。风险防范是指企业面临和需要应对的不确定性因素。

基于业务活动轨迹及职能主线的管理矩阵反映了一个企业管理层的管理理念和控制环境，同时也体现为管理过程中信息沟通与企业评估的运营风险，在活动和规范中主要体现了与企业运营相关的控制活动，以及控制活动中的授权审批、职责分离、资产安全等要素，并通过目标与考核形成有效的监督和激励机制。该矩阵模型不仅在业务流程与管理职能上反映了企业的状况，而且充分融合了内部控制要素与管理要求，且在企业风险方面进行了评估与分析，有效地将内控与企业风险进行结合，也是循环图每一环中各部门的职能。基于业务活动轨迹及职能主线的管理矩阵整体上体现为企业的管理理念和管理思路，并能将管理过程、管理目标、管理关键点、管理界面进行清晰的展示，能够较好地解决针对单一管理职能在实施管理过程中所带来的种种制约与不足，且利于分步骤实施和逐步修正和调整。该矩阵模型能够将管理的界面依据管理流程和管理职能进行划分和界定，并满足考核目标的需要，随着管理思路的改进及时做出调整和修正。

（2）业务与职能为主线的运营风险矩阵

业务与职能为主线的运营风险矩阵如表1所示，以项目生命周期中业务活动及其特点为主线，包括项目市场开发、项目组织生产、项目入库及销售回款等各环节。传统财务管理是以会计为主的被动核算，以业务单据作为起点，提供基于数字的报表和报告。数据时滞性较高，应用范围较窄。管理矩阵以项目活动为横向主线，贯穿项目立项、项目分解、项目执行和项目回款到项目后评价的全过程，实现财务业务主线与项目物化、货币化过程的一体体现。同时，使项目业务活动的预算管理、成本管理、资金管理、项目考核、项目评价、盈余管理和价值管理有了规范的数据基础。在夯实会计核算的基础上，通过业务、执行、控制三个维度，实现财务与业务在企业、部门和项目执行三个层面的核算支持，将财务管理延伸到事前预测、事中控制、事后评价的全过程，拓展了管理会计在企业运营和决策等方面的应用。

表 1　业务与职能为主线的运营风险矩阵

		业务维度						
		项目开发（市场阶段）	任务确认（可行性论证）	任务分解（启动任务）	任务执行（过程控制）	验收入库（评审确认）	出库开票（销售策略）	收款及后评价（项目绩效）
执行维度	目标（预算）	市场规划、目标实施要符合企业目标，满足部门核算需要；根据行业市场开发与支出匹配资源	技术、经济、进度可行性分析确认是否承接？使得任务符合产业、技术发展方向及价值最大化目标	项目预算与部门考核的起点，各类资源分配的依据。明确责任、匹配资源、建立考核基准	满足业务执行的进度、质量和预算管理需要，技术指标、工艺过程、程序文件满足要求	入库或验收作为承担部门阶段性完成项目的标志，作为考核的依据	出库反映项目实体结束，同时也是收款依据。建立企业、部门、项目三级出库考核	加强回款、应收账款管理，提升项目执行数据的评价和利用
	部门职能（谁干）	市场部门是主体，按职责分工进行区域或行业划分指导市场开拓	计划部门组织初步评审，并确定承接后，市场部后续完善合同手续，计划处安排研发、生产计划	计划部门分配承接任务确认进度及资源消耗、确认承接部门和任务分解	计划指导，以责任中心为主体实现任务开展的活动。包括设计、物资、检验、加工等部门	项目必须办理入库或结题评审，作为任务完成标志。直接交付须经计划部门确认库房备案	申请、库房办手续、财务核算，且依据出库手续办理发票，样件审批且核预收款	市场收款、财务核定项目后评价，以对项目组考核，并结合市场预测进行产品化和产业化
	业务活动（干什么）	确认及论证市场目标，确定行业客户；基于区域或行业的市场；各部门的市场作用；开发成功后任务确认，不成功项目支出摊销	组织项目评审，重点关注可实施性和技术可行性，重视试验及外协的条件等。关注物资采购周期及评审过程的繁易程度	确认计划分解、任命负责人及直接成本预算，加强关键的元器件、检验过程、进度节点和主要的技术风险和任务饱和量等要素的评价	外协、加工、差旅、检验、材料等业务活动组成，归口管理，遵循授权审批和科研流程及合同规范。建立内部结算，任务衔接和质量追究等	入库作为生产项目完工节点，质量返工应办手续。研发项目评审作为结题依据，课题短时间未能结题的，应办理暂停手续	核对合同后开票。按进度确认研发项目收入，采用内、外核算分离的方式，核定各部门业绩。强化样件和历史库存销售政策	确认回款部门、项目及行业属性，梳理所耗费资源，进行经济分析和市场分析。对具有市场前景的项目将定额和供应商、生产流程固化
	规范和流程（怎么干）	按区域进行预算分解和核算，市场支出比例和额度按相关制度执行。合同签订需明确预收款和信用评价	合同评审参照；新产品的技术及潜在任务评审；自研课题前景及产业化评审；技术协议等关键指标确认等	计划管理流程；质量程序文件、物资采购流程、财务预算管理、部门及项目考核体系等规范	计划管理、程序文件、质量管理、财务的核算流程、合同管理流程、预算规定、归口管理要求等	协调客户验收和评审。入库作为部门项目完成标志和考核依据。杜绝未办理手续交付	出库、发票、赊销应符合规定且与合同构成闭环。样件销售和信用评价完备，建立价格体系	回款的考核规定和部门回款指标的确认，项目执行数据的归集与后评价

续表

		业务维度						
		项目开发（市场阶段）	任务确认（可行性论证）	任务分解（启动任务）	任务执行（过程控制）	验收入库（评审确认）	出库开票（销售策略）	收款及后评价（项目绩效）
控制维度	接口界面（信息流）	确认任务输入单，下达任务依据；批复合同审批单、项目申报表，任务前期与客户沟通的主要技术指标和应用环境	评审主要指标及可行性，研制方案和初步承接思路；生产任务指标、合同额、工期等变化、产量和承接合同的结算条款是否变化	任命；预算；计划；采购计划；加工及外协计划；任务内部协作分解	合同审批、内部结算、出差、检验、外协、付款申请；检验报告、课题负责人签字与认定。领料单、验收单、成本核算	入库单、阶段性停滞申请单、项目验收单等	出库申请单、赊销审批单、阶段回款虚拟出库单、直接出库申请单、价格表、客户信息等	应收账款、合同条款及回款确认单。项目执行过程经济数据归集与申请审批核查。WBS分析
控制维度	考核（监督）	合同额和支出对比分析、片区或行业考核、合同分类考核、各中心自主承揽考核。对比分析、趋势占有率分析	任务承接量；按部门承接任务量或按片区和行业任务量衡量	是否按时下达计划，任务量是否能够计量、任务与目标的匹配程度	以部门和项目考核办法为主题进行考核，含有量化的考核和质量考核。满足财务、计划、人事部门考核需要	入库和验收作为中心任务完成的节点，应该满足所对部门核算的需求	出库和回款关联指标考核，项目阶段性回款考核。虚拟出库制度，直接交付管理流程	回款、应收账款、项目过程的执行数据等
控制维度	关键点（短板）	市场分类、先期市场费用核销、行业属性，签订确认，未开发成功的支出核销。开发项目状态及确认点，客户属性	技术难度、进度要求、支出结构及结算；设计师配置，合同签订与经济评价，合同类别与评审	项目负责制与部门承揽制，进度、质量、技术、关键工艺及资源的匹配列示。直接支出预算控制	核算项目收、支及跨年结转，考虑企业和部门级核算需求。逻辑性、构成比例、用量与预算配比分析	直接交付，样件核定，入库、投产数量核定、关键原材料控制，是否存在质量损失和未结支出	预收款、虚拟出库、直接交付、开票、收入核定。赊销、价格审批，且核算到部门	项目执行后评价回款的确认及按考核目标的归集
控制维度	风险评估与管控	不当销售政策和策略会引起经营风险，信用管理不到位会遭受损失或欺诈，舞弊导致企业受损	技术难度衡量不足会影响效益。任务过于集中会影响交付和声誉	任务分配不当、采购周期过长，关键工艺不落实不能保证进度，易亏损	不协调、设计不合理会出现返工和质量隐患。考核不到位容易引起扯皮影响后续任务	未及时完工会带来信誉等损失，未入库交付带来经济损失	防止收入舞弊和收入遗漏，确保及时回款，保证经济良性运行。防止销售舞弊的重要环节	是否有后续支出、返工、产业化跟踪考核。产业化项目或后续生产项目的成本定额归集

基于业务与职能为主线的管理矩阵纵向分为执行和控制两个层面。执行层面描述了业务和职能部门之间的关系。以全面预算为起点核定各个业务阶段的经营目标，实现规划和计划的计量和分解并匹配资源，促进财务与业务在资源匹配层面上的融合和统一。这种融合更有利于财务与业务部门在沟通和核算过程中的信息反馈，杜绝了财务与业务“两张皮”现象。每个阶段明确了业务的主责部门，财务资源通过主责部门落实和分解预算目标，反馈考核绩效。通过业务与执行矩阵划分企业运营目标下的财务管理与部门职能、业务活动，提升部门间协调、沟通效率，为财务与业务一体化构建组织基础。管理矩阵促进了企业运营环境与目标的统一，体现为管理融合、部门协调、持续改进的创新体系。

控制层面描述了业务和经济活动的关系，构成财务与业务管理的对象和实体。第一，识别各业务阶段的管理短板，协调财务与业务管理目标的一致性。第二，进行定性和定量识别不确定性影响，管控运营风险和财务风险。信息是财务与业务一体化的基础，财务是围绕业务过程中活动状态所反馈的信息进行的决策，须整合和优化运营信息。绩效与监督是财务与业务一体化的驱动因素。在控制层面，财务与业务的目标相同，而记录、计量方式则存在着差异和互补。

基于业务活动轨迹及管理职能主线的运营风险矩阵，进一步明确了 A 研究所每一个部门的职责，使预算目标和成本核算更明确，进一步加强了对项目成本的控制。由于 A 研究所产品种类的增加，对产品成本的控制以及库存商品的管理在原有基础上有所提升，随着流程的进一步细化，将内控流程融入运营管理，并提高整体管理水平。

（3）构建基于管理矩阵和内控的财务体系

企业的经济运行由于所处的行业、地域、规模等不同而存在运行模式上的差异。同时，处在不同阶段和不同经营战略条件下的企业也会具有不同的管理目标，对企业财务管理模式提出不同的需求。针对科研流程特点和经济运行模式建设财务体系的方案，既体现了会计业务与财务管理需求，又融合了整体提升企业管理过程中对会计核算的要求，并满足企业对内考核、对外报告、预算管理和资产管理等需求。

如图 2 所示，企业财务制度体系主要是对会计行为和会计业务进行规范，由事项、内容和目标三个方面构成。会计行为规范包括会计岗位责任制及与会计业务相关的制度两部分。其中内部会计控制制度着重明确了会计人员岗位相关业务范围并体现不相容职务分离情况，规定了领导审批权限，并明确授权审批制度，体现为会计人员遵守制度的程度。内部控制制度以《企业内部控制基本规范》为基础，并考虑企业风险控制及不相容职务分离、授权审批、信息沟通等内部控制活动要素。成本和费用制度与规范流程相关，基于流程的执行模式比基于文字表述的形式更利于业务人员理解与执行。全面预算管理制度用于规范全体业务计划性支出，评审后发布，涉及各级责任人。资产管理制度与归口管理部门及岗位相关，用于规范特定经济活动与行为。岗位操作规范包括职责和任务内容描述、账务处理与科目责任、执行制度与关联业务、业务流程与输入输出数据等四个方面。

如图 3 所示，财务管理体系由会计核算、部门核算、项目管理、全面预算、合同管理五部分组成。分别从不同侧面反映出经济活动的运行及轨迹，在项目执行过程中，各有侧重，又相辅相成。

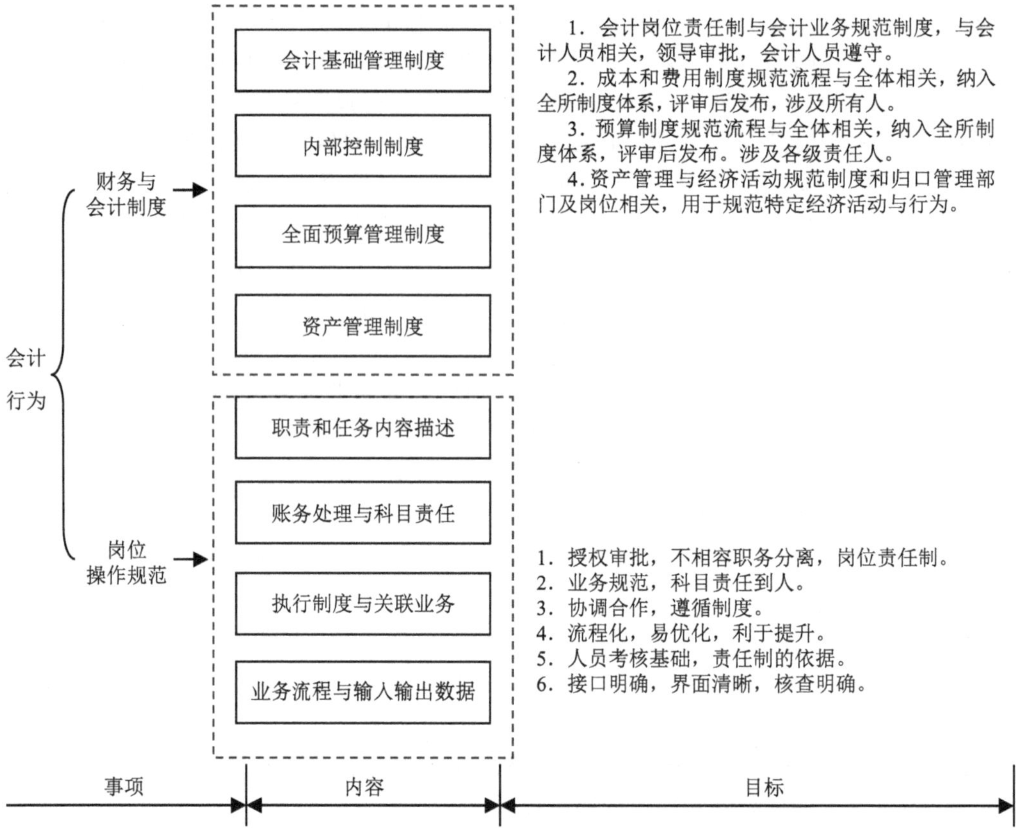

图 2 单位财务制度体系

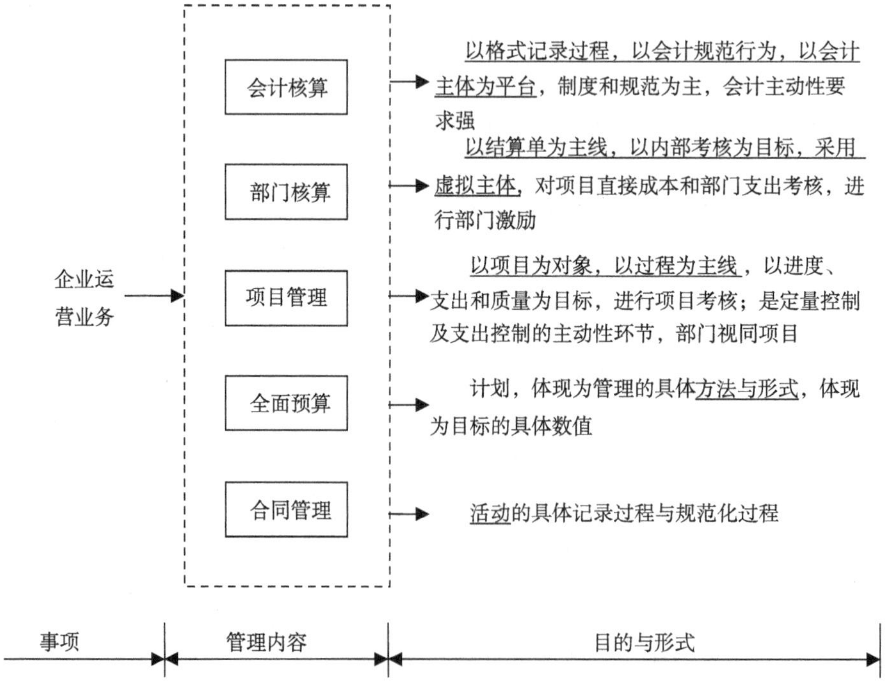

图 3 单位财务管理体系

会计核算以传统的会计业务为主，体现为格式化的记录过程。以会计规范经济行为，针对会计主体的核算平台，制度、规范为主要标准，会计主动性要求强。部门核算以结算单为主线，以内部考核为目标，采用虚拟主体核算，以项目直接成本、部门支出为主要核算对象，以部门激励考核体系作为管理目标。项目管理以项目为对象，以过程为主线，以进度、支出、质量为目标。项目负责制以项目为对象对项目周期进行考核，是企业进行定量控制及支出控制的关键环节。全面预算体现为计划和目标，主要划分为部门费用预算与项目直接支出预算两种类别。合同管理是财务管理的延伸，以活动的过程记录与规范为主线，具有定额比价环节与过程追溯的特征，体现为直接成本支出，授权与审批贯穿经济活动的全过程。

综上所述，内部控制与企业风险管控是管理的两个侧面。企业风险管理是内部控制概念的自然延伸，内部控制的管理目的就是加强对企业风险的防范与控制，以实现企业的健康运行与良性发展。企业风险是企业运营过程中目标偏差的伴生事物，而内部控制是企业进行风险控制，提升管理水平的有效手段。内部控制作为提升企业管理的基础手段，需与企业管理特点相适应。同时，与企业质量程序文件、科研管理流程、财务管理模式及绩效考核体系相融合。否则，推进和实施内部控制将带来体制和制度的不适性，影响推进效果。基于业务活动轨迹及管理职能主线的矩阵模型在融合各类管理目标及全面推进管理升级方面是一个方法上的创新，能将企业管理的总目标、分阶段目标、职责目标进行划分，分层次、分阶段的管理，并反馈管理过程中的不适性，在有效推进管理的同时，减少原有制度及固有思维对管理创新的制约。

实施效果

基于业务活动轨迹及职能划分的管理矩阵是全面预算、风险管理、内部控制、全员绩效考核等现代管理理念在企业的综合应用。同时，也融合了财务价值创造力和财务决策支持体系的思想，是对现代化管理理念与大中型企业管理变革相融合的管理创新。引入基于业务活动轨迹与职能主线的管理矩阵创新，不仅给企业带来经济效益，更体现为企业的综合竞争力，进一步影响到企业中长期发展与企业文化。

A 研究所为解决财务管理职能单一的不足，提出了基于业务活动轨迹及职能主线的管理矩阵，通过财务管理与职能部门、企业风险、绩效激励、信息传递的内在联系，使企业运营与目标有机结合。为推进管理落地，结合全面预算、项目管理及绩效考核三大管理手段，提出基于项目活动和行为的项目管理模式，实现资源配置、过程管理及绩效考核的统一。为落实战略规划，A 研究所建立了融合内控和风险管控的财务制度体系，对行为、目标和内容设定标准流程，规范了会计行为和业务流程。

基于业务活动轨迹及管理职能主线的管理矩阵在整体上体现为企业的管理理念和管理思路，并能清晰展示管理过程、管理目标、管理关键点、管理界面等，能较好地解决单一管理职能在实施过程中所带来的制约与不足，且有利于分步骤实施和逐步修正，以实现企业的战略目标，推动企业高质量发展。

案例《浅析科研院所加强内部控制的实践》发表于《财务与会计》2012 年第 8 期；案例《浅析科研院所构建基于内部控制的财务体系》发表于《财务与会计》2011 年第 12 期。

案例F 科研项目基于活动的成本管控及产业化策略

实施背景

在电子行业面临向价值链高端推进，产业化面临融入国计民生和全球化竞争的大环境下，对以技术研发为主的事业单位向技术转化、产品化和产业化为主的现代企业转制提出了新的要求。项目是管理的基本对象，项目成本管控将成为企业价值创造能力和竞争力的核心要素。项目管理能力和成本管理水平直接关系到企业成败，提高项目管理和项目成本管理水平势在必行。

研究院所作为我国技术创新的支柱，研发项目管理是科研院所管理的基本单元。市场化进程必将带来针对项目转化过程中不同类型项目的成本核算问题。项目管理、成本控制、价格组成、项目预算与定额管理、企业体制与产业化战略是企业管理的核心。如何从项目活动入手，分析项目成本特性和组织依附形态，以及企业技术与项目产业化策略之间的关系，寻找产品的产业化策略和支持模式是个系统工程。

A研究所通过产品（项目）成本组成、项目成本要素的分析入手，将管理粒度向业务活动及其数据源细化，通过科研项目主成本特征的分析和过程管控，进而研究产品成本及其对产业化策略的影响。

科研项目基于活动的成本管控及产业化策略

（1）基于活动的项目成本核算与数据源分析

项目全过程既包括业务活动，又包括技术和管理等相关的作业，正是这些活动的有机集成，才构成项目的全过程。基于活动的项目成本核算是一个管理会计概念，它与传统成本核算的区别主要有两点：第一，基于活动的项目成本核算立足于A研究所的科研项目，传统的成本核算面向生产或服务所依附的组织。第二，基于活动的项目成本核算按照作业所消耗和占用的资源去控制项目成本，而传统的项目成本核算方法是按统一的定额进行成本管理。

科研院所生产的产品是处在不同技术阶段与产业化背景下的科研项目。因其产品（科研项目）处在不同的技术阶段、工艺条件、产业化规模和市场状态条件下而具有特定的成本属性。如何对处在不同技术阶段下的产品进行成本分析，是科研院所成本控制和产品规模化、产业化的基础。

如图 1 所示，科研产品的业务活动与成本数据之间的关系左侧展现的是产品价格组成、成本要素的划分和价格的计算过程。右侧展示的是产品形成过程中所涉及的业务活动，指资源消耗和产品价值增值的过程，由活动内容、活动结算形式、记录载体与管理环节三部分组成。

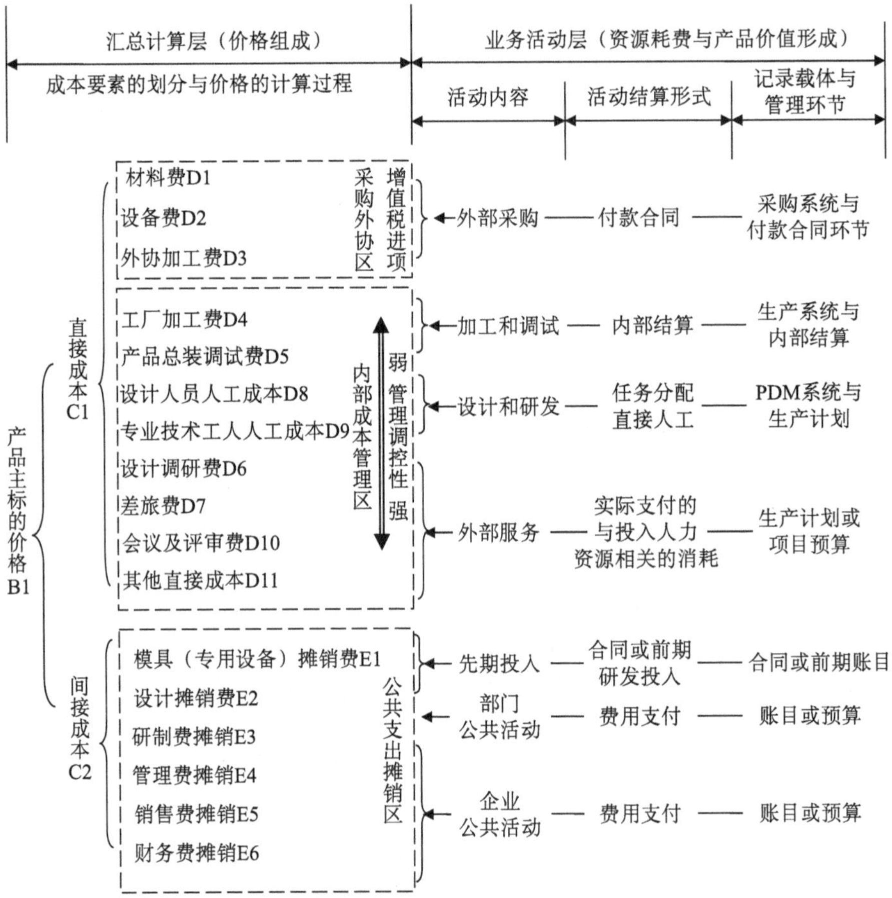

图 1　产品价格要素构成与成本管理

产品成本是生产中一系列活动以资源耗费和形态转化的形式体现的。区分生产中不同活动的内容与形式，是为了成本管理与控制。将生产过程中的活动串起来就是产品的物化过程。每一项活动都有定额和定量属性，也就具有货币化计量与结算记录。随着信息技术的应用，这些活动都在以一定的格式存储，而这些记录着特定活动的环节和系统，构成了产品成本管控的关键点。

生产过程中的业务活动与生产要素联系紧密，某一活动往往对应着特定的生产要素与生产环节并以特定的结算方式记录在载体上。通过对科研院所业务活动的分析，结合成本核算、结转的特点，将产品活动划分为如下几类：

①外部采购。外部采购是企业生产活动中的重要环节，成本中的外部采购主要针对与科研生产直接相关的材料、设备和外部协作、加工、服务等支出，对应直接成本中的材料费、设备费、外协费三种成本要素。采购活动以合同形式结算，同时采购成本也是增值税进项的计量基础。外部采购具有与项目的相关性，成本依据归集结算单核算，采购活动记录于采购系统和付款等环节。

规范采购流程和降低采购成本是此环节成本管理的重要内容。采购过程中的商务策略和采购政策是集成项目管理需重点考量的内容，建立良好的供货商关系并融入产业链，已经上升到提升企业竞争力的重要层面。

②加工和调试。加工和调试主是指加工过程及生产消耗，以及总装和调试阶段所发生的直接支出。此类活动对应成本要素中的加工费和调试费，多以任务单和内部结算的方式计量和计价。此类活动是对企业现有生产装备和生产资源的利用。生产系统和内部结算是此活动成本管理与控制的关键。

对产品化项目，如何利用现有生产能力组织投图生产，是提高企业综合效能的重要方式。同时，产品的规模水平也是设备等硬件资源投入的决策依据。

③设计和研发。设计和研发是指为实现项目的技术创新和技术创造性所投入的以科研型人力资源为主系列活动所产生的人力成本。在现阶段，技术的价值主要是以人力资源的投入为主入账。在技术还没有成为独立的交易对象之前，人力资源投入和项目的技术风险直接相关，与项目研发周期成正比。项目进度和人力资源调配能很好地控制此成本。

对研发项目，人工成本是项目管理的核心，进度控制是成本控制的重点。对需进行产品转化项目，研发项目所投入的人工成本是企业利润的重要来源，体现为企业的核心竞争力。

④外部服务。外部服务是指实现项目过程中直接支付的与投入人力资源相关的消耗，多以购买外部服务的形式为主。对应成本要素中的设计调研费、差旅费、会议费及评审费、其他成本等。此成本要素因项目类型的差异而与其投入的人力资源具有一定的比例关系。

外部服务的列支依据生产计划或项目预算据实入账。项目预算是此类活动成本控制依据之一。

⑤先期投入。此类活动对应模具（专用设备）摊销、前期设计费摊销两项成本，反映了在实现项目产品化过程中先期投入，需要在后期分摊的费用。前期归集的开发成本和入账的专用设备成本是核算此类成本的基础。

此类活动的管理多与项目产品化、产业化密切相关，需要系统、缜密的分析和论证，在评估和预测市场的基础上决策。

⑥部门公共活动。部门公共活动是指不能直接归集到特定项目的研制费支出。对应研制费成本要素，多采用预算内实报实销的控制方式。通常，部门研制费水平与其所承担的任务量直接相关，可按年生产合同额的比例估算。

部门公共费用需在部门所承担的项目之间摊销。

⑦企业公共活动。企业公共活动指为维持企业正常经营所发生的期间费用，对应管理

费用、销售费用、财务费用三类要素。多采用按职能部门预算的方式进行分解与控制，以费用形式列支，并以货币支付和计量。企业公共活动支出与企业规模相关。如何在现有企业规模条件下，提高产出水平是降低间接成本比例的重要途径。同时，在既定产出的条件下，控制和压缩企业公共支出规模是企业提高效益与企业竞争力的重要手段。

企业公共活动支出需在企业所有项目之间摊销。

以上活动中，外部采购、加工和调试、设计和研发、外部服务共同构成与项目直接成本相关的活动，其入账方式一般以结算单记录的定量数据和定额数据入账。先期投入、部门公共活动、企业公共活动构成间接资源消耗，其入账采用摊销方式计入项目。与直接成本相关的管理与控制在科研生产一线，直接成本管控水平能够更好地反映一个产品的真实成本和竞争力。而间接成本的管控与企业规模、管理效率相关。

直接成本相关的活动受生产模式的影响，间接成本相关的活动与企业核算模式相关。分离直接成本与间接成本相关的活动，能更好地分析产品成本构成，更利于成本管控与决策。

（2）项目（产品）成本构成与管理属性

由于科研院所产品的多样性，产品的成本组成及成本特征也不尽相同。成本管理是企业管理的重要环节，但产品成本组成分析的侧重点不相同。例如：付现成本反映出产品成本中对货币资金的占用情况，间接成本反映出成本中摊销支出的情况。图2反映了不同管理角度分析的成本构成及其属性。

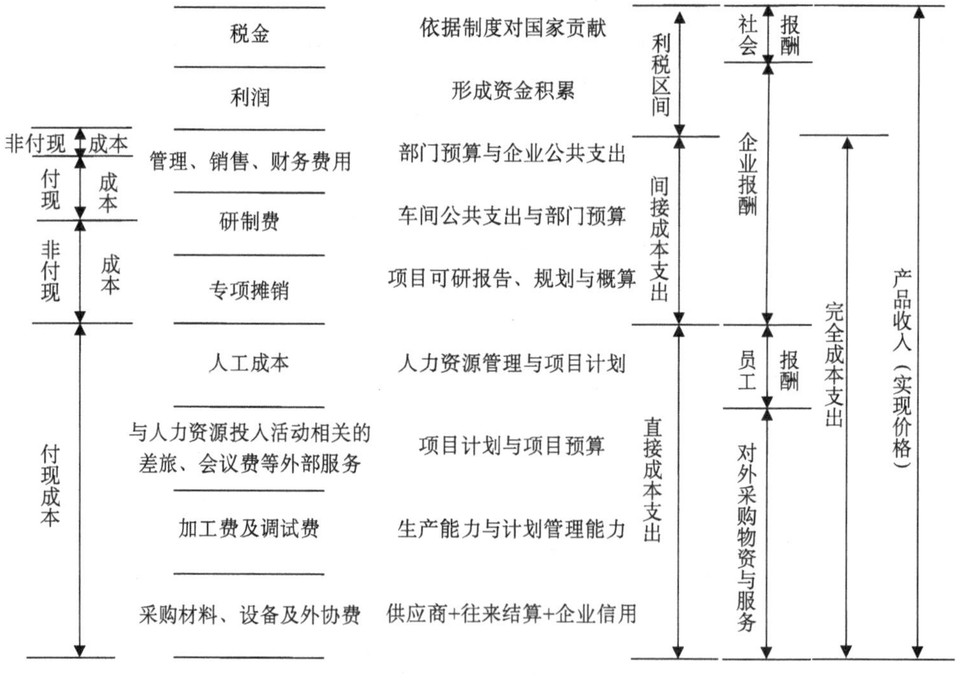

图2 成本构成及其属性分析

非付现成本主要是指产品承担的模具费摊销、前期设计费支出和产品摊销的研制费、折旧费等非付现支出。付现成本构成比例越高，说明产品对货币资金的占用比例越大，运营过程中的财务风险越突出。

从报酬角度分析，产品价格由对外采购的物资与服务、员工报酬、企业报酬和社会报酬等构成。其中，企业报酬包括本产品所承担的公共支出，社会报酬与企业利润率水平和产品价格直接相关。员工报酬主要体现为人工成本等。

直接成本与产品直接投入的资源相关，金额大小受项目的生产效率和工艺水平影响，其绝对额与产品产量成正比，降低直接成本的关键是要提升对生产过程中各环节的管控水平。间接成本与企业规模相关性强，与产品产量相关性弱，只有加大产品规模才能降低单位产品所摊销的间接成本，或通过压缩公共支出规模来降低产品摊销成本的比例。

不同类型产品成本对应着不同的活动。成本管理就是通过成本构成分析，改进管理流程，优化作业相关的活动，提升作业效率的全过程。

（3）项目（产品）类别与成本特征

为了更好地进行成本核算和产业化决策支撑，根据 A 研究所产品特征，将产品划分为集成项目、研发项目、产品化项目、产业化项目四类。项目成本特征和产品类别的内在联系如表 1 所示。

表 1　产品类别与成本特征一览表

项目	集成项目	研发项目	产品化项目	产业化项目
项目特点	技术成熟，具有特定行业市场和客户，需求明确，市场竞争激烈	具有技术难度与技术风险，工期具有不确定性，项目具有唯一性	具有一定的市场空间，技术、规格、质量、参数相对固定。具有小批量生产条件	具有广阔的市场前景和一定竞争优势，具有量产的市场需求和生产条件
代表性项目	轨道交通、应急通信等项目	CGTR 等系统工程项目	天线系列产品和无线电监测设备	导航接收机、晶振等产品
成本特点	采购占绝对比例，技术成熟，人力资源投入比例很小，集成费占 6% ~ 12%（含管理费）。对采购（分包商务）活动要求严格	人力资源以及与投入人力相关的支出为主，进度与成本成正比。有部分采购、加工支出	以投图生产为主，采购、外协、机加工的成本和流程相对固定。设计风险性小，工期固定，有备件、通用件、产成品等	成本与产量具有函数关系，产品具有生命周期特性，需要专项投入或筹融资活动
投入资源（活动）	以技术、资质等无形资产的投入与集成采购对资金的占用为主	以技术型人力资源的投入和日常科研资源的占用为主	以加工性生产资源投入和产品调试资源占用为主	通常由专项投入（分摊成本），材料费、加工费等组成
成本活动和成本要素的内在联系	1. 集成设备采购支出； 2. 采购政策； 3. 与采购支出成函数关系的集成费用； 4. 按人月费率计算的人力资源支出	1. 人力资源支出； 2. 与投入人力资源相关支出； 3. 采购和加工支出； 4. 与人力支出成函数关系的摊销费用	1. 采购支出； 2. 加工支出； 3. 与前两项成函数关系的摊销费用	具有量—本—利模型分析特性，定价与产量、市场策略紧密联系，成本分析中运用固定成本、变动成本的划分
管理侧重点	采购环节	风险相关的进度、预算控制	采购合同环节与生产环节	市场与产业化战略

续表

项目	集成项目	研发项目	产品化项目	产业化项目
产品管理建议的方向	集成项目多与产业规划相关，应注重从政府规划入手的市场开发与技术转化，加强对集成项目采购环节的重视，注重资质和无形资产（技术）利用	重视与应对技术风险相关的计划管理、进度控制、费用管理等形式的管理	重视采购合同与生产环节的规范化，通过提升内部管理水平降低成本并优化管理流程	重视市场战略分析、市场策略应用与产业化的论证工作。结合产品生命周期、市场价格和产量进行成本推算与控制
项目取得方式	多采用公开招标方式	多以竞争性谈判为主	公开招投标或竞争性谈判，因市场和产品技术含量而异	依据市场策划与推介切入生产链供应商环节或终端市场
组织依附形式	融合市场、商务、技术、综合管理等人员的专业项目团队	由项目技术组构成的技术开发团队。通常技术团队归属于某一设计部门	依附于企业生产中的投图生产流程与生产计划，多数情况下由投图的部门负责	独立实体（公司等形式）
品牌属性	企业品牌	企业品牌	产品品牌	产品品牌

（4）项目（产品）成本与产业化策略

产品价格代表了在当前生产效率与生产力条件下的资源消耗水平。系统研究产品成本为提升产品管理水平奠定了数据基础，确定标准成本数据成为制定产品产业化支持策略和产业化战略的依据。提升产品成本管理与产业化的内在联系如图 3 所示。

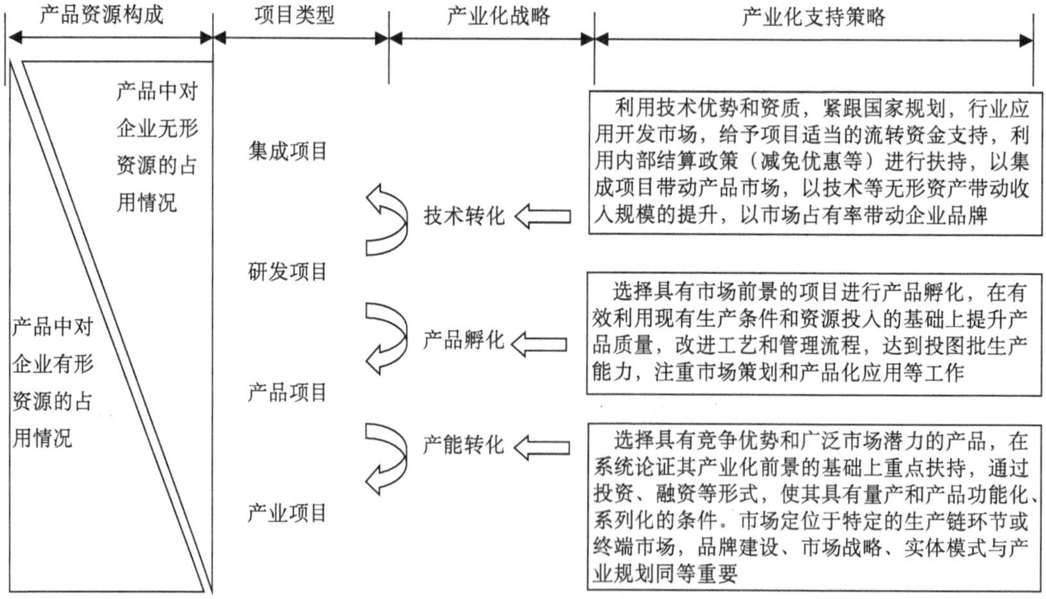

图 3 不同类型项目的产业化策略模型

根据对科研院所产品的分类，不同类型的项目由不同特点的活动构成，也体现为产品对企业资源的消耗与占用。产品的产业化策略就是通过对项目特点、项目前景等内部资源条件和外部环境影响的分析，对企业进行统一调配和资源管理，配合管理措施与手段，以实现企业中长期发展目标。

A 研究所是以系统工程研发为优势的单位。集成项目、产品项目、产业项目均是以研发项目为基础，不同类型的项目对企业资源的占用情况也不相同。不同类型项目之间的转化体现为产业战略的选择，由研发项目向集成项目转化采用技术转化战略，由研发项目向产品项目转化体现为产品孵化战略，由产品项目向产业项目转化体现为产能转化与产品系列化战略。由此可见，不同类型的项目是根据其市场特点动态转化的，且这种转化带来的成本构成变化与产业策略变化。

集成项目通常以企业技术和资质为主，通常采购分承包商或供应商的设备，也包括企业成熟的自主产品，利用技术转化和集成实现项目目标的过程。此类项目对企业有形资源占用较小，集成费率固定（管理费和利润空间有限），但标的金额通常较大，此类项目能提升企业的品牌效应和收入规模，并能带动自有产品市场。集成项目多与国家宏观规划和行业规划密切相关，应紧密跟踪规划开发市场，并在项目实现过程中给予资金支持，利用结算政策给予扶持。

产品项目选择具有市场前景的项目进行孵化，在现有生产条件基础上提升产品质量、工艺和管理流程，通过批生产能力提升效益和效率。产品化的项目一般指具有小批量生产能力和系列化的产品。此类项目在保证稳定质量的基础上降低成本，是扩大企业利润的重要形式。通过优化企业现有产能和流程，实现批产目标。

产业项目的特点是市场需求量巨大，市场应用前景广阔，采用扩大产能的策略。其产业化支持策略是选择具有竞争优势和广泛市场潜力的产品，在系统论证其产业化前景的基础上，通过投资、融资等形式使其具有量产和产品功能化、系列化的条件。生产链环节或终端市场、品牌建设、市场战略、实体模式的选择与产业规划同等重要。此类项目一般具有较明显的生命周期特性，通常在一个独立实体平台（如：公司）运作，并伴有产能投资、资产重组、资产注入、融资等活动。

通过基于活动的成本管控体系及产业化策略，A 研究所主营业务成本费用率得到有效控制并呈现下降趋势，产品系列化和市场化程度均得到建立和改善。产业化稳步推进，企业规划的格局初步显现，规模化对提升企业综合管理能力和价值创造能力的成效显著。精细化管理促进企业步入良性、健康的快速发展通道，为全面风险管控、全面预算、项目管理、全员绩效等现代管理方法的综合应用奠定了基础。该方法提升并丰富了企业的价值创造能力和决策支持能力，是现代化管理理念与大中型企业管理变革相融合的管理创新。

在 A 研究所江东 SOI 压力产品产业化项目、基于 MEMS 化学量产品产业化项目、铂电阻生产线及产业化项目、气体产品产业化项目中，应用基于项目活动的成本管控模式、产品定价模式和产业化策略，有效地促进了技术转化和产业化，经济效益显著，并为规模化生产奠定了管理基础和竞争优势。

通过基于活动的成本管控体系及产业化策略管理模式，A 研究所创新了管理体制，内部成本与风险控制水平明显提高。管理创造力给企业带来的不仅是经济效益，更体现为企业的综合竞争力，进一步促进了企业的中长期发展。

案例《浅谈科研项目的报价体系构成及流程》发表于《财务与会计》2013 年第 6 期。

案例 G　HLG 集团实施财务共享的实践

HLG 集团隶属国资委，是集制造、信息服务、文化产业于一体的多业态、跨地域企业集团，业务以大连和北京为中心，辐射全国。为实现“归口管理、集中决策”的管控目标，HLG 集团以财务共享推动运营转型，为项目核算、合同执行、部门绩效、资金集中等提供基础支撑，进而为打造集团和企业分层级管控的经营模式奠定基础。

HLG 集团财务共享实施要点

（1）两层次经营与财务共享模式

HLG 集团基于财务共享构建了两层级经营管控的财务体系，包括企业级业务财务、共享财务和集团级战略财务三部分。企业级业务财务包括项目管理、预算编报、资金计划、业务支撑、合同管理、资产管理、往来结算、财务分析等内容，提供财务对业务的专业化支撑，并生成驱动共享平台的作业数据；共享财务以网上报账平台处理的业务为基础，进行收入核算、材料核算、资产核算、税务核算、成本费用核算、薪酬激励等制单与账务处理，并提供资金结算、报表编制、电子档案和共享运营管控等服务；集团级战略财务提供标准化的核算数据和业务数据池，满足企业集团预算管理、资金集中、资产管理、商业信用、项目财务、税务统筹、管理报表、财务预警等战略管理需求。同时，集团级战略财务通过监控分析能穿透查询共享财务层的核算数据和业务财务层的作业活动。

（2）基于既有 ERP 财务共享建设

HLG 集团财务共享体系是通过共享系统对既有 ERP、全面预算、合同管理、资金管理、税票管理及银企直联等系统集成，构建面向运营与财务的共享数据池。全面预算既是业务计划，也是核算控制目标，还是业务后评价的对标依据；合同管理是财务、业务、法务管控一体化的核心要素，在项目执行、资金预测、风险管控等方面发挥着重要作用；资金管理体现为财务风险管控和财务效益，是控制信贷风险的重要手段；税票管理及银企直连是管理拓展，其核心是利用开放的标准化接口集成外部系统，提升业务处理效率。

HLG 集团统一选型并构建 ERP 系统，各子企业根据业务特点构建适用于运营实际的子系统。具体而言，财务共享以既有 ERP 核心为基础，前向集成供应链系统、销售系统、资产管理、全面预算等平台，后向衔接 ERP 账务、报表等系统，数据由 ERP 系统统一发布；所有业务审批均通过 OA 统一推送，实现审批流与业务流的标准化衔接。同时，财务共享提供面向集团的全级次财务报销和稽核服务，并集中资金管控和资金结算，实现银企直连。具体流程为：向财务共享推送 ERP 子系统业务数据和影像采集的网上报销数据，与合同结算条款、全面预算等维度比对校验后，生成凭证并推送共享稽核；凭证稽核后，分拣到资金结算和 ERP 账务系统，生成报表；未通过稽核的数据回写到业务系统，利用 OA 平台通知经办人，重启业务流程。

(3) 以财务共享数据池促运营数字化

为满足集团和企业在战略部署、运营决策、作业管理等层面的管控需要，HLG 集团引入共享数据池（见图 1）。共享数据池是面向管理会计的运营数据集合，既包括涉及价值创造过程的非货币化序时业务活动信息，也包括货币化计量的会计核算数据。

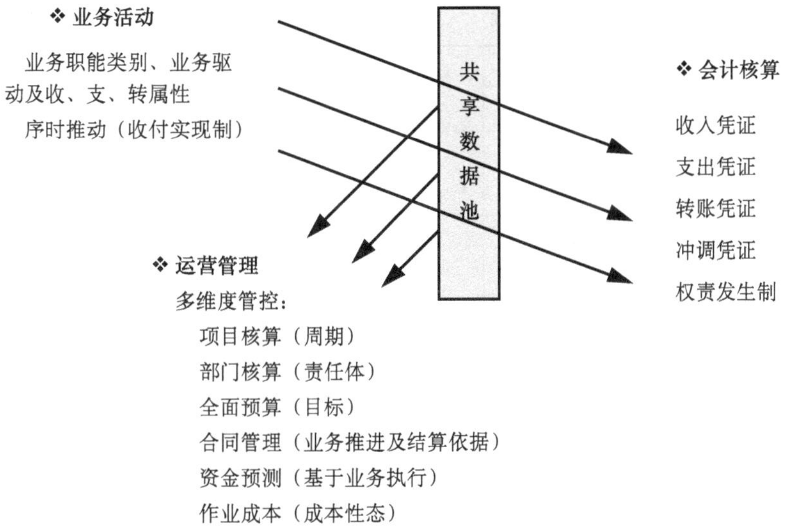

图 1　共享数据池

共享数据池是基于业务活动和凭证级的标准化数据仓库，贯通业务与全面预算、核算、决算、结算的全过程，实现项目核算、部门核算、全面预算、合同管理、资金预测、作业成本等维度的管理拓展。其中：项目核算维度实现业务全生命周期核算和跨层级管控；部门核算维度实现责任体考核和激励；全面预算维度实现运营目标的分解和管控；合同管理维度实现对业务进度和结算方式的管控。此外，拓展管理维度，包括与业务执行进度相匹配的资金预测、与成本性态相关的作业成本等。

共享数据池数据既是会计核算的基础，也是运营管控的基础。纳入共享池记录的业务数据属性划分为五个方面：一是业务类别及业务渠道属性，根据业务职能和资源属性划分为收、支、转等类型，进行业务分类核算和运营管理。二是业务审批流属性，涉及企业授权审批，体现为流程一致性，审批流记载了业务推进时序，也体现为内部控制流程与节点。三是业务活动“载体”属性，涉及业务项目、部门、预算、合同、归口、供应商、客户等维度信息，是打破信息割裂、实现信息整合和管理拓展的主线。四是资源属性，涉及业务数量、单价等信息，业务侧多关注资源配置及非货币化属性，财务侧多关注货币化计量、核算及绩效相关性。五是结算属性，结算方式是商务模式的重要组成部分，也是企业依据业务预测资金流的基础。

（4）业务矩阵模型实现业财数据一体化

为实现财务共享数据的标准化，需要统一财务与业务之间、不同企业之间、集团与企业之间的业务标准，HLG 集团采用矩阵模型规范业务流程（见表 1），从业务规则、全面预算、会计核算、评价与报告、平台属性五个方面梳理业务与财务的内在联系。

表 1　业务矩阵模型

<table>
<tr><th colspan="8">业务规则</th><th rowspan="2">全面预算</th><th colspan="4">会计核算</th><th colspan="2">评价与报告</th><th>平台属性</th></tr>
<tr><th>收支属性</th><th>合同规范</th><th>业务大类</th><th>业务细类</th><th>项目驱动属性</th><th>归口属性</th><th>审批流</th><th>责任单元</th><th>结算属性</th><th>受益期</th><th>核算规则</th><th>其他要求</th><th>对内</th><th>对外</th><th>网报或业务系统集成</th></tr>
<tr><td rowspan="4">支付</td><td rowspan="2">无合同</td><td>差旅费</td><td>差旅费申请、借款、报销</td><td></td><td></td><td></td><td></td><td></td><td></td><td></td><td></td><td></td><td></td><td></td><td></td></tr>
<tr><td>其他业务</td><td>其他业务借款、报销</td><td></td><td></td><td></td><td></td><td></td><td></td><td></td><td></td><td></td><td></td><td></td><td></td></tr>
<tr><td rowspan="2">有合同</td><td>主营业务相关供应链和资源</td><td></td><td></td><td></td><td></td><td></td><td></td><td></td><td></td><td></td><td></td><td></td><td></td><td></td></tr>
<tr><td>运营相关资产和服务采购</td><td></td><td></td><td></td><td></td><td></td><td></td><td></td><td></td><td></td><td></td><td></td><td></td><td></td></tr>
<tr><td rowspan="4">收入</td><td rowspan="2">有合同</td><td>销售合同</td><td></td><td></td><td></td><td></td><td></td><td></td><td></td><td></td><td></td><td></td><td></td><td></td><td></td></tr>
<tr><td>其他收入合同</td><td></td><td></td><td></td><td></td><td></td><td></td><td></td><td></td><td></td><td></td><td></td><td></td><td></td></tr>
<tr><td rowspan="2">无合同</td><td>无合同销售</td><td></td><td></td><td></td><td></td><td></td><td></td><td></td><td></td><td></td><td></td><td></td><td></td><td></td></tr>
<tr><td>其他零星收入</td><td></td><td></td><td></td><td></td><td></td><td></td><td></td><td></td><td></td><td></td><td></td><td></td><td></td></tr>
</table>

业务规则包括收支属性、合同规范、业务大类、业务细类、项目驱动属性、归口属性、审批流、责任单元八个方面，体现业务活动及办理财务事项规则的一致性。全面预算是依据企业滚动规划与经营计划，分解年度经营目标，包括业务预算、财务预算、筹资预算、投资预算等，全面预算具有覆盖业务和财务管控需求的特点，体现了业务活动的目标性、配比性、相关性、可评价等特征。会计核算包括结算属性、受益期、核算规则和其他要求四个方面，体现为会计政策、会计估计及核算方式的一致性。评价与报告指业务活动的展现方式，既要满足对内管控或对外披露的需求，也要满足集团、企业、部门、项目、活动等各层级的管理需要。平台属性指数据传递是通过网报系统收集还是业务系统进行自动传递？如果通过网上报销系统收集，则需要设定报销申请单的内容、格式及标准。

实行财务共享服务需要按照矩阵模型思路梳理业务，并以此为模型逐步细化。在组织架构和部门职能、制度规范、流程审批、会计核算、绩效考核与评价等方面协调一致，并实现流程和数据的标准化。

财务共享转型成效

HLG 集团通过财务共享平台，建立了北京与大连两个区域的核算中心，统一共享平台并支撑业务核算，实现资金集中管控。同时，财务共享也推动了财务人员转型和职能转变。

（1）人员与岗位变迁

实施财务共享后财务工作与组织方式发生了较大的变化（见图 2）。实施财务共享前，财务岗位设置与工作流程呈现串行模式，各岗位精力分配呈现溢出式，越往上，投入精力越少。通常完成前序工作，才启动后续任务。该模式不仅制约了工作效率，也不利于提升工作质量。在实施财务共享后，岗位布局和业务分配更加专业化，大幅提升了业务效率和质量。同时，在财务共享机制下，由于数据集中和标准化，使多维绩效分析和财务决策成为可能。在财务共享模式下，推动财务人员向业务财务转型，强化了业务层面的预算能力。共享模式能促进优秀的财务人员向战略财务转型，增强财务人员在绩效考核和决策支撑方面的作用。

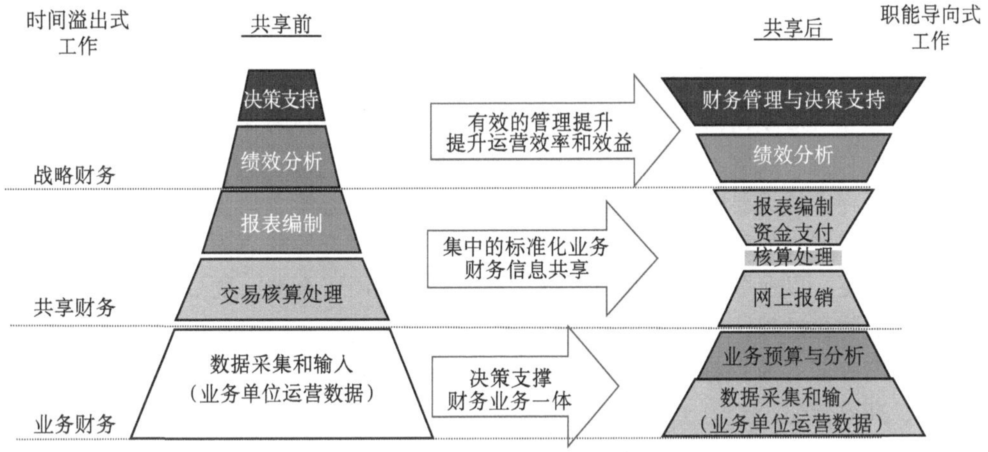

图 2 财务共享前后的财务岗位职能变化

（2）推动财务转型

HLG 集团财务共享为运营转型奠定了基础，共享模式通过传统财务收敛和管理会计下沉两个方向推动财务转型。传统财务收敛通过财务资金集中、制度化和标准化等实现财务流程优化和业务重塑，为组织变革、业务转型奠定了基础，体现为集中化。管理会计下沉是通过专业化财务支撑，促进业务与财务的深度融合，以财务支撑资源配置、绩效考核、目标分解等，体现为专业化。同时，财务共享围绕价值创造与风险管控，构建面向业务活动、运营管控、决策支撑和战略规划等层级的财务体系，贯通资金链、价值链、数据链，通过优化流程、修订制度持续推动财务管理的科学化水平。

案例《华录集团实施财务共享的实践》发表于《财务与会计》2019 年第 3 期。

案例H　以业财融合促企业运营管控能力提升

实施背景

随着经济的发展，数字和网络技术促进企业信息化手段不断发展，财务的信息化方法也得到广泛应用。以业财融合为核心的经济运行管控系统将众多财务人员从繁杂的记账、核销、报账等工作中解脱出来。业财融合更利于财务人员将精力投入运营管理支撑等方面，提升财务工作的标准化水平，提高财务工作的时效性和准确性，为各级管理提供决策信息，为财务转型奠定数字化基础。

（1）企业实施运营管理的必然选择

当下，研究所是原创技术策源地的核心要素，管理的核心则在于企业对经济运行的管控能力和战略实施的成效。企业财务管理所涉及的供、产、销、人、财、物等要素，都是维系企业生死存亡的重要资源和关键环节，是企业价值创造能力的重要要素。业财融合作为企业提升管理能力的重要手段，也是企业管理信息化建设的核心内容。经济运行信息多以财务数据为主，以业务执行过程和运行状态为辅，协同资金流、物资流及信息流，更好地管控项目的物化过程，以提升企业的精细化管理能力。研究所以业财融合为核心，以提升经济运行管控能力为目标，通过财务与业务系统的融合建设，实现经济运行信息的实时、准确、高效传递。

（2）企业实施风险管控的有效手段

企业财务风险主要体现在资金风险、流动性风险、信用风险、税务风险等方面。企业财务运行机制对企业变革和完善企业组织方式、经营方式、筹资方式、投资方式、分配政策尤为重要。随着信息技术的发展，实现资金流为核算对象的会计业务向基于实物流和全过程控制的综合业务管控转化。研究所需要利用信息技术建设业务、财务一体化系统，为生产经营提供有力的支撑。建立以业财融合为核心的经济运行管控体系，使分层次运营管控成为可能。

以业财融合提升企业营运能力的做法

以业财融合为核心提升企业经济运行管控能力，建立适应科研特征的多品种、小批量运营体系，通过信息系统优化运营模式，提升企业经济运行管控水平。建立基于业务的运营系统、面向业务的预算与核算一体化系统及基于数据决策支持的系统三个层次构成的体系方案，通过七个功能模块的建设提升财务与业务一体化能力。系统支持滚动编制年度预算，扩展全面预算与项目管理功能，实现预算编制由财务向业务侧延伸。

（1）业财融合促经济运行管控信息化

基于财务业务融合的经济运行系统是面向研究所运营层面和业务级两层次的多维应用。运营层面需要根据对下属单位的运营管理粒度来考虑信息化建设目标，而业务层面需在研究所战略规划下兼顾行业和企业管理特点，依管业务特征和需求确定实施目标。业财融合的信息系统要满足战略管控、集中管控和业务规范化三个层次的管理目标。战略目标的匹配需要通过财务分析、绩效评价等工具支持决策。集中管控以全面预算、资金管理作为两大抓手，以资产和资本运作为两大手段进行资源匹配与运营风险控制。而基础业务是融合基于实物流转、过程控制、资金流管控的业务规范和业务财务一体化运营平台。

（2）构建业财融合经济运行系统的关键点

财务与业务融合经济运行系统需要统一所属企业财务信息系统平台和基于业务的数据字典和接口标准，采用网络互联、分布式计算、海量存储处理统一云平台下虚拟化单账务主体的财务信息。集中部署的研究所财务信息系统满足所属各类型企业核算和管理需要。

统一标准体系是数据进行分层次汇总和归并的基础，同时也是生成决策数据的核心保障。在研究所构建集中部署的财务信息平台的过程中，标准体系决定了应用分层和功能范围，标准体系是构建业财融合经济运行系统的基础。

标准体系即建立一套较为完整的标准化体系，统一核算体系、组织机构、会计科目、客户与供应商编码、项目编码、存货编码、资产编码、会计报表、业务流程规范和业务标准接口等，并固化到信息系统中以规范成员单位业务规则。

战略管控与决策平台是基于财务业务一体化的信息，在数据挖掘和分析基础上的支持运营决策和风险管控。财务业务一体化管理平台的建立基于业务流转和过程控制的财务预算和核算体系，以满足财务核算和各级运营管控的需要，即满足管理会计对运营决策的数据需求。

基于目前财务职能划分和业务过程的管理应用，建立基础业务系统（含物资与合同管理）、会计业务数据采集平台、会计核算系统（含固定资产、工资、自动转账、关联交易等）、全面预算系统（含报表层面和业务预算层面应用）、项目运营与成本管理系统（包括成本管理和实物结转）、资金管理系统（资金计划和筹融资）、决策支持系统（含报表与报告、风险管控）七大管理功能构成的系统。

（3）识别经济运行管控的业务及系统边界

如图 1 所示，基于研究所经济运行需求，应用层次的财务与业务一体化系统由基于业务的运营系统、面向业务的预算与核算一体化系统及基于数据集中的决策支持构成。

基于业务的运营系统由一体化业务系统及与业务相关的其他业务系统组成，主要包括项目管理（与财务相关的项目信息和过程）、物资管理系统。其他业务系统包括人力资源系统、生产管理系统等。对已应用项目管理和物资管理的单位，提供标准业务接口和流程控制接口，支持异构系统的扩展即应用规划，形成与异构系统、门户网站的集成能力。

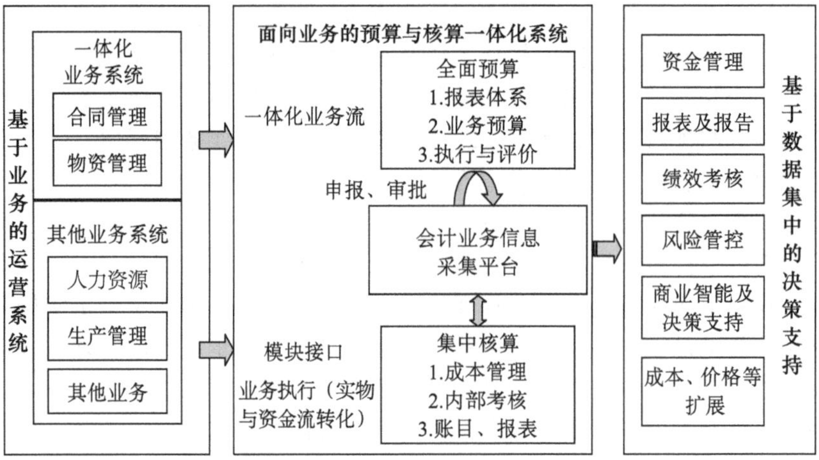

图1　企业经济运行管控的业务及系统边界

面向业务的预算与核算一体化系统由全面预算系统、会计业务信息采集平台、集中核算系统三部分组成。全面预算系统包括基于考核目标的报表体系、基于业务主线的业务预算、面向企业营运能力的预算分析及面向企业部门绩效的评价体系。集中核算系统是指由凭单到账务的会计处理系统，同时包括固定资产、工资等基于卡片的业务。集中核算系统是数据规范、报表和报告的基础，同时构成决策支持的主数据源。会计业务信息采集平台是对基于业务的运营系统进行数据归集的系统，同时也是业务系统连接全面预算判定业务执行规则的通道。基于数据集中的决策支持系统包括资金管理、报表和报告、绩效考核、风险管控、决策支持、成本分析、价格应用等模块。结合规划，制定标准、统一制度，通过资本、资金运作及全面预算手段实现集团管控。

以全面预算作为财务管理由事后核算向事前计划，事中控制，事后评价转变的管理抓手。会计核算系统作为采集会计业务信息流的接口，规范不同业务的信息系统及网络报销，是业务执行与基于业务的全面预算在数据反馈方面的触发。核算系统除能满足集团核算规范、集中、不同运营特点企业核算需求外，同时作为报表与报告、决策支持、风险管控等数据挖掘和深层次应用的数据源。系统需建立基于直接支出成本过程控制、项目业务预算定额定量匹配、历史同类数据对比分析的成本和价格管理系统。

（4）经济运行子系统的核心管控目标

第一，要统一制度、流程梳理和编码分类等标准工作。第二，各子系统之间应当实现无缝对接和信息集成，并固化于系统中。与资产和运营紧密相关的系统纳入经济运行子系统统一规划（如：物资、合同），其他业务系统采用标准接口进行集成。全面预算和财务核算数据构成企业级运营数据源，基于管理规范和标准，匹配管理粒度与管理的精细化程度，决定数据挖掘等深层次应用。

①基础业务系统。基础业务系统包括物资管理与合同管理。物资管理系统的数据构成了成本的主因，也是流程规范的业务之一，是企业风险管控的重点，是业务流与资金流紧密联系的主线，所以将物资管理系统纳入基础业务系统具有必要性。合同是经济业务的载体，是业务执行的依据，也是经济活动的主要形式，无论是行为和活动，均可采用合同形式约束和记录。同时，合同也是现金流管理的依据。合同管理在过程控制、风险控制、资

金预测、基于业务的全面预算及成本控制方面具有基础支撑作用。因此，将合同管理纳入业务系统实施。通过合同管理确定项目立项、计划管理、采购管理和分析考核等，能实现项目预算编制、预算控制与科研生产过程的紧密结合。

②全面预算系统。全面预算系统主要指对经营预算、投融资预算、资金预算、薪酬预算、财务预算等，实现预算编制、预算审批、预算调整、预算执行监控及预算考核评价等全过程管控的平台。实现预算编制向业务转化，支持中期规划的编制和年度滚动计划的分解，实现跨年度业务的滚动预算编制和项目全生命周期的预算编制，进而实现基于项目预算执行过程的跨年度结转和控制。实现管理数据、核算系统数据与资金系统数据的有效集成。利用全面预算系统的数据接口功能，整合预算管理、核算管理与资金管理等财务系统与其他业务系统的数据资源，高效、准确地实现单位内部预算管控；通过预算分析为领导提供决策参考依据，并为考核评价各责任主体提供依据。

③会计业务数据采集平台。会计业务数据采集平台包括网上报销业务、往来结算、销售发票、出入库成本核定等业务的数据平台。基于业务运营系统归集数据，也是通过全面预算数据判断业务规则的触发器。除了会计核算系统的核算凭证、转账凭证、冲调凭证外，与收支类及业务运作相关的会计信息，均通过会计业务数据采集平台归集处理，是沟通会计核算与全面预算、一体化业务模块的平台。

④固定资产、工资等基础业务。会计核算系统还包括卡片式会计业务（固定资产、工资等）和账务处理模块。主要指根据集团统一的会计制度和会计科目编码，由业务驱动自动生成会计凭证、会计账簿和会计报表，并能灵活适应国家会计准则及企业会计政策变更，适应集团多种形式业务核算需要和事业单位行业特点核算需要，应建立集团层面会计集中核算和共享会计信息服务。系统能体现对固定资产、在建工程、股权投资、应收款项、无形资产等资产的动态管理。

⑤资金管理系统。资金管理系统主要指通过与预算、核算等业务系统的有效集成，对企业现金、票据、存贷款、外汇等实施统一管控和调配，控制预算外资金支付，促进企业加快内部资金融通，提高使用效率，降低资金成本，防范资金风险。资金管理建立以资金监控为核心，以银行账户管理、资金预算管理、融资管理为辅助，以领导决策支持为目标，兼顾研究所管理需求、技术特征、网络基础的跨单位、跨层级的资金管理平台。资金管理系统应具有管理成员单位账户信息，审批和查询功能，并能分析资金来源、资金运用、资金存量、资金流及动态分布等信息。

⑥项目运营与成本管理。项目运营与成本管理是指以项目订单、计划下达、入库、出库、开票、回款等与项目运营全过程相关的信息。以产品、服务、项目等管理及生产运营流程为中心，结合成本费用的归集、分摊、结转、核算等，实现项目全过程和项目绩效管控。该模块提供成本预测、成本核算、成本分析、价格管理功能，满足会计核算的事前预测、事中核算、事后评价，能运用统计方法及历史数据进行综合分析，满足企业经营决策需要，实现基于成本费用的部门核算，支持成本报价和成本审价体系，支持质量成本管理。

⑦决策支持（BI、风险管控）。决策支持提供融合单位和集团管控需要的数据仓库，提供支持不同层次管理者、决策者的数据解决方案。决策支持包括具有统一定义报表体系，并自动下发和定义功能，支持报表数据的穿透式联查。平台能实现单个指标到跨报表

多个指标的纵向、横向分析，能支持 Word 文档的非结构化数据分析及数据定义，提供平台和控件，支持异构系统数据集成。具有合并报表编制、绩效考核和评价的功能。决策支持系统能实现跨账簿、跨区域、跨年度等多维度的穿透查询和数据钻取，实现经济分析、行业对标、风险预警、趋势预测、绩效评价等决策支持功能，并以图文等多类型展现。其中，风险管控系统能支持在线审计、内部控制与评价、风险防范与评估等功能拓展。

⑧搭建多维度经济运行数据仓库。经济运行数据仓库解决方案按功能包括财务会计和管理会计两部分。集团企业财务信息化需要实现企业核算层面的财务会计功能、管理会计职能、集团管理与企业决策三个层次的管理要求。

财务会计是外部会计，它是按照会计准则而建立的核算体系，帮助企业产生对外的财务报表。财务会计系统要提高会计信息的适时性和准确性，减少人为干预。管理会计是内部会计，它关心的是如何帮助企业实现利润最大化，即成本优化和企业价值最大化。集团管理层面与企业决策层面通过对业务数据和管理数据进一步综合和集成，将预处理数据展现给各级管理者，以便实现集团对重点经济运行指标的监控，以及管理者利用财务信息资源进行辅助决策。

如图 2 所示，企业财务信息化项目分为财务核算、内部管理、财务管理、分析评价、数据仓库与决策支持五类功能。其中财务核算主要实现业务操作的信息化，主要包括：固定资产、应收系统、应付系统、工资系统、网上银行、报账中心和总账系统，其核心模块是总账系统。该部分功能模块主要以操作流程信息化为主，重点在规范操作流程的基础上提高核算效率，将会计工作从烦杂的数据流过程中解脱出来。

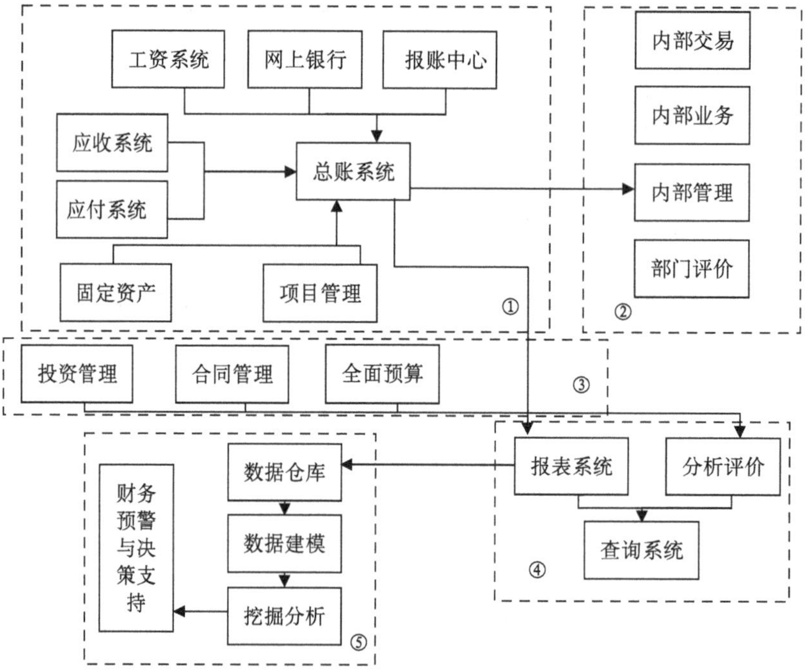

图 2 财务数据仓库的体系环境

内部管理是将财务核算体系与基于内部核算的统计评价分离。内部核算目的是依据一定内部控制手段，评价和考核内部责任主体的绩效，控制内部经济运行，起到激励责任主体的作用，属于管理会计的范畴。业务分离是为了更好地满足企业内部各级管理者对特定信息的需求。

财务管理主要由投资管理、合同管理、全面预算三个模块构成。这三个模块扩展了财务管理的空间，提升了财务管理水平，将财务信息从多角度进行展现。同时，模块体现了集团管控要求，并通过平台规范常用的管理模式和方法。

分析评价主要由报表体系、分析评价体系和领导查询系统三个功能模块构成。报表体系是实现集团内企业数据在一定层次的综合，是集团企业进行横向考核和对标评价的基础。分析评价体系是衡量企业财务状况和经营成果的标准，也是调整管理政策和制定激励措施的依据。领导查询是面向高层管理者的经济运行信息展现窗口，也是数据分层次集成应用的平台。

数据仓库与决策支持是集团财务信息化建设的最终目标。财务数据是系统的宝贵数据资源。如何提升财务数据转化为资源要素，将财务资源转化为知识成果，就需要利用数据仓库和数据挖掘技术进行深层次处理，辅助决策，支持管理，并依据决策模型实现财务风险预警。

财务信息系统是企业信息化的重要组成，通过接口进行数据交换和资源共享。第一，业务字典具有共性，例如：项目代号、人员代号。第二，业务状态与账务处理过程相关，账务需要提取业务数据确认账务性质，例如：项目进度与收入的相关性。另外，财务系统提供其他业务系统共享的数据资源，例如：账务系统的人工成本与工资系统的比对分析等。

⑨认识管理创新的持续性需求。当下，企业面临的内外部环境更加复杂，不同的管理需求对信息化平台有不同的期望。如何平衡各级管理需求，既能实现企业集团的管理需求，又兼顾各单位的个性化管理目标是重点。应避免投资巨大、技术队伍臃肿和漫长实施过程的实施方案，在覆盖核心业务流程基础上，具有一定的管理创新支撑能力。

系统应该具有一定的刚性，满足集团管理的需要，在建立统一的核算制度与报表体系的集成上，分层次抽取和加载下级单位数据。系统要具有柔性，满足不同类型内部管理的需要，适应研究所内各成员单位的管理特色。

建立分层次的应用，满足不同应用层次管理需求。该系统既能满足上级企业进行分析评价为主的管理决策要求，又能满足企业日常经营决策的需要，同时也能满足项目成本与价格策略需求。领导查询能实现非对称指标的考核与评价。

非对称指标数据是指通过对流动资产与流动负债数据的实时监管，加强资金风险防范和财务预警控制作用。能够满足实时审计与监督需求，起到规范财务数据的作用。建立基于角色划分与业务考核的岗位制度，加强财务数据资源挖掘与利用。明确财务信息与其他业务系统的接口关系。提升财务信息化在决策支持管理中的地位与作用。在进行信息化建设的基础上，明确信息权限和信息资源所包含的知识，使信息化建设与执行力同步提升。

以业财融合为核心提升企业经济运行管控能力

A 研究所通过提出以业财融合为核心促企业经济运行管控能力提升的方案及实践，进一步加强了内部管控，理顺了流程并降低了运营风险与财务风险，提高了工作效率，将绩效考核延伸到各部门与项目，经济效益稳步提升。成本管理水平得到提升，成本费用占主营业务收入的比率指标逐年得到改善，促进了企业盈利能力的提高和市场规模的进一步扩大。通过该项目的实施，A研究所管理水平提升效果显著，各项经济指标趋于稳定增长，产品订单呈线性增长，行业影响力和地位得到加强，市场进一步细分并迅速扩大。

以业财融合为核心促企业经济运行管控能力提升的系统是一项观念更新、管理复杂的系统工程，涉及企业管理的全方位，一定要从企业管理需求出发，从适用出发，立足战略规划业务。只有将先进的管理思想、方法、模式与软件有机结合，才能真正推动经济运行管控体系的应用。

创新经济运行管控体系为经济运行信息化奠定了基础。系纵向基于标准和集团应用需求进行整合和分析，横向基于业务流与业务系统进行数据交换，顶层以资金、风险管控与决策支持平台为主线实现研究所级应用，底层构建基于项目过程和活动控制的财务业务一体化体系。模块化搭配的两级应用，能够很好融合各层级管控需求和基于业务的精细化管理需要。

案例《浅析集团财务信息化建设》发表于《计算机与网络》2013年第14期。

案例Ⅰ　科研院所财务决策支持与风险预警

基于财务的决策支持与风险预警

在企业价值创造的过程中，财务是货币化计量的业务活动，而不是直接反映出价值创造的客观规律。因此，采用传统方法进行财务决策的管理模式具有局限性。产品的价值不仅体现为价格，还体现为性能、质量、品牌、售后、市场认可度、市场地位等要素的综合作用。财务管理支持决策的程度取决于其在业务效率、效益及绩效方面的价值。A 研究所通过实践认识到财务数据结合其所代表的经济行为或活动，挖掘其关联、链接的经济规律，是实现基于财务决策支持与风险预警的方法之一。

（1）管理会计是促进经济转型升级的总要求

在传统会计核算体系中，会计以核算和监督为主。A 研究所也不例外，2017 年之前的财务管理以核算为主，将报表和报告作为管理目标。财务核算存在时滞性，基于预算的管控与业务过程存在严重脱节；会计核算的局限性突显，财务、业务一体化存在较大的提升空间。随着运营规模扩大，A 研究所也步入转换经营机制，迈向市场化和国际化的历史转型期，管理适应性成为企业发展的制约因素。A 研究所采用传统方法的管理模式已无法适应企业快速发展的需要，提升管理能力刻不容缓，财务管理和财务人员迫切需要转型。

管理会计应用受到外部信息以及非财务信息对决策相关性的影响，同时企业内部组织结构也发生着深刻的变化，迫使管理会计在管理控制方面要有新的突破，需要从战略、经营决策、商业运营等层面有效利用信息。为此，管理会计创新包括两个方面：一是宏观性的决策工具和管理工具；二是精细化的决策工具和管理工具。科研院所作为科技创新与管理创新的主体，承载着服务国计民生重要领域的使命，也面临经济全球化的竞争压力。体制改革、技术创造、管理创新成为提升竞争力的核心驱动因素。

（2）创新管理会计方法是实现价值创造的保障

A 研究所传统的财务信息化以总账模块为主，向前包括应收、应付等结算模块以及固定资产、物资等实物资产模块。项目核算、部门核算以及合同的执行过程等均采用辅助账形式展现。数据在项目层面、部门层面及企业经济运行方面的支持决策能力存在局限性。以报表和报告为目标的财务管理忽略了管理决策所需的信息。传统的财务数据及信息处理在支持科研院所决策与风险预警方面作用有限，无法满足科研院所对数据整合的需要。基于审批控制的传统资金管理模式，资金流入、流出呈现离散分布，无法识别其与业务的内在联系。

资金是企业的血液，是企业发展的决定性因素，财务管理的实质是围绕资金和效益的实践。财务创新着力突破原有定式，以实现转变。认知经济规律，对提升资金管理水平，控制财务风险具有战略意义，挖掘财务数据潜在价值为财务决策支持与风险预警提供了可能。

（3）财务的管理支持能力是制约企业发展的短板

传统核算模式下，A 研究所财务管理以票据为对象，核算经济的合法性、监督业务活动的合规性。科研院所普遍存在使用传统管理方法搜集及处理信息，风险管控不及时等弊端。例如，A 研究所在两地同时启动基建项目，虽经过论证和立项，但受到基本建设项目支出集中占用资金的影响，具有致使企业陷入“钱荒”的运营危机，正常业务均陷入停顿的风险。为防止发生因资金紧张而严重制约企业运营的事项，A 研究所通过“清欠、规范、提升”的路径，提出“管理创新提升决策支持能力，防范风险，创造价值”的总要求。资金预测与管控能力成为制约企业发展的短板，不良的资金管理影响着企业效益，甚至引起财务风险。为实现企业健康、可持续发展，提升科研院所基于财务的风险预警管控能力势在必行。

基于财务的决策支持与风险预警管理的内涵及做法

为尽快走出运营困境，A 研究所提出“在发展中解决问题，以管理创新促进运营升级”的管理思路。逆境中，以资金管理为代表管控财务风险尤为重要。A 研究所认识到管理会计越来越容易受到外部信息以及非财务信息对决策相关性的影响，也认识到海量财务数据不仅反映为报表数据，还隐含着企业普遍的经济规律。为此，A 研究所从科研院所现代管理需求出发，利用数据挖掘技术，创新财务管理决策工具，克服信息庞杂性和不对称性干扰。通过财务数据复用，提升内部管控的精细化水平，利用数据建模为企业提供可量化、可测度、可评估的决策信息，提升财务决策支持与风险预警水平。通过数据集成，平衡资金需求，挖掘信息价值，控制财务风险，实现基于财务的决策支持和风险预警管理。利用企业历史财务数据，借助数据挖掘技术，通过建模进行财务预警，及时、准确地掌握企业财务状况，分析生产、经营中存在的问题，有效防范和控制企业风险，提高企业经营决策的科学性。以现金流管控预测模型为突破，A 研究所通过挖掘运营规律，诠释了提升精细化管理水平，以管理会计促进企业运营转型的路径。

A 研究所财务信息化已拥有 10 年以上的运营数据，这些数据不仅记录了企业的发展过程，更隐含了企业经济运行的客观规律，挖掘财务数据的应用价值就是拓展管理会计应用领域的过程。

（1）明确企业基于财务的决策支持与风险预警管理目标

决策支持与风险预警是一个与企业运营相关的系统工程，且其随着企业的发展变化而不断完善。A 研究所实施项目过程中首先明确项目决策支持与风险预警的边界是什么，其建设侧重点、顺序和边界是什么？ERP 系统是围绕财务核心模块管控资金、实物资产、生产经营资源的信息系统。因此，年度运营数据在挖掘业务规律和预警支持方面存在较大利用价值和提升空间。A研究所以海量财务数据为基础，以业务不确定性所影响的资金流变动为评价和计量对象，提出了基于财务决策支持与风险预警的管理目标。

企业创造价值的活动分为基本活动和支持性活动。基本活动涉及企业生产、销售、进料、发货、售后服务等。支持性活动涉及人事、财务、计划、研究与开发、采购等。作业活动的管控效率和效果是影响企业价值的重要因素，作业活动的不确定性表现为风险。例如，市场活动不确定性定义为市场风险，表现为市场目标偏差对企业价值的影响。政策风险、运营风险、法律风险、环境风险也同理。财务风险通常是指资金链风险，极端的财务风险表现为不能偿还到期债务引起的破产行为。因此，不同类型作业活动的风险最终都直接或间接影响着企业效益，表现为现金流减少或缺失为特征的财务风险。A研究所利用数据仓库和数据挖掘技术实现财务数据跨期间运用，通过重新加载和数据模型挖掘财务数据的业务属性、项目属性、部门属性、资金与业务的关系属性等，以实现科研院所基于财务的决策支持与风险预警管理目标。

（2）引入先进的管理理念推动管理创新

财务决策支持与风险预警是一个跨专业的实践，既有财务与业务的融合，又有影响企业中长期发展的战略决策；既要熟知管理知识和财务数据，又要具备以信息处理技术为支撑的专业能力；既要通透基础会计单据记载的业务，又要能针对不同管理层需求抽象出的模型和决策方法。鉴于项目的业务复杂性和专业复合型，A研究所成立了以管理会计组、决策模型组、数据处理组为架构的团队，优势互补，联合攻关。

管理会计组负责立足现有管理条件提出管理和应用需求，找出符合企业战略管控、业务优化的方案。例如：提出从业务运行到实物流转、资金结算、资金链安全、预警及应对策略等系列方法。

决策模型组以咨询团队的博士为主，负责建模并提出实施方案。模型分为数据模型、业务逻辑模型、管理方法模型、决策模型。通过建立模型认识管理的本质，规范和固化管理成果。

数据处理组负责构建数据仓库，使用数据挖掘工具，实现数据分析结果的展现。责任会计提出基础数据的业务内涵以及数据内部的业务链接关系，由信息中心组织专业团队完成系统二次开发，利用信息系统实现财务与业务融合，财务管理与信息技术的融合，改变传统的决策方式，拓展管理会计应用领域。

（3）透过财务记录挖掘运营规律，识别财务风险

如图1所示，研究所财务数据中隐含业务活动与决策的联系决策。根据数据仓库和层次化的管理需求建模，数据处理组利用数据仓库技术和数据挖掘技术实现数据重新装载和展现。数据模型用于识别管理偏差为代表的业务规律，评估其引起的财务影响、价值创造力影响、风险影响等，对已识别的运营偏差和财务风险排序，通过风险预警和决策支持方案反馈并指导业务活动应对风险，提升企业价值。

A研究所的活动包括投资和运营两大类，业务活动的持续改进推动着企业价值创造力的提升。投资活动又分为基本建设、研发投入、权益投资三种项目，以提升A研究所中长期发展能力。运营以市场为牵引，由生产活动、质量活动、人工成本、其他活动或服务组成。

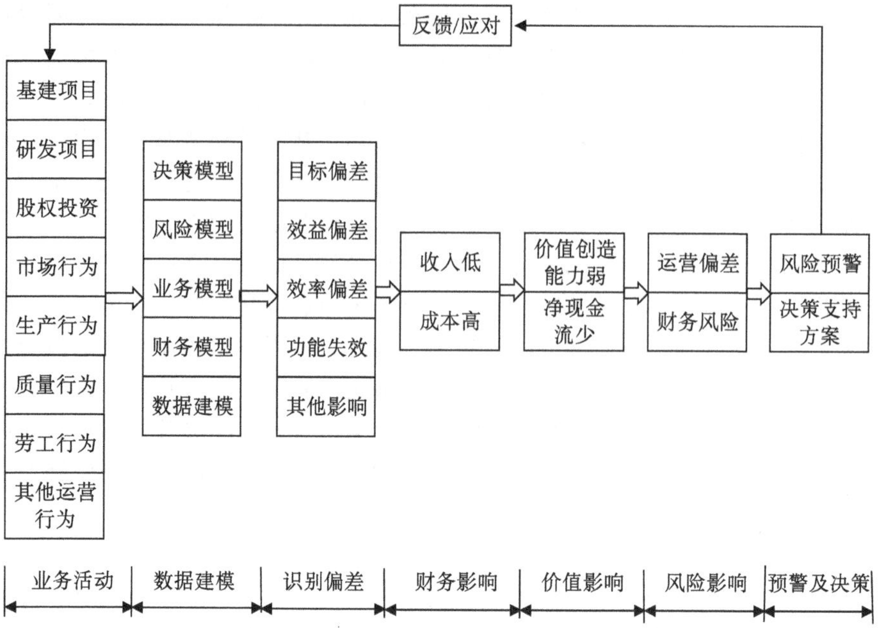

图1　数据建模识别偏差及财务风险框架

会计是以货币为主要计量单位的经济语言，是采用凭证和账簿的形式记录、核算、监督业务的系列活动。会计建立在核算分期的基础上，财务信息通常按年度，按准则要求连续、系统、全面、综合地以货币化记录经济活动。会计记录最终以报表形式记载和评价财务状况、经营成果和现金流量。然而，A研究所采用统一标准的数据却在对内管理方面存在不足。随着数据的积累，财务信息呈现大数据特性，会计准则和报表传统形式展现的数据无法反映驱动企业核心竞争力的因素，也无法评估和分析各类作业活动的特征，无法有的放矢地识别影响偏差的因素。因此，发掘财务数据所隐含的业务属性成为当前管理会计的一个研究领域。

基于财务的决策与风险预警体系首先以记载业务活动的会计分录为起点，以货币的形式按时间序列计量作业活动的资源消耗及物化过程。以分录为基础的海量财务数据，通过数学建模还原其业务规律。建模类型包括：为适应数据存储与处理的数据模型，以财务分析为目标建立的财务模型，反映业务或项目生命周期特性及投入产出的业务模型，计量和评价业务运行偏差的风险模型，提供管理建议的决策支持模型等。建模是识别活动特征抽象财务数据、业务属性、管控目标之间关系的工具。

风险管控就是识别、控制管理偏差的过程。不同业务活动会带来不同的目标偏差，形成不同类型企业风险。例如，市场活动与市场风险，质量活动与社会责任风险，生产活动与运营风险等。偏差又分为目标偏差、效益偏差、效率偏差、功能失效及其他影响类型。管理会计组总结了A研究所活动偏差对利润的影响程度，将其财务影响归纳为降低收入或增加成本。一定时期内偏差对财务的积累影响表现为降低了企业净现金流创造能力，降低了企业价值。无论运营偏差是对企业效益的影响，还是对企业生存的影响，最终都反映为以资金链紧张所代表的财务风险。识别财务数据所隐含的业务规律，才能识别偏差影响，提出应对策略以预警风险，提交决策支持建议。

通过建模重新装载数据，细化财务信息

A 研究所为实现基于财务的决策支持与预警，首先建模，并重新装载历史财务数据，以新视角展现财务数据所包含的客观规律。

（1）审视财务数据的层次化及综合性

数据在数据仓库中存在不同的细节级别（见图 2）。早期细节数据级（通常是备用的、批量的存储）是指 A 研究所扩展后的会计分录数据，轻度综合数据级（数据集市）是指基于项目和部门管理的分层次综合数据，高度综合数据级是指针对企业集团决策需要的综合数据。通过分析不同细节级的纵向数据，建立与业务系统的横向联系，整合应用。基础数据由总账数据导入数据仓库，按管理会计需求提练、梳理并整合。不同级别的数据分别用于业务层面、项目层面、部门层面、企业层面的决策需求，并且按汇总级别支持向下的探查。业务层面决策主要分析活动和资金的连接关系；项目层面提供业务按时序节点的支出合理性、类比支出分析等数据，部门层面分析包括研制费用和摊销费用，以绩效激励目标为主；企业层面分析关注财务状况、经营成果及现金流量的短板及风险等。

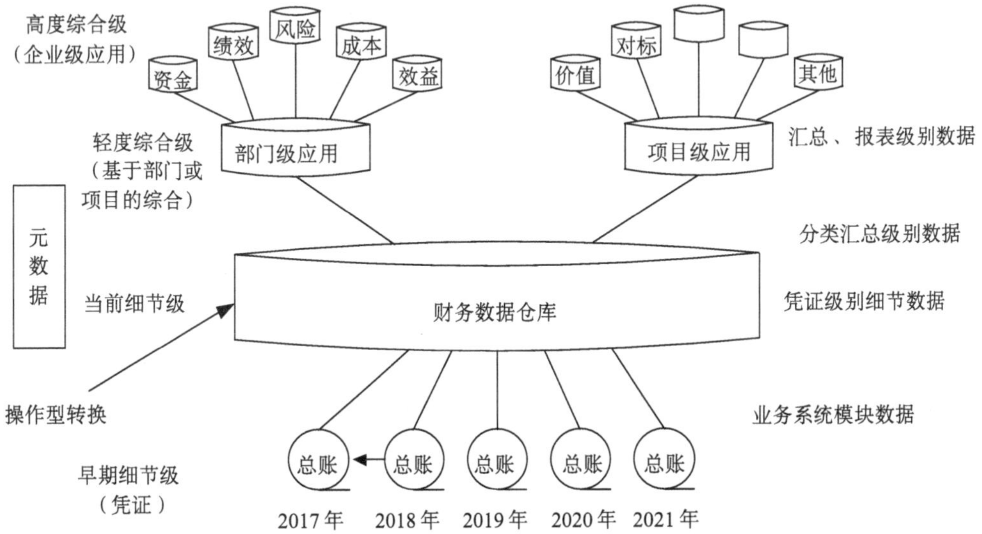

图 2　A 研究所项目层次化数据仓库示意图

（2）构建数据仓库模型，重新加载利用

A 研究所根据管理目标进行数学建模，以满足计算机数据处理要求。A 研究所的财务数据仓库采用多层次的雪片模型构造，能适应多维数据的表示和存储。依据业务和数据的汇总性质，财务数据仓库分为凭证数据、科目账务数据、报表和评价指标数据三个层次。A 研究所各层次数据按严格的财务、业务逻辑按维度列示的模型结构见图 3。

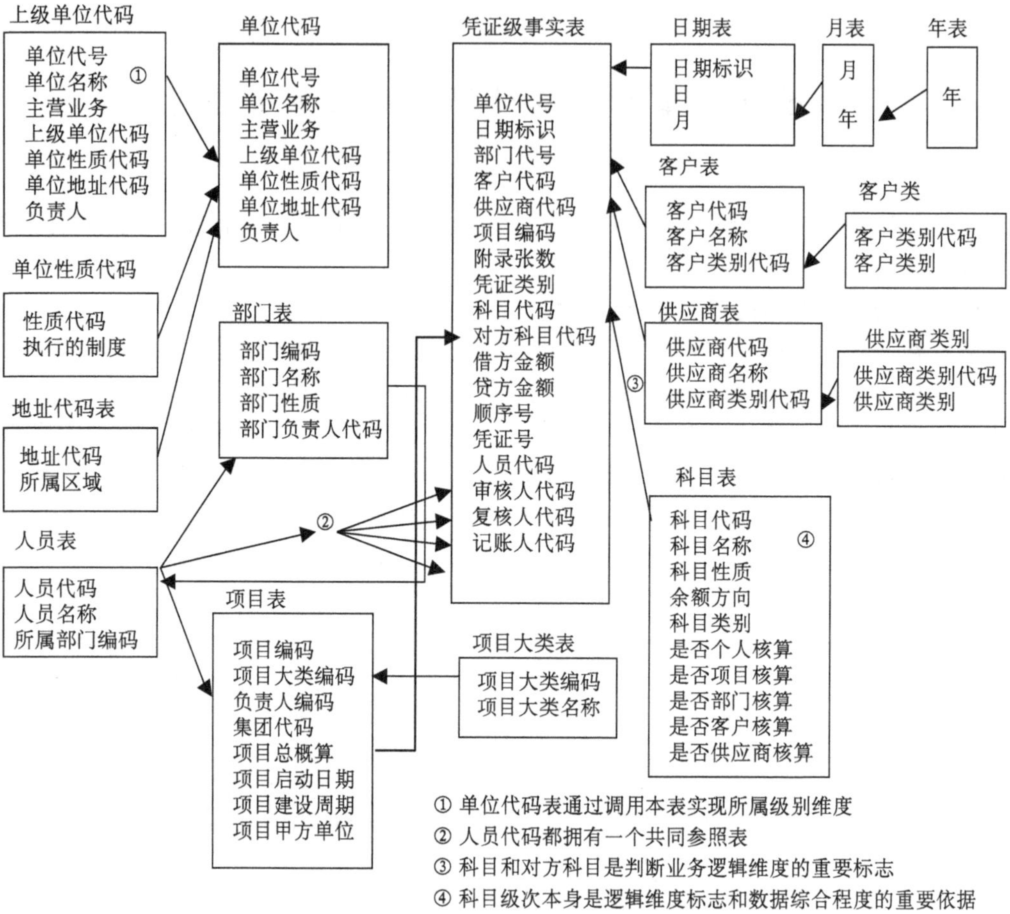

图 3　A 研究所财务数据仓库的雪片模型

提出数据仓库模型需要充分利用既有资源，同时要兼顾可拓展性、系统性。在数据建模的过程中，数据属性所反映的业务问题是核心，既要保留逻辑性，又要实现决策目标，凭证数据与账务数据之间是逻辑关系，而报表和评价指标体系数据，与账务数据之间却不完全是逻辑关系。三个数据层次之间支持数据耦合和向下探查分析，其中账务级别和凭证级别数据是完全对应的逻辑关系。A 研究所雪片模型中报表项目相关科目、业务描述、执行制度描述、执行会计政策描述、相关非货币性交易描述等关系支持数据映射。

（3）挖掘数据价值，构建决策支持体系

数据建模后，将 A 研究所历史财务数据装载到数据仓库中挖掘并提升数据的应用价值。数据仓库技术用于数据存储和组织，数据挖掘技术则致力于从数据中发现价值和规律，两种技术具有内在联系并互为补充。A 研究所基于财务决策支持与风险预警的数据仓库应用如图 4 所示，以财务数据仓库为基础、以数据挖掘技术为手段，并以数据模型库为辅助决策的解决方案。数据仓库对决策系统是只读，用户不能更新“现有”数据信息，这样就将数据仓库的使用权限限制在决策者可访问，但不能更改。

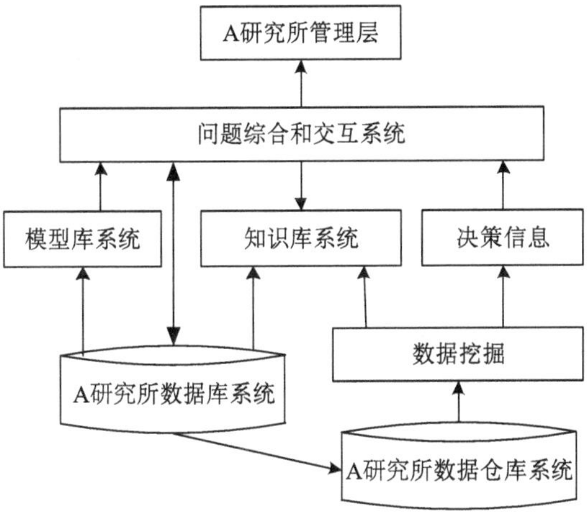

图4　A研究所数据仓库在决策支持与财务风险预警管理中的应用

在设计数据仓库的过程中，首先要认识A研究所财务数据特征，并分析财务数据的内在逻辑关系。财务数据具有周期性、逻辑性、层次性和耦合性的特点，数据内涵反映了业务属性，具有“大样本”分析功能，且易于决策建模。复式记账原理使逻辑描述更清晰，时期数与时点数交互结转，把业务过程清晰化、货币化展现。利用数据挖掘技术分析数据仓库中的信息，深化应用层次、提升财务管理水平，形成A研究所决策支持和风险预警的数据基础。

决策支持与风险预警管理模式——以现金流为例

任何企业都可能因生产经营或环境变化而陷入危机，从发生领域来看，危机通常表现为经营危机与财务危机。财务危机是企业危机中最显著、最综合的体现。企业破产通常以不能支付到期债务为标准，A研究所亦同理。因此，保证资金链运转成为企业财务管理的重要一环，通过业务建模的方式实现数据处理规范化，以精细化管理提升决策支持能力。以A研究所提出的现金流模型及财务风险预警管控为例，介绍基于财务的决策支持与风险预警管理的应用与实践。

导致企业形成危机的因素很多，但无论如何，大量非财务性质的企业危机，往往以财务危机面目出现，多反映在现金管理方面。因此保证资金链正常运转，成为企业财务管理的重要环节。A研究所通过研究中长期净现金流量与企业净利润之间的关系以判断企业的运行状况与企业前景，明确企业最佳现金持有量，提高资金使用效率，降低财务风险。加载2017—2021年账务数据时间戳和单位标识，按照新逻辑和模型关系重新装载数据仓库，对A研究所现金流分布规律分析如下：

（1）数据过滤与逻辑关系

①现金流数据过滤。业务数据是采用复式记账方法生成的财务凭证。现金流管理是一个广义现金的概念，它是指A研究所经营过程中的现金及现金等价物的变动。数据需要过

滤与清理，对涉及提取现金、交存现金、银行转账、凭单冲销及其他货币资金进行账务调整。

- 提取现金：从银行提款，交存现金支票，形成现金科目增加，银行存款科目减少，业务没有引起货币资金总额的增减变化。
- 交存现金：将超过现金日常保管管理规定的现金交存银行，现金科目余额减少，银行存款科目余额增加，不影响货币资金总额的增减变化。
- 银行转账：是指银行账户之间的转账业务，只引起不同银行存款科目余额之间的变动，没有影响银行存款科目余额变化。
- 凭单冲销科目的处理与溯源：没有实际业务对应的账务调整等特殊情况的处理。
- 其他货币资金科目之间账务调整。

②建立逻辑关系。复式记账作为一门独立、系统、科学、严密的管理体系，业务之间具有严格的逻辑关系，只要能解决好A研究所财务数据仓库的向下探查技术、特殊业务的标记和关联映射，就能充分利用逻辑模型进行业务处理和数据挖掘分析，以支持管理决策，并进行危机预警控制。现金流量表依据与现金科目分录及对方科目的业务性质生成，判断分析每笔业务的现金流入与现金流出业务类型。其逻辑关系应用到财务数据仓库中详细级事实表（凭证级）中的对方科目性质，以及逻辑维度中相关科目性质。管理会计组提供了与商品买卖相关的现金流财务模型：

- 销售商品、提供劳务收到现金 = 主营业务收入净额（包括销售商品、提供工业劳务）+其他业务收入净额（包括销售材料和提供非工业性劳务，不包括租金收入）+增值税本期销项发生额+（应收账款总额期初 - 应收账款总额期末）+（预收账款总额期末 - 预收账款总额期初）- 应收项目以外减少（特殊业务：非货币偿债、本期确认坏账、票据贴现、债转股等）
- 购进商品、接受劳务支付现金 = 主营业务成本（支付货币相关）+其他业务成本+存货的意外减少（指非销售减少，包括管理部门领用材料、盘亏、投资、偿债、捐赠）-存货的意外增加（待摊费用摊销，预提费用预提以及折旧等借方科目对应成本费用）+（存货余额的期末 - 期初）+增值税本期进项发生额+（应付账款总额期初 - 应付账款总额期末）+（预付账款总额期末 - 预付账款总额期初）- 应付项目以外减少（特殊业务：无法支付应付账、非现金还债，债务转资本等）

（2）现金流分析

从管理角度分析A研究所现金流，是以现金平衡评价企业财务风险的过程。布赖恩·科伊尔在其《信用风险管理》一书中将现金流量分为四类，即经营性现金流量、优先性现金流量、自决性现金流量和融资性现金流量。用瀑布效应来描述上述四种现金流量之间的关系如图5所示。

A研究所大多数项目的现金支付都是经营性现金流量，按照申请及重要性顺序结算。如果经营性现金流量为正数，才会产生溢出的现金，从而支付优先性现金流量；如果经营性现金流量不充分，那么自决性现金流量和融资性现金流量就需要提供现金流入，以保证优先性现金流量的需求。综上所述，A研究所对现金流量的管理重心应该放在经营性现金流量管理方面。在设计现金流预测和预警指标时，应重点考虑经营性现金流量指标，结合优先性现金流量等因素进行系统设计。

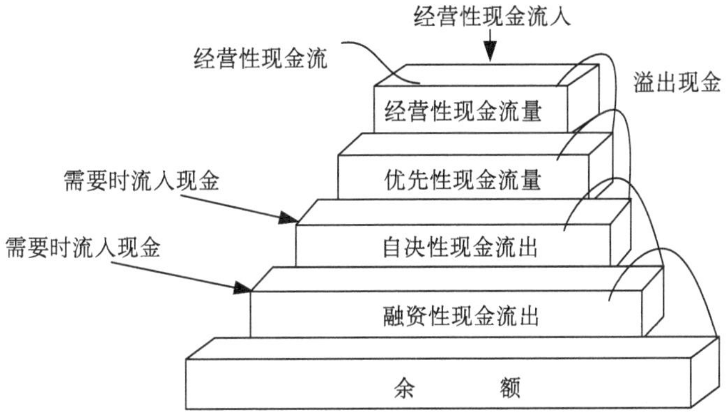

图 5　A 研究所现金流内部关系图

分析 A 研究所现金管理特点，以项目研究、开发为主开展生产经营活动，科研项目有关的经济活动引起现金流入和现金流出。现金流入是指项目活动在一定时期内引起现金收入的增加额，现金流出是指项目活动在一定时期内引起现金支出的增加额。只要预测并控制住现金收入和支出，就能依据融资政策和投融资渠道调剂和控制现金流，使企业保持最佳现金持有量，将财务费用控制在适当范围，降低财务风险。

研发企业现金流入可以依据项目完成进度和商务合同约定条款预计。项目执行情况是可以可靠预测的，多数情况下也可控，因此可以将现金的流入定义为可靠估计值。现金流出是以项目为核算对象，由一线科研人员和各级管理部门消耗的公共资源摊销构成。如果将科研项目作为直接支出的核算对象，将各级管理部门（或保障部门）所消耗的公共资源支出作为间接支出的核算对象，在此条件下一定时期的现金流出可以由项目负责人和各级管理部门（或保障部门）负责人估计。在所估计的现金流出金额中，存在着不确定因素。如果限定到一个固定值，负责人会感觉是“拍脑袋”决策，可靠性不高，尽管报出一个精确数值，但该数值的效果却不精确。因此，这种估计往往不能限定到一个固定值，能否充分利用项目负责人的经验，允许项目负责人估计一个支出范围和一个最可能的支出数呢？这是可行的，也符合人们日常处理此类事务时的思维习惯和行为习惯。

（3）现金流模型

A 研究所对现金流预测采用 PERT 方法，该模型主要应用于建设、研究开发、新产品研发、大额合同支付、设备安装、初次投产运行、技改项目投入等方面。模型预测时采用三种估计：乐观的、正常的、保守的。这种估计的方法虽然增加了计算难度，但却有很好的应用效果。PERT 现金流出估计：在全部估计的流出现金中，存在着不确定性因素。PERT 体系用三个现金流出估计数计算最终现金流出估计额，以弥补不确定性。三个现金流估计数分别是：乐观现金流出估计、最可能现金流出估计、悲观现金流出估计。乐观现金流出估计用字母 a 表示，指在理想环境下所需要的现金流出，所以 a 的数值要比同一活动的其他估计现金流出数值要小；最有可能现金流出估计用 m 表示，对一项活动既不按乐观现金流出估计，也不按悲观现金流出估计，得到的就是最有可能的现金流出；悲观现金流出用字母 b 表示，这一估计数值很大，它足够补偿市场变动、工作不佳、天灾人祸所造成的现金流的浪费或流出增加。用这三个现金流出估计值计算期望现金流出量（Ce）的公式如下：

$$Ce = \frac{a + 4m + b}{6} \quad (公式 1)$$

$$\sigma_e^2 = \left(\frac{b - a}{6}\right)^2 \quad (公式 2)$$

PERT 计算方法：求出每个项目（科研项目、基建项目、部门项目）在一定时期内平均期望时间 Ce 和方差 σ_e^2 后，就可以计算企业现金总流出量 Ce。由于随机因素影响，现金流支出是期望值。若项目足够多，由中心极限定理可知：企业总的现金流出服从以 Ce 为均值，以 $\sum \sigma_e^2$ 为方差的正态分布，单项目现金流对企业风险影响有限。在过程中，以“量入为出”控制现金流和财务风险。

$$\begin{aligned} P(C \leqslant C_i) &= \int_{-\infty}^{C_i} N(C_i, \sqrt{\sum \sigma_e^2})\, d_t \\ &= \int_{-\infty}^{C_i - C_e} \sqrt{\sum \sigma_e^2} N(0,1)\, d_t \\ &= \phi\left[\frac{C_i - C_e}{\sqrt{\sum \sigma_e^2}}\right] \end{aligned} \quad (公式 3)$$

通过表 1 中数据得出方差 σ^2 与 Ce 分别为：

$\sigma^2 = \sigma_{ij}^2 = 99.36$

得：$\sigma = 9.9680$，$Ce = 879.83$。

表 1　A 研究所 2021 年 10 月 8—13 日的现金需求实例

项目名称	现金流出 a（单位：万元）			Ce	σ_e^2
	乐观 a	最可能 m	悲观 b		
A 项目	30	40	60	41.67	25.00
B 项目	23	32	40	31.83	8.03
C 项目	47	55	59	54.33	4.00
D 项目	12	12	15	12.50	0.25
E 项目	18	25	28	24.33	2.78
F 项目	39	45	48	44.50	2.25
G 项目	122	130	142	130.67	11.11
H 项目	27	29	29	28.67	0.11
I 项目	132	132	139	133.17	1.36
J 项目	262	280	300	280.33	40.11
M 部门	13	15	16	14.83	0.25
N 部门	22	22	24	22.33	0.11
O 基建项目	56	60	68	60.67	4.00
合计	803	877	968	879.83	99.36

如果查正态分布表，按 99.87% 的现金流出量匹配满意程度，则此条件下现金需求量 C_o 为：

$\because P(\lambda=3)=0.9987$ 又 $\because \lambda=\dfrac{(C_o-C_E)}{\sigma}=3$

$\therefore C_o=C_E+3\sigma$

$\therefore C_o=C^*+C_I\geqslant T_E+3\sigma$ C^*:现金余额 C_i:现金流入需求量

若 $C^*=12$,代入 $\sigma=9.9680, TE=879.83$

$\therefore C_I\geqslant C_E+3\sigma-C$

$C_I\geqslant 897.4$

C_I 就是现有经营条件下为维持生产经营所需要的必要现金流入。该时期内项目现金流入量大于 C_I，则说明有足够的富余现金。如果该时期内项目现金流入量小于 C_I，则说明该时期内没有足够的货币资金保证该时期现金流出的需要，这种条件下，需要利用“开源”“分流”和“节流”三种方式对生产经营过程进行干预。

A 研究所利用 PERT 模型对实物认识过程中乐观、正常、悲观状态下的估计，是建立在 N 个支出项目条件下，根据统计学原理解决现金流量中现金流出的预测方法。该模型提高了现金流出量的预测准确度，降低了财务资金风险，控制了财务成本，并利用 6σ 置信区间，得出 99.87% 可靠度条件下的现金需求量。

（4）现金流模型的扩展应用

通过分析 A 研究所现金流与其他模块之间逻辑关系可知：若企业现金流充足，则有足够的资金进行新项目的开发和立项论证。若现金流不足，则转向融资模块，通过开源或节流进行调整，缺口资金利用资本性融资或债务性融资渠道解决。通过完善知识库系统中（见图 4）的数据模型，如：项目可行性分析模型、资本性决策模型、债务性融资决策模型等知识模型，就可以充分利用财务数据仓库中的数据，作出利于企业价值创造相关的管理决策支持方案。

（5）现金流分析风险预警与支持决策的实践案例

A 研究所现金流入、流出与主营业务模式紧密相关，过滤、综合 2017—2021 年现金业务，从年度内货币资金收支分布趋势和科研费类项目收支对年度内货币资金分布影响角度说明财务决策支持和风险预警应用。

①年度内货币资金收支分布趋势分析。

通过现金流决策建模，A 研究所五年来平均资金流月份分布见图 6，生成的分析数据中包含重大影响的映射，并且以 2021 年度数据作为修正。

分析可知，A 研究所月度收支呈现规律性的匹配关系，2021 年只有 4 月、9 月、12 月现金流入大于现金流出，且 12 月的净现金流入过亿元，有效地平衡了全年净经营现金流量。其他月份均呈现流出略大于流入，且收支基本平衡的状态。从现金流入和流出曲线的截距即可得知该时点的现金净流入或现金净缺失，图中流入、流出的最大截距就是最低现金持有量的保守预测值。剔除非运营因素影响后现金流入、流出曲线反映了财务数据中隐含的经济运行的资金规律，体现了科研院所项目管理的特点，也反映了假期等客观外在因素的影响，“峰、谷”的特点说明了现金流管理所具有的可调控性。通过“削峰、错谷”措施，A 研究所就能实现现金流维持在低成本、稳定、可靠的运营。基于数据挖掘技术展现现金流模型，具有直观、可穿透特点。结合资金使用预算和大额合同执行时点控制，能清晰展现业务活动与财务资金链的关系。将收款考核与财务风险挂钩，能绑定财务绩效与市场部门考核，促进财务部门支撑市场活动的同时，也促进市场部门改进结算方式以创造价值。

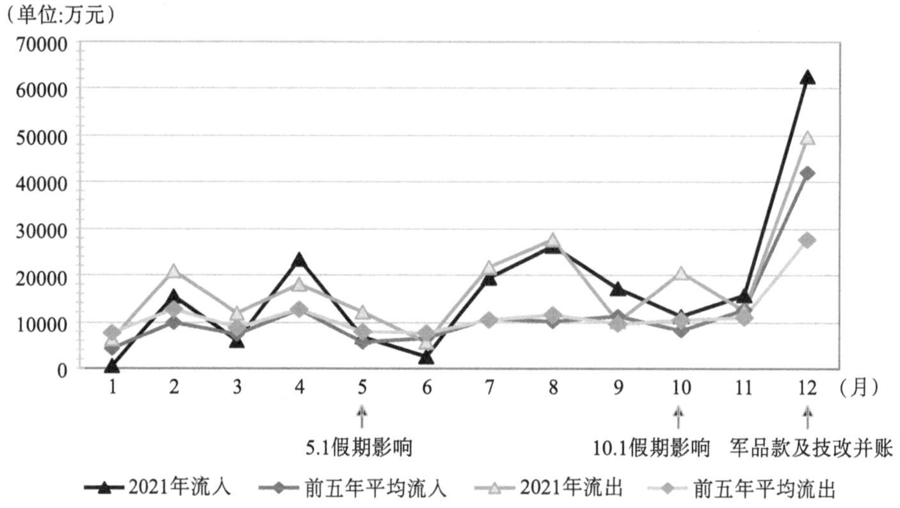

图6 A研究所运营现金流分布规律

图示现金流趋势分析如下：

- 现金流受“春节”“五一”“十一”三个假期影响大。
- 12月呈现净流入，其他月份是现金净流出。
- 科研类业务是重大影响关键驱动因素。
- 12月现金净流入以维持全年运营需求，影响次年资金安排。

管理建议如下：

- 1—10月资金缺口不大，月缺口在1000万元以内，适量压缩开支缓解压力。
- 充分利用低谷5.1、10.1调剂支出，以缓解资金集中支付压力。
- 科研外其他支出应尽量避免占用自有资金。
- 加强1—10月收款工作，加强合同执行。
- 择机偿还贷款，促进银企关系融洽，维持良好资金状况。
- 对奖金等结合单位的资金状况调剂。
- 关注大额合同执行，控制财务风险，降低成本。

通过现金决策模型展现与运用，A研究所的应收账款周转率呈现逐年改善的趋势。三年来，A研究所应收周转天数优化了近40%。在签订合同过程中，市场人员管理观念也逐渐发生变化，运营中不仅关注合同额，也开始关注支付时点、结算方式。提升项目运作的直接关注程度，也间接降低了财务成本，提升了效益，创造了价值。管理创新方式已经成为企业的成功关键驱动因素之一，财务与业务的融合增强了财务的决策支持与风险预警能力，推动了核算会计向管理会计的转型。

②拨入科研费对现金分布的影响。

2017—2021年度拨入科研费平均收款水平及2021年当年收款在各月份的分布规律展示如图7所示。分析可知，一月份基本上没有收款（与行业客户的年末集中结算特点有关），而 2—11 月收款在 4500 万元正负 10% 的范围内波动，全年收款的 40% 基本上在 12 月份实现（12 月收款 2 亿元左右）。

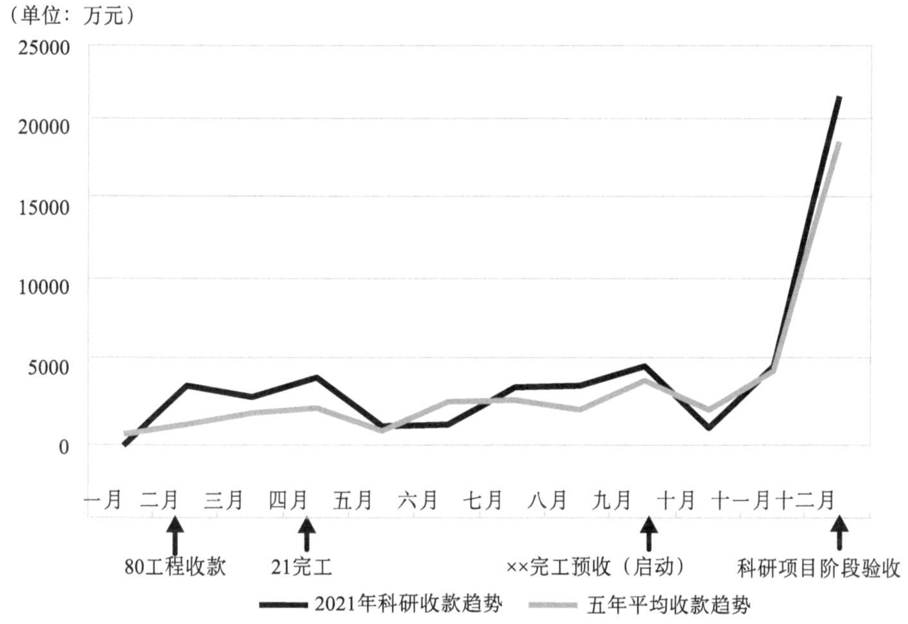

图 7　A 研究所科研收入引起的现金流入分布图

该模型展示了科研经费与国家财政预算执行的强相关性，预算资金到款通过层层预算分解和节点验收，到账已是年终岁末。因此，科研项目需要 A 研究所垫支启动经费，报价过程中需要考虑此经费成本（每年约 500 万元左右）。

针对科研项目现金流分布趋势，决策建议如下：

- 拨入科研费是国家负债，不是货币性负债，应剔除其风险影响。
- 拨入科研费是单位资金流入的关键驱动因素。
- 应加强科研收款管理，高峰前移，平缓收入曲线能有效缓解资金压力。

通过趋势分析可知 A 研究所科研经费对财务风险的影响。无论结算形成预收款还是应收款项，科研负债形成坏账的可能性都很小。因此，依据传统的财务报表或财务指标的角度分析偿债能力，会引起识别与判断风险错误。

基于财务的决策支持与风险预警实施效果

基于财务的决策支持与风险预警不是简单的系统开发，而是管理思维方式与管理方法的拓展和延伸。业务流、资金流、信息流、人才流四维融合的决策体系是科研院所迈向企业化、市场化、国际化的重要途径。项目在财务决策支持和风险预警方面做出了有益探索，以管理创新推动了管理会计应用，促进企业经济转型升级。

（1）创新财务决策支持管理模式，促进财务向管理会计转型

A 研究所通过创新和精细化管理减少了传统的、简单的依靠主观猜测、人力投入等支持决策的粗放管理方法，采用数据挖掘技术的财务决策支持方法将财务与业务的连接更加紧密。创新的方法拓展了财务与业务、实物与资金、年度账与项目生命周期之间的联系，利用建模将企业的运营规律知识化，并以简洁的方式呈现给决策者。

项目技术路线明确，A 研究所利用现代化的管理理念在如下三个方面指导实践。第一，复用历史财务数据，识别企业运营规律，提升财务数据在决策支持及风险管控方面的深度应用。第二，按管理会计或企业战略要求重新梳理业务数据，支持项目级、部门级、企业级、集团级多层次管控需求，拓展管理幅度。第三，利用决策模型从管理粒度和关联度两方面提升管理能力，使财务数据成为财务决策支持与风险预警管理的基础。重新梳理、装载和集成的财务数据不仅提升了管理水平，还创新了企业财务信息系统的深层次应用，深化与推广了管理会计实践。管理创新点为：

①利用财务数据仓库技术与决策模型实现‘数据—信息—知识’的提练，通过数据集成，细化了决策管理的粒度，提升了管理的精细化水平。

②以数据仓库技术为基础，以数据挖掘为技术手段，利用企业具有严格逻辑的海量财务数据应用价值，实现风险预警。

③运用 PERT 方法建立现金流决策模型，以现金流管控为核心，诠释基于财务的决策支持与预警方案，提升企业管控能力。

复杂、冗余的信息经过量化、集成、提练，大大提升了企业财务决策支持能力，A 研究所全员劳动生产率实现增长 8.4%。管理方法和决策工具的应用，推动了财务由核算型向管理会计转型，带动了财务人员由报表分析向运营分析和决策支持转型。

（2）增强了企业财务风险预警与管控能力，保障了规划落地

A 研究所是科技产品二级以下的配套供应商，资金问题一直是制约元器件研究所发展的首要因素。借助风险预警系统，A 研究所理顺了流程，建立了基于项目全生命周期的信息查询体系，可以穿透查询到管理项目和类别项目等辅助信息。管理决策能力的提升降低了运营风险，促进了管理水平与经济效益稳步提升。当前，项目的支出活动能够与数据仓库中的预算进行对比，与同类项目规律进行匹配，并且结合项目任务节点判断重大支出及其时点的合理性。应用基于财务的决策支持与风险预警管理方法，A 研究所提升了信息搜集、处理的能力，避免了人力、物力等耗费，促进了开源、节流。该方法的应用从资金角度识别财务与业务活动的规律，资金流的准确预测提升了企业风险预警及管控能力。自本项目运行以来，穿透查询的数据形式将资金流、业务流、信息流利用模型一体化展现转变为市场部门、物资部门与财务的沟通方式，清晰的收支曲线能够查询出关联影响的项目和活动，不仅利于决策支持，更利于部门之间的沟通与协调。

通过数据挖掘技术识别各类项目的运行规律提升了资金管理效率，2021 年度应收账款周转次数提升了 0.9 次。通过合理安排资金的使用，偿债能力大幅提升，利息保障倍数指标提升了 3 倍。3 年来，资产规模以年均 20% 的速度增长，融资规模和融资成本却呈现逐年下降趋势。建立预警与决策管控体系能根据科研院所内外部环境变化不断修正和完善模型，持续创新以适应企业发展，稳步推进企业战略落地。

通过管理创新的应用与实践，全员劳动生产率比上年大幅提高。在带动企业快速发展

的同时，在资源节约、环境保护方面以实践做表率，通过降低能耗履行社会责任，万元产值能耗较上年度降低 0.05 吨标准煤。项目实施跨会计、经济运行、风险管控、计算机技术、战略管理、决策科学等多个学科。创新思路来自团队成员思想碰撞，管理创新平台强化了激励机制，培养了一批复合型管理人才。

案例《基于财务管理的决策支持系统应用》发表于《计算机与网络》2013 年第 15 期。

案例J　浅析行政事业单位内部控制实施框架

社会进步对创新行政管理和提升政府绩效提出了总要求，行政事业单位引入了权责发生制、内部控制等管理体系，改革步入新阶段。非经营性是行政事业单位活动特点，呈现非营利性、无偿性特征，承担政策制定、组织实施的职责，具有以政府预算为纲、法律法规约束性强、管控主体多元等特点。一方面，行政事业单位除了承担公共事务管理职能外，还有监督管理职能，其社会责任重大。另一方面，行政事业单位资金来源主要为财政预算资金，民众更加关注财政资金的公平使用与效率。与企业、非营利组织等其他社会法人组织相比，行政事业单位的内部控制管理水平相对落后，强化行政事业单位内部控制成为提升管理水平的重要手段。

行政事业单位实施内部控制的特点

行政事业单位与企业不同，行政事业单位实施内部控制要与组织架构和业务活动特点结合，构建组织层面、业务层面和全体人员参与的三维协同体系，并通过制度予以固化。

行政事业单位和企业内部控制的运营目标迥异。行政事业单位以公共服务效率和效果为目标，履行社会服务职能，以公职人员为行为主体，以资源配置为手段。行政事业单位经济收益不是主要目标，无偿性和社会利益是其主要特点。

行政事业单位与企业内部控制在预算管理方面存在显著差异。企业预算管理仅限于企业的资源投入、产出效率。行政事业单位预算管理以区域社会资源配置为主，预算草案由人大批复后执行，受到外部监督。

在绩效评价方面，企业绩效评估强调经济效益，而行政事业单位绩效评估不仅关注单位预算，还包括社会效益。企业效率模型以企业经济价值最大化为运营目标。行政事业单位内部控制目标体现为社会公共服务和产品提供方面的服务效率，具有长期性和广泛的利益相关性。

在法律约束与职责方面，行政事业单位遵循令行禁止的原则，企业治理体现为法无禁止即可为原则。企业管理过程中，组织架构、经营决策和权力分配等无强制性的法规要求。行政事业单位人员一般对国家法律异常敏感，会影响其业务行为和管理决策，业务活动对制度与政策性更为敏感。行政事业单位管理理念更多地体现为国家利益高于一切，而非经济利益至上。

行政事业单位与企业在风险控制理念方面也存在差异。企业基于营利属性，在风险应对过程中，鉴于成本效益原则，常常使用风险规避手段而放弃项目。行政事业单位由于其公益性和社会性，风险具有复杂性和多样性，积极应对成为主要风险管控方式。随着经济全球化和互联网+的应用，信息化和组织扁平化使风险管控不仅受内部组织影响，还受到社会稳定、国际经济环境与局势影响。

行政事业单位内部控制逻辑

受法律和准则及政府职能转变影响，行政事业单位内部控制是循序渐进、持续提升的过程。内部控制实施机制应以法规为基础，以行政事业单位为实施主体，通过监管和协会等外部力量不断修正和完善。鉴于行政事业单位业务特性和资金来源特点，其内控制度具有“预算为纲，资金为线，业务活动为抓手”的特点，并以信息化系统实现对制度、规则和业务活动执行的支撑，促进内部控制体系建设的程序化和常态化。行政事业单位内部控制建设应遵循业务活动特点，通过制度、执行、评价、考核构成管理闭环，加强内部控制与管理提升齐抓共管，优化内部流程，引入外部评价和监督机制的推进思路。

针对行政事业单位特点的内部控制逻辑框架见图 1。该模式由内部控制目标、层次化内部控制方法、评价与监督三部分组成。内控目标是指内部控制体系设计目的和意义，包括控制要达到惩治腐败，提升服务效率，促进合法、合规性，提升资产安全，合理保证报告质量五个方面。

<table>
<tr><td>内控目标</td><td>惩治腐败</td><td>服务效率</td><td>合规合法</td><td>资金使用</td><td>报告质量</td><td rowspan="8">评价与监督</td></tr>
<tr><td rowspan="4">组织架构层面
静态职能</td><td colspan="5">组织使命及目标：组织使命、组织任命、职能划分、监督考核</td></tr>
<tr><td colspan="5">组织架构及岗位：集体决策、部门设置、岗位轮换</td></tr>
<tr><td colspan="5">业务流程及规章：程序化的业务活动要求和描述</td></tr>
<tr><td colspan="5">工具及支撑平台：OA平台、信息传递</td></tr>
<tr><td>业务活动层面
动态管控</td><td colspan="5">管控对象：项目、资金、资产
管控业务：全面预算、合同管理、项目审批、固定资产、专项管理、物资采购、经费支出、规费收入等
管控方法：不相容职务分离、授权审批、信息公开、集中采购等</td></tr>
<tr><td>员工意识层面
动机及约束</td><td colspan="5">业务素质：专业胜任能力、任职履历与业务经历
德勤素质：品德、诚信评价、群众测评
个人环境：个人事项申报、近亲属经商、裸官等</td></tr>
</table>

图 1　行政事业单位层次化内部控制概念及逻辑框架

层次化内部管控方法分为组织架构层面、业务活动层面和员工意识层面三部分。组织架构层面主要描述单位为实现组织使命及内控目标所具有的静态职能方面描述。包括组织使命、组织职能、组织任命、职能划分、业绩考核等规则。组织架构既是内部控制的实施主体，也是其履行业务活动的依据，合法性、合规性、业务权限边界及资源耗用均以此为基础。职能使命是行政事业单位开展活动的基础，也是内部控制执行的依据。组织架构及岗位由集体决策、部门设置、岗位设置、岗位轮换等组成。行政事业单位活动是在委托代理和组织架构基础上展开，因此组织设置、议事规则、岗位角色的设定是业务活动的载体。业务流程及规则是从岗位衔接角度对业务活动程序化活动和过程的描述，主要记录规则和标准，促进业务衔接和岗位衔接。业务流程与规则是内部控制体系活动控制规则，需要无缝融入，并与制度一起发挥作用的程序化形式。在组织架构层面还包括管理工具与支撑平台，信息系统和管理模型工具是现代管理不可分割的组成部分，负责管理和决策。因此，信息载体和工具是行政事业单位内部控制的重要组成部分。行政事业单位内部控制不仅体现为对内部业务活动的约束，更体现为对外部环境的适应性和对政策执行的一致性。

业务活动是内部控制的客体，是行政事业单位实现内部控制的关键环节，也是内部控制方法的管控对象。内部控制管控是融入单位各项业务活动过程，从风险防范角度保证单位各项业务活动实施效果方法的集合，分为全面预算、合同管理、项目审批、固定资产、专项管理、物资采购、经费支出、规费收入、行政许可等领域。在业务活动推进与实施的过程中，采用内部控制方法与业务过程相衔接，资产和资源限制性接近、授权审批、不相容职务分离、信息公开、引入第三方中介、社会监督等方式。

行政事业单位是社会职能的承载部门，以提供各种社会服务为目的，以财政预算资金为来源的群体组织。使命或功能特殊性决定了员工意识层面的内部控制。员工既是利益相关方，也是业务行为实施者。在委托代理机制下，员工动机和约束是内部控制实施效果和突破内部控制制约的根源。员工层面包括专业胜任能力、任职履历及业务经历；德勤素质，如品德、诚信评级、群众测评基础等；社会环境方面包括个人事项申报、裸官、近亲属经商等。

评价包括内部控制审计评价、报表审计评价、绩效评价、财务成熟度评价等，是闭环管理和持续提升的保障。评价以内部控制制度体系为基础，以内部控制过程控制的有效性评价为对象，对内部控制涉及和执行的效果进行定性分析，以促进内部控制体系的持续完善。行政事业单位的监督包括内部监督和外部监督两部分，财政部门、审计部门和纪检监察部门分别从各自的职能角度实施监督。

层次性

依据制度经济学理论，管理源于利益相关者的目标诉求，以组织、评价、考核、激励为基础，是管控业务活动和实现价值目标的过程。利益逐求是建立内部控制的内在动因，也是突破内部控制约束，形成风险或存在管理漏洞的诱因。外部监管对内部控制及风险防范提出相应要求和促进作用，但内部控制实施与组织的管理层、企业文化等息息相关，源自组织的自发性和主动性是行政事业单位推进内部控制落地的基础。

（1）组织层面是环境

根据委托代理理论，行政事业单位属于社会公众委托与代理的范畴。鉴于国情和历史的因素，社会公众对财政支出的监督和制约性影响有限。因此，针对我国行政事业单位属性及公共资金的特点，单位与所支配资金和资产没有直接的权属关系。行政事业单位在内部控制过程中作为主体具有特殊性和重要性，单位缺乏积极性必然影响公共服务效率和效果。

（2）业务活动是载体

业务层面存在的风险主要指业务活动、业务流程、授权审批等方面存在的风险，业务活动和行为规范是内部控制的管控载体和抓手。实现业务活动目标的过程也就是实施控制活动的管控过程，控制活动包括预算控制、资金管控、收支管理、资产管理等方面。行政事业单位预算管理是核心，包括预算编制、审批、执行和决算等环节，是否建立完备的预算决策和执行机制，预算批复与支出活动的匹配程度等。收支控制是风险的控制点，通常包括收入的完整性，资金流程的规范性等。采购控制风险与采购方式、采购范围的合规性相关，采购决策是否遵循“三重一大”的规定，招投标是否符合招标法的相关要求，结算与合同管理是否匹配等。工程项目风险控制以立项评审和过程控制是否科学、公开、透明为基础。资产管理风险包括购置、保有和处置的全生命周期，而且要体现出效率和效益原则。合同风险包括立项、签订、执行各环节的业务活动。行政事业单位的业务活动与单位性质相关，且受职能与业务活动的变化而调整。

（3）员工机制是根本

行政事业单位内部控制不应局限在法规、组织规范、业务标准和行为准则的范畴，更应注重道德伦理层面以及用人机制方面。组织层面与业务层面内部控制的载体就是职员行为，职员行为受法治观、诚信、道德、进取心及内外部环境影响。为此，事业单位内部控制应将职员驱动因素、培养制度、监督机制、档案机制、考核机制等纳入内部控制范畴。且从员工成长、晋升通道、惩防体系方面着手管控。

体制影响人的行为，传统管理限于短期目标。传统内部控制是以行为约束规范为主的制度集合，对员工行为的评价局限于一个点，体现为对一项业务、一段时期业务效果评价，职工处于被评价状态，为减少受罚风险，而出现消极怠工的情况，这体现为组织与员工之间的一种博弈。因此，内部控制建设和评价，均应考虑员工的主动性和合作精神，形成“使命目标→日常运作→具体业务→个人主动性”良性循环。

整合导向

会计职能包括核算和监督，会计信息是优势的管理资源。财务信息是对业务进行监管、预防、查错与防弊的主线，财务数据不仅体现为项目或活动的目标和状态，还涉及监督、考核、制约与组织效能评价，以及为实现考核目标所涉及组织、战略、运营效率和效果等内容。但完全基于财务业务的内部控制割裂了内部控制体系的整体性，人为地分割会计控制和管理控制过程，会导致管理形不成合力和凝聚力。因此，行政事业单位的内部控制构架要基于目标、要素、活动等三维度一体的目标导向，并且通过组织架构、制度流程、考核及评价驱动业务活动有序开展。

如图 2 所示，该模式内圈由内部控制目标导向、内部控制要素导向、内部控制业务活动导向构成。这三类业务导向分别体现了内部控制目标及相关制度体系、内部控制体制与所考虑管控因素的联系，以及管控活动载体和内部管控切入点和关键点。内部控制目标是起点，内部控制要素是为实现内部控制目标分别从组织内部、外部环境、风险识别、控制活动、信息沟通、监督等角度分析，而业务活动是实现组织目标和内部控制目标所要管控的载体。

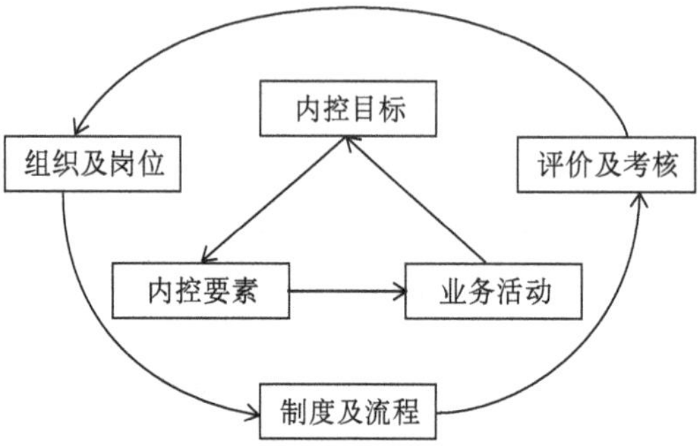

图 2　行政事业单位内部控制导向及管理驱动示意图

该模式的外圈由组织及岗位、制度及流程、评价及考核三部分构成，其中组织及岗位是指单位业务活动的主体。制度和流程是连接组织架构、业务岗位、业务活动的一系列规章制度的集合，这种规章制度的制定是依附于组织架构之上，且融合了内部控制目标和内部控制要素所要求的各项内部控制方法与措施。内部控制方法与措施通常不独立存在，而是融合在单位组织架构及单位运营管理与各项流程规范中，与业务活动的推进同步实施。如果没有业务活动的运作，也就没有内部控制的实施环节。就内部控制的评价和监督而言，也是与单位运营成果或服务效果的评价相关。事业单位内部控制评价，分为内部控制制度评价和内部控制运行评价两部分，其评价宗旨是保证单位运营目标实现，将使命目标控制在合理范围内。

基于行政事业单位的内部控制是构建在组织架构及业务流程基础上的系列规章制度的集合。通过业务活动评价和考核落实到具体部门和岗位，并通过制度完善的方式予以持续创新与提升。

（1）目标导向

行政事业单位内部控制目标构建在行政事业单位内部控制框架体系基础之上，包括保障单位使命和目标的合法、合规性；促进业务活动的效率和效果提升、合理地保证财务及披露信息的准确性、合理保证资产的安全与效率、有效的监督机制规范业务行为等方面。控制目标因组织架构的不同而具有层级性，不同层次的目标在整个目标体系中作用既有差异又相互联系。但是，在同一层级中，由于职能划分而设定的部门指标之间对业务活动的驱动可能存在制约，这需要进一步优化和完善。

（2）活动导向

业务活动具有普遍性和通用性特点，凡是与利益相关、权力寻租、资源配置甚至考核评价相关的业务活动，只要是影响组织使命和目标实现或带来不良影响的行为或活动环节，均应该是内部控制所应覆盖的环节或活动。内部控制在行政事业单位更具有广泛性、零散性和隐蔽性的特点，内部控制活动的风险评估和防范，更应该从全员、全业务的理念予以实施和管控。行政事业单位业务活动以预算管理为纲，以收支管控为线，以项目为载体，以合同管理为手段。

协同体系

内部控制导向整合模型中控制目标、控制要素、活动控制组成了三个管理导向的内部控制体系，而内控评价则是对内部控制制度设计和执行效果的专业评价，且为内部控制制度的执行与持续改进指明了方向，见图 3。

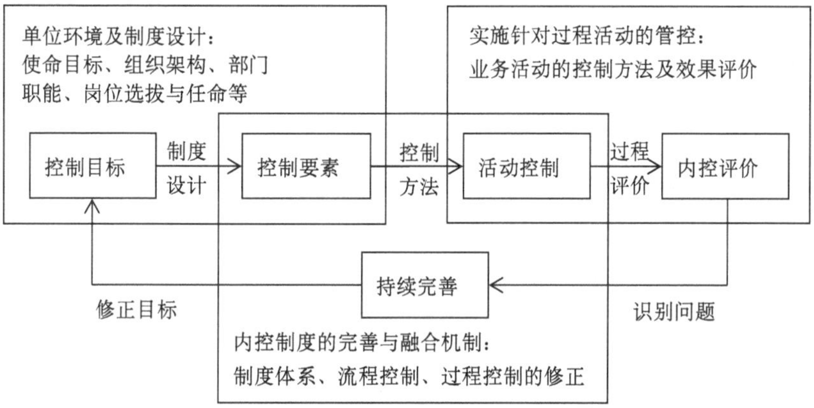

图 3　行政事业单位内部控制方法体系

在行政事业单位内部控制方法体系中，内部控制目标是起点，内部控制目标与单位属性相关，是考虑单位内外部环境影响设计的制度体系。内部控制制度体系需要从内部控制要素角度设计，作为活动及业务过程的控制方法或措施。通过业务活动控制过程的评价，识别内部控制活动过程中的偏差和问题，作为内部控制制度体系进一步完善的方向，修正目标或内部控制制度体系。

行政事业单位内部控制是一个融合单位使命、目标和组织架构特点的制度体系，包括组织架构、岗位设置、业务活动流程等一系列管控方法的静态表述，制度体系以控制目标和控制要素为基础设计构架。内部控制体系体现为通过风险识别和绩效目标约束，对业务活动全过程开展的动态管控，而这个动态管控的过程包含控制活动和控制评价两方面内容。内部控制体系既是一个制度体系，也是一个围绕业务活动特点不断修正的过程，这个过程也体现为制度、流程与过程控制的适应性。

行政事业单位应加快推进业务、财务一体化。网上办公将审批流程、业务驱动过程与职员的岗位属性相关联进行记录，不仅利于数据的传递和信息的共享，而且增强了业务的透明度，为业务的跟踪、审计、评价、追责奠定了基础。信息化是管理制度化、科学化的手段，信息化的适应性决定了单位的内部控制水平。同时，信息化能够提升管理效率和水平，并促进业务的透明化。

案例《浅析行政事业单位内部控制体系》发表于《财务与会计》2017 年第 5 期。

案例K　企业集团内部控制实施现状及策略分析

内部控制实施评价对完善企业集团内部控制体系具有重要作用，通过对企业集团内部控制制度设计和运行有效性评价，能促进企业集团内部控制的持续完善。在我国，企业集团内部控制评价尚处在发展和探索阶段，借鉴国际先进的研究成果，对完善我国企业集团内部控制体系具有重要意义。

本案例通过调查问卷研究了某企业集团及所属控股企业内部控制现状，结合国际内部控制管理趋势与方法，提出了企业集团内部控制提升策略。

基于调查问卷视角的数据分析

为了解企业集团的内部控制体系建设情况，在集团及成员单位间发放抽样调查内部控制问卷871份。抽样企业128家，其中实体企业占68%，贸易公司占18%，事业单位占14%。资产规模10亿元以上企业占45%，其中1亿—10亿元企业占38%，其他占17%。销售规模10亿元以上企业占36%，1亿—10亿元企业占47%，其他占17%。成员单位层面，涉及不同类型及规模企业；在答卷人层面，涉及单位不同岗位员工，抽样具有普遍代表性。

（1）成员单位对《企业内部控制基本规范》的认识情况

由调查问卷统计可知，各成员单位员工对《企业内部控制基本规范》了解熟悉程度的人员占比高达74%。且对《企业内部控制基本规范》适用性呈现较高的认可度，认为内部控制制度基本适用以上的员工比例高于91%。表1数据充分说明企业集团内对内部控制建设工作取得了显著效果，为企业集团进一步完善内部控制体系奠定了良好的认知基础。

表1　调查人对《企业内部控制基本规范》的认识情况表

调查项目	序号	A	B	C	D	E
对《企业内部控制基本规范》的了解情况	1	很熟悉	熟悉	了解	大概了解	基本不了解
		6.66%	31.57%	35.71%	22.16%	3.21%
《企业内部控制基本规范》对贵单位是否适用	2	很适用	适用	基本适用	勉强适用	不适用
		4.36%	43.05%	43.63%	7.12%	0.57%

（2）成员单位目前内部控制的建立和执行情况分析

调查问卷显示，各成员单位普遍认识到内部控制建设对企业管理的重要性，但各成员单位在内部控制建设和执行方面却存在较大的不均衡。例如，在内部控制建设的责任部门方面，超过66%的被调查者认为内部控制建设是财务部门职能，对企业内部控制的建设认识较为片面，未考虑业务部门在内部控制中的重要职责。在单位内部控制的执行效果方面，调查问卷显示认为内部控制执行一般有效以上的不足50%，说明企业集团单位之间在内部控制执行效果方面极不均衡。同样的问题出现在对单位内部控制系统建设的开展情况方面，仅36.97%的被调查人认为本单位内部控制建设较为深入，超过60%的成员单位认为内部控制建设处于开始阶段，有的成员单位甚至未能开展内部控制体系建设，工作开展明显滞后（见表2）。

表2　　单位目前内部控制的建立和执行情况表

调查问题	序号	A	B	C	D	E
您认为内部控制对企业管理的重要程度	1	很重要	重要	较重要	一般	不重要
		51.89%	33.75%	10.68%	2.99%	0.69%
具体负责单位内部控制建设的职能部门为	2	财务部	办公室	内审部门	新设部门	其他部门
		66.13%	8.73%	10.45%	3.33%	11.37%
您认为目前单位内部控制的执行效果	3	很有效果	较有效	一般有效	部分有效	基本无效
		35.59%	5.63%	7.81%	24.57%	26.41%
单位内控系统建设的开展情况	4	深入	开始	未形成手册	未能开展	
		36.97%	47.19%	13.20%	1.26%	
您认为内控建设的推进在本单位实施后的效果达到您预计目标程度	5	没达到	基本达到	大部分达到	达到	—
		10.22%	56.49%	25.72%	7.58%	—

（3）内部控制执行情况

在对企业内部控制建设和执行情况的具体分析过程中，进一步印证了成员单位在内部控制建设过程中的不均衡性。由表3中数据可知，管理层认同定期召开风险讨论会的比例为69.57%。虽然管理层定期召开会议，但讨论识别的风险并制订相关行动计划的认同比例仅占24.34%。说明管理层对风险的认识还停留在制度和理论层面，风险导向的管理文化建设并没有落实到位，犹如一个没有检查就上路的机车，时刻存在坏在路上的可能性。

由事后到事前风险控制重要手段，合理的岗位和授权是企业运营的基础。当前企业建立了财产日常管理制度和定期清查制度，采取财产记录、实物保管、定期盘点、账实核对等措施，确保财产安全。同时，单位实施全面预算管理制度，明确各责任单位在预算管理中的职责权限，规范预算的编制、审定、下达和执行程序，强化预算约束。而单位在运营情况分析制度执行方面却存在欠缺，能及时查明原因并加以改进方面的适用比例仅为40%。这说明企业风险管理还仅停留在制度和活动的浅显层面，在运营分析方面存在缺陷，制度约束性与执行力不强。

表 3 企业内部控制建设与执行情况的具体评价

调查问题	序号	完全赞成	赞同	不确定	不同意	空表
高级管理层定期就最近可能对单位造成影响的风险召开会议进行讨论	1	26.75%	42.82%	24.45%	2.53%	3.45%
能按照风险发生的可能性及其影响程度对识别的风险进行分析和排序，确定关注重点和优先控制的风险	2	27.55%	44.32%	21.35%	3.67%	3.11%
单位有专业人员组成的风险分析团队，确保风险分析结果的准确性	3	19.40%	32.72%	33.75%	8.38%	5.75%
管理层定期召开会议，讨论已识别出风险的变化并及时制订相关行动计划	4	24.34%	0.00%	0.00%	0.00%	75.66%
最高管理层对单位近期可能产生的变化进行识别和监控，制订必要的应对措施	5	32.61%	39.72%	20.67%	3.56%	3.44%
单位结合风险评估结果，通过手工控制与自动控制、预防性控制与发现性控制相结合的方法，运用相应的控制措施，将风险控制在可承受度之内	6	29.97%	49.02%	15.27%	2.30%	3.44%
单位在设置岗位及控制活动时运用不相容职务分离控制	7	37.77%	46.04%	11.48%	1.49%	3.22%
单位根据常规授权和特别授权的规定，明确各岗位办理业务和事项的权限范围、审批程序和相应责任	8	43.51%	46.38%	6.66%	1.38%	2.07%
单位能够严格执行国家统一的会计准则制度，加强会计基础工作，保证会计资料真实完整	9	53.62%	38.23%	5.51%	0.46%	2.18%
单位建立财产日常管理制度和定期清查制度，确保财产安全	10	51.66%	41.33%	4.59%	0.00%	2.42%
单位实施全面预算管理制度，规范预算的编制、审定、下达和执行程序，强化预算约束	11	49.02%	42.14%	6.08%	0.57%	2.19%
单位建立运营情况分析制度，定期开展运营情况分析，发现问题，及时查明原因并加以改进	12	40.07%	0.00%	0.00%	0.00%	59.93%
建立了绩效考评制度，对单位内部各责任单位和全体员工的业绩进行定期考核和客观评价	13	39.49%	43.40%	13.20%	1.38%	2.53%
单位建立了重大风险预警机制和突发事件应急处理机制，确保突发事件得到及时妥善处理	14	36.51%	42.94%	16.88%	0.57%	3.10%

续表

调查问题	序号	完全赞成	赞同	不确定	不同意	空表
管理人员能够及时获取与单位目标相关的外部和内部信息	15	28.70%	47.53%	19.52%	1.49%	2.76%
员工能够得到足够详细的信息，以便高效地履行其职责	16	22.96%	41.56%	28.13%	4.71%	2.64%
单位能根据战略计划和经营计划的变更相应改变信息系统，使其更好地为之服务	17	24.80%	45.58%	23.19%	3.44%	2.99%
单位有自己的信息系统，对其有适当的资源投入	18	31.23%	51.89%	11.25%	2.07%	3.56%
单位能够利用信息技术促进信息的集成与共享，充分发挥信息技术在信息与沟通中的作用	19	26.64%	47.88%	18.71%	3.44%	3.33%
单位对客户、供应商等建立了良好的沟通反馈渠道	20	28.13%	0.00%	0.00%	0.00%	71.87%
单位内部信息能够在高、中层领导及一般员工之间畅通传递	21	28.82%	47.88%	17.22%	4.13%	1.95%
单位建立了供员工报告怀疑的不当行为的完善沟通渠道，保护举报人不被报复	22	31.92%	44.20%	18.60%	2.07%	3.21%
单位为员工提供了向上级传递信息的渠道	69	34.56%	48.68%	12.74%	1.84%	2.18%
员工很乐意并且会向高级管理层反映问题、提出意见和建议	23	24.34%	42.25%	25.03%	4.82%	3.56%
管理层能够接受员工有关提高生产力、质量等的改进意见	24	34.10%	50.40%	11.94%	1.15%	2.41%
内部审计部门定期对单位各岗位执行控制制度的情况进行检查	25	29.39%	45.35%	18.14%	2.99%	4.13%
定期将会计系统记录的数量和实物资产进行比较	26	33.64%	47.07%	15.04%	1.03%	3.22%
管理层对内部和外部审计师有关加强内部控制的建议进行审核，对适合的建议予以实施	27	31.69%	0.00%	0.00%	0.00%	68.31%
定期检查员工是否了解和遵循单位的行为准则	28	25.37%	44.66%	24.57%	2.41%	2.99%
参与内部审计活动的人员具备相应的学识和对相应业务控制过程有充分的了解	29	30.42%	51.21%	13.89%	1.72%	2.76%

续表

调查问题	序号	完全赞成	赞同	不确定	不同意	空表
由具备必要技能的人员对单位内部控制体系进行评价	30	27.55%	49.25%	15.73%	2.53%	4.94%
用于评价内部控制体系的方法是适当的合乎逻辑的	31	28.13%	45.92%	22.04%	1.26%	2.65%
单位建立了获取和报告内部控制缺陷的机制	32	24.23%	45.24%	24.80%	2.18%	3.55%

认知不充分是财务与业务融合及财务业务开展过程中面临的主要问题，而财务风险往往是业务运营风险的货币化体现，因此从风险管控的角度来看，财务风险具有被动性，财务管控具有从属性，财务管理的提升还是要从运营分析的角度向前挖掘线索，防范企业运营的偏差，进而控制风险。

企业集团内部控制现状分析

建立企业集团内部控制规范体系是一项复杂的系统工程，是一个逐步摸索、逐步提升的实践过程。在单位内控规范体系贯彻实施工作取得成效的同时，不可避免地会出现各类问题。

（1）部分实施单位开展内控体系建设的内生动力缺失，存在内部控制被人为逾越的现象，少数单位评价内部控制有效性有失客观和公允。部分实施单位开展内部控制体系建设仅为满足企业集团要求和风险管控的要求，缺乏实现企业战略目标和提升管理效率的内生动力，内控体系建设多是做表面文章和形式化操作，内控手册经常被束之高阁，或内部控制与单位战略、经营管理各行其道。有些实施单位"官本位"的思想严重，单位领导人利用手中的权力和影响，随意逾越内部控制要求，导致企业内部控制失效；也有一些单位为了追求自身利益出现团体串通舞弊的现象，致使内部控制形同虚设。还有些单位对存在的内部控制缺陷视若无睹，同一内控缺陷每年重复出现，缺乏及时有效的整改。

（2）需进一步提高单位内控规范体系的操作性和指导性。集团现行的单位内部控制规范体系属于原则性规定，更具操作性和指导性的行业内部控制操作指南尚未形成体系，造成单位在开展内控体系建设时，仅以满足上级监管和审计检查要求为出发点，生搬硬套，不切合实际，没有将内部控制与企业经营管理有效融合。同时，还造成单位在开展内控评价时，缺陷认定标准不科学，缺陷认定程序不规范，内控缺陷认定结果不客观、准确，致使内控评价工作存在走过场现象。同时，上级部门对内部控制规范体系实施情况的监督检查工作有待规范和增强，以促进更加有效地实施单位内部控制规范体系。

（3）内部控制缺陷认定标准不够恰当。一些单位年年审计，问题年年一样，或者审计披露问题周期性轮回出现。这说明内部控制缺陷认定存在缺陷或评价存在缺陷。少数单位在开展内部控制评价工作时，评价范围不全面、缺陷认定标准不恰当、缺陷认定随意性强，造成内部控制有效性结论有失客观和公允。单位之间评价的内部控制缺陷认定标准可比性不强，同行业，不同规模的单位界定的内部控制缺陷认定标准存在较大差异。类似的缺陷在某些单位归属于重大缺陷，需要尽快处理。而在另外一些单位却被归属于重要缺陷，甚至一般缺陷，有的单位由于文化的差异，出现猫头鹰式管理，睁一只眼，闭一只眼，讲道理的时候睁着眼，执行制度时闭着眼。此外，一些单位对内部控制缺陷定性标准表述不具体，也是影响领导决策的重要因素。

（4）共性风险较多。部分单位面临着事业单位体制改革，但沿袭国有优良传统的管理方式和手段都基本类似，在对风险管理和内控措施的认识方面，有较多的共性。比如，单位都注重政策合规性风险、技术进步风险、环境保护风险、经营管理风险等共性风险。

企业集团内部控制策略分析

企业集团的内部控制体系评价是为了识别出存在的问题，内部控制体系建设不是一蹴而就的项目，是一个与企业内外部环境相关，在实践中不断丰富与完善的管理过程。

（1）建立财务成熟度评价体系

基于目前所面临的发展机遇和挑战，集团已经充分意识到需要利用更为先进的财务管理手段和方法，加强集团财务管理工作统一化、标准化、透明化，提升集团财务管控力度，有效防范财务风险，从而引导和推动集团逐步夯实财务管理基础职能，完善和发展高端财务管理职能，提升财务管理能力，推动集团财务管理转型，从而能有效支撑企业集团规划目标的实现，向“世界一流”大步迈进。

根据调查问卷反映的问题，主要集中在财务决策支撑和资产管理效率等方面，因此财务管理的应用效果对内部企业风险管控和内部控制建设至关重要。应根据企业集团发展规划需求，总结企业集团先进的经验并建立相关的财务管理模型，结合对国际领先财务管理实务的深入理解，基于对企业集团总体战略和管理思路的理解，建立能够满足未来十年财务管理体系建设以及集团对二级单位评价的需求，设计成套财务管理能力成熟度评价体系。该体系的运用将有效推动拓展财务管理视角，精细化财务管理活动，并通过对财务管理能力成熟度的明确定义和评价标准为集团提供一套能自我完善、自我提升的机制，从而有步骤、有安排地指导集团财务管理水平稳步提升。

（2）撰写集团内部控制操作指南

应加强撰写好《企业集团内部控制操作指南》的决心和信心，有助于提高《企业集团内部控制操作指南》的科学性、规范性和适用性。第一，出台《企业集团内部控制操作指南》十分必要。开展电子行业内控研究，制定行业内控操作指南，既有利于提升行业管理水平，也有利于完善我国内部控制规范体系建设，增强内控规范的可操作性。第二，促进二级企业总结经验，共同提升。《企业集团内部控制操作指南》的内容应融合企业以前实施的质量、安全等管理体系，使企业在开展体系建设和具体实施过程时，避免重复工作，降低实施成本。第三，要全面辨识军工电子行业所面临的各类风险。选取内控工作先进的企业深入调研。电子行业具有投入大、生产周期短、产业积聚效应大、技术进步快、受国际市场影响大、生产环节多、流程复杂、风险巨大等特点，建议从行业规范的角度提交财政部，进一步提高《企业集团内部控制操作指南》的科学性和适用性。

（3）强化内部控制的信息化建设

要进一步优化信息系统，提高控制效率与效果。在信息系统建设过程中，要将企业内部控制规范要求相关的内部控制措施有效地嵌入企业信息系统。有关企业加大对企业信息系统的新建投入或改造支出，充分运用信息技术实现对各类业务和事项的刚性控制，减少人为操纵因素，提高内部控制工作效率和执行力。信息系统是流程控制、授权审批以及决策支持的有效平台工具。现代化企业的内控一定是融合在信息系统之中的内部控制，而不是嫁接在已有信息系统下的补丁程序。

（4）规范化设置内控管理部门

第一，内部控制的责任部门不统一，均是部门兼职管理，有的企业设在财务，有的企业设在办公室，有的企业设在规划部门。业务素质和对内部控制的理解权且不论，单单内部控制的长期性和持续性就没有办法保证。因此，建议成立统一的内控管理职责部门，以推进内部控制管理长效机制。第二，国有企业集团内部控制评价中，由于内部审计部门植根于企业内部，且具有独立性强、专业性高的特点，因此由内部审计部门开展内部控制评价具有相对优势。《企业内部控制评价指引》规定，企业可以授权内部审计部门或委托外部中介机构实施内部控制评价，但由于内部控制总是基于组织特定目标而言的，与外部中介机构相比，内部审计部门在实施内部控制评价时更了解集团特定目标。财务检查的内控评价具有较大的局限性。在企业集团层面应该在内部控制审计与内部控制管理之上建立类似于上市公司审计委员会性质的内部控制机构。统筹协调内控建设和内控评价。第三，建立健全以内控评级为核心的内部控制监督体系，充分发挥内部控制监督作用。企业应当建立以内控制评价为核心，整合财务监督、法律合规、内部审计、纪检监察等职能的全方位、多层次的监督体系，形成监管合力，并将内控评价结果纳入绩效考评体系，建立内控责任追究制度，最大化地发挥内部控制的监督作用。

（5）深化内控文化和队伍建设

建立基于管理会计视角的完善的企业内部控制体系。企业内控体系建设的最高目标是要促进实现发展战略以及经营目标，使内控成为企业长寿的基因，而不仅仅是为了防止经营失败。所有企业的领导人必须做足从心理到知识的储备，真正把内部控制和风险防范变成一种企业文化意识。同时，企业内控体系建设过程中培养和造就内部控制专业人才队伍也是十分重要的。第一，要完善企业内部环境，特别是企业文化建设。如果一个领导从内心都不相信制度，即使体系再完善，也只能束之高阁。第二，要建立科学有效的职责分工和制衡机制，建立规范的治理结构，同时加强内部审计并通过完善绩效考评机制等来制定和实施有利于公司可持续发展的人力资源政策。

案例《企业集团内部控制实施现状及策略分析》发表于《现代审计与会计》2015 年第 9 期。

案例L 财务主导混改盘活僵尸央企的实践

案例背景

ZCCD工厂是1968年2月25日经周恩来总理亲批建设，具有红色基因的文化企业。受互联网产业及文化体制变革的冲击，2018年除财务档案和资金外，该企业已无任何不动产，成为无资质、无人员、无产品、无经营活动的僵尸企业。自2013年以来，随着ZCCD公司土地被收储、人员相继完成安置，公司一直徘徊在亏损边缘，转型迫在眉睫。基于此，ZCCD公司按照中央以“管资本”为主及国有企业改革总体要求，聚焦影视制作和影视音乐主营业务，结合互联网、5G、短视频等新媒体业态，以财务管理为支撑，推进公司实施混合所有制改革，由体制转型迈入运营发展新阶段。

当时僵尸企业面临的处理方式包括如下三种类型：①作为僵尸企业清算并关闭；②整体出让公司，收回投资；③资本手段推动混改实现产业转型，引入团队。

（1）根据公司使命确定处置方式

文化强国是党的十八大以来提出的国策，僵尸企业治理及混合所有制是国资委改革的重要举措。“中国”字号的央企在国家传统文化复兴政策下，应发挥更大作用。结合集团战略提出的“出让部分股权，引入团队和产业，以混改促进公司产业转型”总方针形成可行性方案。

（2）提出混改可行性方案

第一，根据集团战略实现产业融合，防止同质化竞争。第二，秉承红色基因，践行文化强国使命。第三，数字科技与文化的结合，轻资产运营。综上，结合公司版权资源和行业影响力，定位音乐+文化运营公司，聚焦音乐文化和影视特效结合，音乐和大型活动结合、音乐文化和线上节目融合。利用自己在注册咨询工程师（投资）、内控及财务的素质，主笔起草可研报告并报批。

（3）解决国企历史遗留问题

如何清理ZCCD公司历史问题是投资者、离退休职工、新员工、上级管理者关注的焦点。

以财务为切入点，从资本运作和财务管理角度，根据国家相关制度、准则启动了围绕账务为基础的历史问题清理。第一，经报批，将离退休相关权益通过资产剥离方式上划集团公司。第二，核实集团内部往来账务并清理，外部往来履行法律手续。第三，对政策性资金和资源，通过投资协议，明确责权利。第四，引入审计、评估师、律师提前介入方案，防范风险。第五，做好与利益相关方的汇报和沟通。履行报批程序。

（4）交易所挂牌交易

挂牌交易综合体现为国家政策，也是检验混改方案优劣的关键。按照国资委规定履行报批，在北京产权交易所挂牌。期间，审计报告、资产评估报告、法律建议书、可研报告、投资分析、董事会决议、股东会决议等系列材料都需按规定、产业方向等履行报批。

（5）股权交易，启动公司治理

挂牌出让公司39%股权，引入新投资者和团队。签署相关协议并制定公司章程，明确治理结构和产业方向，审核中长期发展规划，促进公司浴火重生。

以上环节都是围绕公司产业发展和战略规划的系统化设计，是国企改革过程中贯彻实施国家各项政策、法律、法规的具体体现。

建立公司商业模式运行框架

商业模式既是公司价值创造的基础，也是混合所有制改革进行经济可行性分析的依据，即混合所有制改革需立足于股东双方对商业模式的共识。影视制作和影视音乐是电影产业中的加工环节，定义为ZCCD公司的主营业务。ZCCD公司基于对商业模式特征的分析构建了商业模式运行框架，具体来说：影视制作和影视音乐合同签订后，生产周期一般为3—5个月，后期包括样片初验、产品交付等；产品交付后，需要维护客户关系及后期项目跟踪，以评价项目质量、收益及开拓新产品；项目结算要视客户和项目而定，以合同条款加以约束；合同签订后收款20%～30%，样片初验后回款50%左右，待产品交付阶段或交付1个月内收回尾款；款项支付集中在制作环节，以人工成本、外协分包、材料消耗等为主，不同的项目略有差异；应收账款约每年周转10次，即应收账款的平均回款周期为36天；项目在产期约为144天，大约占用资金5个月；管理费用约占产值的13%左右，研发经费约占产值的2%。影视制作和影视音乐是人才聚集的产业，人力资源成本约占40%左右，项目毛利率在40%以上，即直接成本控制在60%以内。

构建经济可行性分析模型

经济可行性分析是混合所有制改革中引资的关键，也是股东双方经营合作的基础。基于此，ZCCD公司构建了经济可行性分析模型（见图1），即根据产业转型目标，结合市场分析和商业模式，运用财务管理方法对混合所有制改革实现过程中的各项资源消耗、物化过程、价值产出等进行展现、验证和评价。

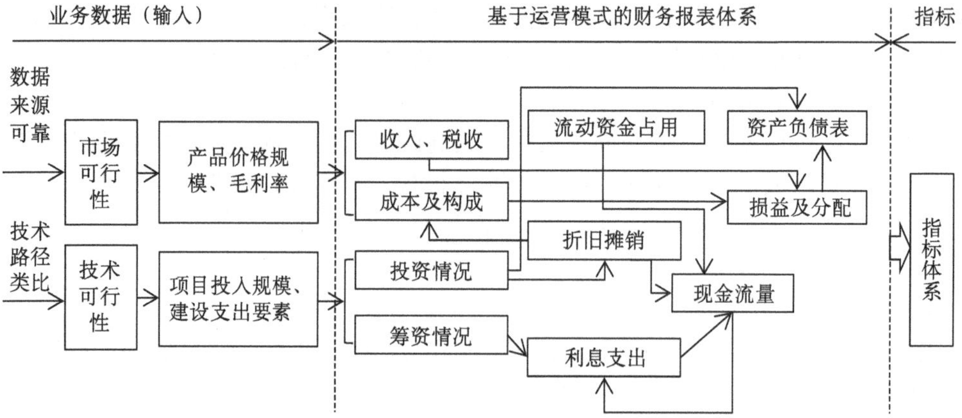

图 1 经济可行性分析模型

经济可行性分析模型由业务数据输入、基于运营模式的财务报表体系和指标输出三部分构成。经济可行性分析数据来源于行业数据、文献数据和数据分析，以此可测算出产业规模、产品定价和毛利率等。基于运营模式的财务报表体系可测算收入与增值税、成本构成等情况，此类数据源于产品的价格特征等，同时可根据技术方案测算投资及筹资等情况。在指标输出方面，基于运营模式的财务报表体系可自动生成项目评价指标，包括效益指标、效率指标、偿债指标、发展能力指标，以及内含报酬率、动态回收期等项目评价指标。

ZCCD 公司构建的经济可行性分析模型为混合所有制改革的顺利推进奠定了坚实基础。系统展现了公司商业模式、运营模式、供应链模式、定价模式、赊销模式、折旧摊销、筹融资策略、股利分红政策等。一体化展现了公司财务状况、经营成果和现金流量，并揭示出各业务数据的内在联系。系统展现了多种业务的变动关系，同时可实现穿透查询。

设定股权结构及投资协议约定

混合所有制改革中公司引入股东的方式包括增资扩股和股权转让。增资扩股方式能增加目标企业资本金，但需要履行验资等程序。股权转让方式则是股东之间通过受让部分股权，完成股权比例重构。两种方式均通过产权交易所挂牌交易，但其程序略有差异。因 ZCCD 公司是从事轻资产的文化产业，已有资金规模能满足混合所有制改革后的运营需求，不需要更大的资金投入。因此，采用股权转让方式引入新股东。通常，引入的新股东担心权益被弱化或公司盈利但长期不分红的情况，会要求大于 1/3 表决权的股权。鉴于此，通过双方协商，混合所有制改革后，新股东以现金受让 ZCCD 公司 39% 的股权，原股东尚持有 ZCCD 公司 61% 的股权，不丧失绝对控制权。

此外，ZCCD 公司从引入战略投资者的角度对投资协议有所约定：新股东持股应超过 5 年。5 年内退出需转让所持股权时，只能向原股东转让，且转让价款按照评估价和账面净资产孰低原则执行。为确保战略投资者的投资目的与公司经营战略相一致，未经全体股东一致同意，任何一方不得以其所持有的标的企业股权为除标的企业以外的其他民事主体设定担保。未经股东一致同意，设定担保或被司法部门执行其所持有标的股权权利的，另一方股东有优先受让权，其受让价格以上一年末经审计的净资产价值和评估价孰低原则优先受让。

制定股权及运营业绩保障方案

第一，为遏制公司盈利不分红的情况，消除少数股东的顾虑，投资双方共同制定了具有针对性的股利分配方案。除股东会一致同意不分配利润外，公司每个盈余年度均需按照实际出资比例向股东分配利润。每年实际用于分配的股利不低于净利润乘以股利分配系数，再乘以股利支付系数，且符合《公司法》的有关规定。股利分配系数不低于当年净利润的60%，由股东会决定具体数额。当全体股东无法达成超过2/3代表权的统一意见时，按60%执行。股利支付系数需考虑累计经营现金净流量与累计净利润的匹配度，以实际收到累计经营现金净流量和累计净利润孰低的原则分配股利。股利分配计算公式为：每年分配股利＝当年净利润×股利分配系数×股利支付系数（其中：股利支付系数＝累计经营现金净流量÷累计净利润）。

第二，股东与投资者双方还需签署为期3年的业绩保障方案，包括规模和效益两类指标。在规模指标方面，自新投资者认购股权成为公司新股东后3年内，若年度内ZCCD公司经营亏损或较可行性报告偏差较大（指年度收入目标未达到可行性报告的50%），则有权要求新投资者以不高于账面净资产和评估值孰低的原则撤出资本，由原股东受让。在效益指标方面，若ZCCD公司出现亏损，则由新投资者推荐并由董事会聘用的总经理以现金补齐亏损，弥补亏损前新股东以其股份作抵押。

第三，ZCCD公司以3年业绩考核期满后股份制改制为前提，股东共同让渡10%的股份用于激励核心成员。受让相关股权价格不低于改制前上一会计年度报表净资产金额，涉及国有资产管理规定的从其规定。纳入激励范围的核心成员名单及份额由总经理拟定方案，报股东会批准。同时，ZCCD公司实施激励与约束相匹配，进一步夯实混合所有制改革的战略目标，即通过协议进行补充约定。若ZCCD公司年净利润在目标额的80%以内，投资双方按照实际出资比例分红。若年净利润在目标额的80%以上但未超过目标额，股东应从超过目标额80%部分的分红中抽取出20%由总经理用于奖励经营团队。若年净利润超过目标额，股东应从超过目标额部分的分红中抽取40%由总经理用于奖励经营团队。

转型成效

2019年3月形成方案。8月，经一级央企集团批准。9月2日，在北交所挂牌出让39%股权。12月，交割股权并签署《股权转让协议》和公司章程等。通过混改带动企业转型。公司以科技创新和文化创意驱动满足人民对视听的美好向往为使命。聚焦影视特效（含特效音乐）制作、大型活动（含音乐）策展、影视及音乐融合三类项目，走差异化产品带动产业提升的战略路径。

混改当年，承办了安阳航展等十万人次的活动，城市 MV 登录《学习强国》，企业当年实现扭亏增盈。在克服疫情情况下，公司实现年度收入 1073.5 万元，利润总额 56.4 万元。实现僵尸企业治理目标，开创企业转型新模式。该混改方案成为集团公司同类业务范本，相应策略也被北京产权交易所采用。该项目是一个以财务主导，资本为媒，盘活企业运营，实现战略发展的典型案例。

案例《中唱成都公司混合所有制改革的做法》发表于《财务与会计》2020 年第 9 期。

案例 M　影视制作企业经营模式与风险管控

近年来，以影视特效技术为主的视觉体验已经成为一种文化消费现象，也成为驱动当下影视业发展的重要元素。技术和文化创新驱动的影视特效成为影视业迈向国际化的重要组成部分，影视特效（含特效音乐）制作发展呈现井喷趋势。文化创意和技术驱动结合影视制作公司如雨后春笋般发展壮大，其运营模式与风险管控已成为重要的实践课题。

影视制作公司行业分析

2018 年，中国电影市场大爆发，总票房突破 600 亿元；如《流浪地球》《战狼 2》都已突破 46 亿元以上票房。在电影制作数量方面，我国已经稳居全球第三，高特效投资显著拉动影视票房。《中国报告网》曾预测 2019 年中国影视特效市场规模约为 66 亿元，其中电影板块 24. 2 亿元，电视剧板块 8. 2 亿元，动画板块 12. 15 亿元，网络剧板块 21. 5 亿元。2019 年初，中影集团以及 26 家省级影视集团共同提出并开始实施“百部影片、千亿票房”发展计划。

影视制作企业的五力模型分析见图 1。制约国内后期特效产业发展的因素主要集中在

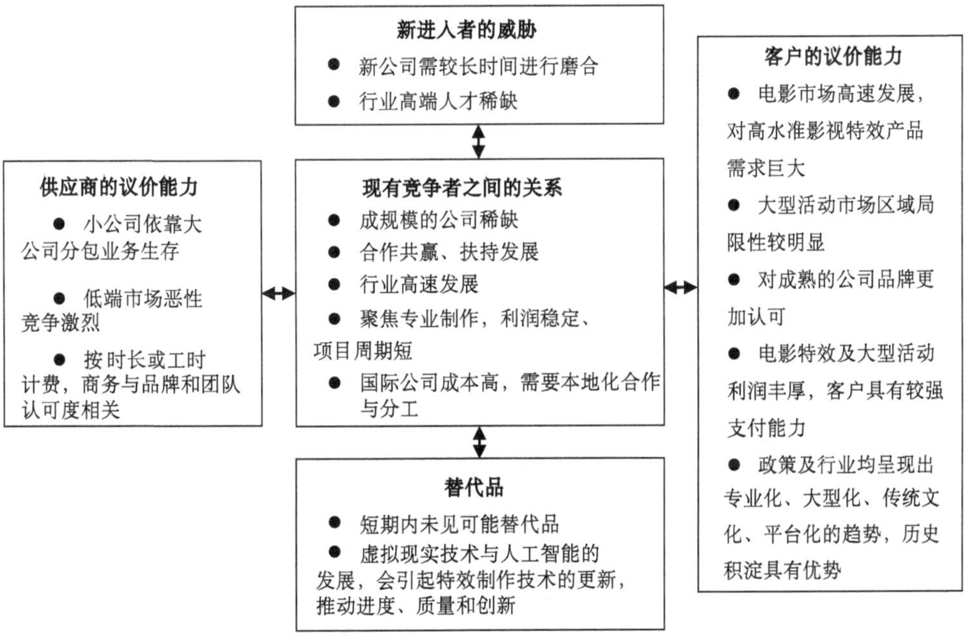

图 1　影视制作企业的五力模型分析

科技研发投入不足、后期专业人才缺失、缺少影视内容创意等方面。后期技术作为影视产业科技含量最高的环节，亟待进行技术、人才等全方位的孵化和培育，以满足快速发展的市场和产业需求。中国作为新兴的影视市场和全球第二大票房市场，影视产业潜力巨大。在国际成熟影视市场与新兴电影市场技术互动的加速时期，国际市场在技术创新与产业提升方面有着较大需求，这也为中国影视后期产业的成长带来了发展机遇。

影视制作公司商业模式

影视制作（含音效）属产业链的专业制作环节，商业模式如图 2 所示。市场方面以制片人或投资方特定项目的专业化特效产品制作为主，承制期间需要与导演团队或客户沟通设计目标。通常，影视项目开拓来源于一年春、秋季影视投资项目或同行业务分包等，也包括小规模视频专项制作。

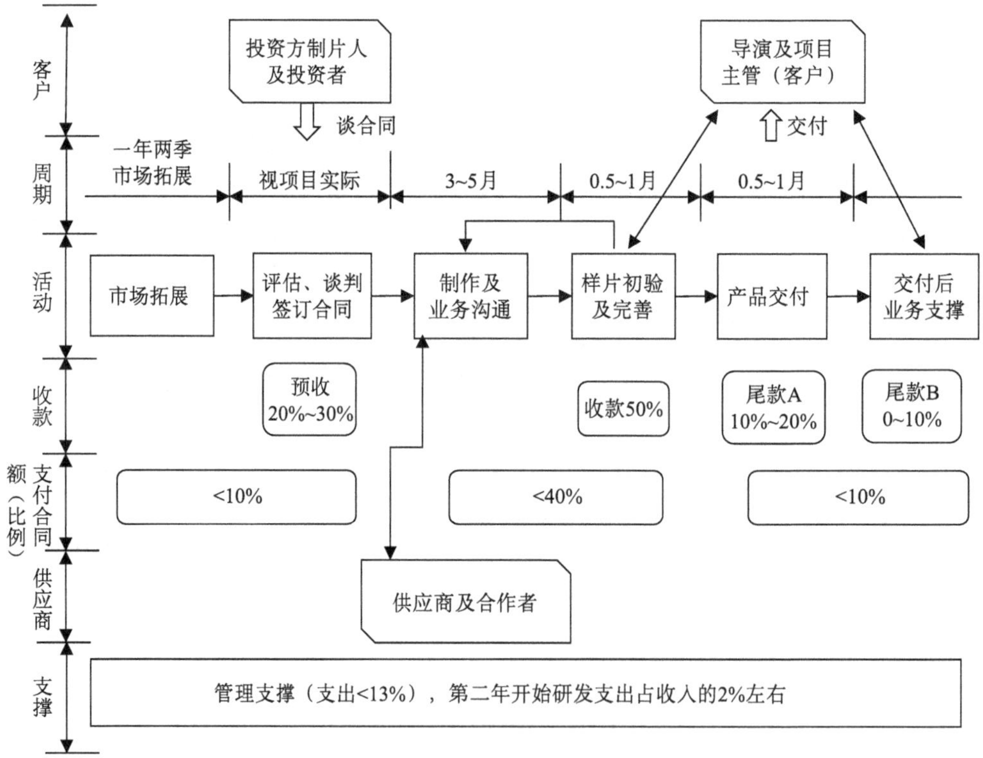

图 2 影视特效（影音特效）商业模型

合同签订后，生产周期为 3～6 个月（通常以项目周期倒排，个体项目存在差异）。后期包括产品样片初验及完善、产品交付等。交付产品后，需要维护客户关系和后期项目跟踪，以评价项目质量、收益及新产品开拓。

项目收款节点：合同签订后收款 20%～30%，样片初验后回款 50% 左右，待产品交付阶段或交付后 1 月内收回尾款。具体视客户和项目而定，以合同条款约束。支付集中在制作环节，以人工成本、外协分包、材料消耗等为主，不同项目略有差异。

通常管理费用及支撑费用占到公司经营规模的 13% ~15% 左右，且需要经营规模 2% 以上的研发投入。

影视制作公司风险管控

随着国家文化振兴战略的实施以及对文化产业的大力扶持，此类项目优势明显，短期风险可控。基于品牌及团队营运能力，将构建产业新生力量，进而形成整体产业链规模效应，但是因个体差异，企业运营仍存在风险。

（1）风险识别

①战略风险。聚焦影视制作项目可行性方案是否符合公司的战略？音乐与影视特效及大型活动策展融合的产业项目是否与市场化路径相一致？市场化的产品和产业方向对企业高质量发展的资本化路径的支撑程度。

②市场风险。市场风险包括商业模式风险、市场成熟度、技术替代风险、被模仿风险、消费者（客户）变化的影响等，需评价市场因素变化对项目执行的影响。

③运营风险。企业是否能够建立现代化的治理机制、用人机制、考核机制，依法治企，用规范化、流程化、制度化的运营制度体系支撑公司的高效率、高效益营运能力。

本项目为轻资产投资，因此，人员流失风险需要重点考虑。团队的管理能力与企业文化融合周期长短及效率对企业效益有重要的影响。

④财务风险。财务风险主要指现金流（资金链断裂）的风险。当然，资金流风险除了投融资管理问题外，更多是由其他风险最终演变为企业损失和资金不足。涉税风险因专业属性，也归结为财务风险的一部分。但涉税风险通常分为主观涉税风险和客观涉税风险。主观涉税风险是由于经营者不正确的经营理念造成的，客观涉税风险是由于会计处理与税务认定差异的可能性。

⑤法律及政策性风险。主要指国企改革对产权机制的政策变化，国家对文化产业，特别是影视产业、音乐产业、大型演艺活动等方面政策变化及趋势。法律风险主要发生在公司引入新股东的股权转让和日常经营两个环节。

（2）风险分析

①战略风险。新企业从没有运营、没有员工、没有产品等，到依靠注册资金起步。因此，战略风险就是企业经营策略与产业定位和公司主营业务、公司章程的契合程度。主要体现为：第一，是否以资本杠杆撬动产业发展？第二，公司产业是否与企业文化融合产业化路径相一致？因此，音乐与影视特效及大型活动策展融合的产业项目符合规划、公司主营业务范围和公司章程。战略实施将以可行性研究报告为主导，由董事会负责，由经营层逐年按经营分解目标落实。

②市场风险。市场获取风险受到整体行业市场的影响以及团队市场获取能力的影响。通过混合所有制方式，能激发团队的市场获取能力。另外，中国电影行业和大型策展活

动、影视音乐均呈现蓬勃发展之势，市场获取能力是市场风险的主要因素。

商业模式被模仿风险。本项目商业模式进入门槛低，极容易被模仿，但做到品牌和融合创造效益并不容易。领先音乐行业技术、央企平台的诚信价值、核心团队的行业优势是打造品牌的核心，品牌化将筑就较高的进入门槛。

市场变化风险。高端影视特效在中国仍属于蓝海市场，高端影视特效市场规模巨大。影视和活动策展的市场增长趋势在可预期的未来是不变的。与大型活动结合形成地域性文化特征标杆，具有基本盈利方向和抗市场变化的能力。随着市场变化，也能及时调整经营方向和人才储备。

技术替代风险。部分影视特效具有被软件技术替代的可能性，但通常是替代性工具。可预期的未来完全替代的可能性很小，核心团队作用或人工操作还大量存在，但技术与技能的结合是未来的趋势。团队行业影响力、知识艺术型价值创造特征、央企平台、四川传媒影视基地的混合优势，能缓解技术直接替代风险。创意文化经济将有效缓解被技术替代的风险。

③运营风险。

合作模式风险。以公司化治理体制运作，采用股权合作方式，新初始投资不涉及企业增资等。合作是双方股东如何通过挂牌转让引入新股东而已。新股东带团队进入，并且以业绩保障和股权资金为保障绑定合作目标。另外，项目论证阶段充分沟通，并以股权转让协议的方式约束相关合作模式，防范风险。

经营合规风险。引入新股东、团队和产业项目风险共担，公司化运作，以出资额为限，经营策略与规模匹配的方式指导生产经营。

经营效率风险。引入新股东、新团队、新产业后，按公司章程建立“三会一层”治理机制，建立符合国企管理规则的制度体系，并优化提升运营效率，防范运营效率低风险。

人员流失风险。轻资产行业拼的是品牌和人才，主要还是人才。企业的人才包括核心团队人才、公司招聘人才、合作渠道人才等多方面。良好运营平台、企业文化和以人为本理念，共同发展的价值观是事业留人、薪酬留人、文化留人的基础。

④财务风险。

经济损失风险。市场化拓展期，轻资产投入，快速构筑品牌＋基地的竞争优势，人员规模有限，公司化运作，风险可控。公司亏损通过总经理补齐机制，能有效防范经济损失的风险。税务风险也包括在经济损失风险之内。

资金风险。财务风险主要体现为资金链风险，包括资金来源及运用、流动资金估算、敏感性分析等。本业务选取的产业环节，不具有投资回收的风险，主要在业务运营规模和运营效益方面。

⑤法律和政策性风险。绿色、共享、开放、协作、创新是国家发展战略，文化强国、文化经济、文化自信作为国策写入党的二十大报告。国家出台的各项影视政策，均体现为利好。公司主营聚焦在影视专业制作环节，新公司初期（3 年内）不做影视投资类业务，其商业模式决定了受项目投资风险影响较小，政策性风险可控。

（3）风险评价

根据项目特点，在调研基础上对识别风险类别定量评价如下：

表 1　影视制作风险定量分析

一级风险	二级风险	风险评分（0—10 分，0 为最低，10 为最高）	风险排序（风险按二级名称对风险分值排序）
战略风险	资本杠杆路径符合度	2	4
	音乐 + 战略落实与偏离	1	5
市场风险	市场获取风险	4	2
	市场变化风险	3	3
	商业模式被模仿风险	5	1
	技术替代风险	3	3
运营风险	合作模式风险	2	4
	人员流失风险	5	1
	经营合规风险	4	2
	经营效率低风险	3	3
财务风险	经济损失风险	2	4
	资金链风险	2	4
法律和政策风险	产业政策变化风险	2	4
	国资政策变化风险	1	5
	引资阶段法律风险	2	4
	运营阶段法律风险	3	3

综上所述，中小影视制作企业排名靠前的风险主要是运营风险和市场风险，排名靠前的二级风险包括人员流失风险、商业模式被模仿风险、市场获取风险、经营合规风险、市场变化风险、技术替代风险、经营效率低风险、运营阶段法律风险等。

（4）风险应对

由于中小影视制作企业属于轻资产运营项目，以知识型、创意型人力资源为主，人力资源的控制与项目的规模相关，且除核心团队人力资源外，劳动密集型业务通过协作用工解决。项目整体经营性亏损的可能性较低。按重要性排序的企业风险及应对措施如下：

人员流失风险属于运营风险的二级风险指标。其应对策略为：①差异化用工制度，保证核心团队稳定性；②业绩挂钩的核心团队激励机制；③市场化用工机制；④股权激励机制；⑤差额收益与股东共享机制等。

商业模式被模仿风险属于市场风险的二级风险指标。其应对策略为：国企平台 + 产业互补 + 产品质量及行业地位 + 团队竞争力 + 品牌效应的结合。

市场获取风险属于市场风险的二级风险指标。其应对策略为：①项目化一体管控；②全员市场机制；③层次化市场获取能力，总经理关注行业大客户市场，总监关注横向协同市场；④产品互补 + 项目间执行进度互补。

经营合规风险属于运营风险的二级风险指标。其应对策略为：①委派财务总监；②管理体系指导；③建立高效的内部控制体系；④确保审计（内外部结合）体制；⑤轮岗及不相容职务分离；⑥OA 及信息系统；⑦分级授权，“三重一大”集体决策。

市场变化风险属于市场风险的二级风险指标。其应对策略为：①专注产业链专业化环节；②拓展影视投资中介角色，参与切入产业链，保证基本业务规模；③充分发挥企业的文化品牌度，拓展政府及国资项目；④孵化自主IP；⑤拓展上下游产品营销和商业整合能力，聚合市场；⑥融入控股股东的产业链。

技术替代风险属于市场风险的二级风险指标。其应对策略为：①核心团队的创意提升品牌度；②坚持精品与高质量策略；③加大技术投入与人才培养；④掌握技术趋势，趋利避害；⑤获取资质及奖项提升行业地位；⑥资本杠杆、公司体制、技术投入、产业规模相辅相成，均衡协同发展。

经营效率低风险属于运营风险的二级风险指标。其应对策略为：①总经理负责制；②激励机制；③引入非公有制成分；④股份制改制路径激发；⑤聚焦集中差异化产业；⑥坚持效益优先，平衡产能的原则；⑦控制核心资源、效益、质量，多形式用工。

运营阶段法律风险属于法律和政策风险的二级风险指标。其应对策略为：①对合同制度规范审批与盖章；②聘任法律顾问；③格式合同；④新领域合同重点论证、管控。

合作模式风险属于运营风险的二级风险指标。其应对策略为：①股权合作；②协议规范；③退出机制。

经济损失风险属于财务风险的二级风险指标。其应对策略为：①经济可行性论证；②预算控制，项目核实；③法务审核；④经营亏损补齐等；⑤轻资产运营结合用工策略控制支出规模和配置效率；⑥敏感分析；⑦依法纳税，依据合同及项目条款管理票据。

产业政策变化风险属于法律和政策风险的二级风险指标。其应对策略为：①及时跟踪产业政策；②董事会发挥主导作用；③经营监控与总经理考核反馈。

引资阶段法律风险属于法律和政策风险的二级风险指标。其应对策略为：①法规处置；②协议约束；③主动沟通；④积极防范。

资本杠杆路径符合度属于战略风险的二级风险指标。其应对策略为：①董事会强化对产业投向把控；②集团产业统筹；③方案评审。

资金链风险属于财务风险的二级风险指标。其应对策略为：①加强经营管控；②拓展短融渠道；③加强预算；④核算监督。

音乐+战略落实与偏离属于战略风险的二级风险指标。其应对策略为：①董事会把控产业投向；②集团统筹产业发展；③认真对待方案评审；④项目过程管控和阶段性评价。

国资政策变化风险属于法律和政策风险的二级风险指标。其应对策略为：①研究政策及趋势；②投资者的敏感度；③退出机制。

应用成效

中小影视制作企业经营模式与风险管控的分析是ZCCD混改事项经济可行分析的重要内容，为论证和夯实产业风险奠定了基础，具有很好的借鉴意义。稳妥的风险预测方案为后续股权协议、公司治理、制度建设等策略应用奠定了基础。

案例《中小影视制作企业经营模式与风险管控》发表于《现代审计与会计》2019年第12期。

案例N　浅谈基于项目管理的财务核算体系建立

引　言

传统的核算体系大多和单位组织结构相关，依据组织结构对部门进行内部控制和预算管理，按部门申报预算并进行绩效考核和评价。项目在核算中主要侧重于成本支出核算以及成本管理的考核。以组织结构所构成的内部核算体系和以项目成本核算为核心的责任中心核算体系在项目管理中都具有不足之处。传统的核算体系，对固定资产或人工成本的核算主要是核算到部门，对费用的核算也是核算到部门或责任中心，到期末再进行分摊处理，最终归集到项目。传统财务信息平台主要是基于部门组织结构的内部核算，将项目核算的范围只限定到能够明确核算和计量的成本范畴。由于分摊必然带来信息的时滞，预算的申报大多也只是与项目直接成本构成相关，核算体系决定了预算无法对分摊的成本与费用进行控制，所以不利于全面预算的实施和项目管理的需要。

项目核算特征

随着项目管理在实践中的应用，项目管理在现代管理理论和现代组织结构中已经占据了重要的位置。项目管理是具有明确最终目标的任务，通过运用现代管理技术，指导和协调人力和物资资源，以达到预定的范围、成本、时间、质量和参与者满意目标的管理艺术。从项目管理定义可以看出，项目管理是具有明确对象，而且与全面预算紧密联系的管理体系。只有建立以具有生命周期的项目为核算对象，以全面预算管理为目标，以财务信息化为手段的基于项目的核算体系才是实现项目管理的基础。

财务报账工作是点，财务账务处理是线，财务报表是面，而基于项目的财务体系应该是立体管理体系。财务报账工作是对各类具体行为进行货币化衡量与描述，可以理解为经济行为的某时间点下的状态；账务处理是依据财务管理科学体系对报销工作进行进一步处理，形成时期数据；财务报表是对财务时期数据与时点数据的综合反映，并对企业经济活动从财务角度进行评价。将多年来财务工作所围绕的某个核算对象信息进行提取与分析，就构成某个项目从立项、研制、试制、测试、验收、批量生产等各阶段管理所需的能够用货币量化的经济运行及资源占用图。所以财务核算的基本单元应该是项目。

许多人认为核算原本是基于项目，主要体现在成本科目的年度核算业务。项目管理应该是一个针对不同业务类型项目，有生命力、有节奏的管理过程，所以只有建立了完全基于项目核算的财务核算体系，才能为企业核算提供出明晰、及时、高效的分析数据。核算对象明细化、核算手段信息化、核算内容要变事后核算为预算导向核算。

财务核算划分为针对项目（或课题、合同）、管理机关、保障单位等几大类核算对象，如何在机关、科保、后勤部门进行项目管理呢？可以对事业部、工厂等一线单位科研生产核算采用生产（开发）项目核算，将机关和保障单位核算采用预算部门作为一个预算项目或多个预算项目来管理，对与基层部门相关的各项开支均依据预算项目进行独立核算。后勤部门核算可采用社会化的核算方法进行独立处理。对机关单位考核可以不依据经济指标进行，支出类项目预算指标作为独立实体的考核手段之一，依据各单位的不同性质以及业务完成情况进行综合评定。对生产类项目采用项目收益与综合效益进行评价。最简单的评价标准可对生产项目管理采用收支核算，机关采用预算控制核算。

项目大小和项目类别决定了项目管理中核算方法的选择与作用。这里所指的项目仅指用于财务核算的项目。有些工程很大，例如921工程，可以在核算上对大工程进行分解，核算到分机（部件）负责人这一级，便于进行考核和控制，大项目业务内容可以依据子项目汇总生成。在具体管理中，对大规模工程项目也是采用分机（部件）负责的方式进行任务的分解与考核。项目可以依据类别采用不同的管理模式与考核标准。例如，针对批生产项目、研制项目、预先研究项目、预算项目、开发课题项目、基建项目、技术改造项目等不同的类型建立不同核算标准，不同的考核标准。以便在管理中有侧重地调整业务的发展方向，起到调配资源的作用。实现对内核算、考核与项目整体核算、评价脱离，将项目的管理与激励机制作用于内部评价制度上。

基于项目管理的核算体系应该针对不同的项目类型制定不同的考核体系，在明确各类项目特点的前提下，依据本单位管理需求以及项目定价策略制定不同的考核评价体系。例如，对批生产项目可以依据成本加成法、市场占有率等不同的定价原则作为考核项目定价的依据。对预研项目可以实行内部招标方式进行任务分解，并依据招标标准作为实际经费的预算控制标准，考核的指标不仅局限于盈利指标，还可采用技术指标作为项目考核的标准进行量化，技术投入的量化对日后形成的无形资产在对外投资计价方面起到很大作用（企业会计制度规定无形资产对外投资时以账面价值入账，而通常企业将技术投入在当期作为成本消化（不利于投资时的评估入账）。对项目申请、产品报价、审价将起到很大的规范作用。将过去单一的以盈利指标作为奖金发放标准的模式改变为项目综合管理需求实现程度为考核标准，将利于引导不同类型项目的良性发展，创造出很好的企业内部环境。针对机关、保障单位也作为预算项目管理，依据预算进行经费分解与考核。项目核算体系与项目考核体系规范化将是促使企业管理改革的基础。项目核算体系是为了做到企业运作以项目为基本单元，使核算更清晰、及时、准确、全面，做到“心中有数”；项目考核体系就要做到针对明确的项目目标，制定相应激励考核标准，对完成项目起到引导、激励、考核作用，变“直接管理”模式为“引导管理”模式。

项目预算及信息化

在日常项目管理过程中，将全面预算作为管理重点，变报账型会计核算为预算引导型会计核算。项目管理为全面预算管理奠定了良好的核算基础。项目计划就是确定项目的目标、确定项目资源需求和确定项目成本分析的过程，在制定项目人力成本、项目资源成本、项目管理成本后，将项目目标定量化，就构成了基于项目的全面预算数据。结合项目生命周期进行项目实施和项目控制，也就是项目的决算和项目预算控制过程。基于项目核算在方式上采用统一的模式，对各类项目均依据工作进度和时间报列所需经费收支情况，经一定的审批程序审定后，作为日后报销的依据。对基层单位管理人员研制费用开支，也可参照管理费用开支方式作为预算项目管理，由财务进行统一核算。也可汇总出各事业部、工厂等一线部门适合本部门管理需求的各项考核指标，采用成本中心法或利润中心法、投资中心法模拟核算，以便计算各基层单位经济效益和考核指标情况。全面预算管理是基于项目的财务核算体系的重要方法和评定主线。预算是对中、短期规划（计划）的具体描述、货币量化，将规划（计划）落实到具体数字。企业运行必须有真实详细的业务记录，并对项目生产经营情况进行货币化描述、分析，对项目成本构成、项目预期收益、项目转让投资成本等方面提供详细的分析报告。所以建立以项目管理为中心的财务运作体系将成为财务信息的基础，与全面预算管理相结合共同构成企业资金运作与企业运营体系。

信息化是进行数据处理与分析的手段与基础，是建立基于项目管理的财务核算体系的保障。信息化平台将使基于项目核算的业务规范化、程序化，将使财务业务向明细数据录入、综合业务数据分析、决策支持过渡，进一步提升财务管理的效率与质量。只有构建基于信息化的财务管理信息系统，才能使信息进行海量处理，提升管理水平、重造管理业务流程、整合企业资源成为可能。基于项目管理的核算体系信息模型图 1 所示。项目核算信息必须在固定资产、工资和总账等基本业务模块中支持项目。因为固定资产、工资和总账等业务模块涉及项目的人力资源、物资资源和资金资源占用。卡片信息中不仅应该包含部门信息，也应该包含实际占用该资产（或资源）的项目信息，这样在进行成本核算和结转

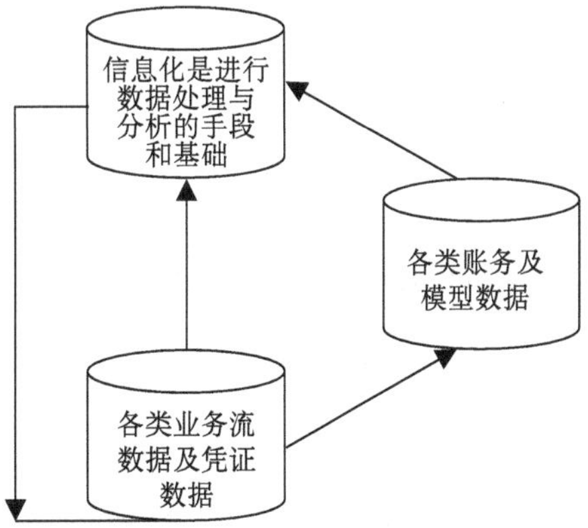

图 1　项目信息模型图

的过程中就可以直接核算到项目，不需要进行分摊处理。用友公司软件的固定资产模块在这方面做了很大的改进，可以在多项目占用某台固定资产时实现带项目的折旧费用提取和结转，不足之处在于必须带部门核算。部门与项目核算在实际的项目管理中是两个不同的维度，项目的组织结构往往对能否获得项目所需资源和以何种条件获取资源起到制约作用。以项目管理为中心的核算软件既要求体现出部门的职能特征，也要体现出项目式组织特征。

基于项目核算的财务信息分为三个层次，业务信息、战术信息、战略信息。业务信息是指实际各项经济业务的卡片式信息以及业务核算信息。战术信息是将业务信息经进一步整合、处理后，从逻辑维度、业务维度、时间维度三个角度构建的基于项目的财务信息库，参见图 2。其中时间维度表明了在不同会计期间、不同时间点财务管理信息系统运行数据状态的备份。业务维度是指财务管理中与实物形态紧密联系的相关业务的卡片管理、工资管理等具体业务管理模块。逻辑维度理解为会计核算业务中以账务形式反映的数据，以及由账务数据生成的报表类数据所构成。时间维度、逻辑维度、业务维度构成基于项目核算的财务信息库的总体框架。三维之间通过相应的经济模型和计算机模型对财务管理信息进行综合管理和进一步提练加工，提高信息资源的利用效率，充分衡量与反映经济业务当前运行状态，并与历史数据或预算数据形成对比分析。战略信息是指对财务信息库的进一步提练后生成的一定经济模型下的决策支持、绩效考核功能，能够以营运能力、偿债能力、发展能力等不同角度提供决策分析。提供与历史数据、行业数据等指标的对比分析，提供技术项目转投资及无形资产等方面业务的项目分析报告。

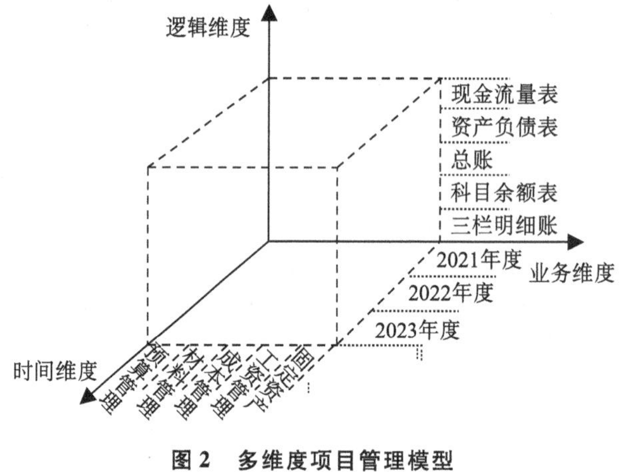

图 2 多维度项目管理模型

项目核算与人员特点

基于项目核算的财务信息平台必然带来财务人员组织机构和人员职能的变化。财务管理的组织结构与人员配置采用层次管理，参见图 3。依据财务管理与核算的不同业务类别分为日常报账（报销）、管理分析、体系建设与信息保障三类。日常报账（报销）人员依据财务、会计制度的规定审核日常经济业务是否符合规定，并依据内部核算规定将业务明细化后录入，实际上是业务数据的前台采集窗口，前台业务数据的明细程度和准确程度都将直接影响加工后管理数据利用价值。管理分析岗位实际上是对前台业务数据依据一定的内部管理规范以及业务的需求进行进一步处理，对已经生成的数据进行成本构成、价格制定、生产决策、最优投入要素组合等经济分析。对体系建设与信息保障人员则根据实际业务发展要求，不断调整、完善基于项目的核算体系，建立信息平台满足经济运行的需求。

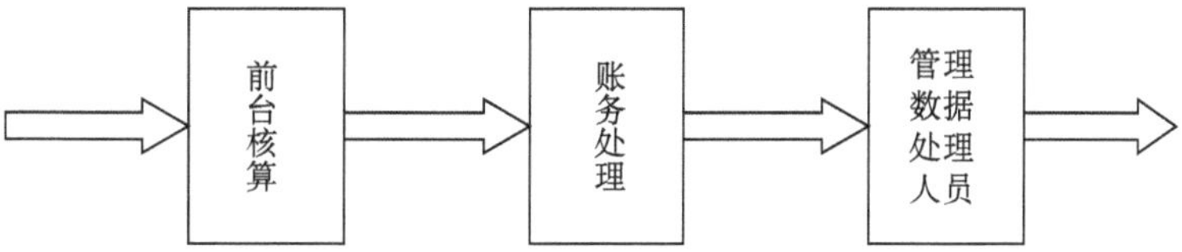

图 3 基于项目的人员类别

业务分为数据录入、报表生成与当期业务分析、经营方针决策和投资方向与投资分析。对不同岗位人员可以依据不同的标准考核，前台数据录入要求准确、快速、规范、详细等，有明确的操作规程与考核标准，行使实物会计与核算会计的职能。考核的依据是准确程度与规范程度，定量指标占很大比例。对中间层次要求对处理后的数据（主要指报表和各类账表）进行分析，并能从数据中分析出企业经济运行的效果与考核指标。对生产中的异常指标进行分析与监控，行使管理会计的职能，并负责企业内部考核与内部成本核算、价格体系建立等内部管理数据与业务的处理。依据对当期经济报表的分析报告与管理成效进行考核。最上层根据企业自身的特点与管理发展的要求，依据财务信息库，对战术信息进行进一步的提练，并结合外部市场信息与行业数据，形成指导本单位经营决策与战略决策的数据，行使经济分析师的角色。考核标准是提交经济决策与投资可行性分析等决策性信息（见图 4）。

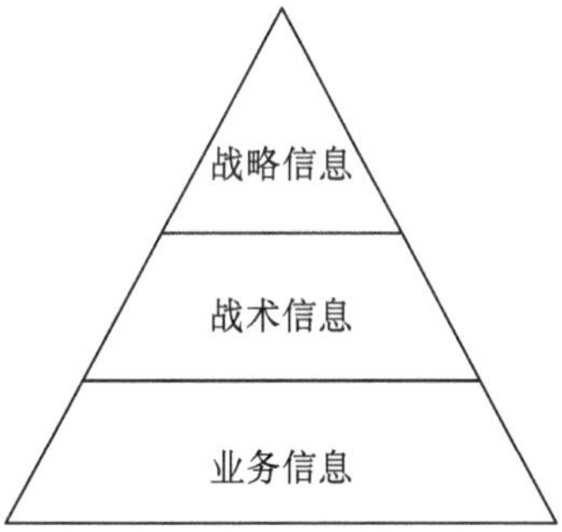

图 4 信息的聚合特征

基于项目核算的财务信息提练也分为三个层次（见图 5），它与人员配备的三个层次正好相反。越往上，人的素质要求越高、人员主观判断能力占比越大，信息提练程度越高，数据涵盖范围越广，对管理者要求越高，风险越大。基于项目的管理决策需要依据管理目标与管理者自身素质以及外部环境等综合决策。

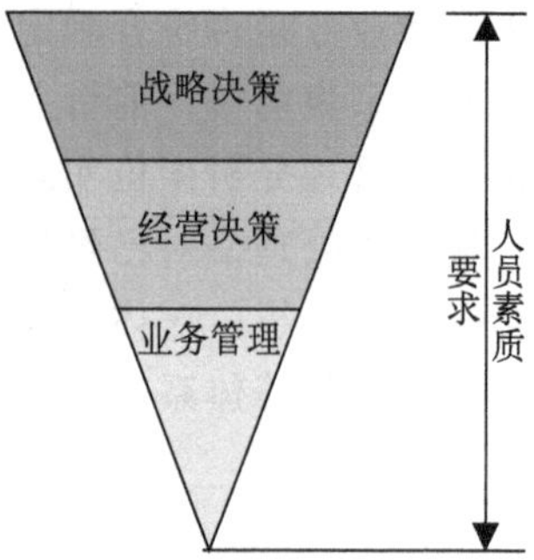

图 5　管理层级与人员素质要求

总之，项目管理为现代组织中的产品、服务、组织流程变化管理铺平了道路。成功的项目管理会促进非传统团队在许多不同领域的应用。将项目管理作为一个有明确生命周期，而且采用计划、控制、信息系统和项目进度安排等管理技术结合的财务体系将是促进企业跨越式发展的基础。

案例O　责任体任务分解机制及路径

责任体（部门）是企业组织架构的重要组成，也是实现价值创造的承载主体，在全面预算、绩效考核、责任体机制下通过组织分工和资源调配推动项目和产品的作业活动，实现运营管理目标。因此，责任体是对上承接企业价值链体系下的特定职能，横向实现管理协同和支撑，对下通过资源配置、任务分工、操作细则等举措实现部门运营管控。在部门层面，管控重点体现在职能衔接、项目分解、资源配置、信息反馈等方面。因此，责任体管控是立足岗位和任务分解的管理机制，以满足企业职能分工下对运营环境权变特征的适应性。本案例以管理会计工具及方法为切入点开展运营管理支撑，在责任体层面通常体现为立足岗位和项目的任务分解机制及资源配置、绩效考核成果。本案例以研究院CXZX任务分解机制为例，阐述创新责任体的任务分解机制和过程，案例对创新业务与管理会计在责任体层面的融合和支撑研究具有启迪作用。

案例背景

（1）目的

①落实部门职责和研究院的战略目标和重点任务考核。

②充分利用现有制度体系整合完善部门任务分解机制，在战略发展目标指导下有效衔接部门职能和组织分工需要，聚焦重点任务的优化与执行。

③将责任体任务分解机制作为量化KPI绩效与项目、岗位衔接的主线，作为部门综合管理细则的核算对象。将一线科研创新责任体的运营管理划分为综合支撑（以职责和任务分解为主线）和项目支撑（项目全生命周期经济活动支撑）两类。

（2）解决要点

①匹配部门职责、年度重点任务、中心主要工作、岗位分工、制度、流程的管理目标、组织构建、职能分工及运营控制要素；

②允许每个岗位围绕部门战略和重点任务情况按重要性填写，明确到岗位职责和隶属关系，充分调动各级组织及各岗位的积极性；

③规范任务名称和衔接协同机制，实现业务过程和业务领域全覆盖，包括部门任务职责和对上责任状清单，对接发展方向和项目执行阶段；

④根据职责和分工，明确问题梳理、层次划分、协同合作的责任人；

⑤任务分解要满足SMART原则，具有可执行、可考核，成果交付目标；

⑥便于进度管理和支撑保障，作为计划控制、资源配置、协同控制、例会制度的管理抓手；

⑦实现人、财、物的综合支撑和协同，包括综合服务、预算、外协、采购、核算、验收等全业务、全过程管理目标。

（3）基本方法

①制度为本。按职责分工、全面预算、绩效考核等制度要求。

②项目主线。创新项目生命周期和管理职能的统一。

③工作包分解。采用 WBS 分解的方式衔接各级任务及岗位分工。

④绩效评价。落实到一级责任体、团队或员工的责权利对等机制，以激发各级组织及岗位的创造力和活力。

⑤例会制度。过程管控、综合支撑机制。

CXZX 部门职责

研究院 CXZX 部门是负责创新管理、科技创新、项目全过程管理的部门。部门业务立足原创技术创新与成果转化等项目管理，聚焦专业方向，业务边界清晰。部门职能编号为 A1—A7，描述如下：

A1 第一条　负责科技创新体系技术研究推进工作；探索适应原始科技创新的科研模式，营造协同创新的企业环境和企业文化。

A2 第二条　负责创新平台的发展规划与协同运行。

A3 第三条　负责组织实施多领域交叉前沿创新项目的论证、研发及制订创新技术标准等工作。

A4 第四条　组织专项市场开发，实施项目全过程管理。

A5 第五条　负责策划各类创新技术交流活动，开展国内外创新合作。

A6 第六条　协助开展科技创新发展规划与论证工作。

A7 第七条　完成上级和院领导交办的其他工作。

任务分解原则

（1）战略导向

基于战略目标开展任务目标设定和分解，围绕战略规划和中长期创新体系发展，体现为任务分解的重要性原则。

（2）职能为本

立足部门职责和部门岗位设定目标，体现为任务分解的完整性原则。

（3）技术引领

围绕多领域交叉前沿创新项目的技术方向，引领项目论证、研发、标准规范等划分，体现为任务分解的系统性原则。

(4) 目标科学

目标设定要明确，可执行、可评价、可考核，具有阶段性等，层次分解，体现为计量性和科学性原则。

(5) 创新驱动

技术引领下的管理创新驱动因素，探索原始科技创新模式，体现为部门职能引领下创新驱动的前瞻性。

任务分解规则

责任体的任务分解机制立足部门职能、职责分工、重大专项、岗位分工、任务执行等要求进行细化。任务分解思路如下：

①任务分解采用四级8位的编号规则，分层级汇总，可用WBS工具展现；

②每个可执行任务最终均落实到具体责任人；

③母任务可根据项目特征、管理需要、岗位分工等进一步细化为子任务；

④末级任务的上级母节点任务不交叉（避免多头领导）；

⑤任务分解是树杈形，而非网状特征；

⑥任务分解建立在协同沟通的基础上，上下级和岗位之间要充分沟通，以达成共识。

(1) 一级编码规则

一级编码为两位，对应部门的职责。原则上，一级编码不再进一步细分，第二位以0补齐，例如：第一项职能对应编号为10，第二项职能对应编号为20。对战略影响的重大专项，可在此基础上对第二位进行编号排序，此时一级编码第二位尽量不用0，而是从1开始编码，例如：将第一项职能细分为两项及以上时，对应编码为11、12……。

基于部门职能划分的一级任务不是末级任务，需要二级子任务对应落实到具体负责人。一级编码规则如表1所示。

表1　一级编码规则

部门职能	职责内容	战略规划及三年滚动计划等	是否细化	备注
1*	①负责科技创新体系技术研究推进工作；探索适应原始科技创新的科研模式，营造有利于协同创新的环境和文化			
2*	②负责创新平台发展规划与协同运行			
3*	③负责组织实施多领域交叉前沿创新项目的论证、研发及创新技术标准规范研究制订等工作			
4*	④负责专项市场开发，组织实施专项项目全过程管理			
5*	⑤负责组织策划各类创新技术交流活动，开展国内外创新合作			

续表

部门职能	职责内容	战略规划及三年滚动计划等	是否细化	备注
6*	⑥协助开展科技创新发展规划与论证工作			
7*	⑦完成上级和院领导交办的其他工作			

注：*代表该位编码可根据需要进一步细分。

（2）二级编码规则

二级编码是依据部门管理特点，针对专业方向或部门分工为主划分为相对固定的类别。类别增设每年度根据部门分工和实际工作需要在年初（年度任务分解工作开始之前）调整一次，年度内保持相对稳定。

二级任务的设定，原则上要对应到部门职能划分的类别。如果一级职能序号是分为不同子项目类别的，则二级任务要有对应承接。二级任务可作为末级任务。二级作为末级任务时，必须有明确的责任人，且通过岗位协同可实现目标。

二级编码规则如表 2 所示。

表 2　　二级编码规则

职责分工	二级子项目内容	立项细分建议原则	是否细化	岗位人员	上级编号
A*	管理改革：管理机制	可按专题目标划分			
B*	创新体管理：指导和考核	可按专题目标划分			
C*	重大专项任务：企业级重大专项任务及部门未立项阶段的专项任务	可按专题目标、项目名称、项目类别等划分			
D*	中心项目：CXZX 负责牵头、立项，并由多岗位职能支撑的全生命周期项目；可按项目作为二级子项目的任务目标，立项并进一步分解任务	可按专题目标、项目名称、项目类别等划分			
E*	科创业务：开发工作	可按项目类别、岗位职责分工、上级对口、目标等划分			
F*	集团科创业务：集团、研究院科技创新业务开发工作	可按项目类别、岗位职责分工、上级对口、目标等划分			
G*	项目管理：科研管理工作	可按项目名称、管理岗位、生命周期等划分			
H*	对外业务交流：业务交流	可按业务内容、岗位职责分工、上级对口、目标等划分			
I*	科研管理：CXZX 科研项目的全过程管理等工作	可按专题目标、岗位职责分工、重大项目等划分			

续表

职责分工	二级子项目内容	立项细分建议原则	是否细化	岗位人员	上级编号
J*	成果管理：标准、专利、论文、专著、科技奖励等成果申报、知识产权管理体系、知识资源库建设等工作	可按专题目标、岗位职责分工、成果类别、重大项目等划分			
K*	协同创新：创新体开放协作、协同创新等管理工作	可按专题目标、岗位职责分工等划分			
L*	条件建设：科研环境、手段、信息化等能力建设工作	可按专题目标、岗位职责分工、重大项目等划分			
M*	规划论证：各类规划、论证材料组织编制等工作	可按专题方向、对接部门、重大项目、岗位职责分工等划分			
N*	技术管理：CXZX多专业融合新技术研究开发、一体化系统研制、发展基金项目组织管理等技术管理工作	可按专题目标、课题来源、专业方向等划分			
O*	成果转化：科技创新成果转化、技术服务等工作	可按专题目标、成果类别、岗位职责分工等划分			
P*	团队建设：人才引进、人才培养、团队学术交流等工作	可按专题目标、对接部门、岗位职责分工等划分			
Q*	经济运行：财务、审计、采购、合同等经济运行工作	可按专题目标、对接部门、岗位职责分工等划分			
R*	综合管理：日常行政、岗位培训、6S、资产管理、运行保障、企业文化建设等管理工作	可按专题目标、对接部门、岗位职责分工等划分			
S*	安全：安全、宣传等管理工作	可按专题目标、对接部门、岗位职责分工等划分			
T*	党团工会业务：党务、共青团、工会等管理工作	可按专题目标、对接部门、岗位职责分工等划分			
U*	完成院领导和上级交办的其他工作	可按专题目标、对接部门、岗位职责分工等划分			

注：*代表该位编码可根据需要进一步细分。

（3）三级编码规则

一般而言，三级任务是部门任务分解的基础，是部门重点任务清单评审和调度的基础。三级编码为两位，是在一级、二级项目编号的基础上，根据项目执行的具体需要进一步划分为可执行的任务，一般要有明确的任务目标、名称及责任人。

三级项目可单独直接提出并设立，但要对应到一级二级母项目（向上沟通）。

三级编码规则如表3所示。

表 3 三级编码规则

三级子项	三级子项目内容	备注	是否细化	岗位人员	上级编号
**	1. 专题目标：目标明确的年度专项任务	例如：工作站平台建设			
**	2. 项目名称：指已经立项或对应明确市场目标的项目	例如：213 等			
**	3. 项目类别：通常指服务领域或服务对象对项目属性类别的划分	例如：基金项目、JKW、科技部项目等			
**	4. 岗位职责分工：是指各岗位基于职能开展的日常工作	例如：计算机管理员等			
**	5. 对接部门：是指服务或支撑对象的部门名称	例如：JKW 对接、科技委等专业对口职能支撑			
**	6. 成果类别：按成果类型	例如：论文、奖项、专利、标准等			
**	7. 其他	按管理需要，通过沟通确定			

注：*代表该位编码可根据需要进一步细分。

(4) 四级编码规则

四级任务通常是指多个岗位共同承担的三级项目或根据管理需要进行单独考核、评价、管理的子任务清单。四级子项目要有明确对应的三级子项目。原则上通过四级分解，任务明确到责任人，任务责任划定清晰，不再具有岗位交叉性。

原则上不直接提出四级子任务，是考虑三级母任务执行和管理的需要，才进一步划分。因此，三级和四级任务之间具有较强的对应关系。

四级编码规则如表 4 所示。

表 4 四级编码规则

四级子项	四级子项目内容	备注	岗位人员	上级编号
**	1. 专题目标：目标明确的年度专项任务	通常四级项目不按专题目标划分		
**	2. 按项目名称需要：在三级分类基础上，需要内部进行管理协同	设计多个项目		
**	3. 按项目类别需要：在三级分类基础上，在具体项目类别管理中需要进一步细分	比如：论证、设计、实施、验收等		
**	4. 按岗位职能分工：在三级分类基础上，还需要按岗位或人员进行进一步分类	比如：管理相关的计算机管理员、日常管理等工作		
**	5. 按对接部门名称要求：在三级分类基础上，按支撑服务协同的部门等	比如：支撑科技部、论证部等部门业务		
**	6. 成果类别：在三级分类基础上，按成果类型细化	例如：发表论文、获得奖项、专利授权、起草标准等		
**	7. 其他，在三级分类基础上，还需要进一步划分，通过子母项目之间沟通确定	按管理需要		

注：*代表该位编码可根据需要进一步细分。

任务分解流程

CXZX 任务分解采用四下、四上的方式，有效衔接研究院战略规划和重点任务、全面预算的部署与汇总、部门重点项目评定、项目 WBS 分解方法、任务变更和调整机制、例会驱动的过程管控、年度总结和绩效考核等任务执行、保障的全过程，将任务落实到项目、落实到人、落实到具体时间节点和资源配置。详见图 1 所示。

（1）任务分解操作要求

如图 1 所示，任务分解工作的环节如下：

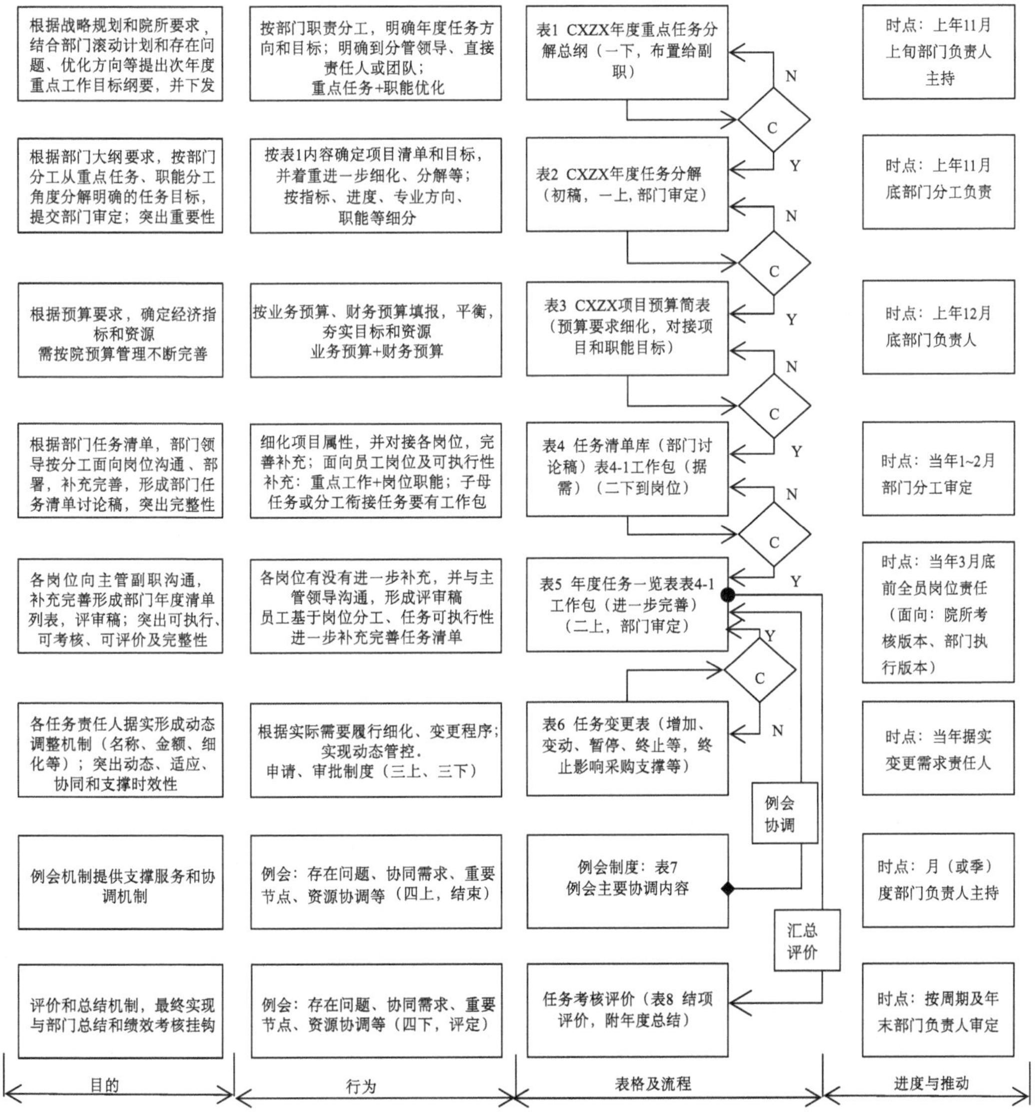

图 1　任务分解工作流程图

①各环节依据表格、流程、管控要点填报；

②综合管理岗位负责汇总；

③所有流程和要求与研究院级相关制度衔接（找到出处：预算、人力资源、任务分解），且不发生冲突；

④部门需要进一步明确的管理细则；如：任务分解、岗位职责、例会制度、重点项目督促机制、人员考核和考勤；

⑤整个编制采用“四上、四下”的沟通方式，编制基于二级编码规则分类，分解基于三级编码规则形成部门任务清单，岗位执行可依托四级编码规则。

（2）年度任务分解总纲要——务虚会

次年度重点工作要点。根据科技发展规划和滚动计划，围绕职责、战略和研究院的部署，兼顾连续性和发展性。结合预算和研究院任务布置论证并提出次年度部门重点任务目标，明确年度内主要工作的技术方向、创新研究领域和管理创新要点，评价管理创新方向和资源配置重点，详见表5。

实现基于部门职能的目标分解，确定第二年工作要点，预计时间为每年11月上旬，落实企业规划、计划到年度目标的过程。

来源：针对岗位职责、战略规划、滚动规划的年度任务目标。

成果：基于职责分工的主要目标、明晰一级任务目标，明确二级任务方向。

考量：整体协同性、系统性、资源需求和匹配性，目标可实现性等。

责任人：指责任体（部门）负责人。

表5 CXZX年度任务分解总纲

职能	纲领（研究院战略规划、上级要求、重点任务或滚动规划）	上年重点任务（参考）		目标年度任务（讨论）		分解落实责任人
		一级目标	二级方向	一级目标（1—3个）	二级方向（3—5个）	
A1	1. 2. 3.					
A2						
A3						
A4						
A5						
A6						
A7						

（3）年度任务清单（初稿）——汇审会

在形成的年度目标、预算和项目的基础上，部门领导和专家层面酝酿，形成部门年度任务清单（初稿），覆盖所有项目任务，并明确关键技术指标、进度要求等。部门年度任务清单要对接企业要求，要从落实部门职能、技术发展和岗位分工三个方面开展研讨，并在年度述职前形成部门及各岗位的次年度工作目标。年度任务清单由综合管理部门牵头组织，部门领导及专家审定。

汇总形成上报院要求的年度目标和次年度计划，并汇总各方向的次年度重点工作，形成按职能分工的一级项目目标（部门职能匹配）和二级项目目标（专业划分或部门分工匹配）。

时间：每年11月底前。

来源：针对岗位职责、战略规划、滚动规划的年度任务目标。

成果：基于职责分工的主要目标、明晰一级任务目标，明确二级任务方向。

责任人：部门领导及专家，独立承担任务的岗位。

对市场、论证和研发等尚不明确的项目或任务对象，可以根据岗位职责或协作要求按任务类别先分析需要匹配资源的目标任务。根据业务进度，进一步明确和完善相关任务，如：市场规模、科技项目协同、新技术研究等。

按部门职责分工由主管领导提出，并下发给各岗位进一步补充。部门主管领导依据务虚会通过的年度任务分解总纲要分解任务，并按二级编码规则设定主要任务，依据三级编码规则，根据项目推进特点设计任务。

另外，也可按全员申报，按部门领导分工要求进行规范和衔接。全员申报的基础是按二级编号规则和三级编号规则进行对应，并考虑与年度任务、岗位职责、一级部门重要工作衔接。

原则上，二级任务可以设定为终极任务，但需要明确责任人和任务目标等。设定三级任务必须有对应的二级母任务，三级任务设定是为了二级任务目标更好执行，通常考量因素是项目数量、参与工位，也可能是阶段或协同部门的差异等。三级任务设定要在责任人之间沟通，形成共识。设定分类参见三级编码规则（见表6）。

表6　CXZX年度任务分解（初稿）

<table>
<tr><th rowspan="3">职能</th><th colspan="8">目标年度任务</th><th rowspan="3">说明</th></tr>
<tr><th colspan="4">二级任务（1—3个）</th><th colspan="4">三级任务（3—5个）</th></tr>
<tr><th>二级号</th><th>项目名称</th><th>目标</th><th>责任人</th><th>三级号</th><th>项目名称</th><th>目标</th><th>责任人</th></tr>
<tr><td rowspan="11">A1</td><td rowspan="3"></td><td rowspan="3"></td><td rowspan="3"></td><td rowspan="3"></td><td></td><td></td><td></td><td></td><td rowspan="9">子母二级任务，子任务可根据实际进一步拆分；
任务可能是跨年度的，但年度任务目标要明确</td></tr>
<tr><td></td><td></td><td></td><td></td></tr>
<tr><td></td><td></td><td></td><td></td></tr>
<tr><td rowspan="3"></td><td rowspan="3"></td><td rowspan="3"></td><td rowspan="3"></td><td></td><td></td><td></td><td></td></tr>
<tr><td></td><td></td><td></td><td></td></tr>
<tr><td></td><td></td><td></td><td></td></tr>
<tr><td rowspan="3"></td><td rowspan="3"></td><td rowspan="3"></td><td rowspan="3"></td><td></td><td></td><td></td><td></td></tr>
<tr><td></td><td></td><td></td><td></td></tr>
<tr><td></td><td></td><td></td><td></td></tr>
<tr><td></td><td></td><td></td><td></td><td></td><td></td><td></td><td></td><td rowspan="2">独立二级任务</td></tr>
<tr><td></td><td></td><td></td><td></td><td></td><td></td><td></td><td></td></tr>
<tr><td rowspan="3">A2—A7</td><td></td><td></td><td></td><td></td><td></td><td></td><td></td><td></td><td>其他任务同理</td></tr>
<tr><td></td><td></td><td></td><td></td><td></td><td></td><td></td><td></td><td></td></tr>
<tr><td></td><td></td><td></td><td></td><td></td><td></td><td></td><td></td><td></td></tr>
</table>

二级任务设定的责任人为部门领导，协同人员为各岗位。

（4）年度任务预算简表（业财一体稿）——预算会

根据年度预算申报情况，摸底次年度重点项目和重点工作。重点关注研发项目、市场拓展、综合保障三类经费，设定经济目标，并初步匹配到专业方向或项目，明确项目负责人。实现基于职能、预算、专业方向的目标分解，匹配次年度业务领域和预算目标、资源配置需求等（见表7）。

计划目标与预算匹配通常在每年11月开展。

表7 CXZX 年度任务预算简表（业财一体稿）

职能	目标年度任务		预算（按项目或科目）		上年预算或实际支出	
	二级+三级末级项目（1—3个）		收入	支出	收入	支出
	项目编号	项目名称及内容	按来源	按项目或费用类别	按来源	按项目或费用类别
A1						
A2						
A3						
A4						
A5						
A6						
A7						

注：需要根据预算要求进一步细化和层次化。

（5）年度任务清单（讨论稿）——沟通会

在部门年度任务清单（初稿）的要求下，部门领导按分工制定分管工作的年度目标和项目清单，形成具体项目交付物明确、目标明确、责任人明确、时间节点明确、协同参与人员明确、资源配置明确的部门年度任务清单库（部门讨论稿）。三级任务清单实现项目立项、管理与协同要求相匹配，责任落实到执行负责人，并按分工与相关岗位员工进行沟通，确认考核指标，夯实内容。

各任务责任人在 CXZX 年度任务分解（初稿）的基础上，据实推进，进一步分解细化任务到岗位或个人。

春节前后进行第三次汇总，在部门层面形成共识。部门年度任务清单（讨论稿）旨在充分发挥部门全体员工的积极性和主动性，提升年度任务清单的系统性和完整性并便于任务的执行。从重点工作执行和各岗位工作职能的角度评价和衡量工作的衔接性，查缺补漏，提升各岗位工作的饱满度，对各岗位工作的重要性进行排序，并均衡配置人力资源，详见表8。

表 8　　部门年度任务清单（讨论稿）

职能	目标年度任务									说明
	二级任务（1—3 个）				三级任务（3—5 个）				任务补充或认领	
	二级号	项目名称	目标	责任人	三级号	项目名称	目标	责任人		
A1										子母二级任务，子任务可根据实际进一步拆分；任务可能是跨年度的，但年度任务目标要明确
										独立二级任务
A2—A7										其他一级任务同理

通过沟通，要明确二级或三级重要任务工作包详单（WP），并明确各个工作包的目标、责任人、输入输出以及参与的岗位，根据任务推进进度和实施情况等提出进一步分解的必要性建议，详见表 9。

表 9　　工作包详单

项目编号		重要性排序	院□　部门□　岗位□
任务名称		负责人	
起始时间			

[1] 项目目标：
1、2、3、4……
[2] 项目进度要求：基于项目阶段成果
[3] 资源支撑：岗位、采购、外协、部门协同、会议、验收等

是否需要细分		需要协同支撑人员	
输入（子项目）编号		输出（母项目）编号	

(6) 年度任务清单库（评审稿）——评审会

员工根据部门年度任务清单库（部门讨论稿）的项目名称和内容，结合本职岗位情况以及与主管领导、项目上级负责人的沟通情况进行项目清单内容的进一步核实、细化和补

充，并形成最终的任务清单名称和考核对象，综合并最终反馈到清单库中，形成次级项目清单；将项目进一步编号分立，形成部门年度任务清单（待评审稿）。3 月底前完成评审，详见表 10。发布并由各岗位补充和完善，实现项目在任务级次的沟通。

表 10　　部门年度任务清单库（评审稿）

<table>
<tr><td rowspan="3">职能</td><td colspan="12">目标年度任务</td><td rowspan="3">说明</td></tr>
<tr><td colspan="4">二级任务（1—3 个）</td><td colspan="4">三级任务（3—5 个）</td><td colspan="4">四级任务（3—5 个）</td></tr>
<tr><td>二级号</td><td>项目名称</td><td>目标</td><td>责任人</td><td>三级号</td><td>项目名称</td><td>目标</td><td>责任人</td><td>四级号</td><td>项目名称</td><td>目标</td><td>责任人</td></tr>
<tr><td rowspan="8">A1</td><td rowspan="5"></td><td rowspan="5"></td><td rowspan="5"></td><td rowspan="5"></td><td rowspan="3"></td><td rowspan="3"></td><td rowspan="3"></td><td rowspan="3"></td><td></td><td></td><td></td><td></td><td rowspan="8"></td></tr>
<tr><td></td><td></td><td></td><td></td></tr>
<tr><td></td><td></td><td></td><td></td></tr>
<tr><td></td><td></td><td></td><td></td><td colspan="4"></td></tr>
<tr><td></td><td></td><td></td><td></td><td colspan="4"></td></tr>
<tr><td rowspan="3"></td><td rowspan="3"></td><td rowspan="3"></td><td rowspan="3"></td><td></td><td></td><td></td><td></td><td colspan="4"></td></tr>
<tr><td></td><td></td><td></td><td></td><td colspan="4"></td></tr>
<tr><td></td><td></td><td></td><td></td><td colspan="4"></td></tr>
</table>

对补充的四级任务，视业务需要填写任务工作清单，明确实现任务需要的资源配置和成果目标。充分调动各岗位的积极性与主动性，实现业务的系统性、完整性、协同性目标。

（7）年度任务清单库（上报稿）——签约会

3 月中旬进行评审，形成部门工作清单全级次列表，评审并确认部门年度任务清单（考核稿）。各岗位根据分工和职责填写研究院级责任书（重要工作），并填写部门年度任务清单认领表（包括交付物、衔接人、时间节点），按部门项目分解、支撑和跟踪（下发详细补充表）。

4 月确定部门任务清单，并签署发布。

5 月确定提交人力资源部的考核目标责任书，并签署提交。

部门任务清单包括提交人力资源部的目标责任书。详见表 11 和表 12。

交付物遵循如下原则：

①通过立项明确课题任务的，以任务书或评审报告等为准，如：××课题。

②基于岗位的专项工作，以专项工作目标为准，如：文化墙。

③按流程规范执行的工作，以工作落实记录为主，如：安全检查。

④专业领域工作以未被上级通报、批评或检查披露为主，如：安全通报。

⑤其他工作，以完成过程或交接方、接收方评价或负面反馈为主。

表11　　员工任务清单

被考核人：　　工资号：　　单位：　　岗位名称：　　填表时间：

考核内容	任务列表							目标调整	满分（100）	得分	合计
工作实际考核（90）	序号	任务代码	任务名称	任务描述	重要排序	母任务号	子任务号	……			
	1				院□部门□职能□						
	2				院□部门□职能□						
	3				院□部门□职能□						
	4				院□部门□职能□						
	5				院□部门□职能□						
	6				院□部门□职能□						
	7				院□部门□职能□						
	8				院□部门□职能□						
	9				院□部门□职能□						
	10				院□部门□职能□						
	……										
综合素质考核（10）											
约束指标考核（扣分）	由质量、安全、纪检、网络安全等相关考核责任部门确定约束指标考核内容，无需填写								—		
考核人签字：					被考核人签字：						

表12　　员工任务清单及责任书

被考核人：　　工资号：　　单位：　　岗位名称：　　填表时间：

考核内容		目标确定		目标调整（不调整/调整内容）	满分（100）	得分	合计
工作实际考核（90）	履职符合性考核（60）						
	重点任务考核（30）	1		……			
		2		……			
		3		……			
		4		……			
		5		……			
综合素质考核（10）		根据《综合素质考核参考评价标准》确定考核内容，无需填写					
约束指标考核（扣分）		由质量、安全、纪检、网络安全等相关考核责任部门确定约束指标考核内容，无需填写			—		
考核人签字：				被考核人签字：			

任务变更

(1) 中期评估

7月底，中期评估所有任务，配合预算做好部门年度任务目标和年度预算调整。详见表13。

表13 任务变更单

<table>
<tr><td>申请人</td><td colspan="3"></td></tr>
<tr><td>申请任务号</td><td></td><td>申请任务名称</td><td></td></tr>
<tr><td>变更原因简述</td><td colspan="3"></td></tr>
<tr><td>任务上级任务号</td><td></td><td>上级任务负责人</td><td></td></tr>
<tr><td>任务下级任务号</td><td></td><td>下级任务相关责任人</td><td></td></tr>
<tr><td>变更事项</td><td>变更前</td><td>变更后</td><td>备注</td></tr>
<tr><td>1.</td><td></td><td></td><td></td></tr>
<tr><td>2.</td><td></td><td></td><td></td></tr>
<tr><td>3.</td><td></td><td></td><td></td></tr>
<tr><td>4.</td><td></td><td></td><td></td></tr>
<tr><td>5.</td><td></td><td></td><td></td></tr>
<tr><td>上级任务责任人意见
(如果涉及)</td><td colspan="3"></td></tr>
<tr><td>下级任务责任人签阅
(如果涉及)</td><td colspan="3"></td></tr>
<tr><td>主管领导意见</td><td colspan="3"></td></tr>
<tr><td>部门负责人意见
(院、部门重点项目)</td><td colspan="3"></td></tr>
<tr><td>综合管理岗位备案</td><td colspan="3"></td></tr>
</table>

(2) 日常变更

当任务面临的条件变化时，需要履行变更申请与审批手续。

①项目具有进一步细化或分立的条件；

②项目目标调整；

③项目周期调整；

④项目终止；

⑤项目暂停：进度或风险等原因，暂停的任务单，明确暂停原因及恢复启用条件，暂停后相应支撑合同风险要评估和告知；

⑥项目恢复：暂停任务达到可执行状态或风险消除后，可申请恢复执行状态，纳入年度考核；

⑦其他。

例会制度

例会制度是部门任务的日常管理机制，分为定期会议与临时会议两种。定期会议可按月度或季度召开，临时会议由部门主任提议可召开。例会内容如下：

①上级精神和政策，责任体面临的外部形势及内部环境变化等。

②例会召开时间，通常划分为季度例会、月例会、周例会和临时例会等。

③例会需要准备什么内容？

④会上拟通报内容。

⑤会上拟协调的重要事项。

⑥会上需要明确定期跟踪、重点支撑的业务。

⑦日常运营相关的党建、保密、安全、6S 等重点工作。

（1）会前准备

综合管理岗位需要提前准备例会内容如下：

①研究院级重点项目进展和年度目标实现情况。

②整理研究院近期的形势、要求，需要学习的政策文件等。

③征集并分析当前工作中存在的问题，如：预算情况、采购进度、检验条件、项目验收、客情分析、重大专项攻关等。

④明确需要重点协同的问题、难点等内容，汇总确认需要会上协调汇报的事项要点。

⑤形成会议日程。

（2）召集会议

在例会上，着重关注内容如下：

①情况通报。

②重点任务进度汇报。

③重点需协调事项汇报，问题协调决策。

④下一步重点及要点。

⑤其他。

（3）后续跟踪

例会执行内容参见表 14。

表 14 **例会清单**

<table>
<tr><td>会议编号</td><td>年　　次</td><td>会议时间</td><td>月　日　点　分</td></tr>
<tr><td>会议地点</td><td></td><td>密级</td><td>公开□　内部□　涉密□</td></tr>
<tr><td>例会类别</td><td colspan="3">定期例会□　临时例会□</td></tr>
<tr><td>参会人员</td><td colspan="3"></td></tr>
<tr><td>会议主持</td><td colspan="3"></td></tr>
<tr><td>会前征集材料摘要</td><td colspan="3">①院级重点项目进展和年度目标实现情况；
②整理院近期的形势、要求，需要学习的政策文件等；
③当前工作中存在的问题；
④需要重点协同的问题、难点等，汇总确认需要会上协调汇报的事项要点；
⑤形成会议日程，提交部门负责人</td></tr>
<tr><td>部门负责人意见</td><td colspan="3"></td></tr>
<tr><td>会议日程</td><td colspan="3">①情况通报；
②重点任务进度；
③重点需协调事项汇报；问题协调决策；
④下一步重点及跟踪要点；
⑤其他</td></tr>
<tr><td rowspan="2">后续跟踪</td><td colspan="2">需跟踪事项</td><td>支撑结果</td></tr>
<tr><td colspan="2">①重点事项跟踪、协同、支撑等
②需要及时与部门负责人汇报的进展</td><td></td></tr>
<tr><td>近期培训要求</td><td colspan="3"></td></tr>
<tr><td>安全、6S 等</td><td colspan="3"></td></tr>
<tr><td>其他事项</td><td colspan="3"></td></tr>
<tr><td>部门签阅
（含跟踪项目责任人）</td><td colspan="3"></td></tr>
<tr><td>综合管理备案</td><td colspan="3"></td></tr>
</table>

在做好部门任务跟踪后，重点关注重大项目支撑保障和协同，以问题导向及时汇报。要点如下：

①重点事项跟踪、协同、支撑。

②与部门负责人汇报的进展。

总结评价

（1）绩效评价

①考核各项任务的交付物；

②年度综合评价；

③识别体系中存在的问题，修正次年度的各级编码规则；

④提出次年度延续性任务目标；

⑤评价整体完成情况，总结存在的问题（资源、协同、制度、方法等）、经验教训、工作重点等。

（2）定期总结

年末总结和综合分析任务分级及完成情况，进一步优化和改进执行过程。

①总结年度任务执行情况。

第一，年度综合评价；

第二，识别体系中存在的问题，修正次年度的各级编码规则；

第三，提出次年度重要任务延续性目标；

第四，整体完成情况，存在的问题（资源、协同、制度、方法等）、经验教训、次年度工作重点；

第五，年度任务完成情况分析。

②系统分析进一步优化方向。

第一，任务编码类别。分析编码规则方面存在的问题，评价是否需要进一步优化？

第二，任务分解规则。分析任务分解规则方面存在的问题，评价是否需要进一步优化？

第三，任务管理支撑。分析任务管理支撑方面存在的问题，评价是否需要进一步优化？

③策划次年度工作要点。

根据研究院及部门战略规划、重点计划、技术路线及客户需求、各岗位重点工作等，制定次年度工作要点。

管理制度与实施细则相关性

责任体任务分解机制是在研究院既有制度和科研流程基础上的创新，是对相关制度的流程化和表单化过程。因此，责任体任务分解机制需要根据研究院制度体系及权变环境适时调整和优化。

（1）研究院制度的相关性

对接研究院级制度体系，使部门任务分解机制有出处、有衔接，并保持同步更新。制度的相关性包括如下方面：

①计划管理；

②预算管理；

③人力资源管理；

④项目管理；

⑤知识产权；

⑥规划及考核；

⑦其他。

（2）部门实施任务分解的支撑规则

为更好推动部门综合管理对任务的支撑，制定部门相关业务实施细则，以突出部门管理特征，为实施奠定基础。

①岗位职责细则；

②考勤细则；

③绩效评价细则；

④项目支撑相关细则；

⑤其他。

总结及展望

责任体和项目分别是推动企业价值创造过程的组织载体和作业载体。本案例通过创新部门任务分解流程化和表单化分析，阐述了基于企业战略、部门职能、岗位分工、项目分解、过程管控、资源配置、绩效考核相一致的任务分解机制。通过“四上四下”任务分解，实现目标、责任、权利在企业、责任体、员工三个层面的协同与统一。案例充分考虑了企业、部门、员工及项目管理、预算管理、绩效考核等需求，以表单为基础的管理模式为责任体任务分解机制的数字化奠定了基础。责任体任务分解阐述了企业价值创造过程，面向员工和团队的最小任务清单和考核机制是激发企业活力、实现全面预算、推动业财融合的关键。

案例P 浅析新阶段会计准则的创新与实践

会计准则是与经济发展息息相关，并产生重大影响的社会规范。同时，会计准则也受经济、法治及制度环境、公司治理等因素的影响。在经济全球化和资本市场发展的驱动下，国际趋同既是会计准则发展的技术路径，也是发展的趋势。同时，“趋同而不同”成为研究会计准则并运用会计准则促进经济发展的解决路径，是区域经济博弈的手段。随着中国与世界经济的联系更为紧密，会计准则将随经济发展而创新。

会计准则的时代特征

中国经济步入百年历史机遇期，经济发展已经由高速增长阶段转向高质量发展阶段，“双循环”是推动中国开放型经济向更高层次发展的路径。会计准则是统一会计信息，提升会计信息质量的标准。加强会计管理是要促进实体经济发展，为企业经营和国民经济管理提供具有法律证据力的财务状况和经营业绩信息。会计准则是技术规范，为会计核算、记录、报告等提供统一的标准，是约束会计行为，反映经济活动、确认产权关系、规范收益分配的依据。同时，会计准则也是构成资本市场的规则要素，促进资本市场发展。会计准则是规范经济业务行为并促进国际经济交流的重要手段。

随着经济全球化，采用国际财务报告准则（IFRS）的国家和地区超过130个，会计信息在全球经济融合进程中发挥着极为重要的作用。2005年，中国会计准则实现与国际财务报告准则的实质性趋同。2010年，财政部发布《中国企业会计准则与国际财务报告准则持续趋同路线图》。国际会计准则是国家多边合作的产物，受到国家政治文化制度因素的影响，维护国家主权仍是最基本原则。有效实施会计准则，规范企业会计核算，可靠真实的会计信息是中国经济健康发展的保证。因此，打造高质量的会计准则需要顺应中国经济的发展需要，会计准则国际趋同过程中，既要坚持中国特色，也不能忽视中国国情。

互联网技术推动产生了新型资产或新经济模式，促进了社会经济进步。企业会计准则发展面临保持国家特征，推进数字经济发展和对接国家治理现代化等诸多挑战。当前会计准则加大了会计人员判断空间，在更多的领域要求会计人员运用重大判断，提高了操作难度，也可能降低会计信息可比性。对企业内部使用者而言，基于会计准则生成的会计信息在支撑和引导企业决策方面的作用显现出不足，会计信息在个性化、灵活性、颗粒度等方面弱于管理会计信息。对外部使用者而言，信息披露的透明度、详略度等都影响信息质量。随着技术的发展，数据资产的计量也将纳入会计准则制定的范畴。

综上，会计准则作为国家治理机制的组成部分，服务于经济发展，并随着科技进步、商业模式创新、经济发展而创新和进步。新机遇下的会计准则创新与实践成为了理论和实践的研究课题。

以技术引领的会计准则发展

（1）准则的技术性是引导及保持国际趋同的因素

国家制定准则的话语权和规则是经济体之间实现博弈优势的重要手段，也是大国担当和维护国家利益的重要体现。打造高质量会计准则，需要适应中国经济的发展需求。第一，在坚持中国会计准则国际趋同路径下，加强与准则制定机构的合作，作为融入世界经济体系的支点，努力提升中国会计的国际地位和综合实力，争取主导权和主动权。第二，融入依法治国体制，推进会计准则与国内民商法、经济法、税法等法律制度相协调。参与国际准则制定、争取话语权、考虑本国国情重要性，需要与中国特色社会主义经济相适应。第三，组建或融入会计协调组织，推动中国内地会计准则与国际财务报告准则等效，实现中国与发展中国家和新兴经济体之间在经济、信息、人力、技术等方面的资源共享。

（2）准则的驱动性是推动经济高质量发展的要素

会计准则是国家治理体系的重要组成，也是经济全球化和资本流动的基础工具。第一，信息社会对会计信息的需求。信息需求方包括“政府及其有关部门”“社会公众”等方面，包括会计信息安全、标准、质量及披露之间的关系，以推动会计信息由企业向经营决策转变。第二，新发展理念对会计技术的要求。创新理念要求计量、反映和报告企业的无形资产和研发活动，以及通过会计准则改进激励企业研发与创新。第三，会计准则引导企业经济行为和经营决策。以新收入准则为例，引入履约义务概念促进企业准确区分企业收入的性质、价值贡献的来源，从而提高收入质量。第四，高质量发展对会计指标的要求。研究会计准则对企业高水平、高层次、高效率的可持续成长、价值创造、发展范式的支撑，以及会计对实现高质量发展的驱动因素的影响。

（3）准则的资本属性是构建国际资本业务的桥梁

随着中国经济发展，特别是签署 RCEP、中欧投资协定、“一带一路”等对外经济协议，中国企业将加快国际化进程。国际会计准则趋同，面向资本市场提供决策支撑服务是国际会计准则的初衷。进入 21 世纪，新经济发展迅猛，势不可挡，中国新经济弯道超车，发展迅猛，异军突起。会计准则创新与实践过程中技术路线不能丢，且要由融入、跟随到引领，发挥主动性、积极性，甚至主导作用。在会计准则国际趋同过程中，要重视中国特殊国情对会计信息需求和供给的影响。为此，既要适应会计准则国际趋同这一大趋势，又要从国情出发，促进中国经济与世界经济在区域经济、投资领域等方面融合发展。

（4）准则的成长性引领新业务与创新的商业模式

新经济是指由科技创新驱动的经济发展模式，企业是新经济发展及科技创新的主体。新经济带来了对企业创造价值和保持竞争力至关重要的驱动因素。如何进行确认、计量和披露等，涉及数字化问题、无形资产、客户价值、平台价值等多个方面。现行会计准则在新经济时代显现出不适应性。因此，数字经济条件下需要构建与之相适应的企业会计准则及规范。比如：单独设置数字资产科目，区分数字资产获取途径并进行会计核算与披露，以便真实反映其价值及相关风险等。一方面，科技创新在新发展阶段被提到前所未有的高度，企业将成为科技创新的主体。另一方面，科技革命和产业创新加速了经济社会的数字化转型，新业态、新商务模式层出不穷。会计准则如何适应这个发展趋势？第一，强化对数字资产计量的研究和应用。第二，修正研发费用化比资本化更稳健的误解。第三，协调新业态、新模式和现有法律法规之间的矛盾。

（5）准则的全面性赋能中小企业，推动创新发展

中小企业发展是中国经济成长的重要驱动元素，中小企业更多的是私营或个体企业。部分会计准则的实施成本较高，中小企业可能难以实现准确执行通过高素质会计人员进行的专业判断。因此，应简化应用会计准则的研究、规范和指导，以支撑促进中小企业的繁荣发展，促进真正的内循环。大众创业、万众创新已成为驱动新常态下中国经济发展的重要因素之一。小微企业面临的主要问题是：①融资难；②企业既是创新主体，也是投入主体；③缺乏专业财会从业人员。因此，制定中小企业使用的准则时需要重点考虑：①易用性；②资本市场属性；③面向融资需求的规范；④满足企业运营管控的需求；⑤走数字化和云记账路径；⑥适当优化规则，提升操作性。另外，应结合新商业模式、经济改革方向、金融规范、资本市场等需求，引导小微企业适用会计准则。

加强准则应用和实践的举措

（1）引导社会对会计信息价值的需求

在国家层面加强监管，加强财政、证监会、税务等管理协同。在中国，证监会是利用会计信息质量的重要部门，不能忽略会计准则研究。同时，也应该关注资本市场对应用会计准则的态度，这是衡量会计准则应用效果的重要因素。重视会计准则的信息价值对经济发展、社会经济属性、信息披露属性、资本定价属性等影响，提升会计准则的法律统一性和地位，增大违法成本和代价，并提升准则的应用性和实践性。在推动会计准则变革过程中，引导信息从受托责任与资本市场两方面提升使用者和推行者的满意度。

强化会计信息标准化和质量，提升信息在社会层面的价值。发挥准则对资本市场的作用，从服务产权保护和资本市场角度完善企业会计准则。强化与财务会计报告有关的会计信息对企业管理层的运营支撑作用，辅助会计报告使用者的经营决策。强化外部使用者对与财务会计报告有关信息的使用和监督作用，从法人诚信角度促进企业提升会计信息质量。不仅依据财务报表信息的监管，更应该利用财税大数据与商业模型数据强化对企业价值监管，以修正上市企业的价值，监督并打击虚假会计列报行为。

（2）强化人才建设，引导人才培养

中国经济发展动力足，资本市场发展空间很大，而国际化人才储备尚显不足，中国对国际会计事务的影响力仍十分有限。财政部建立并发挥会计准则委员会、专家学者、国际高端会计人才队伍、社会层面的梯次人才队伍的作用。第一，应加强具体准则的实际应用

指导；第二，应提升会计实务人才的执业能力和国际化水平；第三，优化考核制度，创造实施准则的人才环境；第四，将从业人员职业道德与社会诚信挂钩，纳入社会诚信治理体系。

（3）应用导向，结合案例加强准则推广

加大对新业务的研究，并建立行业案例或多媒体推送机制。鉴于会计核算和监督的职能所限，会计核算相对业务发展具有一定的滞后性。另外，业务发展是准则普及的过程。因此，准则案例剖析和研究具有现实作用和意义。随着互联网时代的到来，数据驱动商业模式和消费行为的变化，企业的研发投入、人才储备、客户关系、品牌管理、大数据资源等新业务形态既反映为当前准则的制约和不足，也进一步加强了准则的研究方向。案例的收集和推广将成为推动会计准则运用的路径。

（4）利用经济论坛等活动扩大准则影响

人才是实现会计准则的基本元素，人才培养需要平台和机制。在高端会计人才基础上，可成立一个类社团组织，以学术或专业机构的方式参与到区域经济发展规划或研究过程之中。组织资金来源可采用基金注入或承揽课题方式，也可采用举办经济论坛或学术会议等方式运营。在区域经济合作组织之下或区域经济论坛之下发起区域经济与会计专业发展论坛，汇集人才，打造发展中国家发声的渠道将利于会计准则的推广与实践。当然，专业论坛的定位和学术内核要在主管部门或会计学会等机构的指导下工作。

（5）从专家学者角度促进专业融合发展

信息是会计准则的基本功能，规则是会计准则的内核。随着AI、大数据、通信技术的发展，业务模式和商业模式以及信息的技术处理方式均会发生变化或被颠覆。当然，数据的使用是建立在安全和可利用的范围内。作为信息的技术处理方式，会计准则可能是最后被颠覆的行业，推动社会信息及经济信息变革的大数据技术和AI技术，一定是对未来会计准则产生核心推动作用的因素，推动会计专业与业务的融合创新与发展。

案例《浅析新阶段会计准则的创新与实践》发表于《现代审计与会计》2023年第9期。

下 篇

系统观企业价值创造体系下原创技术策源地模式与路径研究

笔者按：系统观与创新发展

2022年2月28日，中共中央总书记、国家主席、中央军委主席、中央全面深化改革委员会主任习近平主持召开中央全面深化改革委员会第二十四次会议，审议通过了《关于加快建设世界一流企业的指导意见》《关于推进国有企业打造原创技术策源地的指导意见》等文件。会议提出要坚持党的全面领导，发展更高水平的社会主义市场经济，毫不动摇地巩固和发展公有制经济，毫不动摇鼓励、支持和引导非公有制经济发展，加快建设一批产品卓越、品牌卓著、创新领先、治理现代的世界一流企业，在全面建设社会主义现代化国家、实现第二个百年奋斗目标进程中实现更大发展、发挥更大作用。要推动国有企业完善创新体系、增强创新能力、激发创新活力，促进产业链创新链深度融合，提升国有企业原创技术需求牵引、源头供给、资源配置、转化应用能力，打造原创技术策源地。

当今世界处于百年未有之大变局，原创技术成为大国战略博弈的新焦点。加快建设世界科技强国，原创技术涌现成为建设科技强国的新基础。打造国家战略科技力量，原始创新成为打造世界一流国有企业的新要求。如何提升企业创新决策能力，释放企业关键核心技术攻关能力，激发企业原创技术策源地活力，构建原创技术生态提升融通能力成为企业关乎生存与发展的课题。

为贯彻落实党中央关于"推进中央企业打造原创技术策源地"的决策部署，本书系统梳理了国有企业打造原创技术策源地的外部形势、基础条件和问题短板，分析了国有企业打造原创技术策源地的影响因素和动力机制，总结了我国国有企业成功经验和主要发达国家经验做法，为企业打造原创技术策源地的创新模式奠定了基础。

基于系统观企业价值创造体系理论及模型，以策源地为组织载体，提出国有企业以原创技术能力建设推动体制变革的目标，以策源地和技术图谱为抓手研究国有企业打造原创技术策源地的理论模型和实施路径。

推进国有企业打造原创技术策源地，需要科学规划、系统实施。本书坚持问题导向，强化精准施策，围绕企业技术创新能力建设的关键环节，突出抓手化和可操作性，主要聚焦可推进落实的措施。系统观国有企业原创技术策源地模型既是对新时代国有企业体制、国家科技创新体系的创新，也是以策源地建设为载体，为提升原创技术能力、打造原创技术生态的研究路径提供理论基础。

综上，本篇是基于系统观企业价值创造体系理论研究原创技术策源地的实践，探索国有企业以责任体变革为载体打造原创技术策源地的创新模式和路径。同时也是运用管理会计理论推动企业高质量发展的系统实践。

第8章　国有企业打造原创技术策源地路径的研究内容

8.1　研究对象

1. 贯彻落实党中央关于“推进中央企业打造原创技术策源地”的决策部署，系统梳理国有企业打造原创技术策源地的外部形势、基础条件和问题短板。

2. 分析国有企业打造原创技术策源地的影响因素和动力机制。

3. 总结我国国有企业成功经验和主要发达国家经验做法。

4. 以国家重点实验室（依托S研究所）为策源地实践对象，基于系统观企业价值创造理论体系及科技创新责任体方法提出社会主义市场经济和举国体制优势下国有企业打造原创技术策源地的创新模式、实施路径。

国有企业打造原创技术策源地创新模式、实施路径简述为“1224”模式，即：创新1个新型举国体制和市场双驱动国有企业打造原创技术策源地创新模式；运用策源地和技术图谱2个抓手，实现面向行政和市场2种资源导向；通过文献和案例研究、理论建模及论证、方案设计和评审、政策建议与推广4个阶段实施。研究以策源地为组织载体，提出国有企业以原创技术能力建设推动体制变革的目标，以策源地和技术图谱为抓手研究国有企业打造原创技术策源地的理论模型和实施路径；充分发挥新型举国体制下行政主导和企业战略规划下市场主导两个导向作用，整合政策、资金、资本、产业、平台、资源等要素，提出新型举国体制和市场双驱动的原创技术策源地生态模式；以策源地为基础单元构建国家及区域原创技术生态，发挥国有经济的战略支撑作用；形成贯彻党中央关于“推进国有企业打造原创技术策源地”决策部署的理论创新与实践。

以策源地和技术图谱两个抓手构建系统理论模型，提出国有企业打造原创技术策源地新型举国体制和市场双驱动的创新模式手段和演进路径。以策源地为对象推进国有企业的变革，构建新型举国体制和市场双主导的原创技术策源地创新模式，形成企业实施原创技术能力建设的载体组织。第一，系统梳理国有企业打造原创技术策源地的外部形势、基础条件和问题短板；第二，分析国有企业打造原创技术策源地的影响因素和动力机制，总结国有企业成功经验和主要发达国家经验做法；第三，基于霍尔三维结构，构建国有企业打造原创技术策源地的创新模式和理论基础等。

将技术图谱分类方法作为国有企业打造原创技术策源地研究的抓手之一，技术图谱分类作为策源地评价和政策制定的依据必须满足多维管控要求，衔接国有企业治理体系，实现产业引导。同时，技术图谱是原创技术体系动态完善的技术手段，也是国有企业原创技术策源地分类管控和制定政策的基础，还是国有企业原创技术策源地建设目标和现状多维分析的基础。

将策源地要素和能力评价作为国有企业打造原创技术策源地研究的抓手之一，在国家重点实验室实践相关成果。策源地作为责任体是国有企业体制变革的新型组织形式，是国家政策导向、预算资金扶持的对象；是独立承担国家原创技术能力和原创技术任务的组织载体；是可考核、核算和评价的独立组织；是可作为资产管理和资本运作的对象；是落实企业战略研发需求，以及资本助力、产业孵化的载体；是国家打造原创技术生态网状体系的基础单元。

在企业层面，以国有企业原创技术策源地为载体狠抓协同管理。在国家层面，要引领构建面向原创技术创新的生态体系。构建新型举国体制和市场双驱动的策源地体制模式下的协同管理与技术生态，充分发挥科技部门、产业链长、科技协会等职能部门的作用。以原创技术图谱和策源地为经纬，构建原创技术多维管控体系。发布原创技术指数，搭建原创技术论坛，形成集聚创新要素、深化创新协同、促进成果转化、优化创新生态的组织载体。

5. 提出国有企业打造原创技术策源地模式和路径的相关建议。

建议 1：以原创技术策源地体制变革为对象，探索社会主义市场经济条件和新型举国体制优势下国有企业打造原创技术策源地模式的相关理论和实现路径。

建议 2：推动国有企业打造原创技术策源地能力评价体系建设，分类推动构建原创技术策源地的认定方法，作为政策制定和资源配置的基础。

建议 3：实现原创技术与政策、资金、产业、资本等手段融合和目标整合，推动国有企业勇担原创技术“策源地”的使命及方法革新，以国有企业为主体打造原创技术生态。

综上，国有企业打造原创技术策源地模式和路径研究为实现我国高水平科技自立自强、建设世界科技强国提供了理论与方法支撑。

8.2 总体框架

本书以世界经济格局、科技强国政策、建设世界一流企业三个方面作为国有企业打造原创技术策源地项目的研究背景，提出需要从技术创新顶层设计的目标、策源地作为创新的责任体、创新原创技术策源地三个方面协同环境和生态发展的研究目的。从理论基础和实践指导两个方面阐述研究的意义，以及构建系统观国有企业原创技术策源地理论模型，提出研究的路径。在综合分析国内外文献的基础上，凝练了研究面临的重点与难点。综上，提出研究的意义、内容及子课题划分等，并对研究拟使用的方法、相关概念和理论基础进行阐述。整体框架如图 8-1 所示。

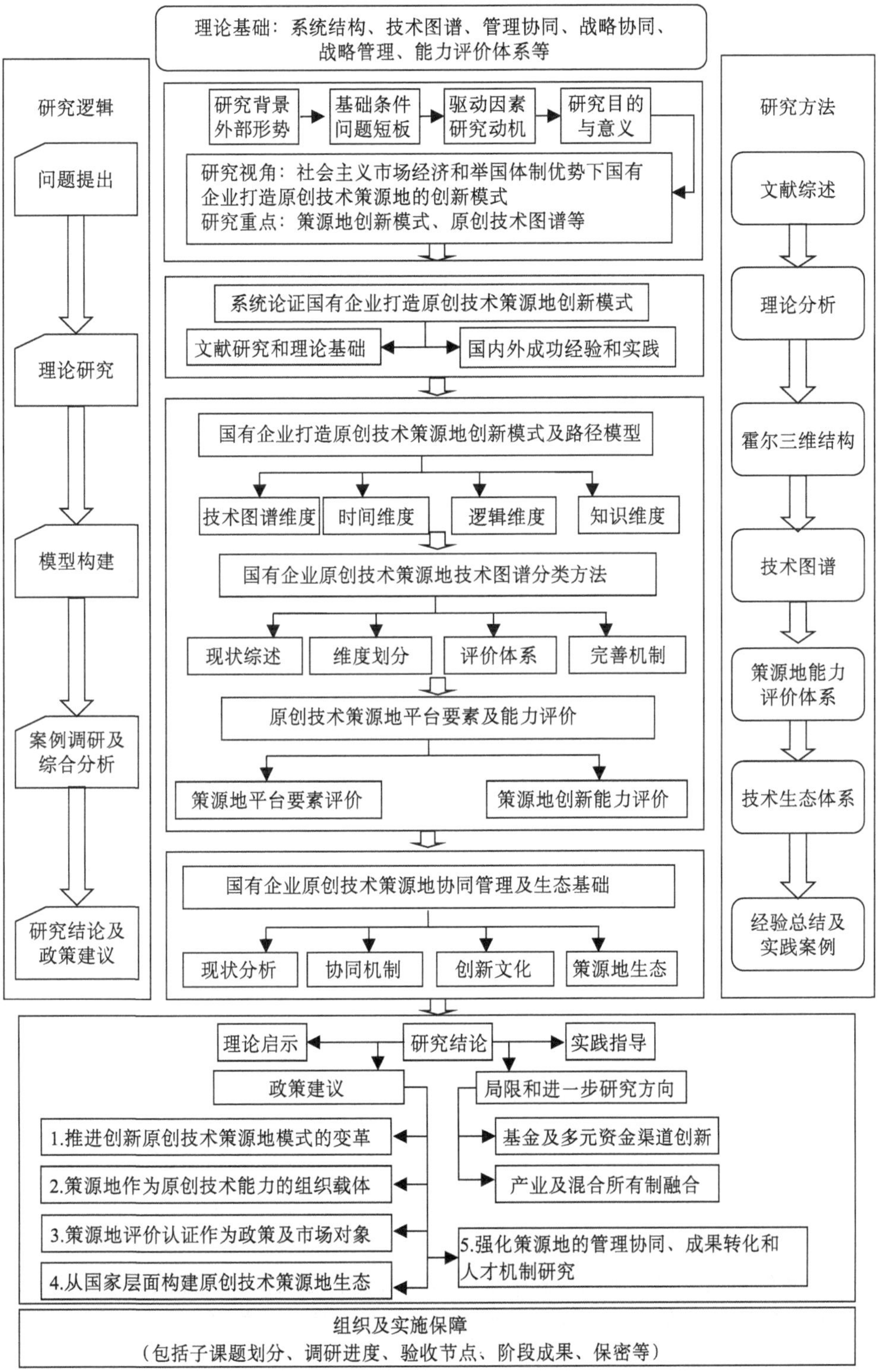

图 8－1　原创技术策源地的研究框架

第一，以系统思维采用拓展的霍尔三维结构进行国有企业原创技术策源地建模。

第二，以四个面向的技术图谱引领国有企业打造原创技术策源地的产业链优势，强化国企使命担当，激发企业技术创新能力，实践国有企业面向世界一流的发展目标和科技强国路径。

第三，推动国有企业打造原创技术策源地要素和能力评价体系建设，指导国有企业从组织机构和平台角度进行原创技术策源地建设，并建立挂牌、认证机制。

第四，内部协同是企业创新及激发活力必须面对的问题，策源地差异化和激励、短期和长期发展目标、策源地主体投入和价值化等均是原创技术生态的重要组成。

综上，总结创新点和进一步研究方向，并根据理论基础和实践提出相关政策建议。

8.3 国有企业打造原创技术策源地的问题短板及基础条件

我国在科技创新方面基础研究投入、重大原创性成果产出、产业共性技术供给方面依然存在差距，新型产业领域布局不够，现代产业龙头作用发挥还有提升空间，为此，必须把科技摆在更加突出的位置，聚合优势资源，突破产业瓶颈等社会共性问题。

我国是联合国关于产业分类当中全部工业门类齐全的国家，有独立完整的现代工业体系。但是伴随全球范围内创新链要素不断流动和重组，传统依靠资源投入来驱动经济社会发展的模式已经难以为继。为实现高水平科技自立自强、建设世界科技强国，需要国有企业加快打造原创技术策源地。国有企业原创技术创新模式亟待变革，立足国有企业体制机制变革，系统分析国家和企业层面国有企业打造策源地的问题短板和基础条件。在国家层面，面临的问题短板和基础条件如下：

（1）创新的原创技术策源地模式要满足国有企业在完善创新体系、增强创新能力、激发创新活力，促进产业链创新链深度融合，提升国有企业原创技术需求牵引、源头供给、资源配置、转化应用能力方面的需求。

（2）创新的原创技术策源地模式要支持引导行业领军企业和掌握关键核心技术的专精特新企业深化改革、强化创新，加大培育力度。

（3）创新的原创技术策源地模式要强化企业创新主体地位，促进各类创新要素向企业集聚，推动企业主动开展技术创新、管理创新、商业模式创新。

（4）创新的原创技术策源地模式要坚持壮大实体经济，推进产业基础高级化、产业链现代化，打造具有全球竞争力的产品和服务。创新的原创技术策源地模式要支持企业充分利用国际国内两个市场、两种资源，增强面向全球的资源配置和整合能力，将我国超大规模市场优势转化为国际竞争优势。

（5）创新的原创技术策源地模式要推动有为政府和有效市场更好结合，提高政府监管和服务效能，保护和激发企业活力，注重维护好公平竞争的市场环境，带动更多的优秀企业在市场竞争中脱颖而出。

中国共产党第十九届六中全会明确将“高质量发展”作为“十四五”时期经济社会发展的重要指导思想之一。中央通过了《关于加快建设世界一流企业的指导意见》和

《关于推进国有企业打造原创技术策源地的指导意见》，提出了应该充分发挥国有企业的体制优势，以国家的技术创新模式推动国有企业为主导的原创技术创新路径。国有企业打造原创技术策源地要引导创新主体的创新合作，有机整合国有企业系统内外的创新资源，创新模式并建立科学的成果分享机制，主动服务国家战略需要，推动经济社会发展。在企业层面，面临的基础条件和问题短板如下：

（1）创新得到企业普遍认可，但创新并非专职专事。国资委通过 EVA 等绩效考核对科研投入等均有所考量，创新发展理念在企业得到普遍认可。各单位也从战略角度对创新进行了规划，许多央企也成立了战略发展中心、创新研究院等部门和单位。但是，在面向运营的考核方式下，原创技术策源地在国有企业并非专职专事管理，而是由多数并非独立的部门和核算主体管理，是一个面临着经营压力指标传导下的创新体。

（2）创新平台得到预算支撑，但无经费与资源保障。科技创新部门作为全面预算的管理对象，已经纳入企业全面预算体系。但是，作为原创技术策源地，并没有专职面向原创技术的经费和资源保障，而是作为运营管控对象进行核算和支撑。在这种体制下，策源地创新所需要的经费和资源申请，与经营管控为主的制度存在较大的偏差，事项执行在企业内多变成需要领导审批的特殊事项。比如：设备仪器配备、人才引进和激励政策、项目支持资金评审等。

（3）人才发展理念得到认可，但人才激励计划欠缺。当今社会，人才成为区域及企业争夺的目标，人才发展理念在企业得到普遍的认可。但是，国有企业打造原创技术策源地却面临与企业经营部门一样的人才需求和评价制度，甚至在支撑评定方面也需要向“一线”倾斜。在工资总额的限制下，策源地的工资总额受到企业工资总额的变动影响较大，且工资变动幅度低于“一线”工资变动幅度成为共识。策源地人才建设需要进一步释放和激活。

（4）有国家重点实验室体系，但任务需要市场争取。策源地的挂牌仪式已经存在，许多单位或部门被称作某领域的原创技术策源地。但是，即使作为国家重点实验室，也面临着承担国家重大专项任务需要遵循招投标法和政府采购法下市场化手段获取的方式。这种在国家重点实验室与市场化公司同台竞争的条件下，必然存在较大的差异。公司可以以市场化手段获得一切有利于投标的资源，包括杰出青年甚至院士引进。而公司获得项目资金后，却围绕着效益最大化，而非技术延续性的目标。因此，应该建立面向策源地的项目获取政策和途径。

（5）策源地概念上达成共识，策源地政策体系单一。作为党和国家重要部署，国有企业打造原创技术策源地作为国策被部署和对待，上下形成共识。但因为针对原创技术策源地的政策相对比较单一，策源地尚不是国有企业举国体制中的一个治理载体，而是经营单位的一个使命目标或项目目标。因此，相关文件的制定就围绕着原创技术创新进行部署，而策源地多是一个挂牌形式或任务分解方式，而非一个可以独立考核、评价，甚至资本运作和整合的对象载体。因此，策源地政策体系相对单一。

8.4　研究重点

国有企业打造原创技术策源地是立足新发展阶段，贯彻新发展理念，构建新发展格局，充分发挥新型举国体制优势，以服务国家战略、支撑高质量发展为主线发挥国有企业重要战略支撑作用的具体部署和要求。其研究重点如下：

（1）充分发挥社会主义市场经济条件下新型举国体制优势，需要原创技术模式的理论创新。

国有企业打造原创技术策源地需要构建面对行政（重大专项）和市场（产业经济）两个导向，国有企业需要处理好经营生产体系与原创技术策源地两种运营模板下的模式创新，这需要立足国有企业体制和机制，针对原创技术平台建设与原创能力提升为主创新国家技术创新模式。因此，本书提出构建一个国有企业打造原创技术策源地新型举国体制和市场双驱动的创新模式。

（2）立足国有企业体制机制推进原创技术创新，需要变革国有企业原创技术资源、平台和能力体系。

原创技术的创新是一个不同于企业经营活动的企业行为，虽然在战略引领下，体现为组织载体目标下的资源配置和绩效考核驱动的业务活动。但是原创技术创新所依托的组织载体在资金来源、资源配置、投入产出周期和成效、原创技术任务分解和绩效考核方面、对失败的容忍度、人才机制等方面具有特殊属性。这需要立足固有企业体制方面，建立面向原创技术平台和能力为主的责任体体制，也称作原创技术策源地体制。

（3）推动国有企业原创技术策源地建设，需要从顶层设计方面解决策源地认证标准和能力评价等对象属性认定。

新型举国体制就是要处理好行政和市场关系下的系列政策、方针体现的体制和机制变革。这在打造原创技术策源地方面体现为技术图谱多种分类机制，需要满足四个面向及轻重缓急等多维度管控要求，以解决传统重大专项为主的技术攻关模式存在的弊端和不足。因此，需要对技术图谱引领的任务规划和分解机制进行优化和完善，通过分类方法优化实现对原创技术多维管控目标。

（4）打造国有企业原创技术策源地，需要建立国有企业原创技术策源地要素及能力评价体系。

国有企业原创技术策源地是国有企业体制变革的新型组织形式，是独立承担国家原创技术能力和原创技术任务的组织载体，以发挥国有企业全产业链优势及治理机制下的责任体优势。评价和认定是将国有企业原创技术策源地作为相对独立的组织载体，是综合运用行政的政策和资金手段，市场的资本和产业手段实现对原创技术引导的对象。

（5）打造国有企业原创技术策源地，需要对内和对外两个层面构建原创技术协同策源地及生态。

国有企业打造原创技术策源地，不是一个单独的技术创新问题，而是一个对内需要管理协同和支持，对外需要引领和服务的原创技术生态。这需要上级企业在战略规划、绩效考核、资源配置、人才机制等方面给予支撑和支持。同时，在社会层面，也需要科技、产业、资本等资源的协调推动，需要政府推动构建原创技术生态，特别要在科技管理、协会服务、项目申报等方面给予支持，营造原创技术创新文化。

8.5　研究难点

结合研究内容和方案分析，我们认为研究难点如下：

(1) 国有企业技术创新图谱方面。第一，技术规划涉密，研究存在获取难度。第二，技术图谱分类是面向应用需求的创新，这需要系统平衡政府、企业等各级管控需求。第三，原创技术是一个变化和调整的过程，分类方案需要有前瞻性和适应性。

(2) 国有企业原创技术策源地方面。第一，国有企业技术创新策源地及创新体多非独立经济体，数据获取存在一定的难度。第二，不同行业的国有企业涉及原创技术体制的变革具有不同的需要和动机，问卷调查可能存在偏差。第三，从策源地作为原创技术实施责任体的方面推动国有企业体制变革，涉及相关利益体诉求，综合平衡具有难度。

(3) 考核问题是国有企业面对策源地的重要方面。一方面，策源地需要更为“宽松”或“个性”的考核。另一方面，企业面临经营业绩考核指标压力，也面临当前与长远以及任期现象等发展问题。在原创技术策源地考核模式是优先考量，还是推进过程中差异化考量，不仅仅是策略问题，还体现国有企业的管理特征。

因此，研究的对象、过程以及实施推广，需要以国务院国资委为主导，并以政策规范、体系认证、任务分解的方式推进国有企业打造原创技术策源地路径的有效实施。本书基于系统观构建原创技术策源地的模型涵盖原创技术图谱、策源地构成要素、原创技术研究过程、原创技术创新方法等，理论模型及研究路径将为相关国家政策制定、策源地评价及管控等奠定理论基础。

8.6　主要目标

从理论上分析国有企业打造原创技术策源地的影响因素，以技术图谱分类优化为牵引，探索构建适合突破原理的原创技术系统观理论模型。对标研究国外创新体系中发挥龙头企业作用的模式和方法，重点分析中央企业集团层面统筹布局、成员单位层面部署落实过程中存在的问题，从国有企业通过打造原创技术策源地提升创新决策能力、关键核心技术攻关能力、基础研究原创活力、生态提升融通能力等方面，提出可落地的实施路径、重点举措和政策建议，为国有企业打造原创技术策源地提供决策支撑。具体目标如下：

规范提升企业创新决策能力。建立以国有企业为主的国家科技创新决策机制，构建企业创新高端智库。提高国有企业参与国家科技计划指南编制及项目评审中的比例，以市场机制与行政引导相结合，调动国有企业的技术创新决策能力。

突出关键核心技术的攻关能力。以技术图谱为牵引，制定国有企业研发重点领域的指导目录，强化国有体制内创新联合攻关机制，鼓励面向全产业链的创新协同机制，引导突破瓶颈、制约的关键技术，提升原创技术攻关能力。

激发原创技术策源地的原创活力。支持国有企业围绕国家重大需求和前沿方向建设一批全国重点实验室，鼓励国有企业国家重点实验室的合作和联合攻关。围绕国有企业的主责主业和产业链优势，布置技术攻关项目，激发策源地的技术创新活力。

构建原创技术生态，提升融通能力。国有企业原创技术创新生态包括产学研用，大中小企业和国内外融通创新。通过理论研究，促进原创技术目标、原创技术责任体、原创技术协同创新等方面政策的落地。营造原创技术生态，促进科技成果、人才、资金、数据等要素向原创技术策源地聚集。

综上，以策源地为对象，提出了国有企业面向原创技术能力建设推动体制变革的研究目标，研究国有企业打造原创技术策源地的理论模型和实施路径。从原创技术图谱分类优化方法、原创技术策源地要素构成及能力评价、原创技术策源地的管理协同和科技生态三个方面开展研究，以推动国有企业打造原创技术策源地既有模式向创新模式演进。

我们将其概述为“1224”。即：创新1个国有企业打造原创技术策源地新型举国体制和市场双驱动的创新模式；运用策源地和技术图谱2个抓手，实现面向行政和市场2种资源导向；通过文献和案例研究、理论建模及论证、方案设计和评审、政策建议与推广4个阶段实施。以策源地为组织载体，提出国有企业以原创技术能力建设推动体制变革的目标，以策源地和技术图谱为抓手研究国有企业打造原创技术策源地的理论模型和实施路径；充分发挥新型举国体制下行政主导和企业战略规划下市场主导两个导向作用，整合政策、资金、资本、产业、平台、资源等要素，提出新型举国体制和市场双驱动原创技术策源地的生态模式；以策源地为基础单元构建国家及区域原创技术生态，发挥国有经济战略支撑作用；形成贯彻党中央关于“推进国有企业打造原创技术策源地”决策部署的理论创新与实践。

综上，立足国有企业治理机制角度，以原创技术策源地的体制变革为对象，探索行政和市场两个力量驱动的国有企业打造原创技术策源地的生态模式，研究相关理论模型和实现路径，以推动国有企业打造原创技术策源地，构建原创技术生态。研究是实现原创技术与政策、资金、产业、资本等手段的融合和目标整合，是国有企业勇于担当原创技术“策源地”使命的方法革新。研究将为我国实现高水平科技自立自强、建设世界科技强国提供理论与方法支撑。

第9章　国有企业打造原创技术策源地路径研究的基本思路

本书提出国有企业打造原创技术策源地模式及演进路径，可简述为“1224”。即：提出了1个国有企业打造原创技术策源地新型举国体制和市场双驱动的策源地创新模式；运用策源地和技术图谱2个抓手，实现面向行政和市场2种资源导向；通过文献和案例研究、理论建模及论证、方案设计和评审、政策建议与推广4个阶段实施。

9.1　研究意义

党的十九届历次全会及中央经济工作会议都对提升企业技术创新能力提出了明确要求。就国有企业来说，原创技术无疑是突破发展瓶颈、解决深层次矛盾和问题，推动科技和经济紧密结合，努力实现优势领域、共性技术、关键技术的重要手段，是推动中国制造向中国创造转变、中国速度向中国质量转变、中国产品向中国品牌转变的重要基础。为了落实总书记关于企业创新的系列重要指示精神和党中央的重大决策部署，针对国有企业打造原创技术策源地模式提出了系统观的理论模型及研究路径。

9.1.1　政治意义

国有企业打造原创技术策源地是以习近平新时代中国特色社会主义思想为指导，深入贯彻党的十九大和十九届历次全会精神，加强党的领导，围绕服务国家战略，充分发挥社会主义经济条件下新型举国体制优势，完善创新体系、增强创新能力、激发创新活力、促进产业链深度融合，提升国有企业原创技术需求牵引、源头供给、资源配置、转化应用能力，加强打造原创技术策源地，为实现高水平科技自立自强、建设世界科技强国提供重要支撑。

2016年8月8日《“十三五”国家科技创新规划》中提出，要加快培育面向市场的新型研发机构，开展基础前沿研究和共性关键技术研发。制度创新是点燃科技创新引擎的点火系统。

2017年10月，党的十九大确立了创新驱动发展、加快建设科技强国的战略，党的十九大报告指出，要瞄准世界科技前沿，强化基础研究，实现前瞻性基础研究、引领原创性成果重大突破。

2018 年 11 月，习近平总书记在上海调研时要求在增强创新策源能力上下功夫；2019 年 1 月，在京津冀协同发展座谈会上，提出了将北京打造成为我国自主创新的重要源头和原始创新的主要策源地的战略目标；2019 年 11 月，又进一步要求上海“强化科技创新策源功能，努力实现科学新发现、技术新发明、产业新方向、发展新理念从无到有的跨越，成为科学规律的第一发现者、技术发明的第一创造者、创新产业的第一开拓者、创新理念的第一实践者，形成一批基础研究和应用基础研究的原创性成果，突破一批卡脖子的关键核心技术。”

2019 年 11 月，习近平总书记勉励中科院“抢抓战略机遇，勇立改革潮头，勇攀科技高峰，加快打造原始创新策源地，加快突破关键核心技术，努力抢占科技制高点。”

2020 年 10 月 26 日，党的十九届五中全会首次提出“把科技自立自强作为国家发展的战略支撑”，坚持创新在我国现代化建设全局中的核心地位。当前，加快打造原创技术策源地，加强原始创新与源头技术供给，是立足新发展阶段，贯彻新发展理念，构建新发展格局，实现高水平科技自立自强的根本途径。为此，必须深入实施科教兴国战略、人才强国战略、创新驱动发展战略，完善国家创新体系，加快建设科技强国，实现高水平科技自立自强。

2021 年 1 月，在中央党校省部级领导干部学习班上，习近平指出，中央企业等国有企业要勇挑重担敢打头阵，勇当原创技术的“策源地”、现代产业链的“链长”。

2021 年 3 月，国务院国有资产监督管理委员会党委和中央企业党委开展理论学习中心组联学会，国资委党委书记、主任郝鹏在会上强调，要推动中央企业加快打造原创技术策源地和现代产业链链长，增强产业链稳定性和竞争力，促进实现高水平的自立自强。

2021 年 5 月 28 日，在两院院士大会和中国科协第十次全国代表大会上，习近平总书记强调，“国家实验室、国家科研机构、高水平研究型大学、科技领军企业都是国家战略科技力量的重要组成部分，要自觉履行高水平科技自立自强的使命担当。”

2021 年 9 月 27 日，习近平总书记在年度中央人才工作会上指出，人才是自主创新的关键，顶尖人才具有不可替代性。

2021 年 11 月 3 日，在年度国家科学技术奖励大会上，习近平总书记强调，创新是引领发展的第一动力。中国要强盛、要复兴，就一定要大力发展科学技术。

2022 年 2 月 28 日，中共中央总书记、国家主席、中央军委主席、中央全面深化改革委员会主任习近平主持召开中央全面深化改革委员会第二十四次会议，审议通过了《关于推进国有企业打造原创技术策源地的指导意见》并强调，要推动国有企业完善创新体系、增强创新能力、激发创新活力，促进产业链创新链深度融合，提升国有企业原创技术需求牵引、源头供给、资源配置、转化应用能力，打造原创技术策源地。这为国有企业打造原创技术策源地提供了根本遵循，指明了发展方向。

9.1.2 理论意义

国有企业打造原创技术策源地新型举国体制和市场双驱动的创新模式是新时代举国体制在推动国有企业打造原创技术策源地方面的理论创新，也是以原创技术责任体体制变革构建国有企业打造原创技术策源地的影响因素和动力机制的理论基础。基于系统观提出的国有企业原创技术策源地模型，既是对新时代国有企业体制、国家科技创新体系的变革与创新，也是为以策源地建设为载体，提升原创技术能力，打造原创技术生态的模式及路径提供理论基础。

第一，以策源地为国有企业承载原创技术创新的组织载体（技术创新责任体），提出以原创技术策源地推动国有企业体制变革的目标和以策源地与技术图谱为抓手研究国有企业打造原创技术策源地的理论模型和实施路径。第二，提出策源地构成要素的三维结构模型，构建创新组织载体的理论模型，作为原创技术能力评价的基础要素。第三，基于技术图谱提出充分发挥新型举国体制多维管控的技术分类标准，为顶层引导体制机制变革提供抓手。第四，原创技术策源地新型举国体制和市场双驱动的创新模式为企业对内管理协同，对外构建社会及区域层面的原创技术生态奠定了理论基础。本书是贯彻党中央关于“推进国有企业打造原创技术策源地”决策部署的理论创新。

9.1.3　实践意义

以国家重点实验室为原创技术策源地推进项目实践案例，探索原创技术策源地评价体系、基于技术图谱的国有企业原创技术战略、面向产业和运营管理协同的原创技术创新体制和生态研究，充分激励策源地的原创技术主动性。通过探索国有企业打造原创技术策源地运营管理和能力建设过程中的“同”与“不同”，基于原创技术实施路径、原创技术创新工具、策源地运营要素提出了协同管理创新内容和原创技术生态模式，为策源地组织协同机制、企业内部管理协同机制、原创技术知识整合研究等提供借鉴。

推进国有企业打造原创技术策源地，需要科学规划、系统实施。本书坚持以问题为导向，强化精准施策，围绕企业技术创新能力建设的关键环节，突出抓手化和可操作性。主要是聚焦可推进落实的措施，充分发挥新型举国体制下行政主导和企业战略规划下市场主导两个导向作用，整合政策、资金、资本、产业、平台、资源等要素，提出新型举国体制和市场双驱动原创技术策源地的生态模式；以策源地为基础单元构建国家及区域原创技术生态，发挥国有经济战略支撑作用。基于系统观原创技术策源地模型形成的相关理论基础，为推进政策制定、创新生态培育、策源地与金融结合、策源地与成果产业化、策源地与体制变革等提供了客观、可控、可评价、可计量的管控对象和评价体系。

9.2　研究原则

9.2.1　坚持战略导向

第一，要加强党的全面领导，围绕服务国家战略，充分发挥社会主义市场经济条件下新型举国体制优势，全面落实国家科技强国战略和创新驱动的发展模式。第二，要立足国有企业主责主业和战略发展规划，以提升产业链创新链融合程度，形成以原创技术需求牵引、源头供给、资源配置、转化应用的能力。第三，坚持战略导向，是国有企业打造原创技术策源地工作的基本要求。

9.2.2 坚持国有企业体制优势

要发挥国有企业体制优势和制度牵引，突出国企创新主体地位。以技术图谱和产业分工、主责主业相结合的顶层规划为牵引，充分发挥国有企业体制优势和制度牵引，推动国有企业完善创新体系、增强创新能力、激发创新活力，促进产业链创新链深度融合，推动国有企业掌握技术进步和产业发展主动权，成为原始创新和核心技术的需求提出者、创新组织者、技术供给者、市场应用者。

9.2.3 坚持“四个面向”的引领

坚持国有企业打造原创技术策源地要面向世界技术前沿、面向经济主战场、面向国家重大任务、面向人民生命健康，以技术图谱和产业分工、主责主业相结合的顶层规划为牵引。深刻把握原创技术需自由探索、长期积累、连续投入、跨学科等规律，研究原创技术驱动发展战略的理论逻辑和现实路径，推动国有企业完善创新体系、增强创新能力、激发创新活力，促进产业链创新链深度融合，提升原创技术需求牵引、源头供给、资源配置、转化应用能力。

9.2.4 坚持系统科学分析

从国家视角看，原创技术创新本身就是科学技术演进的系统工程。从国家所需、行业所趋、企业所能等不同视角分析原创技术创新体系及管理体系，充分把握三对关系，即国家引导与市场导向的关系，国有企业战略与原创技术目标的关系，绩效目标与原创技术考核的关系，开展多层次多维度全面系统分析。因此，国有企业打造原创技术策源地项目，需要坚持系统思维与科学方法。

9.2.5 坚持突破瓶颈为导向

紧紧围绕原创技术供给、创新资源集聚、创新主体协同、原创成果转化、创新生态优化等环节，分析制约国有企业原创技术突破的供给约束堵点、科研院所深化改革难点、风险防控关键点等关键问题，抓住重点难点，提出具有针对性和有效性的发展策略。推进科技创新，促进产业优化升级，突破供给约束堵点，依靠创新提高发展质量。

9.2.6 坚持自主可控技术路线

坚持以发展维护安全、以安全保障发展。坚持发展、应用与防范并重，持续推进原创技术自主创新，牢牢掌握基础技术、核心技术、关键软硬件，夯实自主可控发展根基。加强风险意识和整体运筹防控，重视技术发展路径和趋势，从技术、标准、法律、机制等方面综合施策，前瞻性地应对风险挑战。

9.2.7　坚持协同开放发展生态

着力科技强国和四个面向的使命引领型科技创新体系，推动以策源地为对象的研发机构试点改革、创新平台体系布局，解决分散、重复、封闭、低效等“痛点”，加强面向人才队伍建设，完善相关政策机制，建立面向策源地、技术创新路径、成果转化的绩效考核体系，释放科技创新创造的活力。

9.3　国有企业打造原创技术策源地的外部及内部形势

9.3.1　国有企业打造原创技术策源地面临的全球及外部形势

（1）世界处于百年未有之大变局，科技成为大国战略博弈的新焦点。

（2）人工智能、生物科技、量子计算等引领新一轮科技革命和产业变革的战略性技术，在市场需求推动下，相关科技企业推动产业规模飞速增长。

（3）科技竞争及科技领域脱钩成为大国竞争的重要手段。

9.3.2　国有企业打造原创技术策源地面临的国内及经济形势

（1）国家高度重视技术驱动，提高企业核心竞争力，带动企业高质量发展。

（2）国内科技企业逐渐成为原创技术领域的关键参与者和重要推动者。

（3）国内高度重视原创技术发展，通过顶层设计引领企业竞争力。

9.3.3　世界处于百年未有之大变局，原创技术成为大国战略博弈的新焦点

西方中心主义历史性的跌落，世界多极化格局在大国博弈中日渐显现，国际形势不稳定性、不确定性因素显著增多。中国安全利益面临的威胁挑战日趋严峻，多域混合威胁成为电子信息领域发展面临的新常态。美国将中国视为首要战略竞争对手，通过组建技术联盟、更新《瓦森纳安排》、强化《出口管制改革法案》行政立法、出台《无尽前沿法案》等，对中国不断遏制围堵、极限施压，关键核心技术受制于人，危及中国产业链、供应链安全稳定。为维护国家安全和社会稳定，加强底层创新、源头创新、原始创新，着力破解关键核心技术卡脖子难题，全面提升自主创新能力和稳定供给能力，尽快突破关键核心技术和前沿技术，确保军事安全、科技安全、产业安全和信息安全，已成为当务之急。

9.3.4 加快建设世界科技强国，原创技术涌现成为建设科技强国的新基础

当前，中国已成为世界科技大国，正在努力建设世界科技强国。《国家创新驱动发展战略纲要》明确了中国建设科技强国的时间表和路线图，即2020年进入创新型国家行列，2030年进入创新型国家前列，新中国成立100年成为世界科技强国。习近平总书记指出，成为世界科技强国，成为世界主要科学中心和创新高地，必须拥有一批世界一流的科研机构、研究型大学、创新型企业，能够持续涌现一批重大原创性成果。为适应科技创新领域拓展、速度加快、范式转型的基本要求，各创新主体必须抓紧完善创新体系、优化创新模式、调整创新布局，突破非对称技术、颠覆性技术，推动创新体系从局部到整体、从量变到质变、从跟跑向领跑、从引进到自主的转变，实现系统性、深层次、跨越式变革，打通从科技强到产业强、经济强、国家强通道，推动经济社会高质量发展。

9.3.5 打造国家战略科技力量，原始创新已成为打造世界一流企业的新要求

改革开放以来，中国坚持“以市场换技术”路线，在引进技术消化吸收和集成创新的基础上，快速提升了科技水平，构建了完整的产业体系。而关键的原始创新环节却一直是短板弱项，长此以往，面临着陷入后发国家“低端锁定”与“创新陷阱”的风险。习近平总书记强调：“中央企业等国有企业要勇挑重担、敢打头阵，勇当原创技术的策源地、现代产业链的链长”。国有企业，特别是中央企业作为国民经济和国家创新体系的“顶梁柱”和“压舱石”，要勇担创新重任，强化自主创新，把科技创新作为头号任务，集中优势资源和优势力量，坚持四个面向，坚决将自身打造成为国家战略科技力量。

9.4 国有企业打造原创技术策源地的影响因素和动力机制

国有企业是中国新型举国体制和社会主义市场经济的战略支撑，因此，国有企业打造原创技术策源地主要受到政府主导型技术创新方式的影响。这既是国有企业内部的战略和治理机制，也是政策的一种运作方式。而对国有企业打造原创技术策源地的动力机制则主要源于外部市场及产业链等外部因素的驱动、制度绩效的驱动、商业模式的驱动等。并基于如上影响因素及动力机制，激励原创技术责任载体的创造性。

9.4.1 打造原创技术策源地的影响因素——政府主导的影响

中国政府在技术创新中起到较大推动作用：第一，逐步完善创新法律体系。以《科技进步法》为基本法律，颁布了《中小企业促进法》《促进科技成果转化法》等专项法律，明确技术创新在社会经济发展中的作用和地位；第二，构建有利于创新的政策体

系。到目前为止，国务院已经发布了上百条关于创新的配套政策，从税收、金融、财政、人才等方面支持技术的创新活动，极大地调动了企业、高校、科研机构等创新主体的创造性和积极性，有力地促进官产学研的结合和科技成果的转化；第三，注重基础创新平台的建设。

政府主导型技术创新模式虽然取得了一定成绩，但这种模式还存在一些重大的薄弱环节：如创新体制呆板、创新机制不畅、企业自主创新能力不足等，这种情况造成了严重后果。第一，受体制机制的影响，企业自主创新能力不足，使企业陷入“引进、落后、再引进、再落后”的恶性循环之中。第二，大规模引进外资没有带来创新能力的系统性提升，中国依然处于全球产业分工的低端。

9.4.2　打造原创技术策源地动力机制之一——外部因素驱动

企业技术创新的路径和技术的发展阶段、行业市场的发展趋势、企业内部的资源能力条件以及技术积累等各方面之间，有着密不可分的关系。因此要明确国企技术创新的路径，首先要分析企业外部因素对技术创新路径的影响。借鉴 Abernathy 和 Utterback 的技术演化理论分成流动阶段、转型阶段和固化阶段三个阶段。

流动阶段内各企业满足顾客需求的产品大量出现，在流动阶段技术研发的方向也是多样的，没有固定的发展方向。在这个阶段既没有稳定通用的技术，也没有形成通用的技术标准，整个是以产品作为竞争核心，研发的目标是产品创新，企业的目的都希望自身的产品技术标准领先并成为行业标准。

随着流动阶段的推进，市场客户群逐步接受了特定的产品设计后，技术就进入转型阶段。在转型阶段企业研发的重点不再是产品的创新而是工艺的创新，工艺创新的目的是降低产品成本，自然而然，企业之间的竞争核心转到成本上。

随着工艺创新的精益求精，技术逐步由转型阶段发展到固化阶段，这个阶段基本上是以工艺创新为主，产品创新基本上标准化，工艺创新的创新率开始逐步下降。

如图 9 - 1 所示，先行型企业在整个技术发展过程中一直处于领先的阶段，因此在流动阶段先行型企业采用渐进式创新不断提高产品的技术含量，争取尽快形成技术标准，引领技术发展。到了转型阶段，先行型企业还是以渐进式创新为主不断进行产品技术创新，同时开展工艺创新，基本上是沿着主导技术曲线发展的。到了固化阶段，无论是产品技术还是工艺技术的发展空间在缩小，创新率在下降，此时，先行型企业就要变更技术创新的方式采用破坏式的创新，争取能够在新的市场开展创新，抢占新的市场资源和有利的发展空间。

先行型企业在流动阶段和转型阶段都是采用渐进式的创新，在固化阶段采取破坏式的创新。但是，值得注意的是，破坏式创新需要企业具有相应的资源和能力，在企业具备了破坏式创新的条件时，才逐步开展破坏式创新，不具备条件时企业可以选择保持原有市场的主导地位，因为这样才可以保持企业较长时间的利润空间。开展相应创新的时候，都需要自身资源和条件的支撑，这就要求企业对自身资源进行评估，保证自身具有改变创新方式的能力。

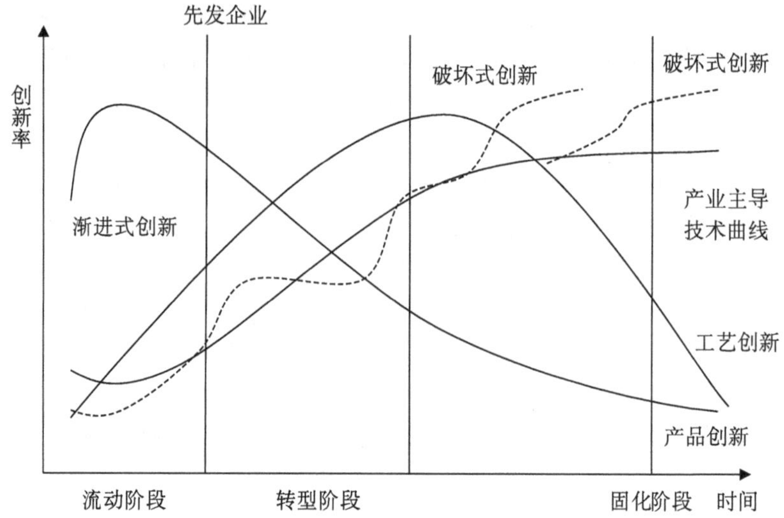

图 9-1 先行型企业技术创新示意图

9.4.3 打造原创技术策源地动力机制之二——制度绩效驱动

制度创新的本质在于“匹配”，通过实现资源和技术发展、商业运作之间的匹配，从而实现原创技术价值的最大化。制度体系僵化将会制约企业的技术、商业模式的运作，最终导致企业战略的失败。制度创新的关键在于制度绩效与企业运作的匹配，企业运作包含技术发展和商业模式运作以及资源配置等方面。要实现制度绩效和企业运作的匹配就要不断地创新制度。制度创新包括三种方式，第一，是制度的自然演进，这种方式慢于企业市场变化和创新的频率，往往会出现不匹配的情况，导致制度绩效低下。第二，局部优化的制度创新可以在相应的节点提升制度绩效曲线，提高制度绩效，匹配制度和企业运作。第三，体系化的制度创新可以整体拉升企业的绩效曲线，提高企业的制度绩效，但是过高的制度曲线会增加企业成本，所以选择制度创新路径需要建立制度绩效评估体系，确定制度和企业运作的匹配性，从而难以实现企业制度和企业运作协调的最优匹配。

9.4.4 打造原创技术策源地动力机制之三——商业模式驱动

商业模式创新路径选择模型如图 9-2 所示。商业模式创新首先需要对企业现有的商业模式进行梳理分析，确定现有商业模式的阶段，是处于创意阶段、效率阶段、扩张阶段还是计划阶段。再根据所处阶段的特征和企业资源能力的条件选择逐步拓展、部分变异或者结构变异的创新方式，具体创新路径的选择还要考虑企业是先发状态还是后发状态。

如图 9-3 所示，先行型企业在商业模式演化的创意阶段是先行者，这个阶段尚未形成固定的商业模式。因此，先行型企业采取逐步拓展的创新方式不断创新提高商业模式的

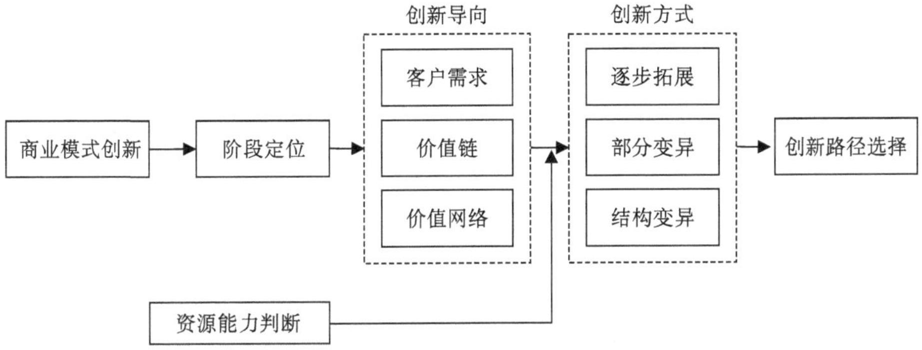

图 9－2　商业模式创新路径选择模型

运作效率和盈利空间，争取形成固定商业模式并主导商业模式的走势。一旦有了固定的商业模式进入效率阶段，先行型企业一方面稳固自身优势，另一方面向价值链其他领域拓展。在效率阶段，先行型企业的主要商业模式创新方式是价值链导向部分变异的创新方式。在扩展阶段，先行型企业的主要商业模式创新方式是价值网导向部分变异的创新方式。在进入计划阶段以后，商业模式的增长空间已经非常小，先行型企业开始结构变异的商业模式创新，探索新的商业模式循环。

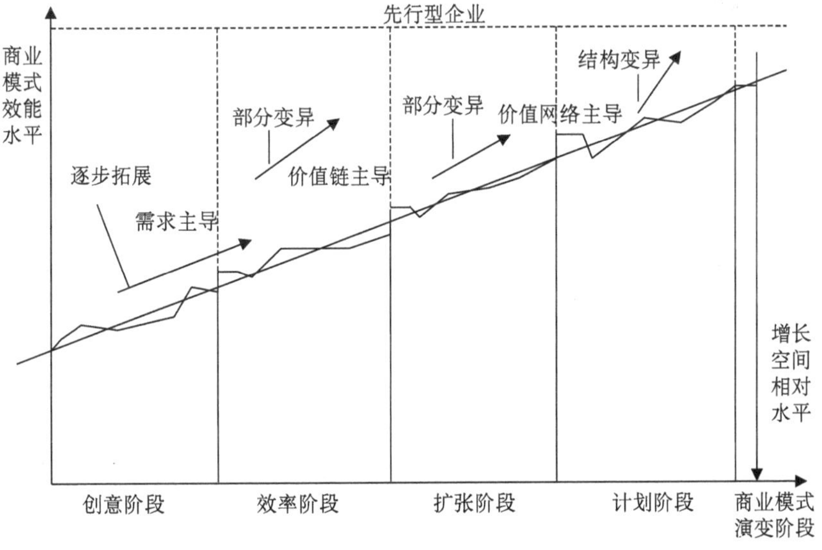

图 9－3　先行型企业商业模式创新阶段示意图

具体而言，先行型企业在整个创意阶段和效率阶段的前半期以逐步拓展创新方式为主，逐步建立商业模式的主导优势。在效率阶段的后半期一直到扩张阶段结束，先行型企业采用部分变异的创新方式，在效率阶段是以价值链为导向的部分变异，在扩张阶段是以价值链网为导向的部分变异的创新方式。在计划阶段，先行型企业在具备了结构变异的创新条件时，才逐步开展结构变异创新，不具备条件时企业可选择保持原有商业模式的主导地位，因为这样也可以较长时间保持企业利润空间。

9.5 中国国有企业技术创新成功经验

为系统总结中国国有企业技术创新的成功经验，我们专项调研了中船集团、中国中车、中国中化、中国一汽、燕山石化、中国电科等在国计民生及国家重大项目中承担支撑作用和科技创新使命担当的企业。国有企业原创技术创新主要体现为消化吸收再创造的过程（包括：中国船舶制造“下饺子”、中国高铁销往印尼、红旗轿车等）；产业聚合引领技术创新型（包括：中车千亿产业集群、中国电科三代半导体材料等）；搭建产学研平台联合攻关型（包括：中国中车、中国化工、燕山石化等）；资本运作打通产业链瓶颈的攻关型（包括：中国中化并购先正达集团引进种业及精细化工等核心技术）。核心体现为创新实体的驱动力和着力点，即技术创新载体——策源地体制和机制。

9.5.1 由引进、吸收到技术创新集成的模式——中船集团

船舶制造企业的模仿创新模式包括直接购买和技术反求两种方式。

在该模式下，中国船舶制造企业主要通过模仿国外比较成熟的造船专利技术、专有技术，或通过购买这些技术以及含有该类技术的相关产品，模仿创新出更加具有特色的船舶产品。从20世纪90年代通过技术反求模式，这些船舶制造企业获得了最新的船体分段建造技术和先进船体舾装方法，并建立起一批新型环保的制造设备和技术体系。

模仿创新模式虽然降低了创新风险和创新成本，但获得的大多是国外先进造船国家已有的成熟技术，也就意味着中国船舶制造业技术水平将一直落后于其他国家。因此，实施自主创新模式是中国船舶制造企业获取关键技术、拥有自主知识产权、提高市场竞争力的关键。中国船舶制造企业自主创新模式主要采取了原始创新、集成创新和引进消化吸收再创新三种方式。

如图9-4所示，集成创新是利用各种信息技术、管理技术与工具等，对创新要素和创新内容进行选择、集成和优化，形成优势互补的有机整体的创新过程。从本质来看，集成创新主要是对现有技术的集成，以现有技术的集成带动新技术研发，从而提升企业自主创新能力。

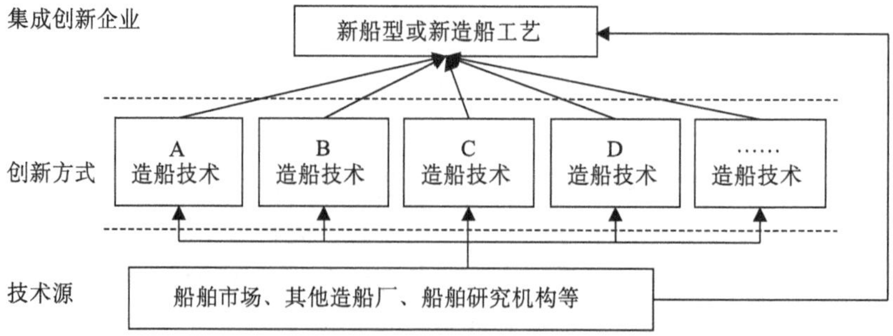

图9-4 中船集团集成创新模式示意图

对船舶制造技术的引进、消化、吸收、再创新是一个包括技术引进、消化吸收、技术创新、技术扩散等在内的复杂系统工程，其本质是在引进国内外先进造船技术的基础上，通过组织学习，对引进技术进行消化吸收和二次创新，实现船舶制造企业从引进技术到技术突破的跨越。与原始创新和集成创新相比较，引进消化吸收再创新具有风险小、见效快，可以迅速提高企业技术生产能力等特点。

中国船舶制造企业合作创新模式主要包括企业间合作创新和产学研合作创新模式两种方式。

9.5.2　由引进到创新领跑模式——中国中车

按照“先僵化，后优化，再固化”的思路，首先完整地理解消化引入的技术，不折不扣地执行标准要求；其次，在“知其然更知其所以然”的基础上进行改进和优化，实现再创新；最后，把再创新成果转化为完全适应国内车辆指导研发制造的标准要求，实现先进技术从“为我所用”到“唯我适用”。“复兴号”动车组研发过程中，坚持技术攻关，全面掌握动车组关键核心技术，软件、硬件全部实现自主设计、制造或选型，拥有完全自主知识产权。中国高铁从过去引进吸收再创新，到推动原始创新、自主创新、集成创新，推动发展动力向创新引擎切换。

围绕创新链部署产业链，中国中车形成科技与经济的关键耦合。通过产业链带动新材料、新能源、高端电子元器件等上下游产业和科技创新发展。在全球布局 18 个海外研发中心、83 家境外机构，产品和服务遍布全球六大洲 112 个国家和地区，基本覆盖“一带一路”沿线国家。

9.5.3　产业及园区导向与资本助力创新模式——中国中化

深化整合协同，优化战略布局，夯实发展基础。公司遵循“科学至上”理念，对共性、基础性、前沿性研究进一步加大投入力度。通过资源整合，优化产业结构，有效促进“1 + 1 > 2”的协同效应发挥。中国中化深入挖掘产业链上下游协同潜力，研究提出重点打造的十条优势产业链和五条潜力产业链，以及重点发展国内四大化工产业园区和若干产业基地。在农业领域，得益于其在全球实施的跨业务单元协同，中国中化并购了世界第一大农业科技企业先正达集团。

9.5.4　以需求和绿色发展理念推动融合创新——中国一汽

聚焦先进核能、绿色低碳电力装备、新型电力系统、新能源汽车及智能（网联）汽车等重点领域，推动中央企业布局建设一批原创技术策源地，强化原创技术供给，加速创新要素集聚。推进创新主体协同，推动战略性新兴产业融合化、集群化、生态化发展。加快发展新一代信息技术、新能源、新材料、高端装备、新能源汽车等战略性新兴产业。推动互联网、大数据、人工智能、5G 等新兴技术与绿色低碳产业深度融合。中国一汽创新科技体制机制，迭代发布《创新 2030 中国一汽红旗技术发展战略》，先后出台“创新十条”

等激励政策，连年递增研发投入。中国一汽以建设汽车领域央企原创技术策源地为契机，攻关关键核心技术。

9.5.5 产学研协同创新迭代联合体模式——燕山石化

新形势下企业要发挥出题者的作用，燕山石化加快构建龙头企业牵头、高校院所支撑、各创新主体相互协作的协同合作创新模式，突破解决行业内卡脖子技术难题。如图 9－5 所示，通过这种大兵团作战加强国内优质资源整合，健全相应团队建设、合作与大项目组织保障机制。

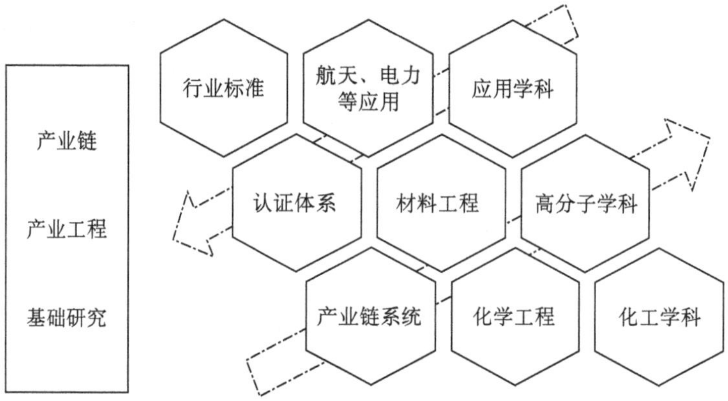

图 9－5 材料领域产业链技术提升示意图

加大与高校院所、上下游产业链的合作，推进全产业链攻关布局，涵盖各企业、各专业、不同学术领域，建设协同创新联合体。深化创新链与产业链的融合发展，聚焦产业需求，重点解决合格不好用、合格不想用、合格不敢用等创新成果转化与产业应用的困惑与堵点，提高科技成果转移转化成效。

9.5.6 以产业集群成链引领技术创新的模式——中国电科

中国电科加强同地方政府对接，把区域战略与电科产业战略布局重点对接，持续深耕第三代半导体材料和核心装备，加快突破先进硅材料和化合物半导体材料原创技术，着力打造国内领先的半导体材料产业基地，以产业集群成链推动原创技术创新。面向第三代半导体百亿大市场，中国电科从材料、装备、工艺到元器件全链条提升产业化能力，打造产业集群。

中国电科材料技术团队掌握了碳化硅生长装备制造、高纯碳化硅粉料制备工艺，N 型碳化硅单晶衬底和高纯半绝缘碳化硅单晶衬底的制备工艺，解决了“切、磨、抛”等关键技术工艺“卡脖子”问题，建成了碳化硅粉料制备、单晶生长、晶片加工等整套生产线，有力地支撑了第三代半导体产业链加快起势腾飞。

中国电科另一个面向产业集群链的代表性产业是安防领域的海康威视。

9.5.7 基于中国企业技术创新成功经验的小结

综上所述，横向型技术创新模式是指处于产业链相同环节或相同生产阶段的竞争企业为实现共同的技术创新而相互合作、风险共担、成果共享的开放式技术创新模式。目的在于通过各个创新合作利益相关者的创新资源互补实现高科技、前沿性的关键技术研发和改进；纵向型技术创新模式主要是指处于同一产业链不同环节或部门之间的交互合作、共同创新、风险共担、利益共享的开放式技术创新模式。在这一创新过程中，各个利益相关者以各自的专业优势为基础，按照产业链条的分工协作关系，有效整合产业链上、下游的各种创新资源，并引入高校、科研机构等异质性的外部创新资源，以促进目标技术的创新；混合型技术创新模式是集横向型、纵向型于一体的技术创新模式，不同类型的合作伙伴与大企业之间，依据不同的创新需求构成不同层次的创新网络。合作网络之间也存在一定程度的交叉和层叠，更有利于大企业实现各种技术创新。

技术创新模式涉及要素禀赋、创新主体、创新环境三个方面，加之技术创新模式是由政府创新机制诱发的倾向性创新行为，因此政府在技术创新模式中发挥重要作用。第一，创新模式复合化不仅关注原始创新，也注重产品的集群创新和集成创新，更关注科技产品市场发展趋势，创新模式日趋复合化。第二，政府在促进技术创新方面起到了重要作用。同时，政府也出台诸多措施，吸引人才，留住人才，重视科研人员的创新主体作用，为经济发展提供持续不断的动力源泉。第三，技术创新模式具有动态演进性，随着要素禀赋、创新主体和创新环境的变化而变化。比如，中国从政府主导型技术创新模式逐渐向社会协调发展模式转变，俄罗斯也由大型企业主导高技术创新模式向“社会导向型创新发展模式”转变，以更好地适应要素禀赋和创新环境的变化。

随着科学技术的快速更新及创新环境的日趋复杂，中国的要素禀赋日益丰富，创新主体日益壮大，创新环境日益完善，个别领域或少数技术在全球已经形成明显的竞争优势。中国应逐步转变创新模式，使其从以技术引进、消化吸收再创新为主转向以集成创新和原始创新相结合的开放式自主创新为主，构建开放式创新模式。所谓开放式创新模式，是指在技术创新过程中，要充分利用内外两条市场通道，有机地整合企业内、外的创新资源，同时建立科学合理的收益分享机制。在这种创新模式下，企业不再完全依靠自身的力量，而是强调外部创新资源的获取和利用，注重内外创新资源的有机整合，从而形成一个开放的、非线性的、模块化的技术创新网络。这种创新模式更加注重政府引导以及创新主体之间的合作，注重科研机构、企业、大学之间科研活动的高效合作。同时，需要优化创新链，形成有序的创新生态，使大学、科研单位和企业从事不同层次的研发工作。最后，要优化人才结构，促进人才合理布局。

国有企业打造原创技术策源地，要把准战略方向，围绕事关国家安全、产业核心竞争力、民生改善的重大战略任务，加强原创技术供给，超前布局前沿技术和颠覆性技术，在集聚创新要素、深化创新协同、促进成果转化、优化创新生态上下功夫，全方位培养、引进、用好人才。要强化责任链条，加强协同配合。本书基于中国特色社会主义体制下国有企业打造原创技术策源地的相关理论，探索国有企业打造原创技术策源地的实施路径，充分发挥新型举国体制优势和国有企业战略支撑作用，有效运用新型举国体制优势及市场引导两个导向，聚焦原创技术策源地组织载体及能力评价，以提升国家原创技术能力和竞争力。

9.6 主要经济体技术创新做法

发达国家技术创新的做法以美国为代表，其创新模式是企业为主体，市场导向，政府与企业平衡的模式。美国国家技术创新系统的最大成功之处是在私有和公有之间保持了一种适当的平衡，既保持足够的私人刺激以鼓励创新，又保持足够的公有性促进创新技术的广泛运用，并鼓励产业部门、联邦实验室和大学之间共同研究，合作研究中心改变了传统的高等工程教育方式。日本采用的创新模式是政府机制牵引的消化吸收与发展的创新模式。俄罗斯采用的创新模式是大型国家企业主导高新技术型创新模式。印度采用的创新模式是一种重点扩散型或者叫以点带面型技术创新模式。巴西采用的创新模式是极端自主的“防守国家主义”技术自立的战略方针，即政府干预主义和国家主义。

9.6.1 美国技术创新模式

美国的创新模式是以企业为主体，市场为导向，政府与企业平衡的模式。

美国的技术创新是以市场为导向，其动力机制是由商品市场与资本市场共同推动。具体表现在两个方面：一是直接融资方式，二是股票市场的外部监督。公司主要通过发行股票和企业债券从资本市场筹措长期资本，这种机制给企业经营者很大的压力。同时，这种体制一方面为企业的技术创新提供了资金保证，另一方面为决定企业长远发展的技术创新提供了动力、压力和监督机制。

美国政府采取间接方式的政策导向，在技术创新中占有重要地位。美国并没有一个权威机构全面负责国家创新系统。直到克林顿签署总统令，成立国家科学技术委员会，促进政府了解和参与民间科技开发。美国国家技术创新系统的最大成功之处是在私有和公有之间保持一种适当的平衡，既保持足够的私人刺激以鼓励创新，又保持足够的公有性促进创新技术的广泛运用。同时，美国政府大力投入科研经费。

美国企业是技术创新的主体，企业在美国技术创新过程中担当主角。美国一直在探索技术创新实现途径，以及与经济结合的最佳模式。比如：科学园或科学工业园模式，对美国乃至全世界的科技和经济发展都产生了巨大影响。美国政府颁布了《技术创新法》，允许由联邦政府资助的研究开发项目承担者取得其专利权，并鼓励产业部门、联邦实验室和大学之间共同研究，这种遍布全美的工业大学合作研究中心改变了传统的高等教育方式。如国家航空航天局在全国设立了6个地区技术转移中心，推进空间技术的商业应用。

9.6.2 日本技术创新模式

日本的创新模式是政府机制牵引的消化、吸收与发展模式。该机制是在政府诱导下，以科技和经济相结合理念为前提，以市场为导向，以商业利润为目标，以企业为主体、大学和科研机构为辅助的民间性科研开发体系。日本企业技术创新对消费者的动态需求极为敏感，技术创新战略是以消费者需求为导向，重点是着眼于研究开发消费者需求量大、需求紧迫、开发周期短、投资少、见效快、收益高的项目。正是这样的技术创新机制，构成了日本第二次世界大战后经济高速发展的驱动器。

日本政府技术创新的政策主要有经济资助和组织协调政策。经济资助政策包括财政补贴、税收优惠和贷款优惠等。财政补贴是政府直接对技术项目进行补贴，补助对象是政府和大学的研究机构、企业重大技术创新项目等。中小企业在日本占企业总数的99%以上，研发能力明显弱于大型企业，构成了“瓶颈”。日本政府为解决这个问题，一是提供技术指导；二是提供技术信息；三是通过培训加速先进技术向中小企业的转移。日本政府通过政策性金融机构引导社会金融机构融资，进而推动社会资金存量向技术创新转移。

日本企业的技术创新是走引进技术基础上的消化、吸收与发展创新的道路。第二次世界大战后日本是世界上引进技术最多且收效最为显著的国家。第二次世界大战结束不久，日本政府就制定了“吸收性发展战略”，即吸收一切国外先进技术，争取在较短时间内振兴经济，并赶超世界先进水平。中小企业始终与本国的大型企业关系密切，日本企业关系的一个特征为“下请”。下请企业是指从比自己资金雄厚、员工众多的大企业中，长期接受委托业务的中小企业。

9.6.3　俄罗斯技术创新模式

俄罗斯的创新模式是大型国家企业主导的高新技术型创新模式。

受传统计划经济的影响，俄罗斯大型企业比较多，是科技创新的主力军。大型企业是推动现代经济发展的重心，60%左右的创新成果由大型企业实现。为了能更好地发挥大型企业在创新中的作用，俄罗斯整合行业资源，建立了一系列超大型国家公司。俄罗斯整合资源，发挥规模优势，以推动技术创新。如：纳米技术公司、俄罗斯原子能集团公司、开发银行、航空制造联合集团和船舶制造联合集团等。这种模式注重支撑高新技术产业和基础研究领域。同时，俄罗斯非常注重基础领域研究，高温超导、化学、毫微电子和微电子、天文物理、核物理等领域居于世界先进水平。

注重高新技术领域和基础研究领域的大型企业主导高新技术型创新，该模式给俄罗斯技术创新以强劲的动力。但也存在着一些弊端，俄罗斯虽然在基础研究领域保持较高水准，拥有世界领先的高新技术，但在高新技术产业方面发展较为滞后，技术应用程度较低，缺乏国际竞争力。

9.6.4　印度技术创新模式

印度采用重点扩散型或者叫以点带面型技术创新模式。这种创新模式选择重点产业，集中创新资源，通过重点产业的技术创新带动相关产业的发展。比如印度成立的第一个计算机软件园区。该模式有三个显著的特点：第一，是科技创新资源向特定产业倾斜。第二，是将发展特定产业作为政府制度创新的关键。第三，是通过产业集群培育创新能力。

印度在软件产业集群的发展过程中形成了良好的内在机理：一是通过集群间企业的学习和协作，获得企业间的良性竞合关系，使产业集群的链条不断延长。二是通过政府的法律法规和行业协会，规范市场行为，保护知识产权，通过产业集群培育产业的创新能力。在重点扩散型技术创新模式下，印度的创新领域逐渐从软件产业向空间技术、核能技术、生物技术等领域衍生，带动了相关领域的快速发展。

9.6.5 巴西技术创新模式

巴西采用极端自主的“防守国家主义”的创新战略，即政府干预主义和国家主义。巴西成立了国家研究委员会，旨在促进各个领域知识的研究。随后，相继出台了一系列扶持高新科学技术部门发展的创新政策，走科学、技术和产业一体化的道路。政府主导型技术创新模式使巴西能够在经济社会水平比较低的情况下集中创新资源，在一些特定产业迅速实现技术突破，均取得了较大的成绩，如信息技术、生物技术、航天航空技术、水利工程技术以及新材料技术等方面。但是，该创新模式限制了国外新技术的进口，不利于巴西与国际高新技术接轨，也降低了巴西工业创新的积极性。巴西已经意识到该模式对巴西技术创新带来的不利影响，正通过立法、制定政策、资金扶持、实施“产学研”一体化工程和扶持中介组织等措施来调动企业的积极性，发挥企业在技术创新中的关键作用。以企业为主导的技术创新模式必将带来巴西经济社会的另一轮高速成长。

9.6.6 国外主要经济体技术创新成功经验小结

美国是以企业为主体，市场为导向，政府与企业平衡的模式。日本采用政府机制牵引的消化、吸收与发展的创新模式。俄罗斯是以大型国家企业主导高新技术创新的模式。印度是一种典型的重点扩散型或者以点带面型技术创新模式。巴西采用极端自主的“防守国家主义”战略，即政府干预主义和国家主义。不管哪种模式，创新实体都是技术创新的内在驱动因素，而园区、模仿、协作、政府干预等都是给予创新体的资源配备，为营造创新生态提供驱动因素。因此，将技术策源地作为国有企业原创技术攻关和突破的组织载体，并制定相关政策、引导资本、产业、技术的良好支撑和转化，是实现原创技术创新生态的根本。

9.7 国有企业打造原创技术策源地的创新模式

第一，系统地分析当前国有企业既有原创技术任务驱动策源地模式的优缺点。第二，针对党和国家对《国有企业打造原创技术策源地指导意见》的部署，提出新型举国体制和市场双驱动策源地技术创新模式（简称策源地创新模式，也称创新模式），并简述该模式的优势和难点。最后，简述立足策源地创新模式的实施路径。详见图 9 - 6。

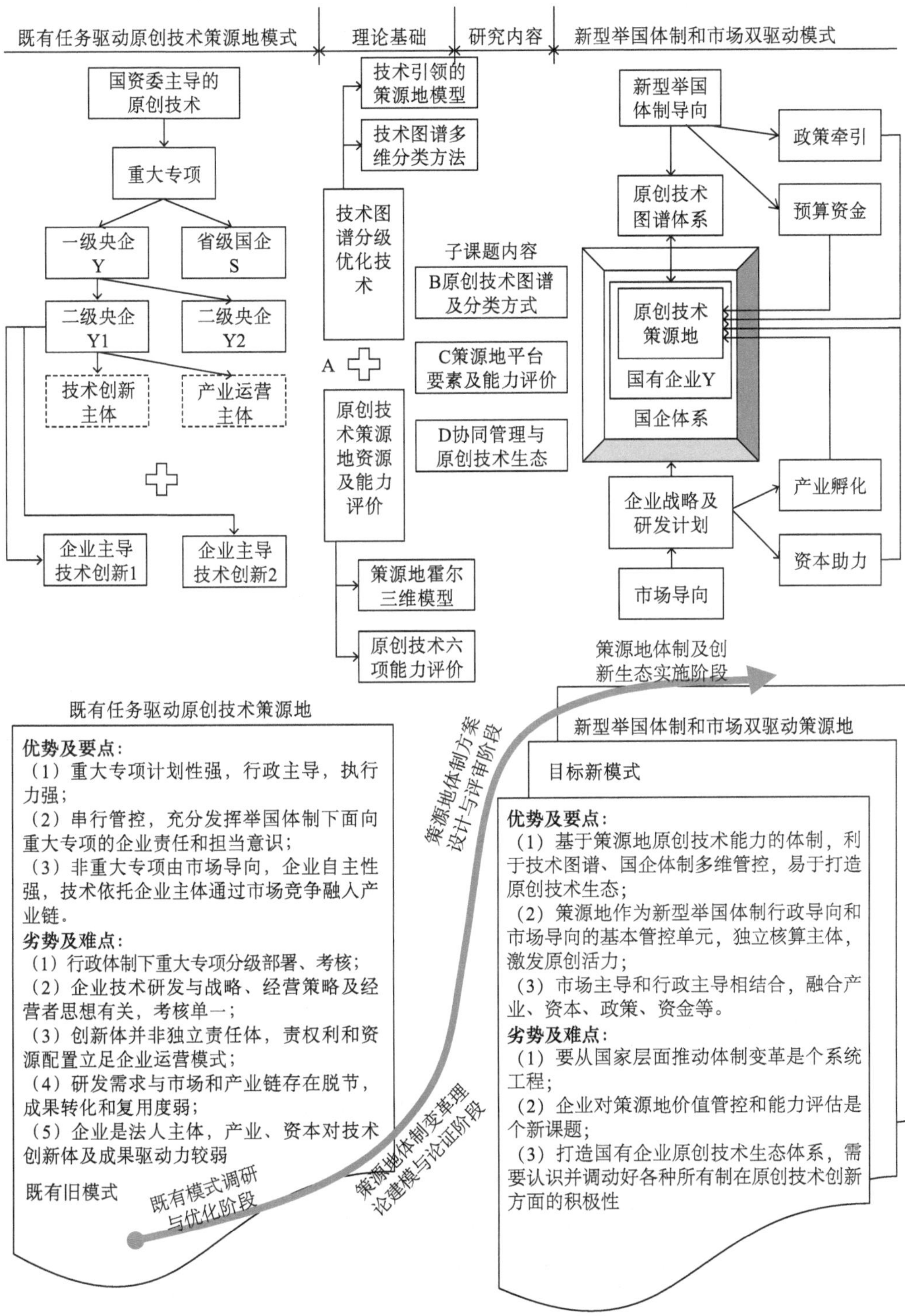

图 9－6　国有企业打造原创技术策源地的"1224"模式及实施过程

9.7.1 国有企业既有任务驱动原创技术策源地模式（既有模式）

当前，企业原创技术路径是任务驱动原创技术策源地模式（简称策源地既有模式，也称既有模式），也包括企业以任务方式布置的科技创新任务。该模式下创新项目管控通过各级国有企业法人主体以任务方式布置，行政命令没法直接贯穿到创新的责任体。这种基于行政体制主导的技术创新模式，是计划体制下国家重大任务专项制的管控方式，通常以行政总师和技术总师的双线管理，通过行政级次分解任务。该模式更适合重大专项攻关，不适合面向市场和产业的资源调配。

面向市场需求的原创技术研发由企业自主主导。但是，这种原创技术研发的团队通常并非独立的法人，而是行政机构的附属部门，存在技术创新需求与经营性考核不一致的问题。这种原创技术创新体考核受到经营考核体系的制约，部门间资源配置受领导风格、领导变更、战略调整、运营状况等影响。

既有原创技术任务驱动的策源地模式是一种串行命令式体系。基于行政级次的管控路径、管理链条较长，且存在“任务层层加码，资源层层剥皮”的现象。在该体制下，技术成果转化与产业化过程、资本运作手段的联系从启动到推动都是串行审批，且不利于从立项之初就统筹考量技术创新、产业孵化、资本助力等内容。

（1）策源地既有模式的优势及要点：

①适于对重大专项的管理，行政主导，计划性强，执行力强；

②串行管控，充分发挥企业在举国体制下面对重大专项的责任和担当意识；

③非重大专项由市场导向，企业自主性强，技术依托企业融入产业竞争。

（2）策源地既有模式的劣势及难点：

①行政体制下重大专项分级部署、考核；

②企业技术研发与战略、经营策略及经营者思想有关，考核单一；

③创新体并非独立考核的责任体，责权利和资源配置需要立足企业的运营模式；

④研发需求与市场和产业链存在脱节，成果转化和复用度较弱；

⑤企业是法人主体，产业、资本对技术创新及成果的驱动力较弱。

综上，既有任务驱动原创技术策源地模式是传统计划体制下的重大任务管控模式，其充分利用了政策和市场两个力量调动创新主体积极性，管理模式存在瓶颈和制约。

9.7.2 新型举国体制和市场双驱动策源地创新模式（创新模式）

策源地本质上是组织载体，新型举国体制和市场双驱动策源地技术创新模式（简称策源地创新模式，也称创新模式）是国有企业面向原创技术能力建设的新型组织形式。在这种模式下，国有企业原创技术策源地是一种独立承担国家原创技术能力和原创技术任务的载体，也是所属法人企业面向市场化需求推动战略规划落地的原创技术承载主体。原创技术策源地无论是作为法人属性，还是非法人属性，一定是具有可独立核算的责任体属型，通常也可以看作面向技术能力建设，承担技术研发任务的责任单元（或类阿米巴模式）。策源地在面向技术能力建设和任务承接的创新体运营管理方面具有类 CEO 的角色，不同于产业经营部门的用人、资源、考核制度，并且可作为国有资产管理和资本运作的对象，作为可考核、核算和评价的载体。

经过评价和认证的国有企业面对原创技术能力建设和任务承担为主的策源地体制，在运用信息技术、核算技术、虚拟运营、资本运作、人才招聘、产业孵化、政策扶持、资金支持等方面可作为独立运作的对象和组织载体。基于股权控制机制和行政级次两种手段实现对策源地的技术能力和任务承接方面特定政策的倾斜，并鼓励法人实体利用社会资源在技术可控和产业安全的前提下进行产业链整合和资本化运作。提升原创技术策源地作为可交易、流动、整合的对象，将策源地技术能力和创新成果作为可估值、可评价的组织载体。

在国家层面，第一，策源地是具有隶属关系和原创技术创新使命的国有企业新型组织形式。这种面向技术能力和技术成果的策源地主体，是国家打造原创技术生态网状体系的基础单元，也是国家政策导向、预算资金直接支持的对象。第二，策源地是市场需求主导，基于企业战略的研发需求与资本助力、产业孵化相结合的组织载体。第三，策源地是科技部门、党建部门、考核部门、科技协会等在落实党和国家关于原创技术创新相关部署方面的服务对象。

（1）策源地创新模式的优势及要点：

①基于策源地原创技术能力的体制，利于技术图谱、国企体制运用两个抓手多维管控，易于国家及各级政府打造原创技术生态。

②策源地作为新型举国体制行政导向和市场导向的管控单元，是独立核算的主体，可以激发企业原创技术创新的活力。

③将市场主导和行政主导相结合，利于产业、资本、政策、资金等政策融合。

（2）策源地创新模式的劣势及难点：

①从国家层面推动体制变革是个系统工程。

②企业对策源地价值管控和能力评价是个新课题。

③打造国有企业原创技术生态体系，需要认识并调动各种所有制在原创技术创新方面的积极性。

综上，针对党和国家提出国有企业打造策源地的要求和部署，以原创技术策源地体制变革为目标，以面向技术能力和技术成果转化匹配责权利，建立以考核、评价、支撑、资本化、体制变革等手段综合支撑的策源地组织载体。通过国有企业打造策源地带动国家原创技术创新生态，充分调动社会资源和多种所有制的积极性、主动性和创造性，形成尊崇原创技术创新的文化和社会认同。

9.7.3　构建原创技术策源地模型及理论基础

为实现国有企业原创技术能力建设和任务承接载体由既有的任务驱动原创技术策源地模式向创新的任务驱动原创技术策源地模式转化，我们在国家重点实验室创新实践和文献研究基础上，提出系统观的国有企业打造原创技术策源地的理论基础。

以“技术图谱分级优化技术”和“原创技术策源地资源及能力评价”作为研究手段。第一，基于霍尔三维结构提出由逻辑维度（策源地构成要素，包括组织架构、运营活动、要素配置等)、知识维度（策源地技术创新的方法和工具)、时间维度（策源地原创技术实现过程和阶段）共同构成的策源地要素模型。第二，基于策源地要素模型提出由技术研发能力、人才资源能力、研发平台能力、研发投入能力、协同创新能力、成果转化能力构成的能力体系。将原创技术策源地要素和能力体系作为评价和认证国有企业原创技术策源地的理论基础。

策源地体制是为了实现原创技术创新能力和原创技术成果的目标。因此，策源地的评价和认定除了平台要素和技术能力方面外，策源地使命和职责也是作为承担国家突破原创技术瓶颈、联合攻关的组织载体。因此，原创技术图谱及其分级优化技术就成为从顶层布局国有企业打造原创技术策源地的两大抓手之一。第一，要通过技术图谱多维分级方法的研究，实现四个面向维度、技术领域维度、紧迫性维度、产业协作维度等分类，以进一步构建面向策源地与原创技术的多维层次化技术图谱。第二，要将技术引领与三维结构的策源地评价相整合，为运用技术图谱引领、原创技术策源地评价两个抓手落实党和中央部署提供理论基础。

为推进理论模型研究，设定子课题如下：

①国有企业打造原创技术策源地模式的创新理论及模型；

②国有企业原创技术策源地技术图谱及分类建议；

③原创技术策源地平台要素及能力评价；

④原创技术策源地协同管理与构建技术生态。

9.7.4 原创技术策源地研究阶段及新旧模式演进路径

为实现由国有企业原创技术能力建设和任务承接载体由既有任务驱动原创技术策源地模式向创新的任务驱动原创技术策源地模式的转化，将国有企业打造原创技术策源地模式及演进路径分为如下四个阶段：

（1）既有模式调研与优化阶段

以文献研究和案例企业实践总结为主，形成本研究框架第一、第二部分的内容，提出本书研究的理论基础。

对应课题论证设计的第一部分研究背景、内容及路径和第二部分相关概念和理论基础部分，本阶段以文献研究和案例企业实践总结为主，系统梳理国有企业打造原创技术策源地的外部形势、基础条件和问题短板；分析国有企业打造原创技术策源地的影响因素和动力机制，总结我国国有企业成功经验和主要经济体经验做法；提出本书研究内容、研究框架以及研究路径等内容。对概念框架部分就原创技术策源地及与本书相关的研究理论和概念进行简述，构成研究的基础。

（2）策源地体制变革理论建模与论证阶段

策源地体制变革理论建模与论证阶段以框架研究为主，形成阶段成果，确定相关模型的理论基础及适用性、可行性等。

（3）策源地体制方案设计与评审阶段

通过项目研究，夯实原创技术策源地平台要素及技术创新能力评价体系，建立以技术图谱为导向的原创技术路径及产业链体系，形成关键成果。

(4) 策源地体制及创新生态实施阶段

为研究成果及其实施提供持续研究和创新管理支撑。为相关企业管理原创技术创新提供管理咨询和方案建议，为践行党和国家对原创技术策源地部署贡献力量。

9.7.5　立足策源地创新模式的创新分类及实施路径

面向责任体新型举国体制和市场双驱动的策源地创新模式应用如图 9－7 所示。

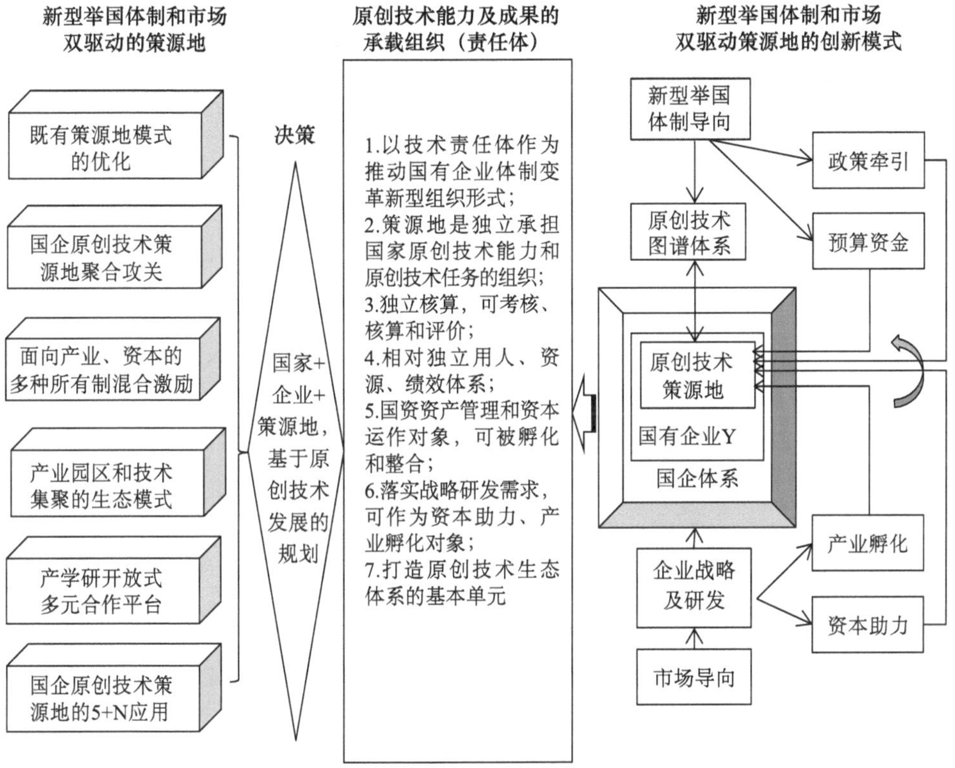

图 9－7　面向责任体的新型举国体制和市场双驱动的策源地模式

第一，要构建国有企业打造原创技术所采用的新型举国体制和市场双驱动的策源地模式，实现社会主义市场经济条件下充分发挥新型举国体制优势的导向作用，充分利用面向市场的产业孵化和政策牵引的支撑保障两种驱动力，通过预算资金和资本两种社会资源的助力，按原创技术图谱体系实现原创技术分门别类攻关。

第二，通过对策源地平台要素和能力的评价建立面向原创技术能力及成果的组织载体（也称作原创技术策源地责任体），实现运用策源地推动国有企业体制变革的新型组织形式。原创技术策源地责任体是具有独立承担原创技术能力和原创技术任务的组织；具有可独立核算、考核评价的功能，在用人、资源配置、评价方面等方面融合原创技术特征。同时，为适应市场化、产业化和重大专项攻关需求，策源地具备作为国资资产管理和资本运作的对象，可被孵化和整合；是企业落实战略研发需求，可作为资本助力、产业孵化的组织载体；也是国有企业打造原创技术生态的基本单元。总之，原创技术策源地责任体是国有企业打造原创技术策源地创新模式的组织载体。

第三，原创技术策源地建设是将政策引导与市场化相结合，充分尊重创新主体发展诉求的决策过程。通过对相对独立的原创技术策源地的评价和认证，将策源地的发展作为组织单元在国家、企业、策源地的发展规划下进行整合决策，实现创新的策源地模式与技术经济、产业经济、资本经济的同步整合。根据国家发展需要、控股方的技术创新及产业规划、策源地团队的激励成效等提出 5 + N 的策源地应用模式。

第四，基于新型举国体制和市场双驱动的策源地创新模式提出 5 + N 应用。包括：①既有策源地模式的优化；②国企原创技术策源地的聚合攻关；③面向产业、资本的多种所有制混合激励；④产业园区和技术集聚的生态模式；⑤产学研开放式多元合作平台；⑥在发展过程中不断探索的策源地应用方式，不断丰富国企原创技术策源地的 5 + N 应用。

第 10 章　国有企业打造原创技术策源地路径的研究方法

为深入研究国有企业打造原创技术策源地的创新模式，本章简要陈述了拟使用的理论基础、相关概念和重要的研究方法、工具等。通过充分阐述新型举国体制和市场双驱动的策源地体制模式，聚焦研究的基础概念和理论，使研究方法更科学、更适用。详见图 10－1。

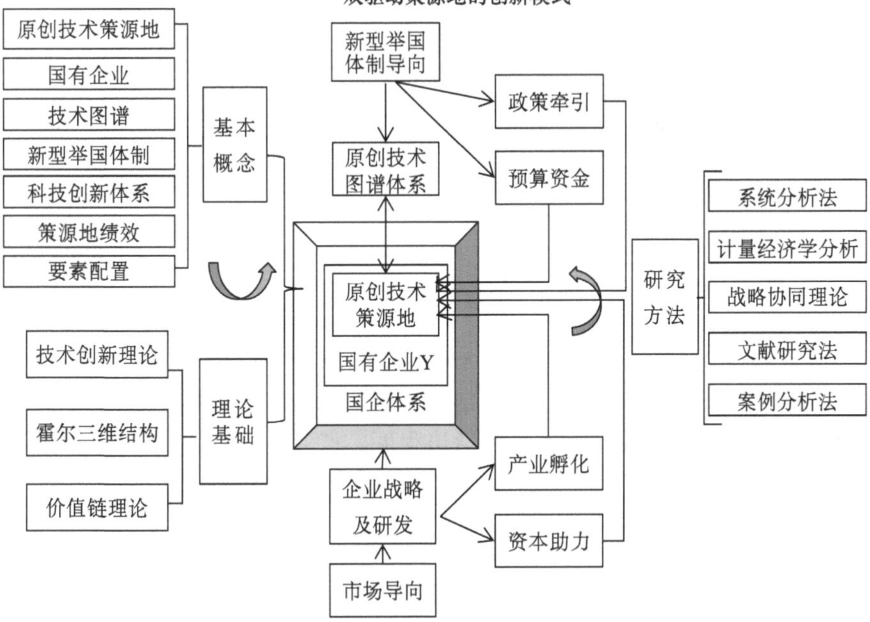

图 10－1　相关概念、理论基础及研究方法图

10.1　基本概念

10.1.1　原创技术策源地（创新组织载体）

原创技术策源地是指原创技术策划与发源的组织载体。通过合理的政策设计和制度安

排，吸引和聚集创新人才、金融资本、社会资本、咨询管理等多方面资源，按照一定的逻辑，构建原创技术创新的基础条件和框架体系。“策源”一方面是指资源聚合或条件创造，另一方面强调通过策划、组织和各种活动，释放能力。“原创技术策源地”是一个与创新能力和动力驱动相关的概念，是具有资源聚集、研发创新、成果转化、未来引领等功能效用的组织载体。

国有企业打造原创技术策源地是立足现有的国有企业体制，充分发挥新型举国体制与市场化机制，打造面向特定原创技术方向，具有承担原创技术创新研究能力，可独立考核、评价、激励、资助、核算的新型法人或非法人单位。纳入策源地体系的单位，在原创技术项目申报、各类科研课题申请、财政资金及产业基金资助等方面具有独立的政策优势。策源地载体的单位资源和能力可评价、可认证，具有面向市场和产业可孵化的基础，策源地载体是通过要素重组和体制变革激发技术创新的组织载体。

10.1.2 国有企业

国有企业是打造原创技术策源地模式的推动主体，也是科技强国及原创技术提升的国家力量，是实现国有经济战略支撑的重要基石，是中国举国体制优势的具体体现，是政策引导、需求牵引、技术导向、资源配置、考核引领的主体。国有企业由国家拥有其资本的所有权或控制权，政府的意志和利益决定了国有企业的行为。国有企业是中国经济发展的中坚力量，是中国特色社会主义的支柱。

10.1.3 技术图谱

技术图谱是对国有企业打造原创技术发展愿景、路径，在绘制过程、表达方式、功能描述等方面的直观展现。国有企业打造原创技术策源地的技术图谱不仅是技术的引领，同时也是以四个面向为引导，使技术攻关的紧迫程度、产业链特征、国企组织架构及分工等相结合的分类方法。

10.1.4 新型举国体制

国有企业实践原创技术策源地的模式是新时期中国特色社会主义举国体制的具体实践，是新时期党领导下的国有企业政策引领与市场化运营机制、多元资源渠道、灵活体制的综合效用。所谓新型举国体制，就是新时代中国特色社会主义思想下特定领域实现国家意志的一种特殊的制度安排。

10.1.5 科技创新体系

国有企业打造原创技术策源地的模式是国家科技创新体系和产业链锻造的重要因素，是提升面向国际科技竞争力的驱动要素。科技创新体系由知识创新、技术创新、现代科技引领的管理创新（制度创新）三大体系构成。构建科技创新体系需要从科学研究、技术进步与应用创新的协同入手，三维螺旋结构共同塑造创新的管理体系。

10.1.6　策源地绩效

绩效考核机制是激发原创技术策源地创造性和积极性的工具，是构成企业对策源地创新目标管理闭环的手段。国有企业原创技术策源地的考核与企业经营考核具有差异性和关联性，这种考核的“同”与“不同”，因原创技术的特征而具有差异性。且策源地的考核方式是激励原创技术成果及创造未来价值的重要元素，因此绩效评价模式应该与策源地评价模式相结合，与策源地指数及策源地平台价值相结合。

10.1.7　要素配置

国有企业原创技术策源地的要素配置是指将策源地作为技术创新的载体，为了实现技术创新能力、平台聚合能力等目标而提供的资源保障和政策条件等。通过促进创新要素向策源地组织载体集聚而实现。要素配置是形成实体平台要素和能力评价的重要指标，也是隶属关系与资金来源关系的具体体现。策源地的要素配置由素质提升、资源配置、协同与优化、创新驱动等构成。

10.2　基本理论

10.2.1　技术创新理论

技术创新理论由熊彼得在《经济发展理论》中系统提出。从技术创新的范式看，经历了从线性范式到网络范式的演进，网络范式通常与产业集群的研究结合起来，形成“国家创新系统”理论。从中国国有企业原创技术策源地项目目标看，该系统属于“国家创新理论”，是由技术图谱和平台能力构成的多维网络。

10.2.2　霍尔三维结构

系统工程更多地体现为跨学科融合性，使用逻辑维度、知识维度、时间维度研究事件的管理过程，涵盖了事件管理的过程阶段、方法手段和科学技术等。依据系统工程理论和霍尔三维结构模型开展对国有企业打造原创技术策源地能力平台要素及技术图谱分类机制内在逻辑的理论建模，并提供理论基础。

10.2.3　价值链理论

价值链（Value chain）理论由哈佛大学 Michael E. Port 教授于 1985 年提出。该理论指出，企业是一个实现产品或服务交付活动的集体。价值链反映价值创造和价值增值过程中的一系列经济活动。基于价值链理论研究国有企业创新过程中围绕原创技术攻关的周期和过程特征，以此作为攻关项目阶段性评价和管控依据。

10.3 基本方法

10.3.1 系统分析法

系统分析法注重对所研究对象的构成结构、关系模型进行分析，能采用一般系统理论的原理、方法、工具等全面分析和研究企业创造价值过程。系统分析法是比较常用的研究方法，包括设定系统目标分析、系统要素分析、要素环境分析、系统资源配置分析、系统信息管理和报告与信息展现等环节，以准确识别问题，揭示因果联系，提出行之有效的解决方案。本书的模型思路就是基于系统工程理论的霍尔三维结构。

10.3.2 计量经济学分析

计量经济学包括理论计量经济学和应用计量经济学。理论计量经济学主要研究如何运用、改造和发展数理统计的方法，使之成为经济关系测定的特殊方法。应用计量经济学是在一定的经济理论指导下，以反映事实的统计数据为依据，用计量经济方法研究经济数学模型的实用化或探索实证经济规律。本书针对问卷的设计和分析就用到了计量经济学问卷方式。

10.3.3 战略协同理论

无论何种方式划分的子系统之间均存在相互影响、相互支撑的关系。这种关系组合能产生协同效应，即“1+1>2”的效果。协同效应有利于实现企业战略。企业价值创造问题就是消除企业组织及专业之间的制约和消耗，通过协作和协同实现企业战略目标的过程。国有企业原创技术策源地内部管理协同及生态环境建设就是实现战略协同的过程。

10.3.4 文献研究法

文献研究法（Literature Research Method）是最常用的学术研究方法，主要是指通过检索、汇总、整理国内外学者的相关文献研究成果，进而形成对所研究内容、事实的科学认识。文献研究法是基础和科学的研究方法，包括文献检索、文献整理、分析鉴别等方面，通常形成对一定时期内所研究对象的科学、系统、全面的综述和文献整理。本书应用文献研究法对国内外研创技术发展路径、方法进行系统分析，并基于此提出研究的内容。

10.3.5 案例分析法

案例分析法（Case Analysis Method），又称个案研究法，由哈佛大学开发。原本用于高级经理和管理精英培训，并逐渐演进为当前的“案例分析法”。它通过实际工作中的问题案例或对案例企业在实施推广过程中发现的问题分析、总结、抽象，凝练出管理思路和规律。本书以卫星导航国家重点实验室打造原创技术策源地及管理创新为例，开展理论与实践分析。

第 11 章　国有企业打造原创技术策源地模式创新理论及模型

以策源地为对象推进国有企业变革，构建新型举国体制和市场双驱动的原创技术策源地创新模式，形成企业实施原创技术能力建设的组织载体，并以策源地和技术图谱两个抓手构建国有企业原创技术策源地的系统理论模型、实施手段和演进路径。根据技术创新理论，从中国国有企业原创技术策源地项目目标看，该系统属于“国家创新理论”，是由技术图谱和平台能力构成的多维网络。原创技术创新体系是国有企业治理机制的一部分，从技术更新与发展路径方面体现为创新能力和实现创新目标的过程，包括基于“网络范式”的技术创新能力所体现的创新生态。因此，基于“网络范式”理论和中国国有企业体制进行系统观的技术创新理论体系及其路径研究。

原创技术策源地是立足现有国有企业治理机制，充分发挥新型举国体制与市场化机制，打造面向特定原创技术方向，具有承担原创技术创新研究能力，可独立考核、评价、激励、资助、核算的新型法人或非法人单位。纳入策源地体系的单位，在原创技术项目申报、各类科研课题申请、财政资金及产业基金资助方面具有独立的政策优势。基于策源地载体的单位资源和能力可评价且可认证，符合国有资产管理规定的交易条件，且具有面向市场和产业可孵化的条件，其要素具有通过重组和体制变革激发活力和创造力的基础。

11.1　制约国有企业原创技术策源地的内部机制分析

11.1.1　国有企业机制与原创技术创新驱动

国有企业打造原创技术策源地是一个需要多方利益相关者参与的系统工程。国有企业，特别是大型央企作为科技创新的国家队，打造原创技术策源地、科技创新高地、科技人才高地、科技创新“特区”是必然要求，而且国有企业对攻克原创技术、“卡脖子”技术这种目标导向的创新具有无可替代的优势。国有企业，特别是中央企业掌握了诸多优势资源，具有庞大的创新网络，其可以利用这些资源和网络，整合国内外经济资源和要素，充分联合各创新主体打造开放式创新平台。国有企业是国家重大创新项目的主要实施者，是创新政策的支撑工具，其本身也包含了与不同参与者之间的互动过程，并依靠这种过程机制创造出能产生经济和社会效益的技术研究领域和通用技术。

11.1.2　技术成果转化率及产业化支撑

具体而言，技术链推动产业技术变革和优化升级，推动产业模式和企业形态的根本转变，即推动互联网、大数据、人工智能等原创技术和实体经济深度融合，补齐产业基础能力短板，激发市场主体活力，在更大范围、更宽领域、更深层次提升资源配置效率，推动经济发展质量变革、效率变革、动力变革。

11.1.3　原创技术投入与企业绩效考核的周期性

国有企业打造原创技术策源地项目作为一项国策进行部署，一定要落实到各级国有企业党委和经营主体，考核是重要的工具手段。因此，要处理好国有企业针对原创技术策源地的考核与经营考核的关系，并从国企治理、战略发展及产业优化整合的角度制定综合方案，系统激励各级国有企业原创技术能力的创造性，并从产业链角度统筹资源，引导实现对瓶颈和制约技术的突破。

11.1.4　拓展原创技术策源地建设的资金渠道

资金渠道、绩效考核和认证评价是国有企业原创技术策源地建设的三个重要的手段。第一，国有企业资金渠道与原创技术目标、企业控股方式等相关性强，可以考虑从国有企业上缴收益中提取一部分资金用于激励原创技术策源地项目的研发。第二，可以考虑将资本金预算支出与国有企业原创技术策源地建设及技术平台相结合，聚焦资本金的使用领域。第三，可以利用资本手段将企业治理机制、策源地平台建设与国有企业产业化整合。

11.1.5　构建以人才为本的体制机制

要基于国有企业原创技术策源地全方位谋划基础学科人才培养，科学确定人才培养规模，优化结构布局，在选拔、培养、评价、使用、保障等方面进行体系化、链条式设计，大力培养并造就一大批国家创新发展急需的基础研究人才。同时，要拓展培养管理创新和面向产业化、成果转化、知识管理等交叉融合的人才，为基于原创技术的成果推广提供融合人才。

第一，在企业创新实践中发现人才、在创新活动中培育人才、在创新事业中凝聚人才，努力造就一批原创技术创新领军人才、工程师和高水平创新团队。

第二，坚持面向世界科技前沿、面向经济主战场、面向国家重大需求、面向人民生命健康，把企业人才资源开发放在原创技术创新最优先的位置，深化企业人才发展机制。

第三，营造识才、爱才、敬才、用才的环境，信任人才、尊重人才、善待人才、包容人才，让人才静心做研究、搞创新，多出成果、出好成果。

第四，构建充分体现知识、技术等创新要素价值的收益分配机制，对作出巨大贡献的人才进行奖励，让事业激励人才，让人才成就事业。

11.2 国有企业打造原创技术策源地驱动分析

国有企业的创新功能可以定位在原创技术策源地上。国有企业，特别是中央企业作为科技创新的“国家队”，需要发挥自主创新、核心技术攻关的引领作用，加强自主创新能力，研发和掌握更多的“国之重器”。政策层面上，国资委正计划制定中央企业打造原创技术策源地的指导意见，希望在“十四五”时期，央企要发挥好引领作用，在科技自立自强上大展身手，把科技创新作为“头号任务”，提出“努力打造科技攻关重地，努力打造原创技术策源地，努力打造科技人才高地，努力打造科技创新‘特区’，加快打造一批科技创新领军企业，坚决把中央企业打造成为国家战略科技力量。”

我们利用 PEST 分析方法等，在收集国内外文件和调研的基础上，系统地分析国有企业打造原创技术策源地的需求和理论基础等，提出研究的理论建模和实践路径等需求。

11.3 基于系统观的原创技术策源地模型

如图 11－1 所示，基于霍尔三维结构提出国有企业原创技术策源地模型。

（1）系统性思维，摒弃单一原创技术创新理论所带来的理论和应用的局限性；

（2）增强协同性，利于应对权变环境影响，克服策源地目标管控与日常运营管理带来的制约和消耗；

（3）多维管控性，利用原创技术策源地实现技术创新的目标、方法、过程。

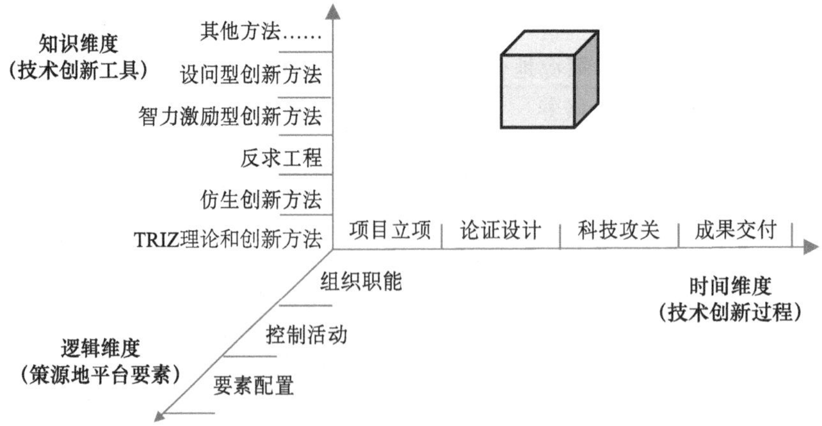

图 11－1 基于霍尔三维结构的原创技术策源地模型

11.3.1　时间维度

时间维度是指企业通过项目立项、论证设计、科技攻关、成果交付等实现原创技术目标和价值增值的全过程，也指构成企业策源地原创技术价值链的主活动所处的阶段。时间维度的管理对象是研发项目或基于技术图谱的任务，其物化过程是企业内外部资源交互的结果，这种交互形式体现为技术成果过程中的要素配置及协同契约。

（1）项目立项

按照原创技术策源地规划或技术图谱、任务清单等要求，对明确原创技术目标的项目通过立项评审方式给予确认，并明确进度、技术指标、技术路线等，明确项目研发需要的资源。项目立项明确了原创技术创造过程中的责、权、利关系。

（2）论证设计

论证设计指项目在投标前的经济可行性、技术可行性论证，以及取得任务立项后的项目详细设计和论证过程，甚至包括生产过程中的变更设计及论证过程。该阶段从需求分析出发，确定实现技术性能和指标所需要的总体对象。

（3）科技攻关

科技攻关指项目按论证设计的要求，通过采购原材料、加工、组装、测试、检测、验证等环节，最终实现技术目标和任务书要求的过程。科技攻关环节也是资源消耗和物化的过程，包括资源配置、成本结转、内部结算等关键环节。

（4）成果交付

通过科技攻关最终形成满足技术图谱和预期技术要求的成果，通常以知识产权、著作权、非专利技术等形式体现，技术成果通常通过认证、评审等形式确认，并进入迭代、产业化等转化过程。成果交付时构成原创技术策源地的 KPI 指标。

如上四个分类是原创技术策源地运营管理对时间维度最基本的划分方式，在实施过程中，策源地可根据企业的运营管理模式、技术创新的组织特征及技术路线等进行细化或优化。

11.3.2　逻辑维度

逻辑维度是指构成企业运营控制要素的总称，是企业经营活动集中控制和管理的作业活动及作业规范的总和。运营控制维度指企业基本业务活动和辅助业务活动相关的管理要素。将运营控制活动抽象为组织职能、控制活动和要素配置三个层次，分别从静态规则、动态控制和要素配置三方面展现企业的经营管理要素。

运营控制维度要素及内在联系也体现为与管理会计相关的企业环境及其作用。用于规范组织、活动、信息、资源，并驱动管理过程的权变因素，构成管理闭环。企业价值链上按主辅活动划分的职能定位，称作原创技术策源地。要素配置以资源增量、素质提升、协同优化及创新驱动的方式支撑组织优化，促进提升经营活动效率，以驱动实现管理创造的过程。

11.3.3 知识维度

（1）TRIZ 理论和创新方法

TRIZ 是前苏联的 G. Altshuller 及其研究团队，在分析各国 250 万件专利的基础上所提出的发明问题解决理论。经过几十年的发展，目前 TRIZ 已经成为应用最广泛的技术创新方法。TRIZ 理论包含九大可以充分利用的创新工具。

（2）仿生创新方法

仿生创新方法也称仿生类比，是在比较中找到比较对象之间的相似点或不同点，在异中求同或同中求异的逻辑推理中寻求创造。1994 年，曾邦哲提出了系统生物工程与系统遗传学的概念、原理以及具体的研究模型，标志着仿生创新方法开始发展到遗传工程。

（3）反求工程

反求工程也称逆向工程（Reverse Engineering，RE），是以设计方法学为指导，以现代设计理论、方法、技术为基础，运用各种专业人员的工程设计经验、知识和创新思维，对已有新产品进行解剖、深化和再创造，是对已有设计的设计。

（4）智力激励型创新方法

智力激励型创新方法是一种集体操作型创新方法，其特点是召开特殊的专题会议，通过贯彻若干原则和规定来造成与会成员之间的智力互激和思维共振，以获取量大、面广、质高的新设想。主要包括头脑风暴法、默写式智力激励法、卡片式智力激励法、德尔菲法等。

（5）设问型创新方法

设问型创新方法是通过有序地提出一系列问题，启发人们逐渐思考，引发人们全面、系统地考虑解决问题的可能性，使之有目的地扩散人的思维、产生新的设想和创意的创新技法。常用的方法有“5W2H”和奥斯本的检核表法。

11.4 技术图谱维度及对策源地要素的扩展模型

如图 11 -2 所示，国有企业打造原创技术策源地运用技术图谱进行原创技术规划和任务分解。技术图谱维度要体现为国家技术路线图（包括中央政府和地方政府）、产业技术路线图和企业技术路线图（产品技术路线图）三个方面，并以绘制方式表达功能。政府层面技术图谱主要是政府主导，管产学结合绘制用于很多重要领域的科技战略制定和关键项目选择，是其他技术路线图制定的基础；产业技术图谱主要是产业联合体主导，指引未来技术发展方向，诱导社会资源分配和市场走向；企业技术图谱是企业主责、主业和使命主导，结合企业内外情况，明确企业当前技术所处位置，指导企业战略规划和技术发展。研究包括：

（1）基于技术路线图的国有企业打造原创技术策源地战略环境分析；

（2）基于技术路线图的国有企业打造原创技术策源地目标制定；

（3）基于技术路线图的国有企业打造原创技术策源地能力评价；

（4）基于技术路线图的国有企业打造原创技术策源地协同创新和技术生态。

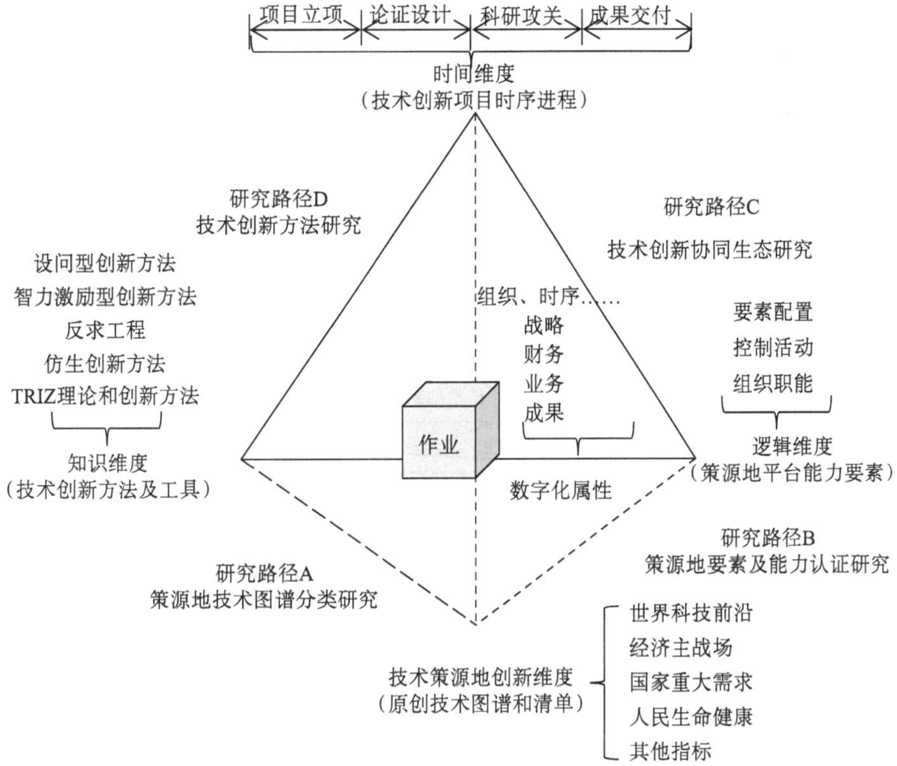

图 11－2 基于技术图谱的国有企业技术创新策源地体系模型

11.5 国有企业打造原创技术策源地的理论方法

基于系统观的国有企业打造原创技术策源地模型提出实施路径如图 11－3 所示。

实施路径基于原创技术策源地模型构建。其中，逻辑维度为策源地平台要素组成，以反映作为原创技术的创新主体，支撑原创技术作业活动的组织职能、要素配置和控制活动等。技术创新维度反映了项目实施主线的项目立项、论证设计、科技攻关、成果交付等。知识维度由技术创新方法和工具组成，是一种基于方法驱动的原创技术实现过程。

第一，系统观的霍尔三维结构构成国有企业原创技术策源地的创新实体，也是国有企业体制实施原创技术策源地项目的载体。三个维度构成实现原创技术创新的能力。因此，提出原创技术要素及能力评价的研究内容。

第二，要从管理角度促进原创技术策源地三个要素维度的协同和适应内部环境，并从国有企业横向管控角度为要素的共享、协作、交流提供原创技术生态。因此，提出了国有企业原创技术策源地管理协同与生态基础的研究内容。

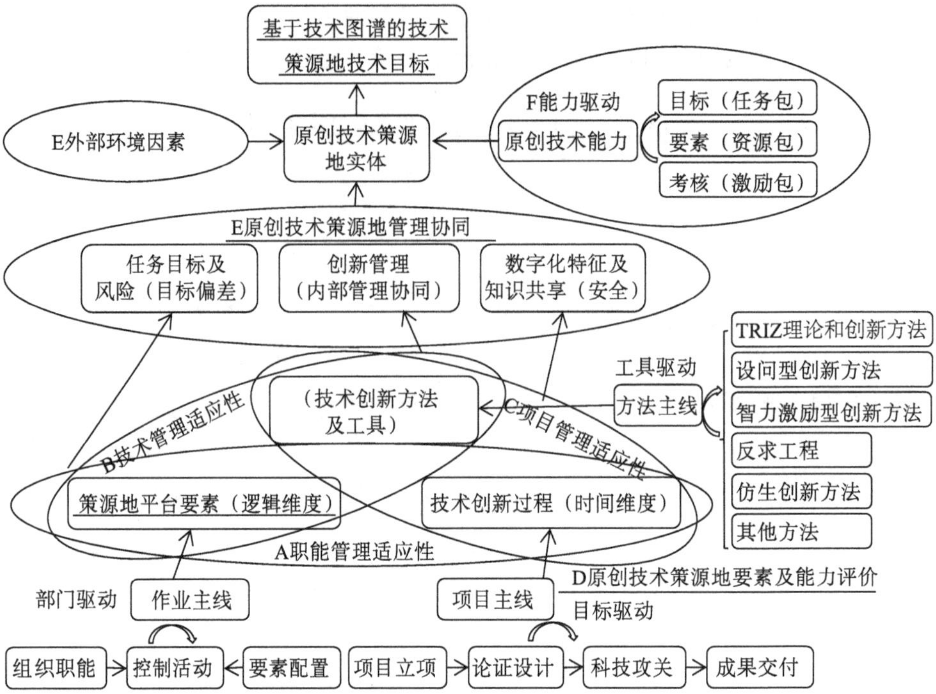

图 11－3 基于霍尔三维结构的技术创新策源地模型及研究体系

综上，国有企业打造原创技术策源地是为了落实国家战略部署的实践，需要在国家层面进行技术图谱牵引技术路线和任务清单，并与国有企业策源地主体衔接，实现任务分解、资源配置、绩效考核、成果转化等，以提升国有企业竞争力，助力实现世界一流企业的目标。

第12章　国有企业打造原创技术策源地技术图谱方法优化

基于新型举国体制和市场双驱动的原创技术策源地创新模式理论基础及演进路径，将技术图谱分类方法作为国有企业打造原创技术策源地研究的两大抓手之一，技术图谱分类是策源地评价和政策制定的依据。国有企业原创技术图谱分类要满足多维管控要求，衔接国有企业治理体系，实现产业引导；作为国企原创技术策源地进行分类管控和制定政策的基础；作为国有企业原创技术策源地建设目标和现状多维分析的基础；同时，技术图谱也是原创技术体系动态完善的技术手段，如图12－1所示。

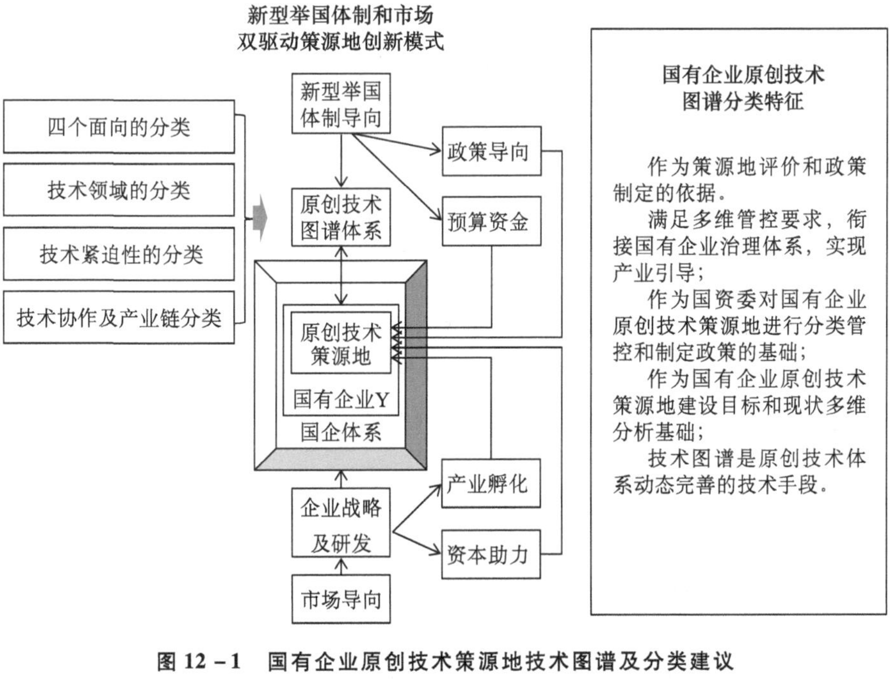

图12－1　国有企业原创技术策源地技术图谱及分类建议

12.1　从技术发展视角解决国有企业面临的问题

为深化改革，贯彻新发展理念、构建新发展格局、加快建设具有全球竞争力的世界一流企业，实现高质量发展，更好地发挥国有经济战略支撑作用。策源地原创技术目标要能实现与国有企业行业划分的级次化公司治理机制相结合，利于运用市场化手段实现协作和分工，利于从产业链整合优势形成综合竞争力，利于以原创技术为牵引制定政策措施，利于以原创技术为牵引构建业态，利于以原创技术目标为对象进行激励。

12.2 技术发展提升国有企业技术创新现状

通过国有企业原创技术策源地项目研究，探索新型举国体制下面向国家重大需求，通过政府力量和市场力量协同发力，凝聚和集成国家战略科技力量、社会资源共同攻克重大科技难题的组织模式和运行机制，以研究充分发挥我国制度优势，并综合运用行政和市场等诸多手段，尊重科学规律、经济规律和市场规律的理论基础和实践路径。

12.3 基于四个面向分解的原创技术图谱

（1）基于四个面向的技术图谱一级分类

国有企业原创技术策源地技术图谱的分类要具有顶层设计和系统思维，面向世界前沿技术、面向经济主战场、面向国家重大任务、面向人民生命健康进行一级分类。推进国有企业打造原创技术策源地，要把准战略方向，围绕事关国家安全、产业核心竞争力、民生改善的重大战略任务，加强原创技术供给，超前布局前沿技术和颠覆性技术。

（2）基于技术领域的技术图谱二级分类

按应用技术、关键核心技术、共性基础技术、产业基础等分类标准进行二级分类，从技术协同、复用、产业链及瓶颈等方面研究技术的特征，以制定相应的政策引领方法等。

（3）基于技术紧迫性的技术图谱三级分类

按基础技术、紧迫性技术、前沿性技术、颠覆性技术等方式进行技术图谱的三级分类，从横向对标国际技术趋势和纵向做好技术规划和储备等方面进行技术特征界定，为政策制定提供决策支撑。

（4）基于技术协作及产业链的技术图谱四级分类

按基于技术协作及产业链的技术图谱四级分类企业能够促进创新价值链上的有序创新生态结构，从而形成有序创新链，形成一个开放的、非线性的、模块化的技术创新网络。

这是面向重大专项、国计民生等，立足产业协作，发挥央企、国企优势，基于国有企业主责主业和面向产业链整合优势的原创技术的分类，是运用新型举国体制优势进行协同攻关的技术路径。

12.4　国有企业原创技术策源地技术图谱应用

国有企业要打造成为原创技术策源地，体现国家意志，代表国家水平。国有企业原创技术策源地技术图谱的体系是通过顶层设计以任务方式牵引企业原创技术创新的工具。整合积聚创新资源，形成跨领域、跨学科、大协作、大纵深和高强度的创新基地，发挥集成、协同及整合优势，以重大需求为牵引，通过科学降维识别技术难题，为原创技术突破提供新方向。

因此，国有企业原创技术策源地技术图谱体系是主要研究内容和研究路径，后期需要深入调研并联合更多的专家学者进行专业化论证、评审。

12.5　基于技术图谱对国有企业原创技术策源地考核

基于技术图谱和国有企业原创技术策源地平台认证机制，研究科技创新业务的摘牌和挂帅机制，配置创新资源，纳入绩效考核和激励体系。通过明确目标，调动策源地作为原创技术创新主体的积极性和主动性，以实现原创技术图谱顶层设计目标。

第 13 章　原创技术策源地平台要素及能力评价

基于新型举国体制和市场双驱动的原创技术策源地创新模式理论基础及演进路径，将策源地要素和技术能力评价作为国有企业打造原创技术策源地研究的两大抓手之一，研究策源地责任体的组织特征。策源地作为责任体是国有企业体制变革的新型组织形式，是国家政策导向、预算资金扶持的对象；是独立承担国家原创技术能力和原创技术任务的组织载体；是可考核、核算和评价的独立核算体；可作为资产管理和资本运作对象；是落实企业战略研发需求，以及资本助力、产业孵化的载体；是国家打造原创技术生态网状体系的基础单元，如图 13－1 所示。

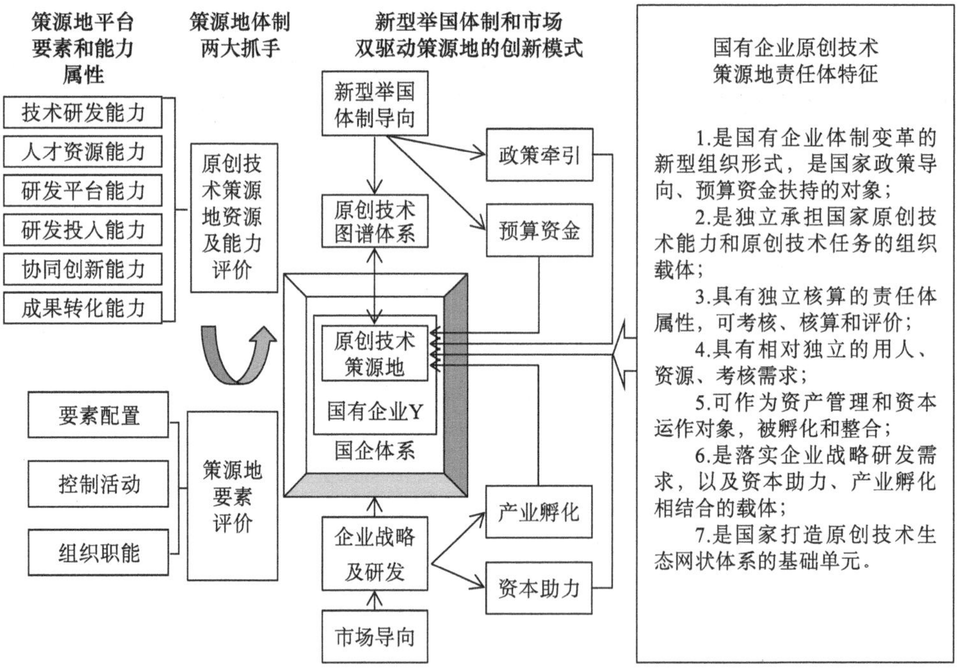

图 13－1　原创技术策源地平台要素及能力评价

策源地要素及能力评价促进国有企业打造面向原创技术能力的责任体。构建策源地体制，以专注于原创技术和核心技术研发，着力发挥体制在技术支撑、组织协同、共性技术研发、服务企业等方面的作用，协同产业链上下游企业联合开展工业基础技术研发，推动分散在企业的点状零散的创新源在国有企业机制下实现聚集。

13.1　国有企业原创技术策源地责任体的类别及现状

基于问卷和组织调研的方式进行分析和归纳，就当前资料看，分为独立创新部门、创新驱动的项目化公司、主营业务与科技创新融为一体的组织等；另外，也存在企业整体作为原创技术策源地建设主体的情况。

13.2　策源地组织载体运营面临的问题

通过计量经济学问卷和现场调研的方式研究国有企业打造原创技术策源地所面临的问题，包括但不限于如下问题：战略规划中原创技术的定位、资源配置中如何平衡技术投入与经营绩效考核的指标、原创技术创新对管理协同的需求、科技人才集聚与创新活力和创造力的激发、资金来源与技术成果转化收益的匹配等。

13.3　国有企业原创技术策源地运营因素定义

（1）组织职能

组织职能包括使命目标、部门职能、行为活动、流程规范四方面二级内容，对应与部门职能相关管理要素的静态定义。第一，基于部门职能提出部门使命、部门目标、部门规划、滚动计划或预算目标等，定义了为什么要干的问题。第二，基于部门职能提出职能定位、职责分工、业务输入输出、组织架构等，定义了由谁干的问题。第三，与部门职能相关的行为活动，包括主业务活动、辅助业务活动、创新活动、关键驱动等，定义了干什么。第四，与部门职能相关的制度规范及流程，支撑企业运营活动的合规性，防范企业经营风险，定义如何干。

制度规范及流程也称作制度控制模式，是指企业通过规章与规范控制各级管理者及员工的业务行为，促进企业实现战略目标的管理控制模式。制度控制注重规则和流程的规范化控制，强调流程和执行力，确保各级管理者均按规章制度做出正确的活动，不得从事违背企业目标的作业及活动。制度规定与流程是沟通企业各级管理者开展作业活动的标准和规范，并强调执行力。

（2）控制活动

控制活动包括识别短板、风险管控、信息沟通、绩效监督四方面二级内容，反映了识别管理短板、评估运营风险、提升信息沟通能力、绩效考核监督所构成的动态管理闭环。运营管理是一个制定目标、识别偏差、修正方法或目标的过程。第一，要识别短板，包括资源匹配性、效益制约性、效率制约性、潜在影响等要素，明确管理关键点和关键环节。第二，风险管控包括识别风险、风险评估、风险控制和风险应对等步骤，以控制目标偏差。第三，信息沟通由业务传递单、业务负面清单、报告与报表等内容构成，实现信息支撑的管理决策需求。第四，绩效监督由绩效考核、会计监督、审计监督、其他监督等构成，以绩效评价和监督管理构成管理闭环和正向激励。

（3）要素配置

要素配置是指价值创造及扩大价值再创造能力的驱动因素，由素质提升、资源投入、协同优化、创新驱动四个方面内容构成，分别代表了改善生产力、加大资源投入、优化内在管理、创新产品技术方法等方面。第一，素质提升主要指围绕人才能力建设有关的管理活动，包括人才梯队、岗位轮换、定岗定编、职业培训等。第二，资源投入主要是指面向责任体配置的人、财、物资源及数量，包括基础设施、营销资源、人才配备、业务许可等。第三，协同优化是指围绕效益和效率提升，包括流程优化、构架优化、资源优化、绩效优化等。第四，创新驱动是指面向新市场和新领域或产品迭代升级的技术创新与应用，包括管理创新、产品创新、方法创新、技术创新等。

基于表 13－1 提出的国有企业打造原创技术策源地能力驱动的运营要素，通过计量经济学问卷和实地调研等方式，总结并凝练出国有企业打造原创技术策源地能力建设所需要的运营要素。运营要素既作为策源地评价的基础，也作为推进策源地原创技术承接、实施、考核的对象。同时，原创技术策源地要素的规范和评价有利于资源的配置和共享。

表 13－1　策源地能力驱动的运营要素

控制维度	二级内容	三级要素	备注
组织职能（静态管控）	使命目标	策源地使命、战略规划、滚动计划、预算目标	为什么干
	部门职能	职能定位、职责分工、业务输入输出、组织架构	谁干
	行为活动	主业务活动、辅助业务活动、创新活动、关键驱动等	干什么
	流程规范	法律法规、制度规章、业务流程、控制标准等	如何干
控制活动（动态管控）	识别短板	资源匹配性、效益制约性、效率制约性、潜在影响等	明确管理的关键点和配置重点资源
	风险管控	风险识别、风险评估、风险控制、风险应对等	风险控制点，防止出现目标偏差
	信息沟通	业务传递单、业务负面清单、报告与报表、支持信息等	信息流支撑管理决策
	绩效监督	绩效考核、会计监督、审计监督、其他监督等	激励绩效成正反馈
要素配置（资源保障）	素质提升	人才梯队、岗位轮换、定岗定编、职业培训等	人才素质和技能提升
	资源投入	科研设施、人才体制、人员配备、业务许可等	人、财、物、情报、科研设施等资源
	协同优化	流程优化、构架优化、资源优化、绩效优化等	优化资源配置，提升效率和效益
	创新驱动	管理创新、产品创新、方法创新、技术创新等	新市场、新领域、新的技术创新与应用

13.4　原创技术策源地平台能力体系定义

在国有企业打造原创技术策源地能力驱动运营要素的基础上，提出了原创技术能力建设指标，包括技术研发能力、人才资源能力、研发平台能力、研发投入能力、协同创新能力、成果转化能力六指标。相关指标的计量和评价标准依据国有企业打造原创技术策源地目标及国有企业治理机制、产业和分布等情况进行进一步的考核考量，力争建设成为国家科技治理机制的重要手段。

在能力层面，一批骨干企业成为国家战略科技力量，成为创新的发源地。总体上可以推动各类企业依靠科技创新，引领高质量发展，取得新的成效，为稳增长作出贡献。如图 13－2 所示，拟从如下六个方面开展原创技术策源地平台能力定义和研究。

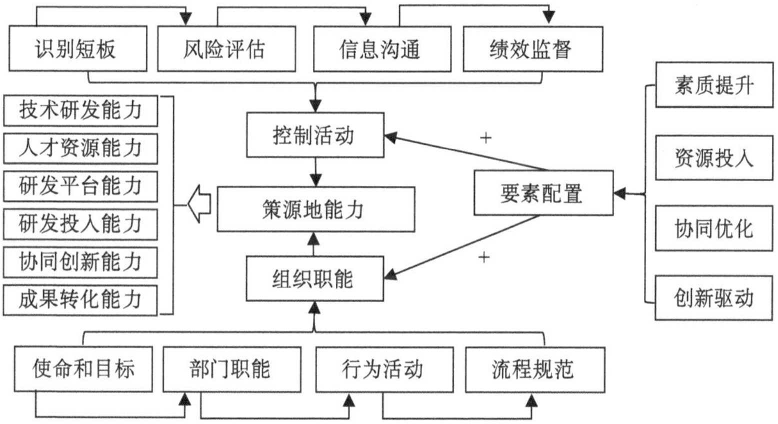

图 13－2　原创技术策源地运营控制维度驱动的能力模型

（1）技术研发能力

技术研发能力包括牵头和参与国家科技计划项目数量；授权发明专利、PCT 国际发明专利授权数量；制定国际标准、国家标准数量等。

（2）人才资源能力

人才资源能力包括研发人员、两院院士数量；海外引才数量；各类国家计划人才数量；战略科技人才、科技领军人才、青年科技人才以及创新团队数量等。

（3）研发平台能力

研发平台能力包括参与建设国家实验室；建设国家重点实验室、国防科技重点实验室、国家技术创新中心、国家工程研究中心、国家产业创新中心、国家制造业创新中心、国防科技工业创新中心、国家级认证检测平台数量；企业自主建设的研发平台数量；数字化协同研发平台覆盖率等。

（4）研发投入能力

研发投入能力包括技术领域研发投入总量、研发投入强度；本策源地技术领域基础研究和应用基础研究投入总量、占本策源地技术领域研发投入比重等。

(5) 协同创新能力

协同创新能力包括组建创新联合体、产业技术创新战略联盟数量；紧密合作的高校、科研院所、新型研发机构等数量；“双创”平台数量；合资设立研发机构或公司、开放型研发平台数量；参与建设综合性国家科学中心、区域科技创新中心数量；国际科技合作项目数量等。

(6) 成果转化能力

成果转化能力承接外部成果转移转化、自主研发成果转移转化数量：首台（套）技术装备、首批次材料、首版次软件等示范应用数量等。

13.5 原创技术策源地要素及能力评价体系

运用原创技术策源地要素及能力评价体系，反映国有企业原创技术策源地平台构成要素及其驱动的能力指标，作为原创技术策源地建设的主体，激励和考核对象推动原创技术研发。

原创技术策源地评价体系应该是面向技术成果建设能力的评价认证体系，是国有企业打造原创技术策源地“揭榜挂帅”及任务承担的基础，也是原创技术成果依附的主体。国有企业可以利用原创技术攻关项目清单（或技术图谱）与国家总体战略规划相结合，利用国有企业治理机制和行政体制统一国有企业原创技术项目，以解决国家战略规划顶层设计实现问题。

第14章 原创技术策源地创新模式下的协同管理与生态

如图14－1所示，新型举国体制和市场双驱动的策源地体制模式下的协同管理与技术生态指在企业层面以国有企业原创技术策源地为载体向内狠抓协同管理。在企业层面，实现企业内部的协同与沟通，解决好原创技术策源地科技创新管理与企业面向经营管理的“同”与“不同”。在国家层面，要引领构建面向原创技术的生态体系，充分发挥科技部门、产业链长、协会等职能作用。以原创技术图谱和策源地为经纬，构建原创技术多维场图管控体系。发布原创技术指数，搭建原创技术论坛，形成集聚创新要素、深化创新协同、促进成果转化、优化创新生态的组织载体。立足国有企业治理机制，基于策源地的原创技术打通产业链，并促进成果转化，营造技术创新生态和社会文化。

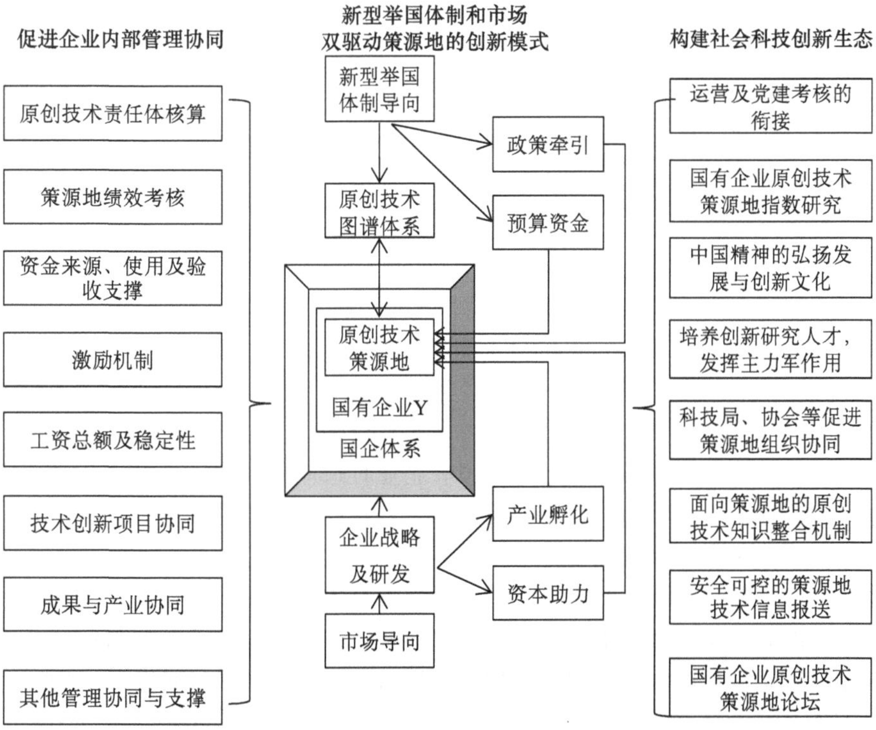

图14－1 策源地体制下原创技术协同与生态主要任务图

14.1 党建引领的国有企业原创技术文化

（1）策源地运营及党建考核的衔接

要认真学习贯彻习近平总书记重要讲话精神，深入贯彻落实习近平总书记关于国有企业改革发展和党的建设的重要论述，牢记“国之大者”，坚持党的全面领导，加强党的建设，坚定不移做强、做优做大国有资本和国有企业，推动国有企业聚焦主责主业，持续深化改革，强化创新驱动发展，努力打造原创技术策源地。要将国有企业原创技术策源地建设与党建考核衔接，纳入中长期战略规划，作为一项重要的政治责任推进实施，并且从行政体制和人才培养等角度综合发力，进行体系化支撑。

（2）培养创新研究人才，发挥主力军作用

发挥国有企业压舱石作用，通过原创技术策源地建设，搭建人才培养平台和人才流动机制。要优化人才发展制度环境，打好基础、储备长远，既要培养好人才，更要用好人才。要走好基础学科人才自主培养之路，坚持面向世界科技前沿、面向经济主战场、面向国家重大需求、面向人民生命健康，全面贯彻党的人才强国方针，加快建设高质量基础学科人才培养体系，完善人才在策源地体系内的流动和双聘、复用机制。

（3）中国精神的弘扬发展与创新文化

要坚持正确的政治方向，引导人才深怀爱党爱国之心、砥砺报国之志，继承和发扬老一辈科学家胸怀祖国、服务人民的优秀品质。国有企业发展历程中，在承担国家重大任务和科技创新方面涌现了很多优秀的团队，丰富了中国精神谱系。两弹一星精神、载人航天精神、探月精神、新时代北斗精神、青藏铁路精神、载人深潜精神、科学家精神等，都是国有企业打造原创技术策源地的精神源泉和文化脉络。因此，项目伊始，就应该将创新文化在中国精神谱系的引领下进一步弘扬发展。

14.2 策源地内部管理协同创新机制

管理创新是科技创新的驱动力之一。国有企业打造原创技术策源地首先要贯通企业内部管理要素和流程，以管理创新为原创技术创新营造好的环境和生态。

（1）四个面向的成果转化特征

从国有企业原创技术策源地的角度看，面向世界前沿技术、面向经济主战场、面向国家重大专项、面向人民生命健康的技术在成果转化、产业化、产业链衔接等方面具有一定的特征属性。因此，管理协同要利于科技成果针对四个面向的成果转化和应用。

（2）组织机构及体制机制

组织协同指以战略为指导，从科技创新角度引导各创新体建立高效、开放、流动的体制机制，并通过协同、协作实现各创新体职能和重点任务目标。通过部门的组织协同来清除组织内部行动实施的障碍，并在组织内部创造跨业务和跨部门的协同效应，将各个独立的原创技术创新机构精心地组成一个互相依赖、自我加强的系统，营造竞争优势。建立高效、稳定、创新的协同管理组织，在组织层面上建立统一领导体制，把分散在各个创新体的科研管理权限进行适当归并，打破部门利益，统一规划。同时，能保证技术协同创新的开展与国家政策指导相耦合，将创新成果更好更快地应用于研发、生产和制造。

（3）项目协同及资源配置机制

项目协同主要立足科研创新管理模式，通过创新实现项目技术管理、资源配置、进度节点、质量标准、支撑保障等管理协同，形成面向全过程的精益管控。通过建立协同创新综合管理信息平台，实现跨领域、跨部门申报项目统一在线管理、评估，避免部门利益和重复投入。建立协同创新资源统筹协调机制，包括战略资源、人才、技术、资金等，以项目为单位进行统一调配。实现各创新体之间全局性、方向性、发展性和长远性的协调。

以项目为导向整合企业内各部门项目相关的各种人力、设备等资源，形成统一的资源协同管理，集中力量办大事，从而更好地促进项目的申报、研发推进及最终的验收测试，提高原创技术的经济和社会效益。

（4）成果协同及产业衔接

成果协同主要指通过技术成果认定、交易、评价等环节，实现科技创新成果在复用、迭代、转化，以及产品化、产业化、投资等环节的可操作、可评价性。设立专门的关键核心技术转移机构，统一负责技术转移的评估、组织及协调工作，培育关键核心技术研发的创新生态，更好地支撑整个策源地研究成果转化，通过价值实现激发创新活力，创造更大的经济效益。

14.3　构建国有企业原创技术策源地生态

构建国有企业原创技术策源地的生态体系，如图 14－2 所示。

（1）国有企业原创技术策源地指数研究

成立国有企业原创技术策源地研究机构（或创新中心），以国有企业原创技术策源地认证评价、原创技术指数研究与发布、原创技术信息共享协同服务、原创技术报送服务及技术图谱建议等开展研究及创新管理支撑。该机构可以依托某具有资质的大型国有企业咨询机构或创新中心，以带动创新策源地管理创新与生态发展。

（2）科技局、学术团体、协会等促进策源地组织协同

第一，从国有企业原创技术策源地建设的角度对科技行政管理单位、学术团体、产业协会等部门的职能进行统筹梳理，统一对国有企业打造原创技术策源地项目的共识，并统筹制定相关政策，营造原创技术创新的社会氛围和生态。第二，为政策引领、项目申报、论证评审、专业交流等提供统筹的指导、引导和支撑。第三，相关单位为人才交流和文化活动提供支撑和引导。

（3）面向策源地的原创技术知识整合机制

以国有企业原创技术策源地及技术图谱为抓手，有效地整合国有企业系统内的原创技

术知识创新，以提升优化原创技术在国有企业系统内的整合关系和整合方法。基于组织架构和公司治理机制，以资本管控、产权交易、成果转让等手段相结合，构建信息融通、成果应用、交易可行、合作共赢的原创技术知识整合机制。

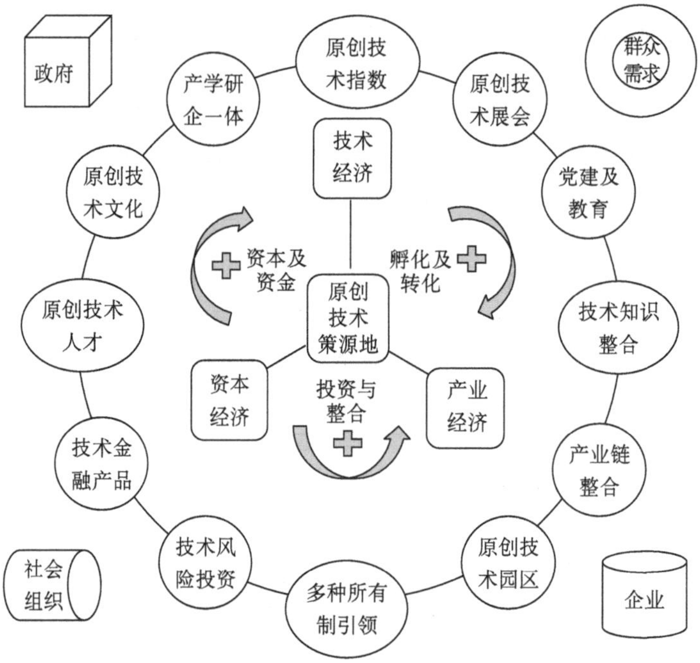

图 14-2　国有企业原创技术策源地生态构建

（4）基于安全可控的策源地技术信息报送

在技术图谱体系和策源地评价体系的基础上，信息是管理的基础。因此，应建立安全可控的策源地项目实施信息报送机制。第一，要明确报送的信息内容、频次等，满足各级管理的需要。第二，要建立安全可控的信息报送体系，满足不同层级和主体对策源地项目实时信息的安全利用。第三，要建立信息分析、汇总和报告制度等。

（5）国有企业原创技术策源地论坛

举办国家级国有企业原创技术策源地论坛。以论坛方式搭建平台，促进原创技术成果交流、管理协作、增进产业链协同、人才交流和知识产权转让；通过平台，聚合技术方、产业方、资本方等资源对接，为成果转化、资本助力产业化奠定基础；策源地地方政府为年度主办方，充分调动地方政府积极性，促进国有企业跨地域交流和协作，践行全国统一大市场策略。

第 15 章　创新之处

策源地体制的变革与创新是国有企业落实党和国家部署的政治任务，原创技术要面向世界技术前沿、经济主战场、国家重大任务、人民生命健康是关键。相对独立的策源地体制能促使技术创新驱动、产业孵化与产业链协作、资本工具与治理机制变革等同频。策源地体制变革和创新要充分发挥行政对重大专项管理的强约束引导作用和企业由市场需求驱动的原创技术战略投入。因此，将国有企业打造原创技术策源地的体制变革作为研究对象，是国有企业落实国家战略支撑的政治重任与使命担当。

15.1　提出新型举国体制和市场双驱动原创技术策源地模式和路径

通过文献和实践研究，创新性提出新型举国体制下的国有企业打造原创技术策源地“1224”路径，构建新型举国体制和市场双驱动的国有企业打造原创技术策源地的创新模式。该模式运用策源地和技术图谱 2 个抓手，实现面向行政和市场 2 种资源导向。通过文献和案例研究、理论建模及论证、方案设计和评审、政策建议与推广 4 个阶段实施。以策源地为组织载体，提出国有企业以原创技术策源地能力建设推动体制变革的目标。以策源地和技术图谱为抓手研究国有企业打造原创技术策源地的理论模型和实施路径。充分发挥新型举国体制下行政主导和企业战略规划下市场主导两个导向作用，整合政策、资金、资本、产业、平台、资源等要素的生态模式。

15.2　基于系统工程理论构建创新模式下的理论基础和模型

第一，系统梳理国有企业打造原创技术策源地的外部形势、基础条件和问题短板。第二，分析国有企业打造原创技术策源地的影响因素和动力机制，总结国有企业成功经验和主要发达国家经验做法。第三，基于霍尔三维结构构建国有企业打造原创技术策源地的创新模式和理论基础。综上，提出策源地为对象推进国有企业变革，构建新型举国体制和市场双驱动的原创技术策源地创新模式，形成企业实施原创技术能力建设的载体组织，并以策源地和技术图谱两个抓手构建国有企业原创技术策源地的系统理论模型，形成国有企业策源地创新模式的理论基础。

15.3 将技术图谱分类方法作为原创技术顶层多维管控抓手

将技术图谱分类方法作为国有企业打造原创技术策源地研究的两大抓手之一，技术图谱分类是策源地评价和政策制定的依据。国有企业原创技术图谱分类要满足多维管控要求，衔接国有企业治理体系，实现产业引导；作为国资委对国有企业原创技术策源地进行分类管控和制定政策的基础；作为国有企业原创技术策源地建设目标和现状多维分析的基础。同时，技术图谱也是原创技术体系动态完善的技术手段。以原创技术图谱和策源地为经纬，形成构建原创技术多维场图管控体系的技术基础。

15.4 将策源地作为国有企业原创技术创新体制变革的载体

将策源地要素和技术能力评价作为国有企业打造原创技术策源地研究的两大抓手之一，研究策源地责任体的组织特征。策源地作为责任体是国有企业体制变革的新型组织形式，是国家政策导向、预算资金扶持的对象；是独立承担国家原创技术能力和原创技术任务的组织载体；是可考核、核算和评价的独立核算体；可作为资产管理和资本运作对象；是落实企业战略研发需求，资本助力、产业孵化的载体；是国家打造原创技术生态网状体系的基础单元。将策源地给予评价、考核，赋予独立的责、权、利，匹配政策，充分调动各级创新性和主动性。

15.5 构筑新型举国体制和市场双驱动的策源地技术生态

新型举国体制和市场双驱动的策源地体制模式下的协同管理与技术生态指在企业层面以国有企业原创技术策源地为载体向内狠抓协同管理；在国家层面，要引领构建面向原创技术的生态体系。充分发挥科技部门、产业链长、协会等职能引领，发布原创技术指数，搭建原创技术论坛，形成集聚创新要素、深化创新协同、促进成果转化、优化创新生态的组织载体。以策源地为基础单元构建国家及区域原创技术生态，发挥国有经济战略支撑作用，是贯彻党中央关于“推进国有企业打造原创技术策源地”决策部署的长效机制。

综上，立足国有企业治理机制的角度，以原创技术策源地的体制变革为对象，探索行政和市场两个力量驱动的国有企业打造原创技术策源地生态模式，研究相关理论模型和实现路径，以推动国有企业打造原创技术策源地，构建原创技术生态。实现原创技术与政策、资金、产业、资本等手段融合和目标整合，是研究国有企业勇于担当原创技术“策源地”使命的方法革新。研究将为我国实现高水平科技自立自强、建设世界科技强国提供理论与方法支撑。

结语：守住本真　快乐工作

守住本真是家中长辈的教诲："农村子弟靠考试谋个营生不容易，要懂得珍惜。"快乐工作是恩师灌输给我的理念："要认识到面临挑战的工作乐趣，要创造快乐工作的环境和氛围。"自此，"守住本真，快乐工作"成为我的人生信条，也鞭策我越走越远。

努力学习提升自我

20 世纪 80 年代，对出生在乡下农家的我而言，能从一名初中生考取中专学校，无异于"鲤鱼跳龙门"。我原本学机械制造，毕业后分配到位于石家庄的某科研院所做了一名技术员。入职时，方知中专生在该单位每年数百名新职员中是个特例。在强烈的自卑感驱使下，我深刻认识到，只有学习、学习、再学习，才是立足单位的唯一路径。自此，我踏上了时至今日仍坚持利用业余时间孜孜不倦学习的道路。受时间和资金所限，我选择了自学考试，先后攻读了机电一体化、会计、计算机信息管理、管理科学与工程等跨学科专业。

从助理会计师到正高级会计师，从注册会计师到入选全国会计高端人才培养工程，从国内管理会计培训到参加特许管理会计师公会（CIMA）认证等，学习、考试夯实了我的会计专业基础理论。之后，但凡在会计实务中遇到需要运用专业知识解决的问题，我均能从本源思考构成要素，运用业财融合的思维寻求解决问题的办法。学习孜孜不倦，并和实践紧密融合，为之后我"干一行，爱一行"提供了源动力。

学以致用方得始终

20 世纪 90 年代初，企业日常工作中刚启用计算机进行辅助管理，具有计算机理论知识和问题导向思维方式的我，被单位从信息系统后台维护员推向提供数据解决方案的前端。那时，我认识到流程化、体系化的数据展现将是会计未来发展的趋势，从事会计工作能够放大我所学的计算机专业知识的优势，借此契机，我毅然决然迈入会计行业。

因不是会计科班出身，在"业内人士"看来我从事会计工作不够专业，这反而给我带来了较多需要创新的工作机遇。在参与一个个项目管理实践过程中，我运用所掌握的计算机专业知识和工科逻辑思维能力，勇于挑战，积极创新，收获颇多。

在我的职业生涯中，中欧伽利略工程 CGTR（中国伽利略测试场）是个里程碑式项目，这是我国首次承担欧空局大型复杂系统工程。立项之初，难点在于如何呈现欧空局评审专家认可的商务方案和管理策略，但此时项目组没有任何经验可以借鉴。作为项目组的一员，我苦苦思考着项目的关键问题：如何一体化呈现贯穿项目的每个工作包，并从每个技术要点配置的作业资源，汇总展现出多维度项目数据，既要适应中方大型科研项目管控模式，又要满足欧方验收及结算条款的方案。基于此，我运用计算机信息处理知识，通过 Excel 建立层次化数据模型，数据采集到各业务负责人，然后进行集中分析和处理，引入变量定义汇率、工资、差旅、会议费等定额数据，实现对定量、定额数据的分线管理，同时统一数据填报、数据分析和数据展现等模式。该方案一次通过评审，获得欧空局专家满分评价，并作为编写同类国际标书的范本。这是我首次利用信息处理技术以项目为主线一体化呈现财务和业务数据，取得了令人满意的效果。自此，我专注研习项目管理方面的知识，经过努力，获得注册咨询工程师（投资）执业资格，项目的过程化管控、目标分解、协同组织、质量控制、风险控制等理念也贯穿于之后我从事的财务管理工作。

2008 年，我被单位委派到哈尔滨一家电子研究所分管财务工作，我带领团队先后完成了“HXL 传感器国有资本金项目”“WLL 传感器国有资本金项目”“民品产业公司增资”等一批影响企业中长期发展的重大项目，财务团队和我的专业能力均在实践中得到了快速提升。同时，通过“清欠、规范、提升”的管理路径，建章立制促进集团财务绩效提升到行业前列，经济增加值（EVA）达到优秀值。除此以外，我还带领财务团队在运营方面勇于创新实践，成绩斐然：“基于活动主线及职能划分的管理矩阵”项目获 2012 年国防管理创新二等奖；“科研院所项目成本管控”课题获 2013 年国防管理创新二等奖；“业务财务融合的信息系统”获 2014 年国防管理创新二等奖；“基于财务决策的风险预警系统”获 2014 年国防管理创新一等奖。

2015 年，机缘巧合，我加入网络通信行业，参与财务转型与管理创新项目，负责推动激发基层单元活力（阿米巴模式）业务。该项目使我深刻认识到在市场竞争环境中，外部市场拓展与内部运营优化同等重要，两者交织并相互影响，才能助力企业走得更远。基于此，我在以下方面进行了大胆实践：在营销财务方面，运用运筹学与决策理论通过数据建模支撑河北政务云、旅游云等重大项目投标报价策略，实现财务对业务单元的专业化支撑；在资源配置方面，运用大数据与业务模型提出投资项目实时全过程管控方案，奠定了在线审计、资金预测、前评估、后评价与风险预警相关联的基础。《以管理会计促进企业运营改革》案例获首届“管理会计创新与实践奖”，“激发基层单元活力”项目获河北省管理会计征文二等奖。河北联通的从业经历使我认识到在市场倒逼运营创新的态势下，业财融合能释放巨大能量，并能为企业创造最大效益。

企业所处行业市场化程度越高，财务人员面临的挑战就越大。2018 年，我调入某文化央企负责财务管理工作，并着手推进国有僵尸企业混合所有制改革。初入文化行业，有一种“雄关漫道真如铁，而今迈步从头越”的感触，也需要我尽快融入企业开展工作。在财务管理方面，我以资本收益为导向，基于经营数据建模，构建集团企业全面预算管理体系，力推财务与业务融合，使预算能够更好地得到落地执行，进而助力企业提升营运能力和市场竞争力，形成的实践成果以《基于经营数据建模的预算编制与审核》为题发表在

《财务与会计》2019年第10期。此外，还引进社会资本，发展新产业，积极推进混改企业产业升级和战略落地。

勇于实践勤于思考

在财务管理实践中，我得出以下几点体会：一是财务管理要主动融入经营业务，推进业财融合，就是要贯通预算、核算、结算、决算，促进业务流、资金流、信息流的统一。二是在信息化建设方面，要将财务共享作为资源配置手段和集团管控的抓手、切入点，以财务共享促进管理的标准化、流程化和一体化。三是要强化合同在商务模式、项目执行、资金预测、风险管控等方面的核心作用。四是要始终坚持效益优先的原则，优化工作流程，用内部控制规范运营活动。五是追求创新无止境，在财务管理工作中要养成“主动沟通提升协同，主动引导提升管理，主动作为防范风险”的行为模式。唯有如此，财务人员才能为单位创造更大价值。

此外，作为一名合格的财务管理人员在工作中既要懂得说“不”，更要善于说“行”。说“不”体现在：财务人员要从专业角度客观、公正认识问题，分析问题，引导经营业务合理、合法、合规开展，对一切违法违规行为坚决说“不”。说“行”的底气来自专业能力和精益管控水平：专业能力一方面来自学习，另一方面来自实践；精益管控水平主要体现在协同、沟通与专业技能三个方面。除此以外，要具有担当精神，担当既体现为掌握国家法律、法规、规章及制度的能力，也体现为抵制不良习气的决心。担当不是简单说说了事，更要具有战略思维和全局意识，还要作风正，即在工作中要行得正，管得住自己，守得住底线。

赠人玫瑰，手有余香。工作之余，我还从事各种管理会计咨询工作，利用各种机会分享管理会计案例，以及财务转型、财务共享等实践经验；担任高校的校外研究生导师，指导会计专业学生的论文写作或参与学位论文答辩等，同时将自己所掌握的最佳会计实践传授给学生。除此以外，我积极参加各类学术活动，快速了解会计领域的学术前沿以及行业动态，同时将自己最新的工作和研究成果，给同行进行简要汇报，一方面将经验分享给大家，另一方面让同行给自己提出建议，明确下一步做什么、怎么做。通过参加学术活动，使大家对财务转型、财务共享和业财融合等提高了认识，加深了理解，也在一定程度上解决了大家在工作中遇到的一些难题。

一路走来，一路坚守：守住本真，快乐工作，让专业放飞梦想！

《守住本真　快乐工作》发表于《财务与会计》2019年第20期。

参考文献

［1］谢志华，敖小波．管理会计价值创造的历史演进与逻辑起点［J］．会计研究，2018（02）：3－10．

［2］姜洪涛，王满．管理会计工具应用层次：影响因素，整合机制与价值创造效应［J］．会计研究，2020（09）：134－148．

［3］Chenhall R H. Management Control Systems Design within Its Organizational Context：Findings from Contingency－Based Research and Directions for the Future［J］．Accounting Organizations and Society，2003，28（2－3）：127－168．

［4］Otley D T，Berry A J. Control，organisation and accounting［J］．Accounting Organizations and Society，1980，5（02）：231－244．

［5］林毅夫．经济结构转型与"十四五"期间各地的高质量发展——新结构经济学的视角［J］．企业观察家，2021（01）：24－27．

［6］王勇．"十四五"时期中国产业升级的新机遇与新挑战：新结构经济学的视角［J］．国际经济评论，2021（01）：56－75．

［7］林高飞，范英杰．和合共赢文化与企业价值创造——基于管理会计应用的中介效应与利益相关者的调节效应［J］．财会通讯，2021（24）：65－68．

［8］Ploder T，Dilger P，Schttle. Agile Project Budgeting－Teaching the Combination of Agile Project Management and Beyond Budgeting Basics［J］．Edulearn，2020，7：1145．

［9］Lima M，Mazon G，Castro B，Bocasanta S L，José Baltazar Salgueirinho Osório de Andrade Guerra. The book，Strategic Planning for a Sustainable Development Centre Using the Balanced Scorecard［M］．Cham：Springer International Publishing，2021．

［10］R. Malagueno，E. Lopez－Valeiras，J. Gomez－Conde. Balanced Scorecard in SMEs：Effects on Innovation and Financial Performance［J］．Small Business Economics，2018，51（01）：221－244．

［11］Pareek S K，Mukherjee S. Balanced Scorecard and Its Application Through Strategic Management Perspective in Real Estate Industry［J］．Advances in Smart Grid and Renewable Energy，2021，1：69－77．

［12］罗乾宜．边界管控：兵器工业集团整合管理会计工具的创新探索［J］．会计研究，2017（10）：51－57．

［13］潘飞，魏春燕．管理会计实地研究述评：比较与借鉴［J］．会计研究，2021（01）：132－144．

［14］于增彪．管理会计概念的重新界定［J］．会计之友，2018（03）：6－10．

[15] 陈晓芳，蒋武，夏文蕾，等．会计研究核心热点主题评述及贡献分析：1980—2019 [J]．会计研究，2021 (04)：10－22.

[16] 许秀梅，尹鑫，孙志亮．数字资本理论的兴起与发展 [J]．财会月刊，2022 (01)：48－53.

[17] 仝自强，李鹏翔，耿宏艳，等．互联网商业模式、管理会计应用水平与价值创造 [J]．当代财经，2021 (11)：138－148.

[18] 綦好东，苏琪琪．会计如何更好赋能数字经济发展 [J]．财务与会计，2021 (15)：9－12.

[19] Hossain M A, Akter S, Yanamandram V, et al. Why doesn't our value creation payoff: Unpacking customer analytics－driven value creation capability to sustain competitive advantage [J]. Journal of Business Research, 2021, 131: 287－296.

[20] 曹晓昱，王满，何佳美．管理会计工具应用、资源整合能力与企业创新绩效 [J]．财经问题研究，2021 (03)：75－83.

[21] Thomas W. Günther, Anja Heinicke. Relationships among types of use, levels of sophistication, and organizational outcomes of performance measurement systems: The crucial role of design choices [J]. Management Accounting Research, 2019, 42 (01): 1－25.

[22] 王斌，高晨．论管理会计工具整合系统 [J]．会计研究，2004 (04)：59－64.

[23] Britt B C. From cooperation to competition: an interaction－based contingency theory of communities of practice [J]. Journal of Knowledge Management, 2021, 25 (06): 1594－1618.

[24] Kaplan R S, Norton D P, Transforming the Balanced Scorecard from Performance Measurement to Strategic Management: Part Ⅱ [J]. Accounting Horizons, 2001, 15 (02): 147－160.

[25] 张先治，王兆楠，柳志南．基于管理会计的企业管理控制模式创新探讨 [J]．会计研究，2017 (12)：24－29.

[26] 韦秀长．中国电信运营企业成本管理的理论与实践 [M]．北京：中国财政经济出版社，2017.

[27] 曹晓昱，王满，于浩洋．商业模式、市场竞争程度与管理会计工具应用水平 [J]．经济经纬，2020，37 (06)：106－117.

[28] T. Serebryakova, O. Gordeeva, O. Kurtaeva, A. Anisimov. Theoretical framework of accounting and analysis for value－based management [J]. SHS Web of Conferences, 2021, 94 (05): 01034.

[29] Bao H, Wang C, Tao R. Examining the effects of governmental networking with environmental turbulence on the geographic searching of business model innovation generations [J]. Journal of Knowledge Management, 2020, ahead of print.

[30] References Ahuja, G. and Katila, R. Where do resources come from? The role of idiosyncratic situations [J]. Strategic Management Journal, 2004, 25 (89): 887－907.

[31] Alc acer, J. and Delgado, M. Spatial organization of firms and location choices through the value－chain [J]. Management Science, 2016, 62 (11): 1－22.

[32] 徐光华，沈弋，邓德强. 环境嬗变下的管理会计变革与创新——中国会计学会管理会计专业委员会2015学术年会暨首届中国管理会计高层论坛综述 [J]. 会计研究，2015 (12)：87－89.

[33] 池国华，邹威. 基于EVA的价值管理会计整合框架——一种系统性与针对性视角的探索 [J]. 会计研究，2015 (12)：38－45.

[34] 杨雄胜，陈启忠，陈丽花，等. 价值具象化：信息革命赋予价值管理及其管理会计新框架 [J]. 会计研究，2016 (11)：6－13.

[35] 刘运国，陈文川，李安. 中国管理会计：新时代、新机遇、新挑战——中国会计学会管理会计专业委员会2018年学术年会综述 [J]. 会计研究，2019 (02)：94－96.

[36] 沙秀娟，王满，钟芳，等. 价值链视角下的管理会计工具重要性研究——基于中国企业的问卷调查与分析 [J]. 会计研究，2017 (04)：66－72.

[37] 高晨，汤谷良. 管理控制工具的整合模式：理论分析与中国企业的创新——基于中国国有企业的多案例研究 [J]. 会计研究，2007 (08)：68－75.

[38] 曾祥飞，陈良华，祖雅菲. 管理会计能力观下我国企业预算管理的业绩效应研究——来自长三角地区高科技企业的问卷调查 [J]. 会计研究，2019 (02)：79－86.

[39] Schrey gg, G, M. Kliesch－Eberl. How Dynamic Can Organizational Capabilities Be? Towards a Dual－Process Model of Capability Dynamization [J]. Strategic Management Journal, 2007, 28 (09)：913－933.

[40] 罗晓芃. 基于企业社交媒体的员工价值创造驱动机制研究 [D]. 北京：北京交通大学，2020.

[41] 何瑛，彭晓峰. 价值管理研究综述 [J]. 财会通讯：学术版，2005 (04)：110－113.

[42] 梁毕明，张旋. 价值管理研究：文献梳理与述评 [J]. 会计之友，2014 (32)：61－64.

[43] Seal, W. Managerial discourse and the link between theory and practice：from ROI to value－based management [J]. Management Accounting Research, 2010, 21 (02)：95－109.

[44] Ahlemann F, Legner C, Lux J. A Resource－Based Perspective of Value Generation through Enterprise Architecture Management [J]. Information & Management, 2021, 58 (01)：1－17.

[45] Mielcarek P. The strategic renewal process the challenge of creating and capturing value [J]. Management Science, 2019, 23 (04)：28－34.

[46] Li S, T. Sandino. Effects of an Information Sharing System on Employee Creativity, Engagement and Performance [J]. Journal of Accounting Research, 2018, 56 (02)：713－747.

[47] Lafont J, Ruiz F, H Gil－Gómez, et al. Value creation in listed companies：A bibliometric approach [J]. Journal of Business Research, 2020, 115 (C)：428－434.

[48] Hong D, Rappaport, S. S. Traffic model and performance analysis for cellular mobile radio telephone systems with prioritized and nonprioritized handoff procedures [J]. Vehicular Technology, IEEE Transactions on, 1986, 36 (03)：77－92.

[49] 郭小群，欧阳建新. 基于价值创造的A股上市公司投资价值研究 [J]. 金融理

论与实践，2008，353（12）：78－84.

［50］Neilson J J，Ryan S G，Wang K P，et al. Asset－Level Transparency and the（E）Valuation of Asset－Backed Securities［J］. Journal of Accounting Research，2021（06）：1－11.

［51］Donaldson T. Preston. L. E. The Stakeholder Theory of the Corporation：Concepts，Evidence，and Implications［J］. Academy of Management Review，1995，1：63－91.

［52］曲向军，杨紫燕. 价值管理的方法［J］. 中国企业家，2003（08）：117－124.

［53］曾凌，蒋国云. 公司治理对上市公司估值的影响分析［J］. 证券市场导报，2005（09）：38－43.

［54］Semenova S，Fomina O，Moshkovska O. Accounting for innovations in value management of companies in the context of globalization［J］. SHS Web of Conferences，2021，92（07）：02057 .

［55］Mavropulo O，Rapp M S，Udoieva I A. Value－based management control systems and the dynamics of working capital：Empirical evidence［J］. Management Accounting Research，2021，52：100740.

［56］汪平. 基于价值的企业管理［J］. 会计研究，2005（08）：63－65.

［57］郭永清. 企业管理会计目标研究［J］. 中国农业会计，2015（11）：42－44.

［58］Seppo Ikäheimo，Teemu Malmi. Value Based Management practices some evidence from the field［J］. Management accounting research，2003，14（03）：235－254 .

［59］王满，于浩洋，马影，等. 改革开放40年中国管理会计理论研究的回顾与展望［J］. 会计研究，2019（01）：13－20.

［60］傅元略. 价值管理的新方法：基于价值流的战略管理会计［J］. 会计研究，2004（06）：48－52 .

［61］薛杰，乔非，郭永清. 论管理会计概念框架的逻辑起点［J］. 会计之友，2017（04）：4－9.

［62］劳秦汉. 论管理会计［J］. 财会审计论坛，1995（04）：16－18.

［63］胡玉明. 全新的管理会计框架——《高级管理会计》给我们的启示［J］. 财务与会计，2001（10）：62－63.

［64］孙茂竹. 管理会计的理论思考与架构［M］. 中国人民大学出版社，2002.

［65］李玉周，聂巧明. 基于成本视角对管理会计框架的重建［J］. 会计研究，2005（08）：82－85.

［66］颖奇. 管理会计概念框架研究［J］. 会计研究，2020（08）：115－127.

［67］Sartorius K，Trollip N，Eitzen C. Performance measurement frameworks in a state controlled research organization：Can the Balanced Scorecard（BSC）be modified?［J］. South African Journal of Business Management，2010，6：41－51 .

［68］Correia T，Lucena W. Corporate Governance and Global Management Accounting Principles in Public Companies in Brazil［J］. Advances in Scientific and Applied Accounting，2021：217－238 .

［69］王斌，顾惠忠. 内嵌于组织管理活动的管理会计：边界、信息特征及研究未来

[J]. 会计研究, 2014 (01): 13 -20.

[70] 杨七中, 冯巧根. 组织间资本共享: 企业创新的新范式与经济增长的新动力 [J]. 社会科学, 2017 (11): 55 -59.

[71] Johnson H T, Kaplan R S. The Rise and Fall of Management Accounting [J]. IEEE Engineering Management Review, 2007, 15 (03): 36 -44.

[72] Masztalerz M. Global Management Accounting Principles - emperor's new clothes? [J]. Prace Naukowe Uniwersytetu Ekonomicznego we Wroclawiu, 2014, 345 (05): 57 -65.

[73] Pb A, Jef A, Mr A, et al. Management control for sustainability: Towards integrated systems [J]. Management Accounting Research, 2022, 54: 100777.

[74] Hadid W, Al - Sayed M. Management accountants and strategic management accounting: The role of organizational culture and information systems [J]. Management Accounting Research, 2021, 50: 100725.

[75] 刘妍. 管理会计工具整合框架设计及应用 [J]. 财会通讯, 2018 (01): 3 -7.

[76] Hope J., Fraser R. Beyond Budgeting Questions and Answers. CAM - I [M]. Beyond Budgeting Round Table Report, 2001: 1 -5.

[77] Covaleski M, et al. Budgeting Research: Three Theoretical Perspectives and Criteria for Selective Integration [J]. Handbooks of Management Accounting Research, 2006, 2 (01): 587 -624.

[78] 李玉周, 聂巧明. 基于成本视角对管理会计框架的重建 [J]. 会计研究, 2005 (08): 82 -85.

[79] T. Serebryakova, O. Gordeeva, O. Kurtaeva, and A. Anisimov, Theoretical framework of accounting and analysis for value - based management [J]. SHS Web of Conferences, 2021, 94 (05): 1034.

[80] S. K. Pareek, and S. Mukherjee, Balanced Scorecard and Its Application Through Strategic Management Perspective in Real Estate Industry [J]. Advances in Smart Grid and Renewable Energy, 2021, 1: 69 -77.

[81] C. Ploder, T. Dilger, and P. Schttle, Agile Project Budgeting - Teaching the Combination of Agile Project Management and Beyond Budgeting Basics [M]. Edulearn, 2020.

[82] Y. S. Choi, M. O. Kim, H. R. Jung, and H. Cho, Bargaining power and budget ratcheting: Evidence from South Korean local governments [J]. Management Accounting Research, 2021, 53 (3/4): 100767.

[83] M. Lima, G. Mazon, B. Castro, S. L. Bocasanta, and José Baltazar Salgueirinho Osório de Andrade Guerra. Strategic Planning for a Sustainable Development Centre Using the Balanced Scorecard [J]. Cham: Springer International Publishing, 2021.

[84] Henriette E, Feki M, Boughzala I. Digital transformation challenges [J]. Grenoble Ecole de Management (Post - Print), 2016: 1 -7.

[85] K. Schwertner. Digtal transformation of business [J]. Trakia Journal of Sciences, 2017, 15 (01): 388 -393.

[86] Moll J, Yigitbasioglu O. The role of internet - related technologies in shaping the

work of accountants: New directions for accounting research [J]. The British Accounting Review, 2019: 1 -17.

[87] Pardo A. et, C. Etay, Movies and screens: the Spanish audience's choice [J]. Communication & Society, 2014, 27 (04): 131 -145.

[88] Korhonen T, Selos E, Laine T, et al. Exploring the programmability of management accounting work for increasing automation: an interventionist case study [J]. Accounting, Auditing & Accountability Journal, 2020, 34.

[89] Schwertner K. Digital transformation of business [J]. Trakia J. Sci, 2017, 15: 388 -393.

[90] Fischer M, Imgrund F, Janiesch, C, et al. , A. Strategy archetypes for digital transformation: Defining meta objectives using business process management [J]. Inf. Manag, 2020, 57: 103262.

[91] MJA Goncalves, Silva A, Ferreira C G. The Future of Accounting: How Will Digital Transformation Impact the Sector? [J]. Informatics, 2022, 9 (01): 9010019.

[92] Henriette E, Feki M, Boughzala I. Digital Transformation Challenges [C]. In Proceedings of the the 10th Mediterranean Conference on Information Systems, Paphos, Cyprus, 4 -6 September 2016; p. 8. Available online: https: //hal. archives - ouvertes. fr/hal -01413172 (accessed on 9 January 2022).

[93] Richins G, Stapleton A, Stratopoulos T, et al. Big Data Analytics: Opportunity or Threat for the Accounting Profession? [J]. J. Inf. Syst, 2017, 31: 63 -79.

[94] Yu J, Pan F. Influence of External Pressures on the Digital Transformation of Institutions [J]. 2020. Available online: http: //urn. kb. se/resolve.

[95] Yoon S. A Study on the Transformation of Accounting Based on New Technologies: Evidence from Korea [J]. Sustainability, 2020, 12 (20): 8669.

[96] Fichman R. G. , Dos Santos B. L. & Zhiqiang (Eric) Zheng. Digital Innovation as a Fundamental and Powerful Concept in the Information Systems Curriculum [J]. Mis Quarterly. 2014, 38 (02): 329 -343.

[97] Otley D. Performance management: a framework for management control systems research [J]. Management Accounting Research, 1999, 10 (04): 363 -382.

[98] 王斌. 跨职能团队的管理控制问题: 一个理论思考 [J]. 会计研究, 2011 (07): 38 -44.

[99] 孙彦永, 姚继国, 韦秀长. 激发责任体活力促进运营体制改革 [J]. 财务与会计, 2015 (05): 18 -20.

[100] 安娜. 基于 KPI 的国有企业绩效考核体系研究 [J]. 企业改革与管理, 2016 (20): 75 -76.

[101] 陶宽. 如何建立关键业绩指标体系 [J]. 中国人力资源开发, 2000 (02): 26 -27.

[102] 王忠江. 运用平衡计分卡思想建立企业 KPI 指标体系 [J]. 人口与经济, 2006 (01): 71 -73.

[103] Nanda A, M. Soelton, S. Luiza, et al. Saratian. The Effect of Psychological Work Environment and Work Loads on Turnover Interest, Work Stress as an Intervening Variable [C]. Proceedings of the 4th International Conference on Management, Economics and Business (ICMEB 2019), 2020, 120: 225 -231.

[104] García - Granero, Eva M, Piedra - Muoz L, et al.. Eco - innovation measurement: A review of firm performance indicators [J]. Journal of Cleaner Production, 2018, 191: 304 -317.

[105] Stephan, Kramer, Victor, et al. Relative performance information, rank ordering and employee performance: A research note [J]. Management Accounting Research, 2016, 33: 16 -24.

[106] Bilal M, Oyedele L O. Big Data with Deep Learning for Benchmarking Profitability Performance in Project Tendering [J]. Expert Systems with Applications, 2020, 147 (01): 113194.

[107] Frank J, L. James. Value - Based Metrics: Foundations and Practice [M]. Hoboken: Wiley, 2000: 142 -147.

[108] Monika T, Monika S. W. Business models and business innovativeness and goodwill [J]. Scientific Journal of the Military University of Land Forces, 2019, 191 (01): 159 -169.

[109] Gow I D, Larcker D F, Reiss P C. Causal Inference in Accounting Research [J]. Journal of Accounting Research, 2016, 54 (02): 477 -523.

[110] Simons R. Levers of control: How managers use innovative control systems to drive strategic renewal [M]. Boston, U. S.: Harvard Business School Press, 1995.

[111] Pavez I, Kendall L D, Laszlo C. Positive - impact companies: Toward a new paradigm of value creation [J]. Organizational Dynamics, 2020: 100806.

[112] Tower A P, Hewett K, Saboo A. Reexamining the trade off between value creation and value appropriation: The role of internal organizational resources vs. External strategic international alliances [J]. Journal of Business Research, 2021, 302 -312.

[113] Michaelis B, Rogbeer S, Schweizer L, et al. Clarifying the boundary conditions of value creation within dynamic capabilities framework: a grafting approach [J]. Review of Managerial Science, 2021: 1797 -1820.

[114] Steward D. V. The Design Structure System: A Method for Managing the Design of Complex Systems [J]. IEEE Transactions on Engineering Management, 1981, 28 (03): 71 -74.

[115] Browning T. R. Design Structure Matrix Extensions and Innovations: A Survey and New Opportunities [J]. IEEE Transactions on Engineering Management, 2016, 63 (01): 27 -52.

[116] Tripathy A, Eppinger SD. Structuring Work Distribution for Global Product Development Organizations [J]. Production & Operations Management, 2013, 22 (06): 1557 -1575.

[117] Millhiser WP, Coen CA, Solow D. Understanding the Role of Worker Interdependence in Team Selection [J]. Organization Science, 2011, 22 (03): 772 -787.

[118] Morin, Roger A, Jarrell, et al. Driving Shareholder value [M]. New York: McGraw - Hill, 2002, 133 - 190.

[119] Adel Elgharbawy, Magdy Abdel - Kader. Enterprise governance and value - based management: a theoretical contingency framework [J]. Journal of Management & Governance, 2013, 17: 99 - 129.

[120] Gerd J. Hahn, Heinrich Kuhn. Value - Based Performance and Risk Management in Supply Chains: A Robust Optimization Approach [J]. International Journal of Production Economics, 2012 (139): 135 - 144.

[121] 曹艳娜. 基于价值创造的管理会计报告体系研究——以贝肯能源为例 [J]. 财会通讯, 2022 (01): 171 - 176.

[122] 徐鹿, 李雨繁. 资源共享助力企业价值创造的路径研究——基于价值网财务管理视角 [J]. 会计之友, 2021 (23): 17 - 22.

[123] 许国志. 系统科学 [M]. 上海: 上海教育出版社, 2000: 358 - 359.

[124] Michael E. Porter, Competitive Advantage [M]. Simon & Schuster, 2004: 35 - 230.

[125] Ansoff H. Igor, Nakamura G. I. Strategic Management [M]. Palgrave MacMillan, 2007: 100 - 150.

[126] Cordeiro, James, J, et al. Do EVA Adopters Outperform their Industry Peers? Evidence from Security Analyst Earnings Forecasts [J]. American Business Review, 2001, 19 (02): 57 - 57.

[127] Kern P, Gospel H. The effects of strategy and institutions on value creation and appropriation in firms: A longitudinal study of three telecom companies [J]. Strategic Management Journal, 2020 (06): 1 - 11.

[128] Christopher D. Ittner, David F. Larcker. Assessing empirical research in managerial accounting: a value - based management perspective [J]. Journal of Accounting and Economics, 2001, 32: 349 - 410.

[129] 潘飞, 陈世敏, 文东华, 等. 中国企业管理会计研究框架 [J]. 会计研究, 2010 (10): 47 - 54.

[130] 诸波, 李余. 基于价值创造的企业管理会计应用体系构建与实施 [J]. 会计研究, 2017 (06): 10 - 16.

[131] 王化成. 加强会计指数研究 全面提升会计在经济社会发展中的影响力 [J]. 会计研究, 2012 (11): 7 - 12.

[132] 冯巧根. 改革开放 40 年的中国管理会计——导入、变迁与发展 [J]. 会计研究, 2018 (08): 12 - 20.

[133] 孔垂珉, 李靠队, 蒋雯, 等. 中国管理会计研究回顾与述评: 1978—2018 年 [J]. 会计研究, 2019 (02): 49 - 56.

[134] 刘金辉, 孙弘宇, 孙彦永, 等. 基于经营数据建模的预算编制与审核 [J]. 财务与会计, 2019, 586 (10): 72 - 73.

[135] 王顺领, 韦秀长, 姚继国. 以市场为驱动的一体化精准投资管理策略 [J]. 财务与会计, 2015 (05): 21 - 23.

［136］谢华，姚继国，马俊霞. 构建沃易购平台整合产业链资源［J］. 财务与会计，2015（05）：28－30.

［137］Yanyong sun. Research on Bidding Game and Its Application Based on Coopetition Scenario［J］. Mathematical Problems in Engineering, vol. 2021, Article ID 9999292, 12 pages, 2021. https：//doi. org/10. 1155/2021/9999292.

［138］关于中央企业加快建设世界一流财务管理体系的指导意见［R］. 2022, http://www. gov. cn/zhengce/zhengceku/2022－03/02/content_5676491. htm.

［139］Cc A, Lc B, Ggcd E. The role of multiple values in developing management accounting practices in hybrid organizations Science Direct［J］. The British Accounting Review, 2021, 53（06）：100999.

［140］张先治. 论管理控制理论与实践中的八大关系［J］. 财会月刊，2018（15）：3－8.

［141］秦荣生. 我国管理会计面临的困境与创新发展探析［J］. 财务与会计，2018（16）：10－12.

［142］殷俊明，王跃堂. 供应成本控制：价值引擎与方法集成［J］. 会计研究，2010（04）：65－73.

［143］安东尼. A. 阿特金森，拉吉夫. D. 班克，罗伯特 .S. 卡普兰. 管理会计（第3版）［M］. 北京：北京大学出版，2004：12－29.

［144］Yan Liu, Design and application of the integrated framework of management accounting tools［J］. Communication of Finance and Accounting, 2018, 765：5－9.

［145］李心合. 丧失相关性的会计与会计的持续性变革［J］. 会计研究，2012（10）：2－10.

［146］冯巧根. 基于环境不确定性的管理会计对策研究［J］. 会计研究，2014（09）：21－28.

［147］孙茂竹，文光伟，杨万贵. 管理会计学（第六版）［M］. 北京：中国人民大学出版社，2012：12－50.

［148］Christopher D, Ittner, et al. Assessing empirical research in managerial accounting：a value－based management perspective［J］. Journal of Accounting & Economics, 2001, 32（1－3）：349－410.

［149］Kaplan R S, Norton D P. The Balanced Scorecard：measures that drive performance［J］. Harvard Business Review, 2005, 83（7－8）：172－179.

［150］Zhao J, Li Y and Liu Y. Organizational learning, managerial ties, and radical innovation：evidence from an emerging economy［J］. IEEE Transactions on Engineering Management, 2016, 63（04）：489－499.

［151］Zheng J, Qiao H, Zhu X. et al. Knowledge－driven business model innovation through the introduction of equity investment：evidence from China's primary market［J］. Journal of Knowledge Management, 2020, doi：10. 1108/JKM－02－2020－0158.

［152］Yanyong Sun, Guang Yu, Ceng Zeng. Research on Management Accounting Framework Based on Hall Three－dimensional Structure and DSM［J］. Mathematical Problems in Engineering, vol. 2022, Article ID 8373596.

[153] Yanyong Sun, Guang Yu, Ceng Zeng. Research on Management Accounting Framework Based on Hall Three - dimensional Structure and DSM [C]. In Proceedings of the International Conference on Big Data Economy and Digital Management (BDEDM 2022), Beijing China, 2022 (01): 415 - 421.

[154] 杨青，唐尔玲. 研发项目产品与流程架构的跨领域集成与优化 [J]. 系统工程理论与实践，2014 (06): 1525 - 1532.

[155] Hinings B, Gegenhuber T, Greenwood R. Digital innovation and transformation: An institutional perspective [J]. Information and Organization, 2018, 28 (01): 52 - 61.

[156] Mosteanu N., Faccia A. Digital Systems and New Challenges of Financial Management - FinTech, XBRL, Blockchain and Cryptocurrencies [J]. Qual. Access Success, 2020, 21: 159 - 166.

[157] Jasim Y. A, Raewf M. B. Information Technology's Impact on the Accounting System [J]. Cihan Univ. J. Humanit. Soc. Sci, 2020, 4: 50 - 57.

[158] Yoon, S. A Study on the Transformation of Accounting Based on New Technologies: Evidence from Korea [J]. Sustainability, 2020, 12: 8669.

[159] Schmidt P. J, Riley J, Church K. S. Investigating Accountants' Resistance to Move beyond Excel and Adopt New Data Analytics Technology [J]. Account. Horizons, 2020, 34: 165 - 180.

[160] Damerji H, Salimi, A. Mediating effect of use perceptions on technology readiness and adoption of artifificial intelligence in accounting [J]. Account. Educ, 2021, 30: 107 - 130.

[161] Demirkan S, Demirkan I, McKee A. Blockchain technology in the future of business cyber security and accounting [J]. J. Manag. Anal, 2020, 7: 189 - 208.

[162] Fanny - Eve B, Elaine M, Luis Antonio de Santa - Eulalia. Business intelligence and analytics value creation in Industry 4.0: a multiple case study in manufacturing medium enterprises [J]. Production Planning & Control, 2020, 31 (2 - 3): 173 - 185.

[163] Kruskopf S, Lobbas C, Meinander H, et al. Digital Accounting and the Human Factor: Theory and Practice [J]. ACRN J. Finance Risk Perspect, 2020, 9: 78 - 89.

[164] Yau - Yeung D, Yigitbasioglu O, Green P. Cloud accounting risks and mitigation strategies: Evidence from Australia [J]. Account. Forum, 2020, 44: 421 - 446.

[165] Chung R H, Kim B S, Abreu J M. Asian American multidimensional acculturation scale: development, factor analysis, reliability, and validity [J]. Cultur Divers Ethnic Minor Psychol, 2004, 10 (01): 66 - 80.

[166] Veldhoven Z V, Vanthienen J. Designing a Comprehensive Understanding of Digital Transformation and its Impact [C] // Bled eConference - Humanizing technology for a sustainable society, 2019.

[167] Teng X, Wu Z, Yang F. Research on the Relationship between Digital Transformation and Performance of SMEs [J]. Sustainability, 2022, 14 (10): 1 - 17.

[168] Eisinga R, Te Grotenhuis M, Pelzer B. The reliability of a two - item scale: Pear-

son, Cronbach, or Spearman - Brown? [J]. International Journal of Public Health, 2013, 58 (04): 637 - 642.

[169] 周俊. 问卷数据分析——破解 SPSS 的六类分析思路 [M]. 电子工业出版社, 2017.

[170] Bewick V, Cheek L, Ball J. Statistics review 9: One - way analysis of variance [J]. Critical Care, 2004, 8 (02): 130.

[171] 孙彦永, 闫相斌, 孙弘宇, 等. 基于 KPI - AHP 方法的价值创造驱动因素分析——以 HBLT 面向责任体的关键绩效指标体系为例 [J]. 运筹与管理, 2021, 30 (10): 120 - 126.

[172] Roland F. Speklé, Frank H. M. Verbeeten, Sally K. Widener. Nondyadic control systems and effort direction effectiveness: Evidence from the public sector - Science Direct [J]. Management Accounting Research, 2022, 54 (03): 100769.

[173] Firk S., Schrapp S., Wolff M.. Drivers of value creation—The role of value - based management and underlying institutions [J]. Management Accounting Research, 2016, 33: 42 - 60.

[174] Kai H B. Value - based management as a tailor - made management practice? A literature review [J]. Journal of Management and Governance, 2016, 20 (03): 1 - 38.

[175] 冯巧根. 管理会计工具的创新——"十字型"决策法的应用 [J]. 会计研究, 2020 (03): 110 - 127.

[176] 陈志辉. 基于价值管理的产品事业部绩效评价体系的构建 [J]. 法制与经济, 2013 (01): 107 - 108.

[177] 魏明海. 管理激励和业绩评价的会计研究 [M]. 中国财政经济出版社, 2006: 86 - 99.

[178] Kucia M, Hajduk G, Mazurek G, et al. The Implementation of New Technologies in Customer Value Management—A Sustainable Development Perspective [J]. Sustainability, 2021, 13 (02): 469 - 477.

[179] William H. Xin Ma. The state - of - the - art integrations and applications of the analytic hierarchy process [J]. European Journal of Operational Research, 2018, 267 (02): 399 - 414.

[180] Grah P, V. ČANČER, B. Bratina. Performance Indicators of Management Buyouts Using the Analytic Hierarchy Process Method [J]. Organizacija, 2018, 51 (03): 169 - 184.

[181] Hudnurkar M., U. Rathod, S. K. Jakhar. et al. Development of a balanced scorecard - based supplier collaborative performance index [J]. International Journal of Productivity and Performance Management 2018, 67 (02): 401 - 425.

[182] Castela B. M. S., F. A. F. Ferreira, J. J. M. Ferreira, et al. Assessing the innovation capability of small - and medium - sized enterprises using a non - parametric and integrative approach [J]. Management Decision, 2018, 56 (06): 1365 - 1383.

[183] Oliveira I. A. S. J., E. G. Carayannis, F. A. F. Fernando, et al. Constructing home

safety indices for strategic planning in residential real estate: A socio - technical approach [J]. Technological Forecasting & Social Change, 2018, 131: 67 - 77.

[184] 刘成明. 面向复杂系统决策的层次分析权重处理方法及其应用研究 [D]. 吉林大学, 2006.

[185] 何奕佳. AHP 层次分析法在企业成长性综合评价中的应用 [J]. 科技信息, 2008 (34): 163 - 164.

[186] 田平, 孙宏才, 徐关尧. 关于 AHP 与 ANP 的比较和分析 [C]. 中国系统工程学会决策科学专业委员会第八届学术年会, 2009 (10): 11 - 15.

[187] 马虹. 基于 AHP 的公共文化服务绩效评价研究——以甘肃省为例 [D]. 兰州大学, 2013.

[188] 许敬轩. 地方财政基本公共文化服务绩效评价与优化建议 [D]. 中国海洋大学, 2014.

[189] 曾志杰, 梁新潮. 福建省九地市公共文化服务支出绩效评价——基于 AHP 的实证研究 [J]. 集美大学学报 (哲学版), 2017 (20): 53 - 62.

[190] 韦锦义, 赖洁基. AHP 与 KIP 理论下强基创优项目绩效评价模型构建 [J]. 会计之友, 2017 (22): 52 - 57.

[191] 李延利, 刘天善. 战略性新兴产业政策导向型参股基金绩效评价研究——基于 IFAHP 的分析 [J]. 金融理论与实践, 2017 (08): 68 - 73.

[192] Hao Tang. The Value Creation Path and Effect Evaluation of Enterprise Marine Informatization Project in the Context of Big Data [J]. Journal of Coastal Research, FALL 2020: 433 - 436.

[193] 谢志华. 会计的未来发展 [J]. 会计研究, 2021 (11): 3 - 19.

[194] Maria José Angélico Gonçalves, Amélia Cristina Ferreira da Silva, Carina Gonçalves Ferreira. The Future of Accounting: How Will Digital Transformation Impact the Sector? [J]. Informatics, 2022, 9 (19): 1 - 17.

[195] Cho J. S. , Ahn S. , Jung W. The impact of artificial intelligence on the audit market [J]. Korean Account, 2018, 27: 289 - 330.

[196] 孙彦永. 认识会计信息的本真 [R]. 中国会计报, 2021 - 12 - 24 (11) .

[197] Au T, Bostleman RL, Parti E. Construction management game - deterministic model [J]. J of the Construction Division, 1969, 95 (01): 25 - 38.

[198] 余杭. 招标投标通论 [M]. 北京: 中国地质出版社, 1990: 17 - 21.

[199] 王文举. 拍卖与招标的对策论分析 [J]. 数量经济技术经济研究, 1998 (01): 43 - 46.

[200] 何增勤. 工程项目报价策略 [M]. 天津: 天津大学出版社, 2004: 158 - 160.

[201] 胡静, 王世良, 尧红刚. 几种基于博弈论的施工企业投标报价模型 [J]. 技术经济与管理研究, 2004 (02): 65 - 67.

[202] 张静, 骆汉宾. 大型基础设施工程投标报价策略博弈分析 [J]. 建筑管理现代化, 2005 (04): 28 - 31.

[203] 李笑, 周国华. 工程量清单模式下招标控制价在招投标中的作用与实践应用

[J]. 建筑经济，2009 (11)：88 - 90.

[204] 张宪，王雪青. 招标控制价模式下工程项目投标报价博弈模型研究 [J]. 建筑经济，2010 (12)：66 - 70.

[205] 曾宪科，冯玉强. 基于非对称投标人的反向多属性英式拍卖模型与最优报价策略 [J]. 系统工程理论与实践，2012，32 (04)：769 - 775.

[206] Huang Z X. Modeling bidding decision in engineering field with incomplete information：A static game - based approach [J]. Advances in Mechanical Engineering，2016，8 (01)：1 - 8.

[207] 周学广，任龙. 具有高投标成本的多属性逆向拍卖博弈模型 [J]. 中国管理科学，2016，24 (01)：134 - 142.

[208] 何建洪，黄莹. 公开招标人偏好的政府工程多属性招投标博弈分析 [J]. 系统工程，2016 (02)：95 - 102.

[209] 张亦潇，姚琳. 清单计价模式的博弈分析 [J]. 科技创新与应用，2017 (18)：282.

[210] 李登峰，袁玲. 清单计价模式下考虑投标人风险态度的投标报价博弈模型 [J]. 控制与决策，2018 (06)：1093 - 1099.

[211] Agbiboa，D. E. Between corruption and development：The political economy of state robbery in Nigeria. Journal of Business Ethics，2012 (108)：325 - 345.

[212] Besfamille，M. Collusion in local public works. International Economic Review，2004 (45)：1193 - 1219.

[213] Milgrom，P. Putting auction theory to work：The simultaneous ascending auction. Journal of political economy，2000 (108)：245 - 272.

[214] Padhi，S. S.，Mohapatra，P. K. Detection of collusion in government procurement auctions. Journal of Purchasing and Supply Management，2011 (17)：207 - 221.

[215] Chen，Y. K.，Kim，J. Optimal collusion - proof auctions [M] // Journal of Economic Theory，2009：565 - 603.

[216] 周其明，任宏. "围标"经济行为分析 [J]. 土木工程学报，2005 (38)：127 - 130.

[217] 任宏，祝连波. 工程投标中串标行为的信号博弈分析 [J]. 土木工程学报，2007 (07)：107 - 111，118.

[218] 郑丛旭，高幸. 工程投标中串标问题的分析 [J]. 工程管理学报，2009，023 (03)：229 - 231.

[219] 唐颖. 关于工程建设项目设立招标控制价的思考 [J]. 广西城镇建设，2009 (05)：123 - 125.

[220] 张维迎. 博弈论与信息经济学 [M]. 上海：三联书店，1996.

[221] 张醒洲，邹珍珍. 不完全信息投标报价模型 [J]. 价值工程，2017 (16)：8 - 9.

[222] 蒋正峰，贺寿南. 博弈论中的理性问题分析 [J]. 华南师范大学学报，2009 (02)：49 - 52.

［223］ 黄光球，何星．工程招投标中无标底投标报价博弈模型研究［J］．山西建筑，2008（34－9）：29－30.

［224］ 财政部会计资格评价中心．高级会计实务［M］．北京．经济科学出版社，2019：272－287.

［225］ 张俊涛，岳玉民，杨耀红．基于单价合同的投标报价综合优化决策系统［J］．价值工程，2018（18）：5－7.

［226］ 黄越，张秀丽，王洪源，王东明．基于博弈论的工程招投标市场围标行为分析［J］．沈阳理工大学学报，2007（06）：23－27.

［227］ 陈红玉．工程量清单计价模式下的投标策略分析［J］．价值工程，2017（16）：15－16.

［228］ 欧阳洁．决策管理——理论、方法、技巧及应用［M］．广州：中山大学出版社，2003：375－378.

［229］ 陈起俊，梁宝栋．BQ 计价模式下工程项目投标报价博弈模型研究［J］．科技进步与对策，2012（18）：62－65.

［230］ Yanyong Sun，Xuelin Liu. The Study on Implementation Methodologies of CGTR Key Technologies［C］. 2015 International Conference on Management Science & Engineering（22th），2015（10），39（Suppl. 1）：345－352.

［231］ 孙彦永，傅瑾．浅析科研院所加强内部控制的实践［J］．财务与会计，2012（08）：66.

［232］ 孙彦永，傅瑾．浅析科研所构建基于内部控制的财务体系［J］．财务与会计，2011（12）：56.

［233］ 孙彦永．浅谈科研项目的报价体系构成及流程［J］．财务与会计，2013（06）：51.

［234］ 孙彦永．华录集团实施财务共享的实践［J］．财务与会计，2019，579（03）：71－73.

［235］ 傅瑾，孙彦永．集团财务信息化的建设与实现［J］．计算机与网络，2012（15）：54－57.

［236］ 孙彦永．基于财务管理的决策支持系统应用［J］．计算机与网络，2013（15）：57－60.

［237］ 尚立军，孙彦永．浅析行政事业单位内部控制体系的构建［J］．财务与会计，2017（05）：66.

［238］ 王艳萍，孙彦永．企业集团内部控制实施现状及策略分析［J］．现代审计与会计，2015（09）：61－63.

［239］ 韦苑，王立，孙彦永．中唱成都公司混合所有制改革的做法［J］．财务与会计，2020（09）：72－73.

［240］ 余修江，王利强，孙彦永．中小影视制作企业经营模式与风险管控［J］．现代审计与会计，2019（12）：36－41.

［241］ 李弘，孙彦永．浅谈基于项目管理的财务核算体系建立［J］．中国会计电算化 2004（04）：11－14.

［242］周华，戴德明，刘俊海．会计准则的价值导向与财务会计的目标定位［J］．经济管理，2009（07）：118－122.

［243］黄世忠．旧标尺衡量不了新经济——论会计信息相关性的恶化与救赎［J］．当代会计评论，2018（04）：1－23.

［244］孙彦永．守住本真、快乐工作［J］．财务与会计，2019（20）：24－25.